伊藤塾
試験対策
問題集

ITO JUKU
SHIKENTAISAKU
MONDAISHU

予備
試験
論文

1

伊藤　真［監修］　伊藤塾［著］

刑事実務基礎

第2版

弘文堂

　2021年で11回目となる予備試験は，年々受験者が増え，合格者数も初回の116人から2021年には467人と約４倍となった。そういう意味では合格しやすくなったといえるが，予備試験における天王山である論文式試験は，第３回目以降合格率が20％前後と変わっていない。この20％のなかに入れるかどうかは，学習の仕方次第であることは間違いない。そして，学習の初期段階で，自分にとって必要な情報をどう見つけ，どう活かせるかが大きく影響してくる。

　現在，10年前には想像もつかなかった，超高速化，超多数同時接続，超低遅延といわれている５Ｇ（第５世代移動通信システム）の商業運用が始まっている。今までとは比べ物にならない大容量の動画やテキストがインターネット上にあげられるだろう。つまり，更に多くの情報を得ることができるようになる。そのなかから，自分にとって必要な情報を見つけだすことは容易ではない。

　伊藤塾は，25年を超える司法試験受験指導の経験をもち，設立当初から圧倒的な合格実績をあげてきた。

　また，予備試験制度開始時から試験の傾向と対策について研究をしている。そして，そのノウハウを活かして，ちまたにあふれている膨大な情報から予備試験対策に必要なものを集約し，作成したのが本書である。

　第２版では，研究成果として得たデータをベースに近年の試験傾向を精緻に分析し，更に，初版以降の法改正や判例などの情報を反映させ，刊行することとした。たとえば，刑事科目に関連する法改正として，2016（平成28）年の「刑事訴訟法等の一部を改正する法律」および2017（平成29）年の「刑法の一部を改正する法律」があり，本書はこれに対応している。また，近年の刑事実務基礎の出題傾向として，従来重要視されていた事実認定を求める問題が減少する一方，条文を使いこなす能力を試す問題が増えてきた。本書では，事実認定を求める問題のみならず，条文を使いこなす能力が試される問題などにも幅広く対応できるように，予備試験合格者が厳選したオリジナル問題と全年の過去問を掲載している。

　初版出版以降も予備試験合格者の司法試験合格率は，2017（平成29）年は72.5％，2018（平成30）年は77.6％，2019（平成31）年は81.8％，2020（令和２）年は89.36％，そして2021（令和３）年は93.5％と更に高くなっている。

　2022年からは，論文式試験において選択科目が追加される。これによって，更に実務基礎科目に割ける時間がかぎられてくるだろう。本書は，予備試験合格者および司法試験合格者が出題可能性を意識し議論を重ねて作成したオリジナル問題と，全年の過去問題を掲載しているため，無駄のない学習ができるような構成となっている。かぎりある時間を有効活用し，重要度に応じたメリハリをつけた学習をするためにも，まずは本シリーズを利用して論文式試験を突破し，その先へ着実に進んでほしい。

　最後に本書の改訂に際しては，多くの方のご助力を得た。特に，刑事実務基礎という科目の特性から，弁護士近藤俊之氏（54期）と永野達也氏（新65期）には，実務家としての観点から細部にわたって目をとおしていただいた。

　また，2019年予備試験に合格され，翌年の司法試験に優秀な成績で合格された赤間晶帆さんをはじめ，2020年予備試験合格発表の僅か３か月後に実施された2021年司法試験に合格された伊藤塾の

誇る合格者スタッフ，そして，弘文堂のみなさんの協力を得てはじめて刊行することができた。この場をお借りして，深く感謝を申し上げる次第である。

2021年12月

伊藤　真

はしがき

1 はじめに

　2011年から導入された予備試験も制度として定着し，合格者の数も，毎年大きく増えている。

　予備試験を受験する最大のメリットは，経済的・時間的負担がないことである。法科大学院に進学する道を選べば，少なからぬ経済的・時間的負担を強いられる。もちろん，法科大学院には独自の存在意義があるのだが，法科大学院に進学する経済的余裕がない学生や，法科大学院の講義を受ける時間的余裕がない社会人にとって，法科大学院を卒業することは法曹をめざすうえで大きな壁となって立ちはだかっていることだろう。しかし，法曹となるうえで各自の経済的事情や可処分時間の多さは本来関係ないはずである。予備試験は法曹を志すすべての者に門戸を開いている点で法曹の多様性を維持するため必要不可欠な制度であろう。

　予備試験受験のメリットは，経済的・時間的負担がないことだけではない。司法試験の合格率はおよそ22％から27％程度であるが，予備試験合格者は司法試験において驚異的な合格率を誇っている。予備試験合格者がはじめて司法試験を受験した2012（平成24）年の司法試験では全体合格率の約3倍に近い68.2％を記録し，2013（平成25）年は71.9％，2014（平成26）年は66.8％，2015（平成27）年61.8％と驚異的な合格率を維持している。もちろん，この合格率は2012年から2015年にいたるまで4年連続で全法科大学院を飛び越えて1位の合格率である。

　このように，予備試験はいくつものメリットがあり，予備試験に合格することは，みずからの可能性を広げることにほかならない。そして，本書は，その予備試験合格への道を切り開くものである。

　本書を通して，法科大学院卒業生に勝るとも劣らぬ実力を身につけ，ひとりでも多くの受験生が予備試験に合格されることを切に望んでいる。

2 本書の特色

【1】問題の厳選

　予備試験に合格するためには，短答式試験，論文式試験，口述試験のすべてに合格しなければならない。そして，そのなかで最大の難関が論文式試験である。論文式試験では，憲法，行政法，民法，商法，民事訴訟法，刑法，刑事訴訟法，一般教養科目に加えて法律実務基礎科目として刑事実務基礎科目と民事実務基礎科目から出題される＊。したがって，論文式試験に合格するためには，本来，これらの科目について十分な対策をしなければならない。

＊　初版当時の試験科目である。2022（令和4）年より，一般教養に替え，司法試験と同じ選択科目が加わる。④【1】の＊においても同様。

　しかし，法律実務基礎科目は，予備試験の短答式試験では出題されず，また，毎年5月に短答式試験が終わった後，7月の論文式試験まで約2か月程度しかないため，刑事実務基礎科目の学習にまで手が回らない受験生が多いことだろう。

そこで，本書では短期間で高い学習効果が得られるように，予備試験実施からの全年の問題のみならず，予備試験においても圧倒的な合格実績をあげている伊藤塾において，これまで行われた予備試験対策答練（コンプリート論文答練，予備試験直前答練，予備試験全国公開模試）のなかから特に学習効果が高く予備試験対策に資する問題を選定して掲載した。また，予備試験合格者および司法試験合格者が出題可能性を意識し，議論を重ねてオリジナル問題を作成しているため，どの問題も本試験と遜色ない練りに練られた良問ばかりである。厳選された伊藤塾オリジナル問題に取り組むことによって本試験でも通用する真の実力を身につけられるであろう。

【2】初学者への配慮

　前述のように，多くの受験生は刑事実務基礎科目にまで学習が追いついていないだろう。したがって，本書のような問題集を用いて問題演習を行うことは，ハードルが高いと思われるかもしれない。しかし，本書は，そのような受験生であっても十分に問題演習の効果が得られるようにこれまでにない工夫をしている。

　まず，それぞれの問題に「思考過程」という項目を設けた。ここでは，予備試験合格者の思考過程を忠実に再現するのみならず，各問題についての基礎的な刑法，刑事訴訟法の知識をできるだけ丁寧に説明した。予備試験合格者の思考過程をここまで丁寧に再現した問題集はほかにはないと自負している。これによって，刑事実務に対する特別な知識がなくとも十分それぞれの問題に取り組むことができるだろう。

　また，各問題で前提となる知識などについては，第3部としてFestina lente（フェスティナ　レンテ）部（以下「FL部」とよぶ）を設けて丁寧に説明してある。詳しくは，③本書の構成【2】に譲るが，FL部では刑事実務基礎科目の対策として必要十分な知識が端的にまとまっている。特に冒頭の「刑事実務基礎科目への取り組み方」では，この科目における問題文の読み方を案内した。これを実践に移すことによって，答案が格段とよくなるであろう。FL部を何度も何度も復習することで磐石な知識を手に入れてほしい。

【3】過去問の徹底的な分析

　刑事実務基礎科目の論文式試験対策において，もっとも重要な位置を占めるのが，過去の本試験問題の分析である。過去問の分析なくして試験対策の完成はありえない。そこで，本書では，これまで発表されたサンプル問題およびすべての過去問に対して徹底した分析を加えた。これにより，予備試験ではどのような問題が出題されるのか，そのような問題においてどこまで論述できなければならないのか，そのような論述を行うためにはどのような学習をする必要があるのかということが明確になるだろう。ゴール（過去問＝本試験問題）から逆算して，どのような学習を行えばよいのかを考えることで，合格に直結する最短距離での学習ができるはずである。本書の過去問分析を有効に活用し過去問を徹底的に分析してもらいたい。

③ 本書の構成

　本書は大きく分けて3部構成になっている。第1部は厳選された伊藤塾オリジナル問題を，第2部は予備試験の過去の本試験問題を集録し，第3部ではFestina lenteとして刑事実務基礎科目にお

ける重要な知識をまとめている。

　第1部の伊藤塾オリジナル問題は，これまで伊藤塾において行われた予備試験コンプリート論文答練，予備試験直前答練，予備試験全国公開模試のなかから特に学習効果が高く予備試験対策に資する問題を厳選して集録している。本試験と質，難易度の双方において遜色ない良問ばかりである。

　第2部は，司法試験予備試験における論文式問題のサンプル問題および，今まで実施された全問題を集録している。実務基礎科目対策においては，サンプル問題および過去問を深く吟味することが必要不可欠である。

　第3部のFL部では，刑事実務基礎科目の重要な知識を端的にまとめている。合格答案を作成するうえでの重要な視点を提供してある。

【1】 第1部および第2部

⑴　問題

　前述したように，第1部ではこれまで伊藤塾において行われた予備試験コンプリート論文答練，予備試験直前答練，予備試験全国公開模試のなかから厳選した良問，および予備試験合格者・司法試験合格者が出題可能性を意識し，議論を重ねて作成したオリジナル問題を集録している。

　また，第1部では本試験と同様に，出題内容がわからないようにするため，分野別に並べるということはしていない。もっとも，学習上の便宜を図るために，おおむね難易度順に並べている。どの問題から取り組むか迷った場合は第1問から解いていくとよいだろう。

　第2部では，司法試験予備試験のサンプル問題，本試験過去問を集録している。

⑵　思考過程

　思考過程では，実際の予備試験合格者の思考をできるかぎり丁寧に記述した。実際に答案は，多くの思考を経たうえで作成されている。しかし，通常の問題集にはその思考過程が十分示されることはなく，どのような思考過程を経て答案例が作成されているのか不明であることが多い。また，実際の予備試験合格者の思考過程を知る機会はほとんどないが，予備試験合格者が，問題を見てどのような思考を経たうえで答案を作成しているのかを学ぶことは，予備試験対策としても非常に有意義である。

　そこで，本書ではできるかぎり丁寧に思考過程を記述することで，予備試験合格者の思考過程を追体験してもらうことを試みた。この思考過程を徹底的に分析することで，予備試験合格者の思考過程を身につけてもらいたい。

⑶　答案例

ア　論述部分

　各問題について答案例を付した。各答案例には，伊藤塾がこれまで築きあげてきた答案作成のノウハウが詰まっている。特に，刑事実務基礎科目については事実に対する評価が重要であることは，予備試験における刑事実務基礎科目についてのヒアリングなど，いたるところで指摘されている。そこで，各答案例については紙幅の許すかぎり評価を丁寧に論述した。各答案例を吟味して，答案作成のノウハウだけではなく事実に対する評価の仕方も学んでほしい。

　また，答案例は，理想の答案を示すと同時に現実的な答案となるように心掛けた。答案はかぎられた時間（法律実務基礎科目ならば2科目で3時間）および紙面で作成されるものである。予備試験では4頁以内の答案を作成しなければならない。そこで，答案例では多くの受験生の標準であると思われる1行30字程度を目安に作成している。

なお，刑事実務基礎科目にかぎらずどの科目についてもいえることであるが，答案例は数ある正解のなかのひとつでしかない。ここに掲載した答案例以外にも正解の道筋がある。答案例を分析するのみでなく，ほかにどのような正解の道筋があるかを考えてみることでより問題に対する分析力や法的思考力が身につくことだろう。また，答案例以外の道筋については，講評および優秀答案でも言及している。ほかの道筋を考えるうえで参考にしてもらいたい。

イ　右欄のコメント

　答案例の分析の手助けとして右欄にコメントを付した。右欄のコメントでは論述の際の注意点や事実および事実に対する評価の部分などがわかるように記載している。答案例の分析に役立ててほしい。

⑷　出題趣旨

　各問題に，問うている事柄や能力を明確にするために出題の趣旨を用意した。なお，第2部では，法務省が各問題において公表している出題の趣旨を掲載した。

⑸　講評

　予備試験もあくまで試験である以上，相対評価であり，合格のためには周囲の受験生のレベルを知らなければならない。そこで，第1部の問題では，各種答練，模試において提出された答案を，第2部の問題では伊藤塾に提出された再現答案を徹底的に分析したうえで講評を記載した。

　講評部分では，どのような答案が多かったのか，どのようなミスがあったのかといったきわめて実践的な事柄を多く記載し，合格するためにはどこまで論述する必要があるのかを明確にした。講評部分を吟味して，合格レベルを感じとってもらいたい。

⑹　優秀答案

　周囲の受験生のレベルを知るひとつの手段として講評だけではなく優秀答案も付した。優秀答案であるからもちろんよく論述できている部分もあるが，完璧な答案を時間内に作成することは至難の業であり，どのような答案でもミスや論述が不足している部分は存在する。優秀答案からはよいところはそのまま自己の糧とし，悪い部分は反面教師として学ぶ必要がある。

　また，そのための一助として優秀答案にも右欄にコメントを付し，よい部分，悪い部分を明確に指摘した。これによって，より深く優秀答案の分析ができることだろう。

　なお，予備試験の場合，論述は4頁（1頁22行目安）以内に収めなければならない。優秀答案についても4頁に収まっている。

⑺　優秀答案における採点実感

　答案全体のよい部分や悪い部分，更には右欄のコメントでは説明しきれなかった部分を優秀答案における採点実感では説明した。答案の採点官が実際に答案を読んだときにどのように評価する可能性があるかを示している。この部分から採点官は，答案のどのような部分を評価し，どのような部分を評価しないのかを学びとってほしい。

⑻　再現答案からみる合格ライン

　法務省より予備試験論文式試験の出題趣旨が公布されるのは，例年，予備試験の最終合格発表後である。そのため，公表前に本書の制作の大半を終了している場合にかぎり，いかなる論点が書けていればよいか，いかなる論点は落としてもかまわないかについて明確には断言できないことから，本項目を設けている。

　予備試験の論文式試験に合格するためには，すべての科目においてA評価をとる必要はない。合格するためには，むしろE～F評価をとらないことが重要である。今までの予備試験をみると合格

ラインは，B〜C評価の答案といえる。この評価をとるためには，他の受験生が書いている論点に言及し，周囲に差をつけられない守りの姿勢が重要となる。

　そこで，伊藤塾に集められた数多くの再現答案を読み，どれだけの水準に達していれば十分であるか受験生の相場の分析を試みた。

　また，他の受験生が実際にかぎられた時間内で作成した答案がどのようなことを書いているかを知ることは非常に有意義なことである。この「再現答案からみる合格ライン」を読んで，みずからの答案を合格答案にしてほしい。

【2】Festina lente

　Festina lenteはラテン語で「ゆっくり急げ」という意味である。本書を手にする多くの受験生には，刑事実務基礎科目の対策を十分に行う時間がないだろうと思われる。しかし，刑事実務基礎科目では，刑法，刑事訴訟法をはじめとする実体法の正確な理解が必要不可欠である。実体法の正確な理解なくして刑事実務基礎科目の正確な理解はありえない。

　また，刑事実務基礎科目では，犯人性や近接所持の法理，供述の信用性といった刑法，刑事訴訟法で深くは学ばない部分からも出題される。しかし，これらの部分について必要な知識をまとめ，かつ具体的な論述の仕方にまで言及したものはないのが現状である。

　そこで，本書ではFestina lente部，略してFL部を設けた。FL部では，刑事実務基礎科目を理解するうえで必要不可欠な実体法上の知識および刑事実務基礎科目特有の知識をまとめてある。FL部では，どのように論述するのかということまで意識して作成されている。どのように答案に表現するか，ということを常に意識しながら読むことでよりいっそう高い学習効果が得られるだろう。

　また，思考過程や講評ではFL部に説明を譲っている部分もある。その場合には，まさに「ゆっくり急げ」の精神でしっかりとFL部にも目をとおしてもらいたい。それが最終的には合格への近道となるはずである。

【3】条文の表記

　本書における法令名の表記は，刑事訴訟法を基準にしているため，読み間違えるおそれがないかぎり，「刑事訴訟法」の記載を省略している。また，特に断りがないかぎり，刑事訴訟規則は「規則」，弁護士職務基本規程は「規程」と略している。

　もっとも，答案例において条文を表記するときは，本試験時に答案を書く場合と同様に，省略形を用いることはせず，法令名をすべて表記することとしている。

　また，括弧内の法令名については，特に断りがないかぎり，下記のように略している。

刑法……刑	刑事訴訟法……刑訴	刑事訴訟規則……規則
弁護士法……弁護	弁護士職務基本規程……規程	

4 本書の使い方

【1】実務基礎科目における直前対策として

　予備試験の論文式試験では，憲法，行政法，民法，商法，民事訴訟法，刑法，刑事訴訟法，一般教養科目に加えて法律実務基礎科目として刑事実務基礎科目と民事実務基礎科目から出題される[*]。

そのため，予備試験の論文式試験に合格するには，これらの科目について十分に対策しなければならない。しかし，前述のように，予備試験の短答式試験では法律実務基礎科目が出題されず，5月に短答式試験が終わった約2か月後の7月には論文式試験を迎えることになるため，刑事実務基礎科目の学習についてまで手が回らない受験生が大多数であるといえよう。そこで，本書は，論文式試験まで時間がない，あるいは憲法や民法，刑法などをはじめとする法律基本科目の理解は十分だが，刑事実務基礎科目についてはまったく学習ができていない，追いついていないという受験生が刑事実務基礎科目を十分対策できるようにさまざまな工夫を凝らしている。

たとえば，本書の特色でも述べたように，問題は質の高い良問を厳選し，十分な問題演習の効果が得られるように思考過程欄を設け，刑法，刑事訴訟法などの基礎的な知識から丁寧にそれぞれの問題を解説している。さらに，FL部においては，刑法，刑事訴訟法の基礎的な知識や刑事実務基礎科目に特有の知識をまとめてあるので重要な知識を即座に確認することができる。

したがって，時間がない，刑事実務基礎科目まで手が回っていないという受験生であっても，刑事実務基礎科目では何が問われているのか，どのように答案を作成すればいいのかがわかることだろう。時間がない，学習が追いついていないといったことをおそれずに本書に取り組んでほしい。

具体的には，実務基礎科目を勉強する時間が短答式試験から論文式試験まで2か月ほどとれる場合には，第1部から解いていけばよい。

しかし，論文式試験まで残り1か月しかない，といった本当に時間のない受験生には，第2部の本試験過去問編から取り組むことをお勧めする。第2部であっても，基礎的な知識から丁寧に解説してある。そして，論文式試験対策としてもっとも重要なものは過去問の分析であることから，過去問の分析を真っ先に行う必要がある。本書で過去問を徹底的に検討すれば，実際の論文式試験でも他の受験生を1，2歩リードできる実力は身につくだろう。

【2】具体的な使用法

いくら時間がないとはいえ，問題文を読んで即座に思考過程や答案例を読むことはお勧めしない。そこでもFestina lente。ゆっくり急げである。実際に答案構成をし，答案を作成するなど各問題と深く向き合うことで，はじめて真の実力が身につく。したがって，時間があるかぎり，答案を実際に作成するのがよいだろう。特に，過去問については実際に答案を作成しなければならない。

また，かりに答案構成にとどめるとしてもかなり具体的な答案構成を行う必要がある。答案構成を詳細に行うことができるほど問題文を深く読み込むことで，その後の答案例や講評，優秀答案等が腑に落ちることが多いだろうと思われるからである。答案例や講評による学習効果を最大限発揮するためにも問題文を深く読み，答案構成は具体的かつ詳細に行っていただきたい。

5 おわりに

予備試験の論文式試験における刑事実務基礎科目は，平成23年から出題されたばかりであるから旧司法試験などから出題されていた他の科目に比べて多くの蓄積がある科目ではない。したがって，いまだ刑事実務基礎科目を十分に学習できるような問題集はなく，また刑事実務基礎科目の対策の仕方や論述の仕方はいまだ十分に固まっていない部分がある。多くの予備試験受験生が刑事実務基礎科目をどのように学習すればよいか迷っているというのが現状だろう。

しかし，冒頭に述べたように，本書は，予備試験合格への道を切り開くものである。本書を十分に学習すれば，問題分析の仕方や予備試験合格者の思考，論述作成の方法など知ることができ，刑事実務基礎科目はもちろん他の科目にもよい影響を与えることができるだろう。そういった意味では，本書はすべての科目に共通する分析の仕方，考え方，論述の仕方を示しているといってよい。

　本書に集録されている問題と深く向き合い，本書を有効に活用することでひとりでも多くの受験生が予備試験に合格することを切に望んでいる。

　なお，本書の制作に際して，多くの方のご助力を得た。特に2014年に予備試験を合格し，翌2015年に司法試験に合格した小池晨さん，菅原裕人さん，伴聡志さん，宮岡遼さんの4名には，企画段階から加わっていただき，優秀な成績で合格した力をもって，彼等のノウハウを惜しみなく注いでいただいた。また，伊藤塾の書籍出版において従前から貢献していただいている近藤俊之氏（54期）と永野達也氏（新65期）には，今回は弁護士として日々実務を行ううえで注意されている点や実務家として必要な視点をもってして内容をチェックしていただいた。そして，伊藤塾の誇る優秀なスタッフと弘文堂のみなさんの協力を得て，はじめて刊行することができた。ここに改めて感謝する。

　　2016年1月

　　　　　　　　　　　　　　　　　　　　　　　　　　　　　　　　伊藤　　真

★参考文献一覧

　本書をまとめるにあたり多くの文献を参照させていただきました。そのすべてを記すことはできませんが主なものを下に掲げておきます。なお，本文中にこれらの文献の文章表現を引用させていただいた箇所もありますが，本書はいわゆる学術書ではなく，学習用の教材ですので，その性質上，学習において必要な部分以外は引用した文献名を逐一明記することはしませんでした。ここに記して感謝申し上げる次第です。

【事実認定に関するもの】

山口　厚・刑法総論［第3版］（有斐閣・2016）

山口　厚・刑法各論［第2版］（有斐閣・2010）

裁判所職員総合研修所監修・刑法総論講義案［四訂版］（司法協会・2016）

佐伯仁志＝橋爪隆編・刑法判例百選Ⅰ・Ⅱ［第8版］（有斐閣・2020）

植村立郎編・刑事事実認定重要判決50選　上・下［第3版］（立花書房・2020）

司法研修所編・難解な法律概念と裁判員裁判（法曹会・2013）

石井一正・刑事事実認定入門［第3版］（判例タイムズ社・2015）

司法研修所刑事裁判教官室・刑事事実認定ガイド（2020）

司法研修所検察教官室・検察終局処分起案の考え方（令和元年版）

司法研修所刑事裁判教官室編・プラクティス刑事裁判　平成30年版（法曹界・2019）

司法研修所刑事裁判教官室編・プロシーディングス刑事裁判　平成30年版（法曹界・2019）

【刑事手続に関するもの】

上口　裕・刑事訴訟法［第5版］（成文堂・2021）

安冨　潔・刑事訴訟法［第2版］（三省堂・2013）

裁判所職員総合研修所監修・刑事訴訟法講義案［四訂補訂版］（司法協会・2015）

井上正仁＝大澤裕＝川出敏裕編・刑事訴訟法判例百選［第10版］（有斐閣・2017）

松尾浩也＝岩瀬徹編・実例刑事訴訟法Ⅰ・Ⅱ・Ⅲ（青林書院・2012）

松尾浩也監修・条解刑事訴訟法［第4版増補版］（弘文堂・2016）

大コンメンタール刑事訴訟法［第3版］（青林書院・2021）

前田雅英編・刑事訴訟実務の基礎［第3版］（弘文堂・2017）

石井一正・刑事実務証拠法［第5版］（判例タイムズ社・2011）

司法研修所監修・刑事第一審公判手続の概要（平成21年版）（法曹会・2009）

司法研修所検察教官室・令和3年版検察講義案

司法研修所刑事弁護教官室・刑事弁護の手引き（令和2年10月）

【法曹倫理に関するもの】

日本弁護士連合会弁護士倫理委員会編著・解説「弁護士職務基本規程」［第3版］（2017）

髙中正彦・法曹倫理（民事法研究会・2013）

森際康友・法曹の倫理［第3版］（名古屋大学出版会・2019）

小島武司＝田中成明＝伊藤眞＝加藤新太郎編・法曹倫理［第2版］（有斐閣・2006）

日本弁護士連合会調査室編著・条解弁護士法［第5版］（弘文堂・2019）

目　次

【 伊藤塾合格エッセンス 】

　試験対策問題集シリーズに掲載されている問題やここで記載したような学習方法は，伊藤真塾長や伊藤塾で研究・開発した数多いテキストや講義のうちの一部を紹介したにすぎません。「伊藤塾の講義を体験してみたい」，「直近合格者の勉強方法をもっと知りたい」，「伊藤塾テキストを見たい」，「伊藤真塾長ってどんな人かな」……。そう思ったら，伊藤塾ホームページにアクセスしてください。無料でお得な情報が溢れています。

　　　　パソコン・スマホより　→　https://www.itojuku.co.jp/

> ### 伊藤塾ホームページにある情報の一例

　　　塾長雑感（塾長エッセイ）
　　　無料体験講座
　　　合格者の声──合格体験記・合格者メッセージ──
　　　合格後の活躍──実務家レポート──
　　　講師メッセージ
　　　伊藤塾の書籍紹介

　講座は，受験生のライフスタイルに合わせ，在宅（通信）受講と通学（校舎）受講，インターネット受講を用意しています。どの受講形態でも学習フォローシステムが充実しています。

第 1 部

伊藤塾オリジナル問題

予備試験の論文式問題に慣れていない初学者は，第3部 Festina lenteに掲載した【刑事実務基礎科目への取り組み方】に目をとおしてから問題を解き始めることを推奨します。

第1問　それでも私はやってません

次の【事例】を読んで，後記〔設問〕に答えなさい。

【事　例】

1　A（32歳，男性）は，令和3年4月12日，「被疑者は，令和3年3月30日午前10時35分ころ，金品窃取の目的で，L県M市N町3丁目3番4号所在のV方に無施錠の窓から侵入し，同所において，同人所有の腕時計1個（時価約100万円相当）を窃取した。」旨の住居侵入，窃盗罪の被疑事実（以下「本件被疑事実」という）で通常逮捕され，同月14日，検察官に送致された。

送致記録に編綴された主な証拠の概要は以下のとおりである（以下，日付はいずれも令和3年である。）。

(1)　Vの警察官面前の供述録取書（証拠①）

「わたしは，令和3年3月30日，午前10時ころから近所の公園に散歩に出掛けた。散歩を終えて帰ってきたのが午前10時35分ころである。自宅の玄関を入ると，リビングのほうから物音が聞こえてきた。だれかいるのかと思ってリビングをのぞいてみたところ，リビングの窓から出ていこうとする男の後姿が見えた。その男は，身長175センチメートル程度，黒髪短髪，深緑色のジャンパーに紺色のジーパンを着ており，右手にわたしの腕時計を持っていた。被害品の腕時計はR社製のもので，だいぶ昔に友人から譲ってもらったものである。シリアルナンバーが付されていると聞いたことがあるが，ナンバーは覚えていない。」

(2)　Wの警察官面前の供述録取書（証拠②）

「わたしは，令和3年3月30日午前10時45分ころ，L県M市N町2丁目交差点で信号待ちをしていた。すると，L県M市N町3丁目方向から走ってきた1人の男が，同交差点の近くの駐車場に停めてある普通乗用自動車に駆け寄っていき，とても慌てた様子で乗車していた。その男は，自動車に乗るとすぐに発車し，走り去っていった。短時間の出来事だったが，男がとても慌てた様子だったのが気になったため，男の人相や自動車が走り去る様子はよく見ていた。自動車のナンバーがとても覚えやすかったので，正確に覚えている。ナンバーは，「M78　に　1234」であった。わたしが見た男は，30歳前後で身長は180センチメートル程度，黒髪短髪，深緑色のジャンパーに紺色のジーパンを着ており，右手に何かを握っていた。今，警察官から，この写真のなかに犯人がいるかもしれないし，いないかもしれないという説明を受けたうえ，20枚の男の写真を見せてもらったが，14番の写真の男がわたしの見た男に間違いない。警察官から，この男はAであると聞いたが，知らない人である。」

(3)　W立会いの実況見分調書（証拠③）

Wが男を目撃した位置と犯行現場との位置関係を表す図面および写真が添付されており，犯行現場からL県M市N町2丁目交差点までの距離は約150メートルであること，Wがいた位置から男がいた位置までの距離は約6メートルであり，その間に視界を遮るようなものはない旨が記載されている。

(4)　Aが犯人として浮上した経緯に係る捜査報告書（証拠④）

Wが目撃した男が乗車した普通乗用自動車のナンバー（M78　に　1234）について登録事項を照会したところ，所有者および使用者欄にAの氏名および住所等が記載されていた。

(5)　A方の捜索差押調書（証拠⑤）

4月6日，A方の捜索を実施し，A方において，普通乗用自動車（M78　に　1234）の鍵1本，腕時計1個および深緑色のジャンパー1着を発見し，これらを差し押さえた旨

が記載されている。

(6) A方から差し押さえた腕時計に関する写真撮影報告書（証拠⑥）

A方から差し押さえた腕時計の写真が添付されており，当該腕時計がR社製のものであること等が記載されている。

(7) A方から差し押さえた腕時計から採取した指紋に関する現場指掌紋取扱書（証拠⑦）

A方から差し押さえた腕時計からは，指紋が3つ顕出されたことが記載されている。

(8) M警察署鑑識課長作成の証拠⑦の指紋の照合結果に関する遺留指掌紋該当者確認通知書（証拠⑧）

本件の捜査主任官である司法警察員Kから鑑定の嘱託を受けたM警察署鑑識課長が作成した書面であり，A方から差し押さえた腕時計から顕出された3つの指紋について関係者の指紋と照合した結果，このうち2つはVの右手親指と右手人差し指のものであり，残り1つはAの左手親指のものであることが判明した旨が記載されている。

(9) Aの警察官面前の弁解録取書（証拠⑨）

「本件被疑事実について，わたしはやっていない。令和3年3月30日午前10時35分ころは，仕事で犯行場所とは別の場所にいた。詳しい場所は仕事先に迷惑がかかるので言いたくない。生活状況について，結婚はしておらず，1人暮らしである。現在は建設会社の作業員として働いている。わたしの身長は178センチメートル，髪型は黒髪短髪である。証拠⑤の腕時計は，友人からもらったものである。その友人の名前は，迷惑をかけたくないので言いたくない。」

2　Aは，Vを被害者とする住居侵入，窃盗罪の被疑事実で勾留された。勾留期限までに収集された主な証拠の概要は以下のとおりである。

(1) Vの検察官面前の供述録取書（証拠⑩）

証拠①記載の内容と同旨。

(2) Wの検察官面前の供述録取書（証拠⑪）

証拠②記載の内容と同旨。

(3) Aの検察官面前の供述録取書（証拠⑫）

証拠⑨記載の内容と同旨。

(4) L県M市N町3丁目交差点に設置されていた防犯カメラ映像が収録された記録媒体（証拠⑬）

V方とL県M市N町2丁目交差点との間に位置するL県M市N町3丁目交差点に設置されていた防犯カメラの映像が収録された記録媒体である。当該映像には，令和3年3月30日午前10時40分ころ，V方方面からL県M市N町2丁目交差点方面に向かって走り去る人影が映っているものの，画像が不鮮明であるため，性別や身長は判別できず，着衣も黒っぽい上着を着用しているかぎりでしか判別できない様子が記録されているとともに，当該人影のほか，同時刻ころ，同所を通行していた通行人3名（いずれも女性）の容貌が記録されている。

3　検察官Pは，勾留期限までに，Aにつき，Vを被害者とする住居侵入，窃盗罪の公訴事実（逮捕に係る被疑事実と同一の内容）で公訴を提起し，同公訴提起に係る住居侵入，窃盗被告事件は，公判前整理手続に付された。

4　公判前整理手続において，検察官は，「Aは，令和3年3月30日午前10時35分ころ，V方において，V所有の腕時計1個を窃取した後，V方を立ち去り，同日午前10時45分ころ，L県M市N町2丁目交差点付近の駐車場に停めてあった普通乗用自動車（M78　に　1234）

に乗車し逃走した。」などと記載した証明予定事実記載書を裁判所に提出するとともに弁護人に送付し，あわせて，証拠③から⑧まで，⑩から⑫までの各証拠の取調べを裁判所に請求した。

　　Aの弁護人は，⑦検察官請求証拠を閲覧・謄写した後，検察官に対して類型証拠の開示の請求をし，類型証拠として開示された証拠も閲覧・謄写するなどしたうえ，「Aが，公訴事実記載の住居侵入や窃盗を行った事実はいずれもない。Aは，公訴事実記載の日時ころ，V方付近にはいなかった。証拠⑤の腕時計は，Aが友人からもらったものである。」旨の予定主張事実記載書を裁判所に提出するとともに検察官に送付した。

　　また，Aの弁護人は，証拠⑧，⑩および⑪について「不同意」とし，その他の証拠については「同意」との意見を述べた。これに対して，検察官は，V，W，M警察署鑑識課長の証人尋問を請求した。

　　裁判所は，争点を整理したうえ，弁護人が同意した証拠についていずれも証拠調べをする決定をし，弁護人に対して，V，W，M警察署鑑識課長の証人尋問に対する意見を聞いたところ，弁護人はいずれも「しかるべく」と意見を述べた。裁判所は，V，W，M警察署鑑識課長につき，いずれも証人として尋問する旨の決定をするなどし，公判前整理手続を終結した。

5　9月10日，第1回公判期日において，冒頭手続に続き，順次，採用された証拠の取調べ，V，Wの証人尋問が行われ，同尋問終了後に検察官が証拠⑩および⑪の証拠調べ請求を撤回した。

　　続いて，④M警察署鑑識課長の証人尋問が行われ，同尋問終了後，検察官は証拠⑧につき刑事訴訟法第321条第4項に該当する書面として取調べを請求した。

〔設問1〕
　検察官は，4月14日，送致記録を確認し，証拠①および証拠②は，本件被疑事実記載の犯行に及んだのがAであることを立証する証拠となると考えた。証拠①と証拠②のそれぞれについて，同供述録取書は直接証拠と間接証拠のいずれにあたるか，具体的理由を付して答えなさい。また，間接証拠にあたる場合には，同供述録取書から，本件被疑事実記載の犯行に及んだのがAであることがどのように推認されるか，検察官が考えた推認過程についても答えなさい。なお，同供述録取書に記載された供述の信用性は認められることを前提とする。

〔設問2〕
　下線部⑦に関し，以下の各問いに答えなさい。
(1)　Aの弁護人は，刑事訴訟法第316条の15第1項柱書中の「特定の検察官請求証拠」を証拠⑪の「Wの検察官面前の供述録取書」とし，その「証明力を判断するために重要であると認められるもの」にあたる証拠として，V方近辺に設置されていた防犯カメラ映像が収録された記録媒体の開示の請求をした。弁護人は，同請求にあたって，同条第3項第1号イおよびロに定める事項（同号イの「開示の請求に係る証拠を識別するに足りる事項」は除く）につき，具体的にどのようなことを明らかにすべきか答えなさい。
(2)　Aの弁護人が上記(1)の手段を採ったのに対し，検察官は，証拠⑬をAの弁護人に開示した。検察官が証拠⑬の開示を「相当と認め」（同条1項柱書）た思考過程について，その考慮要素をふまえ，具体的事実を指摘しつつ答えなさい。

〔設問3〕
　下線部④に関し，以下の問いに簡潔に答えなさい。

M警察署鑑識課長は，証拠⑧の内容と同旨の証言をした。検察官は，同証言後，裁判長の許可を得ることなく，M警察署鑑識課長に対して証拠⑧の署名押印部分を示し，「証拠⑧はあなたが作成したものですか。」と尋ね，M警察署鑑識課長は「わたしが作成しました。証拠⑧の署名押印はわたしのものです。」旨証言した。

　検察官がこの質問をしたのはなぜか。また，検察官がM警察署鑑識課長に対して証拠⑧の署名押印部分を示したことは適法か。それぞれ条文上の根拠を示しつつ答えなさい。

答案構成用紙

思考過程

1 設問1

設問1は，直接証拠と間接証拠のしゅん別および検察官の推認過程を問うものである。

まず，証拠①および証拠②が直接証拠と間接証拠のいずれにあたるかが問われているので，それぞれの定義を示したうえで，その定義にあたるかを検討していくことになる。

直接証拠とは，主要事実を直接的に証明する証拠をいい，間接証拠とは，主要事実の存在を推認させる間接事実を証明させる証拠をいう。そのため，解答のためには本設問における主要事実が何かを示す必要がある。検察官は，「本件被疑事実記載の犯行に及んだのがAであることを立証する証拠となる」と考えたのだから，主要事実がAと犯人の同一性（いわゆる犯人性）であることは容易に気づけたであろう。ここは，基本的な事項ではあるが，答案上に示さなければ点数は得られないので，しっかりと答案に記載して丁寧に議論を進めよう。

証拠①は，犯人による犯行状況について述べているものの，犯人の顔を見ておらずAとのつながりを直接的に証明することはできない。そのため，直接証拠にはあたらず，間接証拠にあたる。

証拠②は，Aの様子について述べているものの，Aが犯行を行ったことを直接的に証明するものではない。そのため，直接証拠にはあたらず，間接証拠にあたる。

次に，証拠①および証拠②が間接証拠にあたることを前提として，Aと犯人の同一性を推認させる過程について検討していくことになる。

証拠①からは，犯人がAであることが，以下のように推認される。本設問では，被害品に関する事情と，人着に関する事情を指摘することができる。証拠①によれば，犯人は被害品の腕時計を持ち去っている。そして，犯行の約1週間後の時点でA方から被害品と同種のR社製腕時計が差し押さえられており，その腕時計からはAとVの指紋のみが顕出されている。シリアルナンバーの照合はできないが，Vの指紋が顕出されていることから，A方から押収された腕時計と被害品との同一性を認めることができるであろう。もっとも，腕時計がA方から差し押さえられたのは犯行から約1週間が経過した後であるため，Aが第三者から入手した可能性を排斥することは難しく，推認力は一定程度にとどまるものと思われる。

証拠②からは，犯人がAであることが，以下のように推認される。本設問では，Aが犯行時刻の直後に，犯行現場からほど近い地点にいたことから，犯行の機会があったことを指摘することができる。また，Aが慌てた様子であった点も，犯人の挙動として矛盾がない。

検察官は，以上のような思考過程を経て，証拠①および証拠②がAと犯人の同一性を推認させる証拠になると判断したといえる。

2 設問2

1 小問(1)

設問2小問(1)は，類型証拠開示請求（316条の15第1項）についての問題である。類型証拠開示請求において弁護人が示すべき事項の理解が問われているから，条文の文言に照らして検討していく。

まず，「証拠の類型」（316条の15第3項1号イ）を示す必要がある。V方近辺に設置されていた防犯カメラ映像が収録された記録媒体は「証拠物」（316条の15第1項1号）にあたる。

次に，「被告人の防御の準備のために当該開示が必要である理由」（316条の15第3項1号ロ）を示す必要がある。前述の防犯カメラ映像には，V方からWが走り去る人を目撃した2丁目交差点までの間に同様の人物が映っている可能性がある。このような映像が存在すればWの目撃証言の信用性を担保することができる。弁護人はこの点を「理由」として示す。

検討すべき事項は明らかであるので，適切に事実を示すことができるかが鍵となる。

2 小問(2)

設問2(2)では，類型証拠開示請求における相当性（316条の15第1項柱書）の判断過程について条文で示されている判断要素をふまえて検討していく。

316条の15第1項柱書において，「重要性の程度」，「被告人の防御の準備のために当該開示をすることの必要性の程度」および「当該開示によつて生じるおそれのある弊害の内容及び程度」が判断

要素としてあげられている。

「重要性の程度」については，証拠⑬の映像はWの目撃証言の直前に近接した地点で2丁目の交差点の方向に走り去る人を映したものであり，Wの目撃証言を裏づける重要な証拠である。したがって，「重要性の程度」としては高い。

「被告人の防御の準備のために当該開示をすることの必要性の程度」については，他にWの目撃証言を裏づける証拠がないため，高い。

「当該開示によって生じるおそれのある弊害の内容及び程度」については，通行人3人の容貌が記録されていることによるプライバシー権の侵害を検討する必要がある。映っているのは秘匿性の低い公道における容貌であり，プライバシー権の侵害の程度は小さい。したがって，「弊害の……程度」は小さい。

以上の判断要素から，検察官は相当性があると判断したものといえる。

③ 設問3

1 前段

設問3前段は，鑑定書面を証拠として採用する際の手続を問う問題である。321条4項は真正作成供述を検証書面に要求する321条3項を鑑定書面についても準用しているから，321条4項に基づき鑑定書面に証拠能力を認める場合には作成者の真正作成供述が必要となる。検察官は証拠⑧について321条4項に基づき証拠調べ請求を行っているから，M警察署鑑識課長に対する尋問はこの真正作成供述を得るためになされたといえる。

2 後段

設問3後段は，証人尋問の際の書面の提示についての理解を問う問題である。

規則199条の10第1項には「書面又は物に関しその成立，同一性その他これに準ずる事項について証人を尋問する場合において必要があるときは，その書面又は物を示すことができる。」と規定されている。M警察署鑑識課長に作成者がだれであるかを尋問するうえで，証拠⑧の署名押印部分を示し，M警察署鑑識課長の名前が記載されていることを示すことは必要である。したがって，「書面……に関しその成立，同一性その他これに準ずる事項について承認を尋問する場合において必要があるとき」にあたる。また，規則199条の10第1項は提示の際に裁判長の許可を必要としていないから，適法な提示であったといえる。

規則199条の10から199条の12までの3条には，証人尋問の際の書面または物の提示の規定が存在する。これらは頻出であるから一度読んでおくことをお勧めする。

答案例

第1　設問1

1　直接証拠とは主要事実を直接的に証明する証拠をいう。また，間接証拠とは主要事実の存在を推認させる間接事実を証明させる証拠をいう。 ➡定義

2　本件の主要事実は，Aと犯人の同一性である。

3　証拠①は，Vの，自宅のリビングの窓から出ていこうとする男の後姿 5 を目撃した旨の供述録取書である。被害品を右手に持っていたことから，その男は犯人といえる。しかし，Vは犯人の後姿を目撃しているものの，犯人の顔を視認したわけではない。したがって，証拠①によってAの犯人性を直接的に証明することはできない。 ➡直接証拠にあたらないこと

　　もっとも，証拠①とともに，被害品はR社製の腕時計である一方，A 10 ➡推認過程方からR社製の腕時計が差し押さえられたこと（証拠⑥参照），当該腕時計からはVとA以外の指紋が顕出されなかったこと（証拠⑦・⑧参照）をあわせて考えると，被害品と当該腕時計の同一性が認められる。犯行から差押えまで1週間が経過している点をふまえても，第三者から入手した可能性は低いといえ，犯人とAとの同一性が一定程度推認され 15 る。また，Vの目撃した犯人は身長175センチメートル程度，黒髪短髪，深緑色のジャンパーに紺色のジーパンを着ていた一方，Aは身長178センチメートル，黒髪短髪であり，A方から深緑色のジャンパーが差し押さえられたことから，犯人とAとの同一性が一定程度推認される。

　　したがって，証拠①は，被害品を所持していたAについてその犯人性 20 ➡結論を推認させる証拠といえ，間接証拠にあたる。

4　証拠②は，Wの，男がL県M市N町2丁目交差点の近くの駐車場に停めてある自動車に乗り発進させた様子を目撃した旨の供述録取書である。WはAを目撃しているものの，犯行の様子を現認したわけではないから，証拠②によってAの犯人性を直接証明することはできない。 25 ➡直接証拠にあたらないこと
➡推認過程

　　もっとも，証拠②とともに，犯行時刻・場所と目撃時刻・場所が近接していること（証拠①参照），Aが犯行現場方面から走ってきて慌てた様子で車に乗り発進させていることから，Aと犯人の同一性が一定程度推認される。

　　したがって，証拠②は，Aの犯人性を推認させる証拠であり，間接証 30 ➡結論拠にあたる。

第2　設問2

1　小問(1)

(1)　刑事訴訟法316条の15第3項1号イ（以下「刑事訴訟法」法名省略）につき明らかにすべきこと 35 ➡類型該当性

　　V方近辺に設置されていた防犯カメラ映像が収録された記録媒体は「証拠物」（316条の15第1項1号）にあたる。よって，弁護人は「証拠の類型」として同号に該当することを明らかにしなければならない。

(2)　316条の15第3項1号ロにつき明らかにすべきこと

　　Wの3丁目方向から走ってきた人がいたとの目撃証言が真実だとす 40 ➡開示の重要性れば，3丁目のV方周辺の防犯カメラ映像にWの目撃したとおりの人物が映っている可能性がある。また，映っていれば，目撃証言と同様の人物が3丁目のあたりに存在したとして，Wの目撃証言の真実性を裏づける証拠となる。そのため，証拠⑪の「証明力を判断するために

重要である」といえ，弁護人はこの点を明らかにする必要がある。　45
2　小問(2)
　　類型証拠開示請求の相当性の判断における判断要素として同条1項柱
　書は，「重要性の程度」，「開示をすることの必要性の程度」および「当
　該開示によつて生じるおそれのある弊害の内容及び程度」をあげている。
　そこで，検察官が相当性を認めた思考過程についてこの判断要素から検　50
　討する。

→相当性の判断要素

(1)　証拠⑬は，Wが走り去る人物を目撃した交差点とV方の間にある防
　犯カメラの映像である。そして，その映像にはWが目撃した5分前に，
　Wが目撃した交差点へ走り去る人影が映っていた。Wが目撃した直前
　に3丁目付近から2丁目付近へ走る人物がいたということは，その人　55
　物こそWが目撃した人物である可能性が高く，Wの目撃証言の真実性
　を強く裏づけるものである。したがって，重要性は高い。
(2)　証拠⑬以外にWの目撃証言を裏づける証拠はなく，Wの目撃証言の
　真実性を裏づけるうえで必要性は高い。
(3)　証拠⑬の映像には通行人3名が映っており，開示によって彼らのプ　60
　ライバシー権を侵害するおそれがある。しかし，この映像は公道にお
　ける容貌を映したにすぎず，プライバシー権の侵害の度合いは小さい。
　したがって，弊害の程度は小さい。
(4)　よって，重要性・必要性は高く，開示による弊害は小さいから，検
　察官は証拠⑬の開示が「相当と認め」られると，判断したといえる。　65
第3　設問3
1　検察官の質問の理由
　　321条4項に基づき証拠⑧に証拠能力が認められるためには，作成者
　が「真正に作成されたものであることを供述」する必要がある（321条
　3項）。この真正作成供述は名義の真正と内容の真正をいい，名義の真　70
　正は作成者が，自己が作成したことを証言することを意味する。

→名義の真正と内容の真正の指摘

　　検察官がM警察署鑑識課長に対して本問の証人尋問を行ったのは，名
　義の真正に関する真正作成供述を得るためである。
2　署名押印部分を示す行為の適法性
　　検察官は，M警察署鑑識課長に対して証拠⑧の署名押印部分を示して　75
　いるが，これは証拠⑧がM警察署鑑識課長によって作成されたものであ
　ることを明らかにするための書面提示である（刑事訴訟規則199条の10
　第1項）。この場合，裁判長の許可は不要である。

→条文の指摘

　　よって，刑事訴訟規則199条の10第1項に基づく書面の提示として，
　証拠⑧の署名押印部分を示したことは適法である。　80
　　　　　　　　　　　　　　　　　　　　　　　　　　　　　　　以上

　本件は，住居侵入，窃盗事件を題材に，犯人性を認定する証拠構造（設問１），類型証拠開示請求の要件および類型証拠該当性（設問２），証人尋問の際の書面の提示の手続（設問３）について，**【事例】**に現れた証拠や事実，手続の経過を適切に把握したうえで，法曹三者それぞれの立場から，主張・立証すべき事実，その対応についての思考過程や問題点を解答することを求めており，刑事事実認定の基本構造，刑事手続についての基本的知識の理解および基礎的実務能力を試すものである。

講　評 ▌▌

１　設問１について

　本設問では，直接証拠と間接証拠の峻別および検察官の推認過程が問われている。そのため，まずは直接証拠と間接証拠の定義を示し，証拠①および証拠②がいずれにあたるかを示す必要がある。

　証拠①は，犯人の犯行状況を現認しているものの，犯人の顔を現認していないため，直接証拠にはあたらず，間接証拠となる。他方で，証拠②は，Aを現認しているものの，犯行状況を現認していないため，直接証拠にはあたらず，間接証拠となる。それぞれが間接証拠にあたる理由を迷わず答えられないようでは，合格レベルには及ばないであろう。

　検察官の推認過程について，証拠①では，犯人がAであることを推認させる間接事実を，他の証拠も参照しつつ構築していくことになる。具体的には，A方から被害品が押収されており第三者から入手した可能性が乏しいこと，犯人とAの人着が類似することがあげられる。

　証拠②では，Aが犯人であることを推認させる間接事実を，他の証拠も参照しつつ構築していくことになる。具体的には，Aが目撃された日時・場所が，犯行時刻・場所と近接しており，犯人であることと矛盾しないことがあげられる。

　証拠構造をふまえた事実認定を求める問題は頻出であるから，本設問を通じて基礎を固めておいてもらいたい。

２　設問２について

１　小問(1)について

　本設問では，問題文中に検討すべき事項について記載がある。そのため，事実を適切に示し，評価することが重要である。

　「証拠の類型」（316条の15第３項１号イ）についてはしっかりと示せていた答案が多かった。これに対し，「開示が必要である理由」（316条の15第３項１号ロ）については，正しく示せていない答案が少なからず見受けられた。なかには，開示対象を２丁目の交差点の防犯カメラ映像と誤解している答案もあった。開示の対象を注意深く読み，これが証明力の判断にとってなぜ重要なのかを丁寧に示す必要がある。

２　小問(2)について

　本設問では，類型証拠開示請求における相当性の有無が問われているが，問題文中に判断要素をふまえて回答せよとあることから，条文で記載されている判断要素を示しながら，事実を示して，評価する必要がある。

　重要性および必要性を論じるにあたっては，Wが目撃した交差点とは別の地点での防犯カメラ映像であることに注意したい。この点を誤解している答案が少なからずあった。そのうえで，別の地点の防犯カメラ映像がなぜWの証言の証明力判断にとって重要であるのか，必要であるのかを丁寧に示す必要がある。

　開示による弊害を論じるにあたっては，防犯カメラ映像に通行人の容貌が映っていることについて触れる必要があり，この点に触れずに安易に弊害がないとしている答案もあったので注意したい。そのうえで，開示によるプライバシー権の侵害の程度に触れて弊害の程度を述べることになる。その検討の際，防犯カメラで撮影されているのが，公道であるということについては述べておきたい。

設問1を通じて類型証拠開示請求を扱っているが，このテーマは予備試験において頻出である。条文数が多く，1つひとつの条文も長いものが多いが，条文の要件にあてはめられるかが鍵を握る分野であり，日ごろから目をとおしておくことをお勧めする。

③ 設問3について

1 真正作成供述を得るための質問

検察官の質問の意図の検討を通じて321条4項の適用の際の手続を問う問題であったが，条文を引くことができれば，解答は容易である。

321条3項，4項に該当する書面を証拠として採用する場合の手続については頻出であり，おさえておきたい。真正作成供述という言葉だけでなく，真正の対象がいかなる部分にまで及ぶかを理解しておくことが望ましい。

2 文書の署名押印部分を示すことの適法性

証人尋問の際の書面の提示の手続を問うものであるが，規則199条の10を引けるかどうかで差がついたと思われる。

この条文を含めて証人尋問における書面等の提示については3つ条文があり，これらは予備試験において頻出である。条文の正確な内容までは覚えていなくとも，どのあたりに条文があるのかを把握しておくことは必須である。

裁判長の許可の要否について触れた答案には高い評価がついた。問題文中に裁判長の許可がなかったと記載されており，また他の書面提示の条文には裁判長の許可を必要としているものもあるから，これとの差を意識するうえでも書くことが望ましい。

【設問1】

1　証拠①について

　　直接証拠とは主要事実を直接的に証明する証拠をいい，間接証拠とは主要事実の存在を推認させる間接事実を証明させる証拠をいう。そして，本件の主要事実はAの犯人性である。

　　証拠①は，犯人が腕時計を持ち去る様子を述べるものの，犯人の顔は見ておらず，犯人がAであることを直接的に証明しない。よって，間接証拠に当たる。

　　証拠①によれば，犯人は身長175センチメートル程度，黒髪短髪，深緑色のジャンパーに紺色のジーパンを着ていた。Aは身長178センチメートル，黒髪短髪であり，A方から深緑色のジャンパーが差し押さえられている。両者は体格が似ており，服装も類似する。そのため，この事実は犯人がAであることを一定程度推認させる。

　　また，犯人はR社製腕時計を持ち去っているところ，A方から同じR社製腕時計が差し押さえられており，その腕時計からVの指紋が顕出されている。そのため，Aは犯行後近接した時期に被害品を所持していたといえ，この事実はAが犯人であることを強く推認させる。

2　証拠②について

　　証拠②は，Aが犯人であることを直接的に証明しない。よって，間接証拠に当たる。

　　証拠②によれば，Aは犯行時刻の10分後に犯行現場方向から走ってきており，右手に何かを握っていた。Aが目撃された地点と犯行現場とは約150メートルしか離れておらず，10分間あれば移動が可能である。また，Aの体格や服装は，犯人と類似している。この事実はAが犯人であることを一定程度推認させる。

【設問2】(1)

1　316条の15第3項1号イに該当する事実について

　　同条1項1号

2　316条の15第3項1号ロに該当する事実について

　　証拠②中のWの供述には令和3年3月30日午前10時45分頃，L県M市N町3丁目方向から走ってきた男が交差点近くに停めてあった普通乗用自動車に慌てた様子で乗車したとあるところ，かかる供述の信用性を客観的証拠によって判断するため。

【設問2】(2)

1　316条の15第1項柱書によれば，「相当と認めるとき」の判断要素は①証拠の重要性②被告人の防御のための必要性③開示によって生じる弊害の内容・程度である。

2　①証拠の重要性

　　Wは被害者Vを除くと犯人らしき者を見た唯一の目撃者であり，また自動車のナンバーを正確に覚えていること，20枚という多数の写真の中から目撃した男の写真を自信をもって選んでいることから，その供述はAの犯人性を推認するために重要な証拠である。

　　そして，防犯カメラ映像はWの供述を客観的な資料から裏付けるものであり，Wの供述の信用性を判断するうえで重要性の高い証拠となる。

右段の注記：

⇐○定義を示せている

⇐○結論を端的に示せている

⇐△推認力の高い腕時計に関する事実から述べたほうがよい

⇐△近接所持の考え方を理解できているものの，検討が雑になっている

⇐○判断要素を指摘できている

⇐△Wの供述自体の重要性は書くべきでなく，Wの供述の証明力の判断における重要性を書くべきである

右余白の行番号：5　10　15　20　25　30　35　40

3　②被告人の防御のための必要性　　　　　　　　　　　　　　　　　45

　　先述の通り，Wの供述はAの犯人性を推認するため重要な証拠であり，かかる供述の信用性を判断することはAが防御をするうえで必要性が高いといえる。

4　③開示によって生じる弊害の内容・程度

　　検察官が証拠として開示しようとしている証拠⑬は交差点に向かって走　　50
り出す人影のほか，同所を通行していた通行人３名の容貌が記録されている。

　　証拠⑬を開示してしまえば，通行人３名がL県M市N町３丁目交差点に令和３年３月30日午前10時40分ごろに存在していたという事実を開示することになり，通行人らのプライバシー権を害することになる。　　　　　　55

　　もっとも，公道において人は他人に容貌を見られることが通常であり，かかる点に関するプライバシーはある程度放棄されているといえるから，上記侵害はそれほど深刻なものとはいえない。

　　よって，開示によって生じる弊害の程度は低いといえる。

5　以上，①～③を総合して，検察官は証拠⑬の開示を「相当と認め」たの　　60
だと考えられる。

【設問３】前段

　検察官は，証拠⑧を321条４項に該当する書面として取調べを請求している。

　この点，321条４項は鑑定人作成の鑑定結果記載書面について，鑑定人に　　65
よる真正作成供述があれば伝聞例外の要件をみたすと規定している。その理由は，専門家たる鑑定人作成の鑑定結果記載書面であれば恣意が入り込む余地が小さい上，書面による方が正確な内容を伝えることができるからである。

　検察官がM警察署鑑識課長に対して質問をしたのは，上記証拠⑧の真正作成供述を求めるためである。　　　　　　　　　　　　　　　　　　　　　70

【設問３】後段

　証人尋問においては，その証言に不当な影響が生じないようにするため，原則として書面等の提示は認められていない。

　もっとも，書面に関し，その成立・同一性その他これに準ずる事項について証人を尋問する場合において必要があるときは書面を示すことができると　　75
されている（規則199条の10第１項）。

　本件において，検察官は証拠⑧がM警察署鑑識課長によって作成されたことを確認するために証拠⑧の署名押印部分を示しており，書面の成立について証人を尋問しているから，かかる呈示は許される。

　　　　　　　　　　　　　　　　　　　　　　　　　　　　　　　　　以上　80

⬅○プライバシー権の侵害について触れられている

⬅△真正作成供述は内容にまで及ぶことについて触れたい

⬅○原則論を示せている

⬅×条文の表題が「提示」であるから，これにあわせることが望ましい

優秀答案における採点実感

① 全体

設問1から設問3までにおける答案の書く量が，1：1.5：1と適切な配分となっていた。本件は，全体的に書く量が多く，時間と記述量の配分に注意する必要がある。予備試験においては後半に比較的書きやすい問題があることも多く，最初に全体の分量を考えることはとても重要である。

② 設問1

設問1については，直接証拠の定義を意識して検討する姿勢がみられ，事実認定部分も要所をおさえた検討ができている点は高く評価できた。

しかし，推認力の高い事実から検討するのがセオリーであるところ，証拠①の検討では体格・服装の類似性から検討してしまっていたのはもったいない。また，近接所持の考え方は理解できているものの，A方から差し押さえられたのが犯行日の約1週間後であり，第三者から入手した可能性を排斥できない点に配慮できていなかった。

近接所持のような代表的な事実認定のポイントは，多くの受験生が知っていると思われるが，正しく扱えるようにならなければ周囲から差をつけられてしまう落とし穴になりかねない。

③ 設問2

設問2については，条文の文言に引きつけて解答をしようとする姿勢がみられ，この点は高く評価できた。刑事実務基礎科目では，条文を示すことができるかで大きく評価が変わるため，このような姿勢は見習いたい。

また，開示の相当性のあてはめにおいて，通行人へのプライバシー権の侵害を考慮している点および公道で撮影されたものだということに触れている点は高く評価できた。権利侵害に触れて満足するのではなく，その侵害の程度まで検討することは重要である。

しかし，「重要性の程度」のあてはめにおいて開示証拠自体の重要性でないことを論じてしまった点は残念であった。重要性の対象が何であるかを確認しておくことが望ましい。

④ 設問3

設問3については，おおむね条文，論点について適切に論述ができており，高く評価できる。

ただ，真正作成供述として何についての真正の供述が求められるのかという点については論述がなされていなかった。細かい点ではあるものの，他の受験生と差をつけるという意味でも，触れておくことが望ましい。

第2問　私の頭の中のアトマイザー

次の記述を読んで，後記の設問に答えなさい。

1【事案】

　甲（女性）は，令和3年8月ころから，覚醒剤を主に注射によってしばしば使用するようになった。同年11月ころの甲の交友関係には，丙や丁など，覚醒剤を日常的に使用し，あるいは扱っている人物が複数存在した。

　甲は，令和3年11月24日（以下「本件当日」という）未明から，初対面の乙（男性）の運転する軽貨物自動車（以下「乙車両」という）に同乗させてもらい，S県N市，T県S市などに行った。乙車両での移動中，甲は，普段から携行しているハンドバッグ（以下「本件ハンドバッグ」という）の中から，ビニールケース（以下「本件ビニールケース」という）を取り出し，手にしていた。本件ハンドバッグは，その口にチャックやボタンは付いていないものであった。

　その後，同日午後9時40分ころ，T県U市内にいたったところ，同所をパトカーで巡回中の警察官Aおよび同Bが，乙車両のブレーキランプが点灯しないのを発見して停車を求め，同車はU市《番地略》付近の路上（以下「本件現場」という）で停止した。乙および両警察官はそれぞれ降車した。乙はまわりをきょろきょろと見回すなど，不審な挙動をしていたため，警察官Bが乙に所持品の提出を求めると，乙は携帯電話機と財布を差しだした。

　同日午後9時50分ころ，警察官Cらが応援として本件現場に到着した。警察官Cは，乙車両の助手席の横に行き，甲に対し，本件ハンドバッグの中を確認させてほしいと求めた。甲は，同バッグを警察官Cに手渡した。

　警察官Cが本件ハンドバッグの中を検査したころ，携帯電話機，化粧ポーチ，財布など甲が日常的に使う携行品類とともに甲所有の布製の小物入れ（以下「本件小物入れ」という）が入っていた。本件小物入れは，布袋状で上にチャックが付いており，縦19センチメートル，横14センチメートル程度の大きさの物であり，その中にアトマイザー（香水を振り掛けることなどに用いる噴霧装置。以下「本件アトマイザー」という）が発見された。また，本件小物入れには，注射器，黒色計量器が入っていた。なお，警察官Cによる検査当時，本件ビニールケースは，本件小物入れの中に入っていた。

　本件アトマイザーは，黒色プラスチックのケース（長さ約9センチメートル，直径約2センチメートル，両端がやや丸みを帯びた円筒形で，真ん中から2つに分かれる物）と，その中に入ったスプレー付きの蓋が付いた小さいガラス瓶からなる物であるが，ガラス瓶の内側底には白色結晶が付着し，瓶の底は若干焦げたように黒くなっていた。

　警察官Cが本件アトマイザーを示して甲に尋ねると，甲は知らないなどと答えた。その後，本件現場に到着した警察官Dが本件アトマイザー内の白色結晶について覚醒剤試薬による予試験を行い，陽性反応を示したので，本件当日午後10時30分，警察官Cは，甲を，覚醒剤所持の現行犯で逮捕した（以下本件アトマイザー内にあった白色結晶を「本件覚醒剤」という）。

　なお，覚醒剤の使用方法には，注射によって使用する方法や，覚醒剤を加熱し気化させて吸引する，いわゆる「あぶり」の方法などがある。

2【逮捕後の経過】

　令和3年11月25日，警察官Cらは，甲から尿の提出を受けてこれを鑑定嘱託に付した。その後，同月27日，検察官Pは，覚醒剤所持の事実で甲の勾留を請求し，甲は，翌28日に勾留された。

　勾留中，甲は，複数回の取調べを受けたが，本件覚醒剤をだれから入手したのかについて，

黙秘を続けていた。その後，同年12月5日にいたって，本件アトマイザーの入手先について，「知人のWからインターネットのオークションにカブトムシやクワガタの幼虫を出品することの代理を頼まれた。そのためWの家に自分の荷物を置いていたが，その際に，Wが間違えてアトマイザーを入れたのかもしれない。Wは覚醒剤をあぶりでやっていると聞いたことがある。」と供述した。同日，警察官は，Wから詳細を聴取することとし，ただちにWに連絡をとったが，Wが取調べに応ずることができるのはその2，3日後であるとのことであった。

その後，所要の捜査を遂げた後，令和4年1月4日，甲は，別紙【資料】記載の公訴事実で公判請求された。その後，同月9日，弁護人Lが選任された。

3 【逮捕後の甲の弁解内容】

「わたしが所持していたハンドバッグの中に，覚醒剤が付着した本件アトマイザーが入っていたという客観的な事実は認めますが，わたしは，主に注射によって覚醒剤を使用しており，本件アトマイザーを使うような『あぶり』をしたことはありません。ですから，本件アトマイザーを自己のために入手するはずはなく，本件覚醒剤の所持の故意は認められないはずです。」

〔設問1〕

検察官Pは，令和3年12月5日，捜査の経過を受けて，甲の勾留延長の請求ができるかどうかを検討することとした。【事案】および【逮捕後の経過】に記載された各事実を前提として，勾留延長の請求を基礎づける事実として，いかなる事実を主張すべきかについて，検察官Pの立場に立って，事実を摘示して説明しなさい。

〔設問2〕

別紙【資料】の公訴事実第1の記載について，弁護人Lは，訴因の特定を欠くものと考えている。この場合，Lは，第1回公判期日における起訴状朗読の後，どのような手続をとることができるか，条文上の根拠とともに説明しなさい。また，その手続に対して，裁判長が応じなかった場合，この裁判長の対応を争うために，Lはどのような手続をとることができるかについても説明しなさい。

〔設問3〕

公判において，検察官から，甲から提出された尿の鑑定書（以下「本件鑑定書」という）の証拠調べ請求がなされた。これに対して，弁護人Lは，甲に対する採尿手続は，体調不良の甲に対し，その体調に配慮した措置をとらないまま取調室に5時間余りも待機させるなどの違法な捜査の末に行われたものであるから，その採尿手続には重大な違法があり，本件鑑定書の証拠能力を否定すべきであると考えている。

裁判所が，本件鑑定書の証拠採用の決定をした場合，弁護人Lとして，いかなる措置をとるべきかについて説明しなさい。また，本件鑑定書が証拠として採用され，取調べがなされた後，弁護人Lとして，その証拠排除を求めるために，いかなる措置をとりうるかについても説明しなさい。

〔設問4〕

上記【事案】の各事実が裁判所において証拠上認定できることを前提として，覚醒剤所持の故意を認定できるかを検討せよ。関連する事実をあげて，その理由とともに説明しなさい。

なお，第三者が甲の所持品の中に本件アトマイザーを混入させた可能性はなかった。

令和 4 年検第 1 号

起　訴　状

令和 4 年 1 月 4 日

○○地方裁判所　殿

○○地方検察庁

検察官　検事　　○○　○○　㊞

下記被告事件につき公訴を提起する。

記

本　籍　　○○県○○市○○町○○番地

住　居　　○○県○○市○○町○○番地

職　業　　無職

甲

勾留中　平成○○年○○月○○日生

公　訴　事　実

被告人は

第1　法定の除外事由がないのに，令和 3 年 11 月上旬ころから同年 11 月 24 日
　　　までの間，T 県内又はその周辺において，覚醒剤である塩酸フェニルメチル
　　　アミノプロパンを含有する水溶液若干量を自己の左腕部に注射し，もって，
　　　覚醒剤を使用し

第2　みだりに，令和 3 年 11 月 24 日，T 県 U 市内《番地略》付近路上において，
　　　覚醒剤である塩酸フェニルメチルアミノプロパンの結晶約 0.014g を所持し
たものである。

罪 名 及 び 罰 条

覚醒剤取締法違反　　　第1　同法第 41 条の 3 第 1 項第 1 号，第 19 条
　　　　　　　　　　　第2　同法第 41 条の 2 第 1 項

－ 3 －

① 全体の見通し

　問題文は2頁程度で，さほど長いものではない。しかし，設問数が4問と多いので，手際がよい処理が求められる。設問1は，勾留の延長の可否について問うもので，事実を指摘して論述することを求めている。多くの受験生は根拠条文について思い浮かぶが，その解釈については知らないと思われる。ここは，趣旨から考えて規範を立てることが大事な問題である。設問2は，訴因の特定という刑事訴訟法ではよくある問題についての論述であるので，時間をかけずに次に進みたいところである。設問3も証拠調べ手続の異議の問題であるから，条文を引けばよい問題である。設問4は，故意の事実認定を求めるものである。事実認定については，事実の抽出・評価に時間がかかるだろう。

② 設問1

　本設問のような手続が前提となる問題は，まず，根拠条文を見つけて，条文上の文言に引きつけて考えなければならない。設問1は，被疑者勾留の延長を問うものである。被疑者勾留の根拠は，207条に規定されていることを想起すると，その延長についてもその近くの条文を探せばよいということになる。そこで，根拠条文を探すと，208条2項が勾留の延長の根拠を定めていることがわかる。208条2項は勾留の延長の要件として，「やむを得ない事由」の存在をあげている。そこで，「やむを得ない事由」の意義が問題となる。

　そもそも，検察官は勾留期間中に起訴するか否かを決しなければならないとされている（208条1項）。そうすると，この期間に起訴するか否かを決めることができなければ，勾留期間中にその判断ができなかったのであるから，なおもその期間が必要であるといえ，「やむを得ない事由」が認められそうである。そこで，「やむを得ない事由」とは，事件の複雑困難あるいは証拠収集の遅延または困難等により，勾留期間を延長して更に捜査を継続するのでなければ起訴・不起訴の決定をすることが困難な場合をいうと解される（最判昭和37年7月3日民集16巻7号1408頁）。

　本件について検討すると，甲は勾留満期の前日にWがアトマイザーを甲の荷物に入れた旨を供述し，Wの取調べが可能となるのは，その2，3日後であった。そうすると，Wの取調べは甲の犯罪の成立との関係で必要不可欠であり，Wについて取調べをしなければ起訴・不起訴の決定をすることはできない。したがって，「やむを得ない事由」が認められる。

③ 設問2

　本設問では，弁護人Lがとるべき手続について問われているところ，訴因の特定を欠く場合にするべき手続として刑事訴訟法を学んでいれば必ず目にする手続を思い浮かべるはずである。それは，求釈明（規則208条1項，3項）である。起訴状の文言，内容に不明確な点があれば裁判長は，検察官に釈明を求めることができる（規則208条1項）。また，被告人・弁護人も裁判長に対し，釈明のための発問を求めることができる（規則208条3項）。ただし，求釈明の主体は裁判長であるため，裁判長が必要と認めた場合にかぎり，釈明が求められるにすぎない。

　裁判長が求釈明の求めに応じない場合には，Lはどうすべきか。ここで，釈明の性質を考えると，釈明は裁判長の訴訟指揮（刑訴294条）に基づくものである。訴訟指揮の異議との関係で思い出すのが，309条2項である。この規定により，訴訟指揮に基づく処分に対して異議を申し立てることができる。

　それでは，求釈明の求めに応じないことは処分にあたるのか。適切な訴訟指揮がなされない場合には，裁量権を逸脱した不作為の処分として異議の対象となると解することができる。したがって，求釈明の求めに裁判長が応じないことも不作為の処分として異議を申し立てることができる。

　異議の理由は，規則205条2項により法令違反しか理由とすることができない。本件の異議は，訴因の特定のための求釈明であるから，刑事訴訟法256条3項に反する状態を是正しないことは訴訟指揮権（294条）の行使として違法であるとして異議を申し立てることができる。

④ 設問3

　Lは，本件鑑定書が違法収集証拠であるとして争うつもりである。そのため，証拠調べに関する

異議（309条1項）を申し立てることになると考える。証拠調べに関する異議の理由について規則205条1項が定めているが，205条1項ただし書との区別のために，ここで，証拠調べ決定にあたるか否かを検討しなければならない。証拠調べに関する決定の代表例は，証拠の採否決定（規則190条1項）である。そうすると，本件鑑定書が証拠能力があるとして採用された場合には，証拠調べ決定に刑事訴訟法317条に反する違法があるとして異議の申立てを行う（規則205条1項ただし書）。

　裁判所が取り調べた場合にどうするかについて考えたことがない人が多いと思われる。規則について他の条文に目をとおすと，規則207条が職権による排除決定を定めている。そこで，規則207条1項による排除決定を求めることになる。

5　設問4

　本設問は，覚醒剤所持の故意の認定を問うものである。

　事実を探す前に，まず，故意について確認しておくとよい。故意とは，犯罪事実の認識・認容である（認容説）。そして，覚醒剤所持罪における所持の解釈について覚えている受験生はほとんどいないと思われるので，覚醒剤という違法な薬物を所持しているという認識・認容が甲に認められるかを客観的事実と甲の弁解から探っていく。

　本件では，甲が覚醒剤と認識して所持していたことを示す直接証拠はない。そこで，間接事実を丹念に拾い，検討していくことになる。事実の抽出は以下のようになるだろう。

故意を肯定する事実	故意を否定する事実
○アトマイザー入り小物入れがハンドバッグの中に日用品とともに入れられていた。 →ハンドバッグ内には日常的に使う携行品が入っていたことから，小物入れを所持する認識があったことを推認させる。 ○小物入れの中にアトマイザーとともに注射器・計量器が入っていた。 →薬物の使用を除き一般人が所持しないものと一緒にアトマイザーが入っていたことは，覚醒剤等の違法な薬物が入っているとの認識を有するのが通常である。この事実は，薬物性の認識があることを強く推認させる。 ○覚醒剤の使用歴と甲の交友関係に薬物常用者がいた。 →覚醒剤の入った容器をそれと認識して所持する理由がある。 ○第三者が甲の所持品内にアトマイザーを入れた形跡がない。 →甲がみずから入れたことを推認させる。	○甲は素直に所持品検査に応じてハンドバッグをCに手渡した。 →覚醒剤所持の認識があれば素直に警察の求めに応じないことが予想されるため，甲が警察の求めに応じて素直に手渡していることは，甲には，覚醒剤所持の認識がないことを推認させる。 ○甲の弁解内容によると，注射による覚醒剤の使用はあるが，あぶりによる使用をしたことがない。 →あぶりをしたことがないということは，アトマイザーで覚醒剤を所持する動機・目的がない。

　事実を振り分けたら，それを意味づけ，推認力を判断する。後は結論をだし，それにあわせて反対事情への反論をする。反対事情にも触れたバランスのとれた論述が高評価へとつながるだろう。

答案例

第1 設問1について
1 勾留期間の延長は,「やむを得ない事由」(刑事訴訟法208条2項。以
下「刑事訴訟法」法名省略)がある場合にすることができる。
　ここで,「やむを得ない事由」の意義が問題となる。 ➡問題提起
　208条1項が勾留満期までに公訴提起しないときには被疑者の釈放を 5 ➡規範
検察官に義務づけていることから,「やむを得ない事由」とは,事件の
複雑困難あるいは証拠収集の遅延または困難等により,勾留期間を延長
して更に捜査を継続するのでなければ起訴・不起訴の決定をすることが
困難な場合をいう。
2 本件で,黙秘を続けていた甲は,勾留満期の前日である令和3年12月 10 ➡あてはめ
5日に,Wが本件アトマイザーを甲の荷物に入れた旨供述するにいたっ
たところ,Wが取調べ可能となるのは,その2,3日後であった。
　この場合,甲について本件覚醒剤の所持の故意が認められるかを判断
するためには,Wの取調べをすることが必須である。ところが,その取
調べが可能となるのは12月7日,8日ころであるから,検察官Pとして 15
は,このWについて更に捜査をしなければ甲の起訴・不起訴の判断をす
ることはできない。したがって,Wの取調べ未了は,「やむを得ない事
由」にあたる。
3 よって,検察官Pは,上記のWの取調べ未了に関する事実を主張すべ ➡結論
きである。 20
第2 設問2について
1 刑事訴訟における審判対象であり被告人の防御の対象である訴因は, ➡手続
「できる限り……特定」されていなければならない(256条3項後段)。
そして,訴因がその要件をみたしていない場合,裁判長は,訴訟指揮権
(294条)の行使として,検察官に対し,釈明を求めることができ(求 25
釈明,刑事訴訟規則208条1項。以下「規則」という),訴訟関係人は,
裁判長に対して求釈明を求めることができる(同条3項)。
　これにより,訴訟関係人である弁護人Lは,裁判長に対し,検察官P
に訴因の特定を求める求釈明をするよう求めることができる。
2 弁護人による求釈明の求めに対して裁判長が応じないことは,証拠調 30 ➡手続
べ以外についての「裁判長の処分」(309条2項)にあたる。そこで,弁
護人Lとしては,訴因の不特定を是正しないことが訴訟指揮権の行使と
して違法であることを理由に(規則205条2項),異議を申し立てること
ができる。
第3 設問3について 35
1 違法収集証拠は証拠能力が否定されるから,本件鑑定書に証拠能力が ➡手続
あるとして採用された場合,弁護人Lは,証拠調べ決定に違法があると
して異議の申立てを行うべきである(309条1項,規則205条1項)。
2 取調べがなされた場合であっても,弁護人Lは,本件鑑定書が違法収 ➡手続
集証拠であり排除されるべきであるとして,裁判所に対して,その職権 40
発動を促すべきである(規則207条)。
第4 設問4について
1 本件アトマイザーが入っていた本件小物入れは,甲が使用していた本 ➡事実
件ハンドバッグの中に,携帯電話機,財布などと一緒に入れられていた。

本件ハンドバッグに，甲が日常的に使う携行品類である携帯電話機等 45 ➡評価
を入れていたことから，甲は，それらと一緒に入れていた本件小物入れ
を，保管する意思をもってその実力支配下においたといえる。
　　したがって，この事実は，甲が，本件小物入れを所持する認識・認容
があったことを推認させる。

2　本件小物入れの中には，本件アトマイザーとともに，注射器・計量器 50 ➡事実
が入っていた。
　　注射器・計量器を薬物使用以外のために一般人が所持することはきわ ➡評価
めてまれであるから，それらと一括で保管している容器には，覚醒剤等
の違法な薬物が入っているとの認識を有するのが通常である。
　　したがって，この事実は，甲に本件アトマイザーに覚醒剤が入ってい 55
るとの認識・認容があったことを強く推認させる。

3　甲は覚醒剤をしばしば使用することがあった。また，本件当時の甲の ➡事実
交友関係には薬物常用者がいた。
　　これらの事実からすると，本件当時の甲は，覚醒剤等の違法な薬物の ➡評価
入った容器を，それと認識して所持する動機や契機があったといえる。 60
　　したがって，この事実は，甲に覚醒剤の入った本件アトマイザーを所
持する認識・認容があったことを推認させる。

4　第三者が甲の所持品の中に本件アトマイザーを混入させた可能性はな ➡事実
かった。
　　これは，本件アトマイザーを甲みずからが自己の実力支配下においた 65 ➡評価
ことを示す事情であるから，甲が本件アトマイザーを所持する認識・認
容があったことを推認させる。

5　甲は，「あぶり」をしたことはないから，本件アトマイザーを所持す ➡事実
る動機がなく，本件覚醒剤所持の故意はないと弁解する。
　　本件アトマイザーは，「あぶり」による覚醒剤使用のためのものであ 70 ➡評価
るから，甲の弁解は本件覚醒剤所持の故意を否定する事情にも思える。
　　しかし，覚醒剤の使用者が必ずしも1つの方法でしか覚醒剤を使用し
ないとはいえない。また，甲の交友関係には覚醒剤常用者が複数存在し
たことからすると，甲がそうした人物との交友のなかで，本件アトマイ
ザーを入手したということも考えられる。したがって，甲には本件覚醒 75
剤の入った本件アトマイザーを，それと知って所持する動機や契機があ
ったといえるから，甲の弁解は覚醒剤所持の故意を否定する事情になら
ない。

6　以上の事実を総合して考えると，甲の覚醒剤所持の故意を否定する事 ➡結論
情は少なく，またそれも弱いものであるのに対し，故意を肯定する事情 80
は多く，また強く推認させるものであることから，甲の覚醒剤所持の故
意を認めることができる。

以上

刑事手続に関する問題と事実認定に関する問題の両方を出題した。

2011（平成23）年の「新司法試験の採点実感等に関する意見」では，法律実務に関する教育内容に関して，「日常的に行われている刑事手続の進行過程」に関する正確な理解が必要である旨が述べられていた。設問1では，そのような問題のひとつとして，捜査段階の刑事手続のなかでも重要な，勾留延長についての理解を問うこととした。

また，公判段階の刑事手続に関する問題として，設問2では，訴因の特定に関する手続，設問3では，違法収集証拠についての争い方について出題した。訴因の特定，違法収集証拠は，いずれも刑事訴訟法上の重要問題であるが，それらが刑事手続上のどのような場面でどのような手続とともに問題となるかの理解は，理論と実務の架橋を意識するものとして重要である。

最後の設問4は，事実認定に関する問題として，覚醒剤所持罪の故意の認定に関して出題した。薬物性の認識等についての事実認定は，十分練習しているわけではないと思われるが，必要な事実を抽出したうえで，それらの事実が主要事実の認定にどのような意味を有するかを明らかにしていくという作業は，間接事実と経験則による事実の認定について理解していれば可能であると思われる。

1 設問1

設問1は，勾留の延長の可否を問うものであった。それにもかかわらず，勾留の要件そのものを検討している答案が1割程度もあった。問題文を読むと勾留の延長の可否を問うていることは明らかであるから，このような問題文の読み間違いは，二度としないようにしたい。

勾留の延長の可否について検討していても，判断枠組みを示さずに検討している答案が少なくなかった。「やむを得ない事由」についてはじめて解釈する受験生が多かったと思われるが，法的文書の基本である，法的三段論法は極力守ってほしい。つまり，規範定立，あてはめ，結論の構成を，初見の問題こそ徹底して行ってほしい。そうすれば，たとえ解釈が判例と異なったとしても，大きく点を失うことにはならないからである。

非常によくできた答案は，被疑者勾留が重大な人権制約であることから限定的に解すべきとして，判例とほぼ同等の規範を立てた答案であった。そのほかにも，理由はないものの，公訴を提起するうえで，捜査手続を続行するため必要やむをえない事由と，自分なりの規範を立てている答案もあり，内容を明示しているだけでも好印象であった。このように三段論法を守る姿勢が大事であることを覚えておきたい。

あてはめについては，多くの答案が，問題なく，甲の供述が勾留の期間満了間近の時点だったことを捉えて的確に論述していた。そのため，あてはめの部分では差がつかず，適切に規範を立てられていたかで差がつく問題であった。

2 設問2

求釈明に言及していない答案が多数見受けられた。求釈明は2014（平成26）年予備試験に出題されており，実務上関心が強い部分である。そのため，求釈明について，根拠条文，対象といったことについて一定程度の理解をしておくことが望まれる。

また，異議申立てについて触れていない答案も散見された。異議申立ても訴訟進行上重要なものなので，異議申立ての対象・理由について整理しておくとよい。異議申立ての詳細については，FL【異議全般】に譲る。

よくできた答案は，規則まで引き，異議の根拠を明示した答案であった。今後類似の問題が出題されたときは，規則まで引けるぐらいに異議に習熟しておいてほしい。

3 設問3

驚いたことに，違法収集証拠というキーワードを示せていない答案が半数近くもあった。もちろ

ん，違法収集証拠が中心となる問題ではない。しかしながら，異議の理由で示さなければならないキーワードである。そのため，このキーワードがでなかった受験生は深く反省すべきである。違法収集証拠は証拠法上重要な分野であるから，違法収集証拠の排除を求める方法についてまで理解しておくとよい。また，完全に覚えていなくとも，最低限，条文を引いて考えられるぐらいには勉強してほしい。

4 設問4

故意の認定については，できている答案とできていない答案の差が激しかった。

多くの受験生は，殺意の認定といった有名な分野に関しては対応できていると思われるが，覚醒剤の所持の故意について答案を書くのははじめての受験生が多かったと思われる。

しかし，このような初見の問題でも，事実認定の基本を守れば，一定程度の得点を望めるので，冷静に対処してほしい。

答案例のなかで非常に印象がよかったのは，アトマイザーを注射器等と一括して入れていた場合に，覚醒剤の使用または所持目的で所持していたと考えるのが自然であるとして，故意の存在を強く推認させるとしたところであった。推認させるという表現はよく使うが，その程度を示すことは事実に対して強弱がつくのでわかりやすく，説得的な答案となる。是非参考にしてもらいたい。

参考までに，薬物事犯における情況証拠による薬物性の認識の認定の判断要素をあげる。これは覚えておいてほしいというものではない。あくまで参考としてである。

禁制品の認識	薬物という認識の前に禁制品であるという認識が先にある。 その事情としては，不自然な隠匿態様，密行性の高い取引形態，高額な報酬である。
薬物に関する知識・経験等	薬物に対する認識の認定には，行為者が当該薬物についてある程度の知識を有していることが前提となる。日本人においては，その知識を報道や教育により有することの立証は容易である。
薬物に関する認識→次の事情から薬物に関する認識が認定される	○対象物の形状，感触等 →形状は一般的に広く知られているから，未必的認識の認定の有力な資料となる。 ○注射器等との一括所持 →注射器や注射針を薬物使用以外の目的で一般人が所持することはきわめて例外的である。この場合には，薬物性の認識を強く推認させる。 ○関係者の説明 →薬物性をうかがわせる関係者の説明も薬物性の認識を裏づける。 ○使用時における体感 →過去の経験に照らし，薬物の異同の認識の有力な証拠となる。 ○共犯者が薬物を取り扱っていることの認識 →共犯者が薬物の密輸等で捜索されたといったことを知っていれば薬物性の認識の情況証拠となる。 ○被告人の言動，態度 →薬物であることをうかがわせるような被告人の言動も薬物性の認識を強く推認させる。 ○弁解の不自然さ →不自然な弁解は薬物であるとの認識をうかがわせる事情となる。

第1 〔設問1〕
 1 Pが，甲の勾留延長の請求をするためには，拘留を延長するのに「やむを得ない事由」（刑事訴訟法208条2項，以下法と記す。）を要する。
   そこで，本件事案において「やむを得ない事由」が認められるか，検討する。 5
 2 ここで，「やむを得ない事由」とは，公訴を提起する上で，必要不可欠の捜索，押収，取調べ等の捜査手続を続行するため，必要やむを得ない事由をいうものと解する。
 3 本件では，甲は，令和3年11月28日に勾留されて以来，本件覚醒剤入手経路につき黙秘を続け，同年12月5日になってようやく，本件アドマイザーの入手先がWにある旨の供述を始めたのである。そして，Wが取 10 調べに応ずることができるのが，その2，3日後であるのであるから，その時点で，勾留期限の10日間である同年12月7日を満了してしまう。
   甲の供述の裏付けを取るために，Wから詳細を聴取することは，甲を覚醒剤所持罪として起訴する上で，必要不可欠の捜査であるから，Wの 15 取調べを行うため，勾留延長の請求を行うのは，「やむを得ない事由」に当たる。
 4 よって，Pは，Wの取調べを行う必要性のある事実を主張すべきである。
第2 〔設問2〕 20
 1 Lは，公訴事実等の記載が訴因の特定を欠くものと考えている場合に，どのような手続を採ることができるのか，以下検討する。
 2 公訴事実は，訴因を明示して，これを記載することを要し，「訴因を明示するには，できる限り……特定して」（法256条3項）これをしなければならないと規定されている。 25
   そこで，Lとしては，裁判長の訴訟指揮権（法294条）に基づく，求釈明（刑事訴訟規則208条3項，以下規則と記す。）を求める手続を採るべきである。
 3 よって，Lは，裁判長に対し，検察官に対し訴因の特定を求める求釈明をするよう求める手続を採るべきである。 30
 4(1) また，その手続に対し裁判長が応じなかった場合には，「証拠調に関し」の以外の処分であるから，309条2項の「裁判長の処分」に当たる。
  (2) 従って，Lは，法256条3項違反を理由に，異議を申立てすることができる。 35
第3 〔設問3〕
 1 Lとしては，いかなる措置を採るべきか，以下検討する。
 2 採尿手続には重大な違法があるので，本件鑑定書は違法収集証拠である。
   よって，Lとしては，証拠採用決定過程に違法があるとして「証拠調 40 に関し」（法309条1項），「法令の違反」（規則205条1項）があるものとして異議を申し立てるべきである。
 3 また，証拠調べなされた後においては，Lは，本件鑑定書が違法収集証拠であって，「証拠とすることができないもの」（規則207条）に当た

← ○条文を正確に摘示できている

← △規範を立てているのはよいが，理由づけがない

← ○事実を拾い，しっかりと評価している。そして，規範に対応したあてはめをしている

← ×正しくは「208条1項」である
← ○ポイントをふまえた結論を導き出している
← ○正しく検討できている

← △規則205条2項を引けていない

← ○着眼点よし

← ○端的に正しい条文を指摘できている
← △脱字。正しくは「証拠調べが」

るとして，証拠排除の決定を促すべきである。 45 ←○規則を引いて正しく論述している

第4 〔設問4〕

1(1) 甲に覚醒剤所持の故意が認められるか。

ここで，故意とは，犯罪事実の認識・認容をいい，覚醒剤所持罪の故意とは，覚醒剤を法定除外事由がないのに，自己の支配下に所持している認識・認容をいうものと解する。 50 ←○規範を立てているのがよい

(2) 以下，事実を挙げて，上記故意が認定できるか検討する。

2(1) まず，本件アトマイザーは，本件小物入れの中から発見されたものであって，本件小物入れは，甲が，普段から携行している本件ハンドバッグの中から発見されたものである。 55 ←○事実を的確に評価している

(2) そうすると，甲は，本件アトマイザーを，本件小物入れに入れて保管し，本件ハンドバッグに入れて携行する意思があったものと認められ，本件アトマイザーを自己の支配下に置くという認識が推認できる。

3(1) 次に，アトマイザーの中味を調べると，ガラス瓶の内側底に白色結晶が付着しており，覚醒剤試薬により予試験の結果，陽性反応を示した。 60

(2) そうすると，甲は，アトマイザーを自己の支配下に置いた認識を推認できるのであるが，その中味に覚醒剤が入っていた事実を認定できる。 ←○事実を的確に評価している

4(1) そして，甲の本件ハンドバッグの中から，注射器，黒色計量器が入った小物入れが発見されており，本件アトマイザーも，同じ小物入れに入っていたのである。 65

(2) そうすると，甲は，注射による覚醒剤使用の常用を自白しており，その注射器具と共に本件アトマイザーを保管していたのであるから甲は，本件アトマイザーを使用して覚醒剤を所持し，「あぶり」等のために常用に供していた事実が推認できる。 70 ←○よく考えられている

5(1) また，甲は，覚醒剤を日常的に使用している丙や丁などの交友関係があり，覚醒剤を扱っている人物が複数存在することが判明している。

(2) そうすると，甲は，覚醒剤を容易に入手できる人間関係を持ち，これは，甲が，覚醒剤を入手し得ることを推認する事実であるといえる。 ←○よく考えられている

6(1) 以上を考慮すると，甲には，覚醒剤所持の故意が認定できる。 75

(2) なお，逮捕後の甲の弁解内容は，所持している覚醒剤の使用方法についての弁解であるから，覚醒剤の所持の故意の認定に何ら影響を与えるものではない。 ←○甲の弁解についても触れられている

以上

優秀答案における採点実感 ▐▌▐

① 全体

　この答案は，全体的にバランスよく書けている答案である。設問1，設問2，設問3をそれぞれ，必要十分な分量で記述し，設問4に2頁分を使うという適切な配分をしている。そのため，設問4で事実を十分に拾い検討することができている。この答案のようなバランスを見習ってほしい。

② 設問1について

　設問1については，文言に着目し，検討できている。もっとも，「やむを得ない事由」の解釈について，その理由を示していない点は残念ではあるが，厳しい時間制約上，これでも十分といえる。

　あてはめについても，適切に事実を拾い，それをしっかりと評価し，結論づけているので，三段論法を守ったよい答案となっている。

③ 設問2について

　設問2では，訴因の特定に着目することができており，更に求釈明も指摘しているので，手続を理解していることをうかがわせる。このように，手続について流れよく示せていると採点者に与える印象がよいことを覚えておきたい。

④ 設問3について

　設問3では，違法収集証拠に気づくことができており，異議の根拠までもあげて説明している。異議は規則にある条文であるが，大事な部分なので，一定程度覚えておくことが望ましい。この答案は，異議についても根拠を適切にあげることができており，十分に勉強していることをうかがわせる。

　設問2，設問3を通じて，手続問題について流れよく解答することの重要性を改めて認識していただきたい。

⑤ 設問4について

　設問4は事実認定の問題であり，問題文から積極的な事実をほぼ拾っていた。そして，推認の点についても適切に評価しているので，よい答案となっている。

　また，本答案は甲の弁解について触れており，消極的事実にも触れる姿勢がみられる点でも好印象である。もっとも，使用方法と故意との関係にも触れて論述していれば更によかった。

第3問　あなたが思うより曖昧です

次の【事例】を読んで，後記〔設問〕に答えなさい。

【事　例】

1　A（47歳，男性）は，令和3年5月17日，「被疑者は，令和3年5月10日午前1時ころ，H県I市J町3丁目3番4号先路上において，殺意をもって，V（当時20歳，女性）に対し，刃体の長さ約9センチメートルの折りたたみナイフで同人の左胸部を突き刺し，よって同人を心臓刺創等に基づく失血により即死させて殺害した」旨の殺人罪の被疑事実（以下「本件被疑事実」という）で通常逮捕され，同月19日，検察官に送致された。

送致記録に編綴された主な証拠の概要は以下のとおりである（以下，日付はいずれも令和3年である）。

(1)　捜査の端緒に関する捜査報告書（証拠①）

「令和3年5月10日午前1時5分ころ，Wから，『路上で女性が倒れている。出血がひどい。』旨の119番通報があり，同日午前1時20分ころ，救急隊員が現場に臨場したところ，Vが路上に大量に血を流してうつぶせに倒れていた。Vは，救急隊員によりただちに病院へ搬送されたものの，医師によりVの死亡が確認された。

(2)　警察官K作成にかかる実況見分調書（証拠②）

Wを立会人として5月10日午前3時ころに行われた，Vが倒れていた場所の実況見分の結果を記載したものであり，Vが倒れていた位置などのほか，周囲には街灯がなく，民家は数軒あるものの明かりがついていないため，1メートル先の人物の表情も判別できない程度に暗かったことなどが記載されている。

(3)　Wの警察官面前の供述録取書（証拠③）

「わたしは，現場から30メートルほど離れた一軒家に妻と2人で住んでいる。5月10日午前0時35分ころ，トイレの電球が切れてしまったため，自宅から150メートル離れたコンビニエンスストアに電球を買いに出掛けた。コンビニエンスストアから帰るために現場近くに差し掛かったのは，午前1時5分ころだった。現場近くに差し掛かった瞬間，暗闇の先から『うわあ！』という叫び声が聞こえた。ただ事ではないと思い声のしたほうに駆け寄ると，血だらけのナイフを持った男が座り込んでおり，その10メートルほど先に倒れている人影がぼんやりと見えた。わたしは，座り込んでいる男に『あんた，何やったんだ。』と怒鳴ったが，その男は呆然とした様子で何もしゃべらなかった。わたしは，その場で携帯電話から119番通報をした。」

(4)　折りたたみナイフの領置経過に関する捜査報告書（証拠④）

現場に臨場した警察官は，5月10日午前1時25分ころ，現場に座り込むAの足元に，血痕様のものが付着した刃体の長さ約9センチメートルの片刃の折りたたみナイフを発見し，これを領置した旨が記載されている。

(5)　上記ナイフに付着した血痕様のものおよび付着していた指紋に関する鑑定書（証拠⑤）

上記ナイフに付着した血痕様のものは，人血であり，そのDNA型は，Vのものと一致したこと，また，上記ナイフの柄からは2つの指紋が顕出され，そのいずれもAの右手指の指紋と一致した旨が記載されている。

(6)　司法解剖医の警察官面前の供述録取書（証拠⑥）

「Vの死因は，胸部刺創による心臓刺創に起因する失血死である。成傷器は，先端は鋭利，かつ，刃の長さが9センチメートル程度の片刃の刃物と推定される。Vは，これにより1回刺突され，ほぼ即死したものと考えられる。証拠④のナイフは，その形状から，Vの死因となった胸部刺創を形成した凶器と考えて矛盾はない。上記胸部刺創が，深さ約8セ

ンチメートルに達していたうえ，肋骨が刺切されていたことに照らすと，凶器をかなり強い力でVの身体に突き刺したものと認められる。」

(7) Aの弁解録取書（証拠⑦）

「わたしは，Vを刺していない。わたしは，解体業者に勤める解体作業員であり，5月9日は朝からH県I市J町1丁目にある作業現場で解体作業に従事していた。午後8時ころに作業が終了し，同僚と近くの居酒屋で食事をし，5月10日午前0時30分ころに同僚と別れた。自宅まで徒歩だと1時間近くかかるものの，タクシー代がもったいないと思い，歩いて帰宅することにした。午前1時ころになり，事件現場近くに差し掛かったところ，正面から走ってきた人物とぶつかってしまった。わたしは，ぶつかってきた人物に『悪い，大丈夫だったかい？』と声を掛けたが，その人物は振り返ることもなくその場から走り去ろうとした。その時，わたしは，ぶつかってきた人物が何かを落としたのを見て，『ちょっと，何か落としたよ。』と声を掛けた。しかし，その人物はそのまま走り去ってしまった。わたしは，その落し物を届けてやろうと拾いあげたところ，それが血だらけのナイフであることに気づいて，思わず『うわあ！』と叫んで，その場に尻餅をついてしまった。その直後，『どうかしましたか？』と男性に声を掛けられた。その男性は，周囲を見渡した後，突然，わたしに向かって『あんた，何やったんだ。』と怒鳴ってきた。わたしは，わけもわからずパニックになり，何もしゃべることができなかった。気づいたときには，救急車とパトカーが来ており，警察官に促されるままパトカーに乗せられていた。」

2 検察官は，5月19日，Aについて勾留を請求し，裁判官は，同日，勾留状を発付した。

5月20日から，各局のニュース番組で本件被疑事件が大々的に取り上げられるようになった。多くの番組が，『女子大生刺殺！犯人は暴力団とのつながりも？』等という見出しで，Aが暴力団とのつながりを有する前科者であるとしてAの顔写真と実名を報道し，犯行状況の再現CGとして，Aが右手に折りたたみナイフを持って，Vの左胸部を力いっぱい突き刺す様子を放送した。また，同番組のコメンテーターらは，Aが犯行を否認していることについて激しくバッシングするコメントをしていた。

その後，検察官は，勾留期限までに所要の捜査を行い，以下の供述録取書を作成した。

(1) Wの検察官面前の供述録取書（証拠⑧）

以下の記載が加わったほかは証拠③の内容と同旨。

「警察官の取調べを受けた後，当時のことをよく思いだしてみたところ，いろいろなことを思いだすことができた。午前1時5分ころ，コンビニエンスストアの帰りに現場近くに差し掛かった時，わたしは，Aが右手に折りたたみナイフを持って，Vの左胸部を力いっぱい突き刺すところを目撃した。わたしからAとVまでの距離は10メートルほどあったが，街灯の明かりではっきり見えた。刺される直前，Vは『きゃあ！』と叫んでいた。わたしは，大変だと思ってVに駆け寄ったが，出血がひどく，すでに意識はない様子だった。わたしは，Aに向かって『あんた，何てことしたんだ。』と怒鳴ったが，Aはニヤニヤと薄気味悪い笑みを見せて，何もしゃべらなかった。」

(2) 警察官K作成に係る実況見分調書（証拠⑨）

Wを立会人として5月28日午後7時ころに行われた，Vが倒れていた場所の実況見分の結果を記載したものであり，Vが倒れていた位置などのほか，周囲には街灯がないものの，数軒ある民家の明かりにより5メートル先の人物の表情であれば判別可能な程度には明るかったことなどが記載されている。

(3) Aの検察官面前の供述録取書（証拠⑩）

以下の記載が加わったほかは，証拠⑦の内容と同旨。

「わたしは，Vを刺していない。わたしは，20年ほど前に，酒に酔ってケンカした相手

にけがをさせてしまったことがある。示談金を用意することができず，罰金20万円を納めた。その後は，深酒は絶対にしないと固く誓い，１度もケンカをしていない。暴力団員の知り合いはいない。強いていえば，以前，一緒に解体作業に従事したことのある同僚が元暴力団員と言っていた。わたしには，結婚して22年になる妻と，大学受験を控えた高校３年生の息子がいる。勤務先の社長も心配しており，２日に１回は面会に来てくれる。わたしは本当に何もしていない。信じてほしい。」

3　検察官は，勾留期限までに，Aにつき，Vを被害者とする殺人罪の公訴事実（逮捕勾留に係る被疑事実と同一の内容）で公訴を提起し，同公訴提起にかかる殺人被告事件は，公判前整理手続に付された。

4　公判前整理手続において，検察官は，証明予定事実記載書を裁判所に提出するとともに弁護人に送付し，あわせて，証拠①，④から⑥まで，⑧から⑩までの各証拠の取調べを裁判所に請求した。また，Aの弁護人からの類型証拠の開示請求に対して，検察官は，証拠②，③，⑦を開示した。

　　弁護人は，開示された証拠を閲覧・謄写したうえ，「Aが，Vに対し，公訴事実記載の犯行に及んだ事実はない。Aとぶつかった，現場から走り去った人物が真犯人であり，Aは犯人ではない。」旨の予定主張事実記載書を裁判所に提出するとともに検察官に送付した。

　　公判前整理手続のなかで，弁護人は，証拠⑧および⑨につき「不同意」とし，その他の証拠については「同意」との意見を述べた。検察官は，WおよびKの証人尋問を請求した。裁判所は，争点を整理したうえ，証拠①，④から⑥まで，⑩につき証拠調べをする決定をし，証拠⑧および⑨の採否を留保して，WおよびKを証人として尋問をする決定をし，公判前整理手続を終結した。

〔設問１〕
　下線部の供述に関し，以下の各問いに答えなさい。
(1)　検察官は，Aが公訴事実記載の犯行に及んだことを立証するうえで直接証拠または間接証拠のいずれと考えているか，具体的理由を付して答えなさい。
(2)　(1)の証拠構造をふまえて，弁護人は，下線部の供述の信用性を弾劾するために，どのような獲得目標を設定して反対尋問をするべきか。

〔設問２〕
　以下の各問いに答えなさい。
(1)　弁護人は，公判請求後，第１回公判期日までの間に，Aについて保釈の請求をした。しかし，H地方裁判所裁判官は，刑事訴訟法第89条第１号および第４号に該当する事由があり，また，同法第90条に基づく職権による保釈を許すべき事情も認められないとして，同保釈請求を却下した。裁判官が刑事訴訟法第89条第４号に該当する事由があると判断した思考過程を，その判断要素をふまえ具体的事実を指摘しつつ答えなさい。
(2)　弁護人は，結審後，判決宣告期日までの間に，改めてAについて保釈の請求をした。刑事訴訟法第89条第４号に該当する事由が認められるかについて，(1)で検討した事項をふまえて具体的事実を指摘しつつ答えなさい。

〔設問３〕
　Vの母親Mは，「大事な娘を失って以来，生きる希望を失ってしまった。今はただ，犯人が憎くて仕方がない。この心情を，ぜひ裁判の場で直接話し，裁判官に理解してもらいたい。」と考え，その旨を弁護士Lに相談した。この場合について，以下の各問いに答えなさい。
(1)　Mが自己の心情を公判廷で話す方法として，刑事訴訟法上いかなる手段が考えられるか，

複数の手段を，条文をあげて説明しなさい。
(2)　かりに，Mが検察官の論告の前に自己の心情について意見を陳述することになった場合，裁判所は，Mが陳述した内容を，Aが本件の犯人であるか否かを認定するための証拠とすることができるかについて，説明しなさい。
(3)　かりに，弁護士LがAの弁護人と同一の法律事務所に所属していた場合，弁護士LがMの相談を受けることの弁護士倫理上の問題について論じなさい。

思考過程

1 設問1小問(1)

設問1小問(1)は，証人の供述が直接証拠と間接証拠のいずれであるかを，理由を付して答えさせる問題である。それぞれの定義を示したうえで，立証趣旨をふまえて簡潔に説明すれば足りる。

直接証拠とは，主要事実を直接的に証明する証拠である。そして，間接証拠とは，主要事実の存否を推認させる事実（間接事実）を証明する証拠である。

本設問において，検察官はWの下線部の供述から"Aが公訴事実記載の犯行に及んだこと"を証明しようとしている。この事実は，Aが犯人であること，すなわち犯人性を示す。Wの下線部の供述は，AがVを刺したことを内容とするものであり，これはAがVを刺殺した犯人であることをその証拠のみで直接に認定しうる証拠であるから，直接証拠にあたる。以上をまとめればよい。

直接証拠，間接証拠，主要事実，立証趣旨などの概念を正確に使いこなせるかを確認したい。

2 設問1小問(2)

設問1小問(2)は，証拠構造をふまえて，下線部の供述の信用性を弾劾するために弁護人が立証をめざすべき事実が問われている。

供述の信用性を判断するための考慮要素として，(i)客観的な証拠や事実との整合性，(ii)知覚・記憶・表現叙述の過程において誤りが入り込む可能性，(iii)供述内容の一貫性，(iv)供述者の利害関係（虚偽供述の動機の有無），(v)供述内容の具体性，迫真性，(vi)供述態度の真摯さがあげられる。これらのなかでも特に(i)から(iv)までが重要である。

WにAとの特別な利害関係があるとはいえないので，(iv)供述者の利害関係（虚偽供述の動機の有無）の観点から弾劾することはできない。本設問では，W供述の信用性を弾劾するために，(ii)知覚・記憶・表現叙述の過程において誤りが入り込む可能性があったことを獲得目標の軸にすると検討しやすいであろう。

まず，知覚の過程について，WはAの犯行を目撃できるような視認状況下にあっただろうか。事件発生は午前1時ころであるところ，証拠②によれば，そのわずか2時間後である午前3時ころの時点で，事件現場の周囲は1メートル先の人物の表情も判別できない程度に暗かったことがわかる。そうだとすれば，午前1時ころも同程度の視認状況であったと考えられ，このような状況下で，Wが，10メートルほど離れたところからAが人をナイフで刺す場面を目撃できたかどうか疑問が生じることになる。したがって，視認状況が劣悪であったことを獲得目標に設定することになる。なお，この点は，(i)客観的な証拠や事実との整合性の観点からも重要といえる。

次に，記憶の誤りとして，供述が変遷していることにも目を向けよう。Wは，証拠③ではAが人を刺す瞬間については言及していない。これはW供述の核心部分であるから，この点について供述が変遷しているということは，核心部分についてWの記憶が強固なものではないことを意味する。したがって，W供述に(iii)供述内容の一貫性が欠けることを獲得目標に設定することになる。

最後に，上記供述の変遷に関係する事実として，証拠③における供述と下線部の供述との間に，各局のニュース番組で本件被疑事件が大々的に取り上げられたことも指摘したい。すなわち，Wは，ニュース番組という外部からの影響によって記憶が改変された可能性がある。したがって，このような外部的影響による記憶改変の可能性を獲得目標に設定することになる。

以上のようにWの供述の証明力を減殺する事情を，具体的な証拠や事実によって基礎づけよう。

3 設問2小問(1)

設問2小問(1)は，本件の被告人について，いわゆる必要的保釈における罪証隠滅のおそれ（89条4号）があると判断した裁判官の思考過程を説明させる問題である。なお，本問と直接の関係はないが，保釈の請求があった場合の裁判所の判断構造（89条，90条）はおさえておこう。

必要的保釈における罪証隠滅のおそれの存否は，基本的には勾留の理由（60条1項）における罪証隠滅のおそれと同様のフレームで検討する。すなわち，罪証隠滅行為の①対象，②様態，③客観的可能性および実効性，④主観的可能性を，この順番で考えていく。

①罪証隠滅行為の対象は，物的な証拠（本件でいえば，現場の血痕や凶器となったナイフ）にか

ぎられず，供述証拠も含まれる。すなわち，証人となりうる者への働き掛けも罪証隠滅行為になる。本件では，血痕やナイフはすでに捜査機関が証拠として収集していると考えられるので，Wへの働き掛けを検討すればよい。

②様態としては，保釈されたAが，公判廷での証言をしないように，あるいは供述内容を自己に有利な内容に変えるように，Wを脅迫することが考えられる。

③客観的可能性および実効性はどうか。Wの証人尋問はまだ行われておらず，Wは現場近くに住んでいる。AがWの住居を特定して，Wに対して不当な働き掛けをすることは可能であろう。

④主観的可能性としては，Aが犯行を否認していること，重大事件であり有罪の場合にAに課される刑罰が重いと予想されることなどを，Aの罪証隠滅の意図を示す事情としてあげればよい。

④　**設問2小問(2)**

小問(1)が公判請求後から第1回公判期日までの間になされた保釈請求だったのに対して，本設問は結審後，判決宣告期日までの間になされた保釈請求である。小問(2)の場合には，当然にWの証人尋問も終了しているはずである。すでに結審している以上は，今後AがWに働き掛けをしてWが証言を変えたとしても，弁論が再開されないかぎり裁判官の心証は影響を受けず，無意味である。

そうであるならば，小問(1)で検討したAの罪証隠滅のおそれは，審理の進行によってその根拠を失っているので，本設問においてはAに罪証隠滅のおそれはない，と判断することになるだろう。このように，罪証隠滅のおそれといった事情は，時間の経過や公判手続のフェーズに応じて変化するということを理解しておこう。

⑤　**設問3小問(1)，(2)**

設問3小問(1)は，被害者が自分の心情を公判廷で話す手段について条文をあげて説明させる問題である。被害者の刑事事件への参加は近年拡充されている制度であるので，すべてを覚えている必要はないが，条文を参照しながら適切なものを指摘したい。

まず，被害者等の意見陳述（292条の2）が考えられる。Mは死亡したVの母親なので，意見陳述の申出をなしうる被害者等（290条の2第1項括弧書）にあたる。

次に，被害者参加制度（316条の33から316条の39まで）が考えられる。心情を公判廷で話したいというMの意向を考慮すれば，弁論としての意見陳述（316条の38）が中心的な手段となるだろう。被害者参加人等参加人による証人の尋問（316条の36）や被告人への質問（316条の37）にも言及できるとなおよい。

設問3小問(2)は，被害者等の意見陳述（292条の2）の証拠法上の扱いを問うものである。

被害者等の意見陳述は，犯罪事実の認定のための証拠とすることができない（292条の2第9項）。犯罪事実の認定は厳格な証明による必要があり，被害者等の意見陳述は証拠調べではないからである。犯人性は犯罪事実であるから，本件では，裁判所はMの陳述をAが本件の犯人であることを認定するための証拠とすることができない。

なお，被害者参加制度における弁論としての意見陳述（316条の38）は，検察官の意見の陳述の後に行われるものであるから，本設問で検討する必要はない。

⑥　**設問3小問(3)**

設問3小問(3)は，犯罪被害者の母親が刑事裁判に参加するにあたって相談した弁護士と，被告人の弁護人が同じ法律事務所に所属していた場合，弁護士職務基本規程に照らして，弁護士倫理上どのような問題が生じるのかを検討させる問題である。

被告人と犯罪被害者家族の利益は相反すると考えられる。そして，規程27条，28条によってAの弁護人がMから相談を受けることができないとすれば，職務の公正を保ちうる事由がないかぎり，同一の法律事務所に所属するLもMからの相談を受けることはできない（規程57条）。

問題は，本設問における利益相反が，規程27条と28条に掲げられたどの類型にあたるのかである。規程27条と28条は排他的な利益相反類型を定めたものではないと考えられるので，まずは例外事由がより制限されている規程27条の類型から検討するのが定石である。

規程27条の「事件」の単位は訴訟物や訴訟手続ではなく，相反する利益の範囲によって決まると解される。刑事事件の被告人と犯罪被害者家族の間には，被告人の犯罪をめぐる民事刑事の紛争が

ある。

　では，Aは規程27条の「相手方」といえるか。上記のような利害対立の実態を重視するのであれば，被告人と犯罪被害者家族の利益は通常真っ向から対立するのであるから，被告人の弁護人が犯罪被害者家族の相談を受けることは弁護士の品位と信用を害するといえる。したがって本件では規程27条1号の類型にあたり，かりに当事者の同意があっても許容されないことになるだろう。

　一方，刑事事件の当事者はあくまで検察官と被告人であると理解するならば，MからみてAは事件の相手方とはならない。このような立場をとった裁判例もある（弁護25条の事例ではあるが，仙台高判昭和46年2月4日判時630号69頁参照）。このような理解からは，規程27条ではなく，Aが28条3号の「他の依頼者」にあたるかどうかを検討したうえで，もし該当するならばAとM双方の同意がないかぎりLはMの相談を受けることができない，と結論づけることになるだろう。

　どちらの構成でもかまわないが，コンパクトにあてはめて結論を示したい。

第1　設問1
　1　小問(1)
　　　　直接証拠とは，主要事実を直接的に証明する証拠をいう。また，間接
　　　証拠とは，主要事実の存在を推認させる間接事実を証明させる証拠をい
　　　う。　　　　　　　　　　　　　　　　　　　　　　　　　　　　　　　　5
　　　　本件では，主要事実はAが公訴事実記載の犯行に及んだことである。
　　　下線部の供述はWがAの犯行を目撃した旨を内容とするところ，この供
　　　述の信用性が認められれば主要事実を直接的に証明することができる。
　　　　したがって検察官は，当該供述は直接証拠にあたると考えている。
　2　小問(2)　　　　　　　　　　　　　　　　　　　　　　　　　　　　　　10
　　　　犯行時刻は深夜午前1時ころであるところ，周辺住民の大半が就寝し
　　　ている時刻であり民家の明かりも消えているであろうことを考えれば，
　　　Wの視認状況は，犯行時刻の2時間後に実施された実況見分の結果を記
　　　載した証拠②と同様の状況であったと考えられる。そうであるところ，
　　　証拠②によれば，犯行現場周辺は，犯行時刻ころ，1メートル先の人物　　15
　　　の表情も判別できない程度に暗かったことがわかる。このような視認状
　　　況にかんがみれば，Wが目撃地点から10メートル先のAの犯行を現認す
　　　ることができたかについて合理的な疑いを排除することはできない。そ
　　　こで弁護人は，Wの視認状況の劣悪さを獲得目標として，反対尋問をす
　　　べきである。　　　　　　　　　　　　　　　　　　　　　　　　　　　20
　　　　また，証拠③におけるWの供述と下線部の供述とは，Wが犯行を現認
　　　したか否かという核心部分において供述の変遷が認められる。当該供述
　　　の変遷について，合理的な説明はなされておらず，5月20日から各局の
　　　ニュース番組で本件被疑事件が大々的に取り上げられるようになった状
　　　況にかんがみれば，Wがニュース番組を視聴した影響により記憶を改変　　25
　　　された可能性が考えられる。そこで弁護人は，Wの供述の核心部分が不
　　　合理に変遷したこと，およびその原因としてニュース番組による記憶改
　　　変の可能性があることを獲得目標として反対尋問をすべきである。
第2　設問2
　1　小問(1)　　　　　　　　　　　　　　　　　　　　　　　　　　　　　　30
　　　　「罪証を隠滅すると疑うに足りる相当な理由」（刑事訴訟法89条4号。
　　　以下「刑事訴訟法」法名省略）の有無については，①対象，②態様，③
　　　客観的可能性，④主観的可能性を考慮要素として判断する。
　　　　Aは，①証人Wを対象として，②自己に有利な証言をするように働き
　　　掛けることが考えられる。③AとWは知り合いではないものの，Wの家　　35
　　　は犯行現場から近く，待ち伏せすることでAがWに会うことは可能であ
　　　るから，Aが上記行動にでる客観的可能性もある。④殺人罪は罪責が重
　　　く（刑法199条），罪を免れる動機があるといえる。また，Aは犯行を否
　　　定しているところ，WのAの犯行を現認した旨の証言はAに不利な内容
　　　であること，公判前整理手続においてWの証人尋問（143条）をする決　　40
　　　定（316条の5第7号）がなされており，公判期日での当該証人尋問に
　　　おいてWが上記内容の証言をすることが予想されることから，このよう
　　　な証言を阻止すべくAが上記行動にでる主観的可能性がある。
　　　　したがって検察官は，このような思考過程を経て「罪証を隠滅すると

（右欄注記）
➡定義
➡あてはめ
➡結論
➡視認状況の検討
➡供述の核心部分
　に関する変遷の
　検討
➡考慮要素
➡思考過程

疑うに足りる相当な理由」があると判断したと考えられる。　　　　　　　　45

2　小問(2)

　　小問(1)と同様，①Wを対象として②証言を変更するようWを脅すこと
が考えられる。もっとも，すでに結審後であり，口頭弁論が再開されな
いかぎり改めて証人尋問がされることはない以上，この時点でAがWに
働き掛けたところで実効性はなく，③客観的可能性が存在しないという　　50
べきである。

　　したがって，「罪証を隠滅すると疑うに足りる相当な理由」はない。

第3　設問3

1　小問(1)

　　Mは，Aにより殺害されたVの母親であり「被害者等」（290条の2第　　55
1項括弧書）にあたるから，裁判所に対し，「被害に関する心情その他
の被告事件に関する意見の陳述の申出」（292条の2第1項），および被
害者参加（316条の33第1項1号）の申出をすることができる。後者の
場合，Mが自己の心情を公判廷で話す方法としては，証人尋問の申出
（316条の36第1項），および弁論としての意見陳述の申出（316条の38　　60
第1項）をするという手段が考えられる。

2　小問(2)

　　検察官の論告の前であるから，弁論としての意見陳述の申出（316条
の38第1項）に基づく意見陳述をすることはできず，「被害に関する心
情その他の被告事件に関する意見の陳述の申出」（292条の2第1項）に　　65
よって陳述することになる。そして，この陳述は，犯罪事実の認定のた
めの証拠とすることはできない（292条の2第9項）。

　　したがって，裁判所は，Mが陳述した内容を，Aが本件の犯人である
か否かを認定するための証拠とすることができない犯人性を認定するた
めの証拠とすることはできない。　　　　　　　　　　　　　　　　　70

3　小問(3)

　　弁護士LとAの弁護人は同一の法律事務所に所属しているところ，こ
の「共同事務所」（弁護士職務基本規程55条。以下「規程」という）の
「所属弁護士」Lの依頼者Mと，「他の所属弁護士」である弁護人の依
頼者Aとは，同一刑事事件の被告人と被害者等の関係にあるから「相手　　75
方」の関係に立つ（規程57条本文，規程27条1号）。

　　したがって，Aの弁護人とLとの間で完全な情報遮断がされているな
ど「職務の公正を保ち得る事由」があるといえない場合には，規程57条
本文，規程27条1号違反の問題がある。

　　　　　　　　　　　　　　　　　　　　　　　　　　　　以上　　80

➡結審後であるこ
との評価

➡条文にあてはめ
ていく

➡「相手方」の関
係にあることの
指摘

第1　設問1
1　小問(1)
　　直接証拠とは主要事実を直接的に証明する証拠をいう。また，間接証拠とは主要事実の存在を推認させる間接事実を証明させる証拠をいう。
　　本件では，主要事実はAが公訴事実記載の犯行に及んだことである。下線部の供述はWがAの犯行を目撃した旨を内容とするところ，この供述の信用性が認められるのであれば主要事実を直接的に証明することができる。したがって検察官は，当該供述は直接証拠にあたると考えている。

⟵○定義を示せている

⟵○主要事実を示せている

2　小問(2)
　　証拠③におけるWの供述と下線部の供述とは，Wが犯行を現認したか否かについてその内容に違いがあり，供述の変遷が認められる。そこで弁護人は，Wの供述の変遷した理由が合理的でないことを証明すべく，反対尋問をすべきである。
　　また，証拠⑨には午後7時頃に行われた実況見分においては民家の明かりにより5メートル先の人物の表情であれば判別可能な程度に明るかった旨の記載があり，これは下線部の供述の信用性を高めると思われる。もっとも犯行時刻は深夜午前1時頃であるところ，周辺住民の大半が就寝している時刻であり民家の明かりも消えているであろうことを考えれば，午前3時頃に行われた実況見分の結果を記載した証拠②を重視すべきである。そして，周囲には街頭がなく民家も明かりがついていないため1メートル先の人物の表情も判別できない程度に暗かった旨の証拠②の記載からすれば，Wが目撃地点から10メートル先のAの犯行を現認することができたかについて合理的な疑いを排除することはできない。そこで弁護人は，WがAの犯行を現認することはできなかったことを証明すべく，反対尋問をすべきである。

⟵△供述の変遷について触れられているが，犯行を現認したか否かが供述の核心部分であることを一言指摘すべき

⟵○Wが犯行を視認できたかについて，他の証拠をあげながら丁寧に論述できている

第2　設問2
1　小問(1)
　　「罪証を隠滅すると疑うに足りる相当な理由」（刑事訴訟法（以下法名省略）89条4号）の有無については，①対象，②態様，③主観的可能性，④客観的可能性を考慮要素として判断する。
　　①証人Wを対象として②証言を変更するようWを脅すことが考えられる。③Aは犯行を否定しているところ，WのAの犯行を現認した旨の証言はAに不利な内容であること，公判前整理手続においてWの証人尋問（143条）をする決定（316条の5第7号）がなされており公判期日での当該証人尋問においてWが上記内容の証言をすることが予想されることから，このような証言を阻止すべくAが上記行動にでる主観的可能性がある。④AとWは知り合いではないものの，Wの家は犯行現場から近く，AがWの所在を知ることは比較的容易であるから，Aが上記行動にでる客観的可能性もある。
　　したがって検察官は，このような思考過程を経て「罪証を隠滅すると疑うに足りる相当な理由」があると判断したと考えられる。

⟵○4つの要素を示すことができている

⟵△犯罪の重大性について触れたほうがよい

⟵○AとWの関係について丁寧に示せている

2　小問(2)
　　小問(1)と同様，①Wを対象として②証言を変更するようWを脅すこと

が考えられる。また，④客観的可能性もいまだにある。もっとも，結審後，判決宣告期日までの間に保釈請求（88条1項）をした場合，③Wの証人尋問は終了しているから，上記行動にでる主観的可能性は消滅している。

　したがって，「罪証を隠滅すると疑うに足りる相当な理由」はない。

第3　設問3
1　小問(1)
　　Mは，Aにより殺害されたVの母親であり「被害者等」（290条の2）にあたるから，裁判所に対し，「被害に関する心情その他の被告事件に関する意見の陳述の申出」（292条の2第1項），および被害者参加（316条の33第1項1号）の申出をすることができる。後者の場合，Mが自己の心情を公判廷で話す方法としては，証人尋問の申出（316条の36第1項），および弁論としての意見陳述の申出（316条の38第1項）をするという手段が考えられる。

2　小問(2)
　　Mが弁論として意見陳述をした場合，裁判所は，Mの当該陳述をAの犯人性を認定するための証拠とすることはできない（316条の38第4項参照）。

3　小問(3)
　　弁護士LとAの弁護人は同一の法律事務所に所属しているところ，この「共同事務所」（弁護士職務基本規定（以下「規定」という）55条）の「所属弁護士」Lの依頼者Mと，「他の所属弁護士」である弁護人の依頼者Aとの間において，利益が相反するおそれがある（規定57条本文，規定28条3号）。この場合，MとAの同意を得る必要があり（規定28条ただし書），また「職務の公正を保ち得る事由」（規定57条ただし書）があるといえる必要がある。

　　したがって，MとAの同意が得られず，または「職務の公正を保ち得る事由」があるといえない場合には，規定57条本文，規定28条3号違反の問題がある。

以上

⬅️×客観的可能性の判断において，結審しているため，証言が変更されるおそれがほぼないことを考慮できていない

⬅️○意見陳述および被害者参加の条文の引用が正確
⬅️○意見陳述について複数の条文をあげることができている

⬅️×意見陳述ではなく被害者参加の条文をあげてしまっている

⬅️×正しくは「規程」
⬅️△まず規程27条を検討すべき

本件は，犯人性が争点となる殺人事件を題材に，目撃証言の位置づけと信用性の判断要素（設問1），保釈における罪証隠滅のおそれの判断要素（設問2），被害者等が公判廷に関与する方法と共同事務所における弁護士倫理（設問3）について，【事実】に現れた証拠や事実，手続の経過を適切に把握したうえで，法曹三者それぞれの立場から，主張・立証すべき事実，その対応についての思考過程や問題点を解答することを求めており，刑事事実認定の基本構造，刑事手続についての基本的知識の理解および基礎的実務能力を試すものである。

講　評

1　設問1について

小問(1)について，直接証拠と間接証拠のいずれにあたるかを問う問題は，2019（平成31）年予備試験，2017（平成29）年予備試験などで重ねて出題されている。そのため，多くの答案が直接証拠と間接証拠の定義から正しく記述することができていた。他方で，直接証拠・間接証拠の定義にいっさい触れていない答案や，誤った定義を述べている答案も，少しだが見受けられた。

小問(2)は，小問(1)で確認したWの目撃供述の証拠構造上の位置づけをふまえて，その信用性を弾劾するポイントを問う問題である。目撃者供述の信用性の判断要素は実務上もきわめて重要であり，出題可能性も高いといえるため，本設問を機に確認しておくことが望ましい。関連して，共犯者供述の信用性の判断要素についても基本書等で復習しておくとよい。多くの答案が，Wの視認状況や供述内容の変遷に触れることができていた。もっとも，供述内容の変遷は，当該供述の核心部分について不合理な変遷をしているからこそ信用性を弾劾することになる。この点，Aの犯行を目撃したという部分がW供述の核心部分であることを指摘していない答案は，説得力に欠けることになろう。

2　設問2について

罪証隠滅のおそれの判断要素については，過去問において，勾留の場面や接見等禁止処分の場面，保釈の場面など，さまざまな場面を題材として出題されてきた。いずれの場面においても，罪証隠滅行為の①対象，②様態，③客観的可能性および実効性，④主観的可能性を検討することは共通する。もっとも，各手続の位置づけの違いに応じて，留意すべきポイントが異なることに注意を要する（FL【身柄拘束】）。

多くの答案は，罪証隠滅のおそれの判断要素に従って必要な事実を摘示し，あてはめることができていた。他方で，小問(1)と小問(2)の差異に気づいていない答案も少し見受けられた。小問(2)は結審後，判決宣告期日までの間になされた保釈請求であるから，すでに証拠調べ手続が終了していることとなり，この点は罪証隠滅のおそれの判断にも影響する。このように，時間の経過や公判手続のフェーズに応じた違いに気づけるかが合否を分けるポイントになるであろう。

3　設問3について

小問(1)と小問(2)は，被害者等が自分の心情を公判廷で話す手段と，被害者等の意見陳述の証拠法上の扱いを問う問題である。知識としておさえていなかった受験生が大半と思われるなかで，あきらめずに条文を引くことができたか否かで差がつく問題であった。

小問(3)は，共同事務所における利益相反関係を問う問題である。共同事務所という特殊性はあるものの，規程57条を見つけることができれば，基本的には単純な利益相反の問題と同じであることに気づけるであろう。「相手方」の解釈について迷った答案が多かったようであるが，「相手方」に該当するという見解も，該当しないとする見解も，いずれも成り立ちうるから，どちらの見解に立つかは重要ではない。重要なのは，条文に基づいて解答する姿勢そのものである。

優秀答案における採点実感

① 全体

設問1につき1頁半，設問2につき1頁半，設問3につき1頁という分量となっている。設問1は小問(2)において供述の信用性に関し，複数の事項について論述する必要があり，また設問2は小問(1)において罪証隠滅のおそれについて具体的事実をあげて検討する必要があり，これらは必然的に書くべき内容が多くなる。他方，設問3は条文をあげるだけのものが多く，分量は少なくすむ。そのため，設問3の分量を少なくした点に関しては問題の内容によく対応できており，評価できる。また，ナンバリングも適切であり，読みやすい答案となっている。

② 設問1について

1 小問(1)について

小問(1)については，おおむねよく書けている。直接証拠，間接証拠の定義も正確であり，主要事実を示して論述している点は高く評価できる。このように定義から丁寧に示していく姿勢は法律答案において評価に結びつきやすく，見習いたい。

2 小問(2)について

小問(2)については，示すべき獲得目標のうち，犯行の視認状況および供述の変遷についいてはよく書けている。特に犯行の視認状況については，問題となっている証拠⑧以外の他の証拠を用いて，時間帯の違い等に着目して説明がなされている点で説得力があり，高い評価につながった。

他方，バッシングのコメントがテレビによってなされていたことについては触れられなかった。ほかの2つと比較すると重要性は落ちるかもしれないが，問題文中に特に記載されていることであり，供述の変遷理由にも関わる事情であるから，他の受験生と差をつける意味でも触れておくことが望ましい。

③ 設問2について

1 小問(1)について

罪証隠滅のおそれを検討するうえで必要な4つの要素について最初に述べられている点はよかった。これを最初に書いておくことで読み手もおおまかな答案の流れを把握することができ，答案が読みやすくなるため，高評価につながりやすい。

また，その後のあてはめについてもWへの脅迫という罪証隠滅の態様や，AとWの関係性について具体的事情を触れられている点はよかった。ただ，主観的可能性のあてはめにおいて，単に供述が被告人にとって不利であるという点をもって，主観的可能性ありとしている点については，短絡的であるように思われた。他の受験生と差をつけるためにも，犯罪の重大性について触れられるとなおよいだろう。

2 小問(2)について

小問(2)については，結審後であり，Wの証言が変更されるおそれがないことについて，客観的可能性において記述がなかったことは残念であった。刑事実務基礎科目においては，刑事訴訟全体の流れを念頭において解答することが重要であり，本設問においてもこれを意識することが必要である。今後は，これを意識して学習に励みたい。

④ 設問3について

1 小問(1)について

本設問は，端的に条文をあげることを求める問題であったが，正確に条文を引くことができていた。特に，後段ではMが自己の心情を述べることが目的であることを考慮して条文をあげることができており，高く評価することができた。具体的事情を考慮して条文をあげる姿勢は高評価につながりやすいので，参考にしてもらいたい。

2 小問(2)について

本設問で問われている意見陳述に関する条文ではなく，被害者参加の条文をあげてしまっており，正解筋から大きく外れた答案となってしまった。本設問も設問2小問(2)と同様，刑事訴訟全体の流れを意識しながら解答することが求められており，今後はこれを頭にいれて学習を進めてほしい。

3 小問(3)について

　設問３小問(3)は，対策が手薄になりがちな弁護士職務基本規程に関する問題であったが，条文をしっかりと引き，条文の文言に引きつけて解答できており，高く評価することができた。本設問では，規程27条から検討することが求められていたが，この点に気づいている答案は少なく，規程28条から検討したとしても差がつくところではなく，問題はないだろう。初見の問題では条文の文言に引きつけて解答することが重要であり，この姿勢は見習いたい。

第4問　風邪より怖い風邪薬

次の【事例】を読んで，後記〔設問〕に答えなさい。

【事　例】

1　A（男性，48歳）は，令和3年12月22日，昏酔強盗罪の被疑事実で逮捕され，同月24日から勾留された後，令和4年1月9日，「被告人は，令和3年12月21日午後8時50分ころ，H県I市J町1丁目1番1号Kビル1階喫茶店S（以下「本件喫茶店」という）において，同店店長のV（男性，45歳）を昏酔させ，所持金を盗取しようと企て，同人に対し感冒剤αをアルコールとともに服用させ，これにより同人をして間もなく昏酔状態に陥らしめたうえ，同日午後9時50分ころ，同所において，同人所有の現金50万円を盗取したものである。」との公訴事実が記載された起訴状により，I地方裁判所に公訴を提起された。

2　Aの弁護人は，Aが勾留された後，数回にわたりAと接見した。Aは，逮捕・勾留にかかる被疑事実につき，同弁護人に対し，「わたしは，事件発生日である令和3年12月21日，数年前に知り合い，以後付き合いのあるVが経営する本件喫茶店に行きました。忘年会をわたしとVの2人でやろうということで，本件喫茶店が閉店する午後8時を過ぎた午後8時20分ころに本件喫茶店に到着したと思います。わたしは，前日に別の飲み会で飲みすぎていたこともあり，Vとの忘年会を始める前に胃薬や頭痛薬，風邪薬（商品名「感冒剤α」）を入れている袋（以下「本件袋」という）をかばんから取り出し，胃薬を飲みました。本件袋は，かばんに戻さずに机の上に置いたままにしていました。忘年会が始まって少し時間がたったところで，わたしはトイレに行きました。そして，わたしがトイレから戻ると，Vは，『最近体の調子が悪かったから，本件袋に入っていた感冒剤αをもらったよ。』と言いました。その後，Vは，うとうととし始め，最終的に寝入ってしまいました。わたしは，せっかくVと飲むために時間を割いて本件喫茶店に来たため，Vに対して，『おい，起きろよ。』『まだ始まったばかりじゃないか。』などと言い，Vの体を揺すりましたが，Vは一向に起きませんでした。Vのこのような状況を見て，わたしは，今日の忘年会はもうお開きだなと考えました。そして，帰宅するために出口のほうへ向かうと，『金50万円在中』と書かれた封筒がレジの奥に置いてあるのが見えました。なお，レジの奥に『金50万円在中』と書かれた封筒が置いてあることに気づいたのはこの時がはじめてです。わたしは，不動産会社を経営しているのですが，先日会社の経費を支払ったために懐事情がとても寂しい状況にありました。そこで，Vに対して申し訳ないと思いながらも，同封筒を持って本件喫茶店を出て，自宅に戻りました。その後，Vの通報によって駆けつけた警察官に逮捕され，今にいたるというわけです。また，わたしの取調べを担当した警察官が，『当初から感冒剤αをアルコールに混ぜて現金を盗むつもりだったんだろう。』と言ってきましたが，わたしは感冒剤αがアルコールと同時に飲むと昏酔状態を引き起こすことなどそもそも知りませんでした。」旨説明した。Aは，前記1のとおり公訴を提起された後も，同弁護人に対し，上記説明と同じ内容の説明をした。

3　受訴裁判所は，令和4年1月26日，検察官および弁護人の意見を聴いたうえで，Aに対する昏酔強盗被告事件を公判前整理手続に付する決定をした。検察官は，同年2月2日，【別紙1】の証明予定事実記載書を同裁判所およびAの弁護人に提出・送付するとともに，同裁判所に【別紙2】の証拠の取調べを請求し，Aの弁護人に当該証拠を開示した。Aの弁護人が当該証拠を閲覧・謄写したところ，証拠の内容は以下のとおりであった。

(1)　甲第1号証の本件袋は，Aを逮捕した際に差し押さえた物件であり，横10センチメートル，縦20センチメートルの麻を素材として作られたものであり，本件袋の中には胃薬や頭痛薬に加え，感冒剤αも入っていた。

(2) 甲第2号証の封筒は，Aを逮捕した際に差し押さえた物件であり，封筒の表正面に「金50万円在中」と手書きで書かれており，封筒の中には50万円が入っていた。

(3) 甲第3号証の実況見分調書には，本件喫茶店内における椅子やテーブル，レジなどの配置状況が記載されている。

(4) 甲第4号証の鑑定書には，「感冒剤αには成分βが含まれており，成分βをアルコールと同時に服用するとめまいや眠気といった症状を引き起こし，服用後30分から1時間程度で被服用者が昏酔状態に陥る危険性が非常に強い。」旨が記載されている。

(5) 甲第5号証のAの友人Zの検察官調書には，「本件事件の1週間ほど前にAと飲み会を行い，世間話をしました。そのなかで，Aは，『最近会社の経費の支払などで苦しい。強盗でもすれば生活が楽になるのかな。』と冗談交じりに言っていました。」旨が記載されていた。

(6) 甲第6号証のVの検察官調書には，「本件事件が発生した令和3年12月21日午後8時20分ころ，わたしの経営する本件喫茶店にAがやって来ました。Aとわたしとは，数年前に居酒屋で知り合って以来，年に数度食事に行く間柄です。この日は，本件喫茶店において，忘年会という名目でAと2人で飲もうという話になっていました。Aを席に案内し，午後8時半ころから飲み始めたと思います。Aから，『年末で忙しい時期だが体調は良好か。』と聞かれましたので，『年末ということもあり，かなり忙しいね。風邪をひいている場合ではないけれど，少しだけ風邪気味かな。』と答えました。そうすると，Aは，本件袋から感冒剤αを取り出し，『この薬は風邪などの症状にとてもよく効く薬だ。風邪はひき始めが大変重要だという。年末年始にかけて体調を崩すことのないように飲んでおいたほうがいい。この薬はお酒と一緒に飲んでも平気だから飲んでみな。』と言い，わたしに感冒剤αを手渡してきました。なお，この時点においては多少飲酒してはいたものの，当時の記憶は鮮明であり，Aが感冒剤αを交付してきた状況についてはしっかりと覚えています。わたしは，Aに手渡された感冒剤αをビールで流し込んだところ，徐々に眠くなり，そのまま眠ってしまいました。気がつくと朝になっており，Aはすでに帰ったようでした。わたしは店を開けるために出入り口ドアのほうへ向かうと，レジの奥に置いてあった『金50万円在中』と書いた封筒がなくなっていることに気がつきました。同封筒はAが来るまではたしかにレジの奥に置いていたのでAが持って行ったのだと思います。また，わたしは，酒は強いほうであの程度の量で酔い潰れることはありません。それにもかかわらず，Aに感冒剤αをもらった直後に眠くなりそのまま眠ってしまいましたので，昏酔の原因はAから渡された感冒剤αに間違いありません。友人であるわたしに薬を飲ませて50万円を奪ったAのことは許せませんので厳重に処罰してください。」旨記載されていた。

(7) 乙第1号証のAの警察官調書には，Aの身上，経歴，犯行状況が，乙第2号証のAの検察官調書には，犯行状況が記載されていた。また，乙第3号証は，Aの前科に関する調書であった。

4 Aの弁護人は，検察官から送付された【別紙1】の証明予定事実記載書および【別紙2】の検察官請求証拠を検討した後，①同証明予定事実記載書の内容につき，受訴裁判所裁判長に対して求釈明を求める方針を定め，また，甲第6号証の証明力を判断するために，Vの供述録取書のすべてを類型証拠として開示請求した。そこで，検察官は，Vの警察官調書1通（以下「弁第1号証」という）を開示した。

その後，令和4年2月16日，Aに対する昏酔強盗被告事件につき，第1回公判前整理手続が開かれた。裁判長は，Aの弁護人からの前記求釈明の要求に応じて，検察官に釈明を求めた。検察官は，上記求釈明に対し，証明予定事実記載書における当該記載の趣旨を述べた。

第1回公判前整理手続が終了した後，Aの弁護人は，甲第5号証の検察官調書および甲第

6号証の検察官調書は信用性がないと考えた。そのうえで，②Aの弁護人は，前記2のAの説明内容に基づいて予定主張記載書面を作成し，これを受訴裁判所および検察官に提出・送付した。

　同年3月9日，第2回公判前整理手続が開かれた。Aの弁護人は，甲第5号証および甲第6号証につき不同意の意見を述べた。そこで，検察官は，甲第5号証および甲第6号証を撤回し，VおよびZの証人尋問を申請した。受訴裁判所は，弁護人の意見を聴いたうえでVおよびZの証人尋問を実施することを決め，また，③検察官および弁護人の意見を聴くことなく，職権で被告人質問の実施を決定した。

5　その後，第1回公判期日が同年5月10日に行われ，甲第1号証から甲第4号証までおよび乙第1号証から乙第3号証までの証拠調べが実施され，また，Aに対する被告人質問およびVおよびZに対する証人尋問がそれぞれ実施された。その結果，Vは，甲第6号証の記載内容と同一の供述を行った。そこで，Aの弁護人は，弁第1号証を刑事訴訟法第328条の弾劾証拠として取調べ請求した。④裁判所は，検察官の意見を聴いたうえで，Aの弁護人の証拠調べの請求について決定した〔本件決定〕。

　なお，弁第1号証には，「Aは，本件袋から感冒剤αを取り出し，『この薬は風邪などの症状にとてもよく効く薬だから飲んでおきな。この薬はお酒と一緒に飲んでも平気だから。』と言い，わたしに感冒剤αを手渡してきたと思います。もっとも，少し風邪気味であるにもかかわらず飲酒をしたためか，Aに感冒剤αを手渡された時点においてわたしはかなり酔っていて，Aが感冒剤αを交付してきた点については記憶が曖昧な部分もかなりあります。」旨記載されていた。

〔設問1〕
　下線部①につき，Aの弁護人が求釈明を求める事項として考えられる内容をあげ，当該求釈明の要求を必要と考える理由を具体的に説明しなさい。

〔設問2〕
　下線部②につき，Aの弁護人は，Aの罪責についていかなる主張をすべきか，その結論を示すとともに理由を具体的に論じなさい。

〔設問3〕
　下線部③につき，裁判所は，検察官および弁護人の意見を聴くことなく被告人質問の実施を決定しているが，これは許されるか。証人尋問の実施を決定する場合と比較しつつ論じなさい。

〔設問4〕
　下線部④の本件決定の結論（本件決定の条文上の根拠を指摘すること）およびそのような結論となる理由について論じなさい。

証明予定事実記載書

令和4年2月2日

　被告人Aに対する昏酔強盗被告事件に関し，検察官が証拠により証明しようとする事実は下記のとおりである。

記

	証拠
第1　被告人の身上，経歴等	第1につき
1　被告人は，平成8年に大学を卒業し，大学卒業後金融会社に勤めていたが，平成17年頃前記会社を退職し，その後，平成22年頃から不動産会社を経営している。被告人とVは，数年前に飲食店にて知り合い，年に数度食事に行くなどの付き合いを続けていた。	乙第1号証（被告人の警察官調書），乙第2号証（被告人の検察官調書），乙第3号証（被告
2　被告人には以下の前科1犯がある。 　　平成20年3月5日　H地方裁判所宣告 　　準強制わいせつ罪で懲役3年　執行猶予5年 　　事案の概要は，被告人が，平成20年10月20日の深夜，被害者宅にて，被害者に感冒剤αをアルコールとともに飲ませ，被害者をして間もなく昏酔状態に陥らしめたうえ，被害者にわいせつな行為を行ったものである。	人の前科調書）
第2　犯行に至る経緯および犯行状況等	第2につき
1　被告人は，令和3年12月21日午後8時20分ころ，Vが経営する喫茶店を訪れた。	甲第1号証（本件袋），甲第2号証（封筒），甲第3
2　被告人は，Vを昏酔させ金員を盗取する意図を持って，あらかじめ準備していた感冒剤αをアルコールとともにVに服用させ，Vを昏酔させた。	号証（実況見分調書），甲第4号証（鑑定書），甲第
3　Vが昏酔した後に，被告人は，店内に保管してあった金50万円が入った封筒を持ちだして，同店を立ち去った。	5号証（Zの検察官調書），甲第6号証（Vの検察官調書）

以上

【別紙２】

検察官請求証拠

甲号証

番号	証拠の標目	立証趣旨
甲第１号証	本件袋	本件犯行に使用した感冒剤αの存在
甲第２号証	封筒	被害物品の存在
甲第３号証	実況見分調書	犯行現場の状況等
甲第４号証	鑑定書	感冒剤αとアルコールを同時に服用した際の効果
甲第５号証	Ｚの検察官調書	本件犯行前の被告人の会話内容
甲第６号証	Ｖの検察官調書	被害事実

乙号証

番号	証拠の標目	立証趣旨
乙第１号証	被告人の警察官調書	身上・経歴関係，犯行状況等
乙第２号証	被告人の検察官調書	犯行状況等
乙第３号証	被告人の前科調書	前科の存在

思考過程 |||

1 全体の見通し

　全体の設問数は4問であり，やや多い印象を受ける。時間配分と答案の分量の配分に注意しなければならない。設問1は，求釈明を求める事項であり，問題文をよく読む必要があるので，時間がかかりそうである。設問2は，Aの罪責についての主張であるから，比較的処理しやすそうな問題である。設問3は，手続の比較問題であるため，条文を丁寧に引くことが大事になる。設問4は，決定の結論と理由を問うもので，条文を引くことが求められる。

2 設問1

　設問1は，検察官の証明に対する求釈明を求める（規則208条3項）事項と理由を問うものである。

　そもそも，求釈明は，検察官の主張，立証構造が不明確であり，かつ，それにより被告人の防御に不利益が生じる場合に認められるものである。

　そこで，検察官の主張・立証を確認すべく，証明予定事実記載書と証拠からみていく。証明予定事実記載書で第1にAの前科の記載がある。第2には，Aの犯行の経緯が記載されている。ここに，不明確な点がないかを探していく。

　第1のAの前科の記載についてみると，やや唐突な印象を受ける。内容を見ると，Aが類似の方法で，準強制わいせつ罪をしたことが記されている。しかしながら，この前科からは，何の立証に用いるのか，関連性が明確でない。なぜなら，前科により，情状，Aの犯人性，Aの主観など立証するものが複数考えられるためである。弁護人としては，証明予定事実記載書ではそれらを明確にするための手続をとることになる。そのため，何を立証するために前科を記載したのかについて求釈明を求めることになる。

　第2については，証明予定事実記載書と証拠を照らし合わせれば，どのように立証しようとするのかがわかりやすいものとなっている。そのため，ここに求釈明を求めるべきところはないと判断する。

3 設問2

　設問2は，Aの主張に沿った主張をすることが求められている。罪責についての主張の問題については，常に実体法を意識した論述を心掛ける必要がある。そこで，Aの主張について，昏睡強盗罪（刑239条）の構成要件との関係で確認していく。

　まず，注目すべきは，Aは，Vに感冒剤αをみずから渡しておらず，Vが勝手にこれを服用したと主張している点である。昏睡強盗罪が成立するためには，「人を昏睡させ」ることが必要である。そうであるならば，AがVに感冒剤αを渡していない以上，Aは「人を昏睡させ」たとはいえないことになる。そうすると，Aは実行行為をしていないことになる。そのため，これを主張していくのが妥当である。

　次に，Aは感冒剤αをアルコールと同時に服用すると昏睡状態になることの認識を有していなかったという点である。このような効果を生じることを認識していないということは，Aは昏睡強盗罪の故意（刑38条1項本文）を有していないことを意味する。したがって，これも主張すべきこととなる。

　更に注目すべきは，Aが50万円の入った封筒を持っていこうと思ったのは，Vの昏睡後ということである。昏睡強盗罪の成立には，財物奪取の手段として人を昏睡させることが必要である。しかし，Aの弁解をもとにすると，Aは当初から財物奪取を目的としていたわけではない。それゆえ，かりにAの行為でVが昏睡したとしても，Aは財物奪取の手段としてVを昏睡させたものではないから，Aに昏睡強盗罪は成立しない。

　以上から，Aには，50万円の入った封筒を持ち去ったことによる窃盗罪（刑235条）は成立するものの，昏睡強盗罪は成立しえないことを主張すべきである。

4 設問3

　設問3は，当事者の意見を聴くことなく，被告人質問を実施することができるかを問い，証人尋問の場合との比較を要求している。

ここでは，手続が問われているので，条文を適切に指摘することが重要となる。証人尋問は証拠調べ手続であるから，公判手続の条文のあたり（刑訴271条以下）を探していく。そして，規則に関連するところがないかについても目次から探す。

　まず，証人尋問の原則から考える。証人尋問は，証拠調べ手続である。証拠調べ手続においては，当事者主義から，当事者の請求によるのが原則（298条1項）となっている。もっとも，裁判所は必要と認めるときは，職権で証拠調べをすることができる（298条2項）。裁判所が職権で証拠調べの決定をするについては，検察官および被告人または弁護人の意見を聴かなければならない（299条2項，規則190条2項後段）。そのため，証人尋問においては，当事者の意見を聴かずにすることができない。これらの条文を引いて，確認した後に，被告人質問の場合と対比する。比較の問題においては，その趣旨から対比すると好印象となりやすい。被告人質問は，広い意味での証拠調べの性質をもつものの，被告人は，刑事訴訟の一方当事者であり，証拠方法ではないのである。そのため，証拠調べ決定についての刑事訴訟法299条2項は適用されず，被告人質問においては検察官や弁護人の意見を聴かずに行うことができる（311条2項）。

　これらを確認すれば，裁判所の決定は許されるという結論を導くことができる。

⑤　設問4

　設問4は，証拠調べの決定の結論をどうするか，そしてその理由は何かを根拠条文とともに問うものである。

　そこで，本設問で，証拠調べをするにあたり，何が問題となりうるかについて検討していく。

　本設問では，証拠調べ請求がなされたのは，公判前整理手続後である。公判前整理手続終了後の証拠調べ請求に制限を設ける316条の32第1項との関係が問題となることに気づく。

　316条の32第1項は，「やむを得ない事由」によって公判前整理手続において請求することができなかったものの証拠調べ請求を制限するものである。そのため，本設問において，弁第1号証を証拠調べの決定をするには，「やむを得ない事由」が存在するか否かを検討しなければならない。

　ここで，「やむを得ない事由」にあたる場合としては，証人が，開示されていた供述調書の内容と異なる供述をしたときに，供述調書を実質証拠または弾劾証拠として取調べ請求をする場合も含まれると解されている。なお，「やむを得ない事由」についてはFL【公判前整理手続】を参照してほしい。

　弁第1号証は，Vの証言を弾劾するためのものであるから，「やむを得ない事由」が認められる。

　次に，問題となるのは，証拠採用すべきか否かである。証拠の採用の可否について考えたことがない場合には，どのような場合に証拠採用をしないかを考えればわかりやすい。

　証拠調べをするかしないかは，証拠調べの必要性がないか否かにかかっている。証拠調べの必要性がない場合を除いて，証拠を採用すべきであるから，本設問において，弁第1号証の証拠採用の必要性を検討する。

　弁第1号証は，Vの記憶の正確性に関係し，Vの証言ではVがAから感冒剤αを渡されたと証言し，その記憶に自信をもっているという。そのため，Aの実行行為という重要な部分に関わるものであるから，証拠調べの必要性は著しく高い。したがって，証拠採用すべきである。

　以上から，裁判所は，証拠採用決定をするという結論を導き出すことができる。

答案例

第1　設問1について

1　弁護人は，検察官提出の証明予定事実記載書のうち，Aの前科（以下「本件前科」という）に関する記載が詳細になされているところ，かかる記載はいかなる意図に基づきなされているのか求釈明を求めるべきである（刑事訴訟規則208条3項。以下「規則」という）。　　　　　　　5

▶求釈明の対象

▶根拠条文を明示

2　検察官としては，以下のような意図に基づき本件前科の内容を記載している可能性がある。

(1)　まず，Aの情状を立証するために本件前科の内容を記載している可能性がある。

▶情状立証（前科立証①）

(2)　また，本件においてAは犯人性を争ってはいないものの，「感冒剤αをアルコールとともに服用させることによって被害者を昏酔状態に陥らせる」ことが特殊な手口にあたるとして，Aの犯人性を立証するために本件前科の内容を記載している可能性も考えられる。　　10

▶犯人性立証（前科立証②）

(3)　さらに，Aの主観面を立証するために本件前科の内容を記載している可能性も考えられる。すなわち，本件において，Aは，感冒剤αをアルコールとともに服用することによって昏酔状態になることを知らなかった旨主張する。しかし，本件前科において，Aは，感冒剤αをアルコールとともに服用させることによって犯罪行為を実現しており，実行行為の具体的態様が本件と同一である。そこで，検察官は，本件前科によって，「感冒剤αをアルコールと同時に服用することによって昏酔状態になることの認識がAにあったこと」を立証しようとしている可能性がある。　　　　　　　　　20

▶主観面立証（前科立証③）

3　以上のように，検察官の意図としてさまざまなものが考えられるところ，それが明らかではないため，求釈明を求めるべきである。

▶結論

第2　設問2について　　　　　　　　　　　　　　　　　　　　25

1　結論

Aの弁護人は，Aの罪責について窃盗罪（刑法235条）のみが成立するとの主張をすべきである。

▶主張を明示

2　理由

(1)　Aは実行行為を行っていない

昏酔強盗罪（刑法239条）が成立するためには，被害者を「昏酔」させ「財物を盗取」することが必要である。しかし，Aの弁解によれば，Aは，Vに対して感冒剤αを服用するよう働き掛けをしておらず，Aが離席している間に，Vが自身で本件袋より感冒剤αを取り出し服用している。したがって，Aは，実行行為を行っていない。　　　35

▶実行行為性の否定

(2)　AはVを「昏酔」させる故意を有していない

昏酔強盗罪が成立するためには，被害者を「昏酔」させることについての認識認容が必要となる。しかし，Aの弁解によれば，Aは感冒剤αをアルコールと同時に服用することによって昏酔状態になることの認識がない。したがって，Aは，「昏酔」の故意を有していない。　　40

▶故意の否定

(3)　Aが財物奪取の意思を生じたのはVが昏酔した後である

昏酔強盗罪が成立するためには，財物奪取を目的として被害者を「昏酔」させることが必要である。しかし，Aの弁解によれば，Aは，Vの昏酔後はじめて財物奪取の意思を生じている。したがって，かり

▶構成要件該当性の否定

にAの行為によってVが「昏酔」したとしても，それは財物奪取の意 45
思に基づく行為ではないため，Aに昏睡強盗罪は成立しない。
第3　設問3について
　1　結論
　　裁判所は，検察官および弁護人の意見を聴くことなく被告人質問の実 →結論の明示
施を決定することができる。 50
　2　理由
　　裁判所が職権で証拠調べをしようとする場合は，証拠決定の前に検察
官および被告人または弁護人の意見を聴かなければならない（刑事訴訟
法299条2項，規則190条2項後段。以下「刑事訴訟法」法名省略）。そ
のため，裁判所が，証人尋問の実施の決定について，検察官および弁護 55
人の意見を聴くことなく行うことは許されない。そして，被告人の供述
は，利益不利益を問わず証拠となるから（322条2項参照），被告人質問
も広い意味で証拠調べの性質をもつ。
　　もっとも，被告人は，あくまでも刑事訴訟の一方当事者であり，純粋 →対比
な証拠方法ではない。したがって，被告人質問を行うための手続として， 60
証人尋問を実施する場合のような手続はとられない（311条2項）。
第4　設問4について
　1　結論
　　裁判所は証拠採用の決定をする（規則190条1項）。 →結論明示
　2　理由 65
　(1)　「やむを得ない事由」（316条の32第1項）の有無 →「やむを得ない
　　316条の32第1項の趣旨が，争点整理，証拠整理の実効性の確保に 　事由」の検討
　あることからすれば，「やむを得ない事由」とは，新たな証拠調べ請 →規範
　求をすることに十分な理由がある場合に認められる。
　　328条による弾劾証拠は，条文上「公判準備又は公判期日における 70 →あてはめ
　……供述の証明力を争うため」のものとされているから，証人尋問が
　終了しておらず，弾劾の対象となる公判供述が存在しない段階におい
　ては，同条の要件該当性を判断することはできないのであって，証人
　尋問終了以前の取調べ請求を当事者に要求することは，当事者に無理
　を強いるものであって相当ではない。 75
　　よって，本件においては「やむを得ない事由」がある。
　(2)　取調べの必要性の有無 →取調べの必要性
　　Vの法廷での証言は「AがVに感冒剤αを手渡してきた際の状況を 　の検討
　鮮明に記憶している。」というものであるのに対して，弁第1号証の
　供述は「AがVに感冒剤αを手渡してきた時点においてかなり酔って 80
　おり，記憶が曖昧な部分がある。」というものである。そうすると，
　これらの供述部分は，Aが昏酔強盗罪における実行行為を行ったか否
　かにかかわるものであり，犯罪の成否を判断するにあたり重要な事項
　であることから，取調べの必要性も非常に高い。
　　よって，本件においては取調べの必要性がある。 85
　　　　　　　　　　　　　　　　　　　　　　　　　　　　　以上

設問1については，検察官の提出する証明予定事実記載書のうち求釈明を求める部分を明示したうえで，求釈明を求める具体的必要性を考えてもらうものである。前科事実であることから反射的に関連性なしと考えることなく，立証趣旨との関係で関連性の有無を検討してもらいたい。

設問2については，被告人の弁解を前提にして，弁護人として公訴事実のうち争うべき点を把握できているか否かを問うものである。

設問3については，証拠調べ手続の基本的な条文知識を問うものである。また，被告人質問は広い意味で証拠調べの性質をもつが，被告人質問においても証拠調べ手続の規定が適用されるかについてこの機会に覚えてほしい。

設問4については，316条の32第1項が，公判前整理手続終了後の証拠調べ請求を制限しているが，本件事情において弁護人の証拠調べ請求が制限されるか，また，本件事情のもとで証拠調べの必要性が認められるかについて検討してもらうものである。

講 評

① 設問1

前科について求釈明を求める点については多くの受験生が示すことができていた。求釈明の根拠条文についても同様に示すことができていた。求釈明の根拠条文と具体例については頭にしっかり入れておくことが望ましい。

求釈明を求める対象の点で，前科について求釈明を求めることに気づけなかった答案は他の答案に大きく差をつけられることになる。今後，類似の問題が出題されたときには注意して問題を読んでいただきたい。また，2014（平成26）年の予備試験において，設問1と同様の問題が出題されている。類似の試験である司法試験においては，過去問で出題された問題と似た問題が出題されることも珍しくはない。同様に，予備試験において，今後も類題が出題される可能性も十分にあるので，次は必ずできるようにしておきたい問題である。

前科証拠について求釈明を求めることに気づいたとしても，前科証拠の許容性について法律的関連性の論述に終始している答案が多かった。たしかに，前科証拠については，法律的関連性が問題となる。しかし，法律的関連性が問題となるにしても，それが検察官との立証の関係でどのような影響を受けるかに言及していないと，単に知っている論点を書き写しただけにすぎないので印象が悪い。ましてや，前科による立証の問題はここでは中心的なものではない。

求釈明を求める理由として，前科の立証については，複数の立証が考えられることから，検察官がいかなる趣旨で詳細に前科を記載したのかについて求釈明を求めるという記述をしたほうが説得的な答案になる。単純に関連性がないと切り捨てるのは，短絡的な答案となってしまう。

今後の学習としては，テキストで抽象的に学習するのではなく，具体的適用をイメージした学習を心掛けたい。

② 設問2

設問2は，Aの罪責についての主張を求められている。罪責の主張については，いかなる要件との関係で主張しているのかを明らかにしないと主張が明確とならないので，印象が非常に悪くなってしまう。そのため，昏睡強盗罪の構成要件を明示してAの供述から具体的に主張を示せているか否かでかなり差がついていた。

実行行為性や故意，盗取意図が生じた時期について，それぞれに対応したAの主張を正確に記載できている答案は少なかった。それだけに，主張の法律的意味を理解していることを示せている答案は好印象であった。本設問も，2014（平成26）年の予備試験において類題が出題されていることから，設問1と同様に次はできるようにしておきたい問題であった。

今後の学習としては，主張の法律的意味について考える癖を身につけたい。たとえば，実際の事件の報道のなかで被疑者の弁解がいかなる意味になるかを考えるといった訓練をしてみることもひ

とつの方法である。

③ 設問3

証人尋問を職権でする場合において，当事者の意見を聴く規定である299条2項，規則190条2項後段をしっかり示せている答案はわずかしかなかった。その一方で，刑事訴訟法298条2項を指摘する答案が目立った。298条2項は職権で証人尋問をすることができる旨を規定したにすぎず，その手続について規定したものではないことに気づいてほしかった。設問が当事者等の意見を聴くか否かを問題としているのであるから，298条2項は直接関係する条文ではないことに気づくべきである。このような間違いをした受験生は反省し，少し立ち止まってみることを覚えてもらいたい。

被告人質問については，根拠をあげられている答案は相当数あり，印象がよかった。もっとも，被告人質問でどうして当事者等の意見を聴くことが必要でないのかという点について触れた答案は少なかった。比較の問題においては，なぜそのように規定されているかの説明も求められていることに気づいてほしい。設問が何を求めているかを探る努力をしたい。

本設問ができなかった受験生は，手続の制度趣旨まで理解する勉強をする必要がある。制度趣旨といった背景まで理解しているほうが，記憶としても定着しやすいし，確実に使える知識となるためである。

④ 設問4

ほとんどの答案は伝聞法則の論点に終始していた。たしかに，本設問では，伝聞証拠との関係が問題になりそうな問題文となっており，その論点に目がいきやすい。しかし，公判前整理手続に付されたという記述があるのであるから，その後の証拠提出の可否という手続的問題も重要となることに気づくべきであった。本件は，公判前整理手続との関係は希薄となっており，気づきにくい事情もあるが，公判前整理手続に付されたという部分に問題文中に印をつけるなどしておけば十分に気づくことができたであろう。今回，伝聞法則に終始してしまった受験生は，今後は，注意深く問題文を読む癖をつける必要がある。

また，公判前整理手続に気づいたとしても316条の32第1項の「やむを得ない事由」についての解釈が求められる。この文言について解釈を知っている受験生は，少ないと思われる。そのため，解釈を知っているかというよりも，制度趣旨から解釈を導き出す過程を答案上に記述していれば，法解釈の姿勢が身についているという印象を与えるので，好印象であった。このような，初見の問題では，冷静に趣旨から考える姿勢を身につけておくとよい。

公判前整理手続の問題であることに気づいたとしても，証拠採用の可否も問題となることを忘れないでほしい。ここまで書けた答案はほんのわずかにすぎないので，ここでは差がつかなかった。しかしながら，現場思考の問題としてもう一度取り組んで，確固たる思考過程を身につけておくとよい。

今後の学習としては，公判前整理手続の全体，その後についての理解を深めることが重要である。公判前整理手続は，実務上，重要であり，近年の予備試験で頻繁に問われている事項であるから，しっかりと手続を理解しておく必要があるだろう。公判前整理手続については，FL【公判前整理手続】を参照のこと。

第1　設問1について
　1　被告人Aの昏酔強盗被告事件（刑法239条）における本件証明予定事
　　実記載書には，Aの準強制わいせつ罪（刑法178条1項）の前科が記載
　　されているところ，同種前科によって，検察官が何を立証しようとして
　　いるのかが不明である。 5

←○問題点に気づけている

　　　そこで，Aの弁護人が求釈明（刑事訴訟法規則208条3項）を求める
　　事項として考えられるのは，Aの準強制わいせつ罪の前科によって，①
　　Aの情状を立証しようとしているのか，②Aの犯人性を立証しようとし
　　ているのか，③Aの故意という主観面を立証しようとしているのか，に
　　ついて，明らかにすることである。 10

←○前科立証の使い方を正確にあげている

　2　なぜなら，②同種前科によって，被告人の悪性格を立証し，それによ
　　って，被告人の犯人性を認定することは，不当な偏見による二重の推認
　　により裁判所の判断を誤らせるる危険があり，法律的関連性が認められ
　　ず，原則として認められないからである。

←△誤記。正しくは「誤らせる危険」

　　　もっとも，前科と証明しようとする被告事件につき，犯行手口におい 15
　　て顕著な特徴があり，両者に相当の類似性が認められる場合には，同種
　　前科を犯人性認定の証拠とすることができる。

　　　そのため，Aの弁護人としては，検察官が犯人性を立証する趣旨で，
　　本件Aの前科を証拠として使用するのであれば，犯行手口に顕著な特徴
　　がない，あるいは，両者に相当な類似性がないとして争う必要があるた 20
　　め，求釈をする必要がある。

←△誤記。正しくは「求釈明」

　　　また①被告人の情状を立証するために，前科を証拠とすることは，犯
　　罪成立後の量刑資料として用いられるにすぎないため，許されるが，A
　　の弁護人としては，②との区別のためにも，求釈明する必要がある。

←○それぞれ的確に検討できている

　　　さらに，客観的犯罪事実が立証された後に，③被告人の故意などの主 25
　　観的事情を立証するために，前科の事実を証拠として用いることも許さ
　　れるが，Aの弁護人としては，②との区別のためにも，求釈明する必要
　　がある。

第2　設問2について
　1　結論 30

　　　Aの弁護人は，Aの昏酔強盗被告事件につき，検察官の公訴事実を否
　　認し，無罪の主張をすべきである。

←△主張を明確にするために窃盗罪にとどまるということを明記すべきである

　2　理由
　　　昏酔強盗罪が成立するためには，被告人が，「人を昏酔させて」その
　　財物を盗取することが必要であるところ，Aは，トイレから戻ると，V 35
　　が「最近体の調子が悪かったから，本件袋に入っていた感冒剤αをもら
　　ったよ。」と述べた旨供述していることから，Aが，Vを昏酔させたと
　　いう事実は認められない。また，Aはレジの奥に「金50万円在中」と書
　　かれた封が置いてあることに気付いたのは，出口に向かう時であった旨
　　供述しているため，Vを昏酔させて，本件現金を盗取するという故意が 40
　　そもそもなかったといえる。

←△脱字。正しくは「封筒が置いてある」
←△構成要件のどの部分を否定するのかを文頭から明確にするとなおよい

　　　以上より，昏酔強盗罪の公訴事実につき否認し，無罪を主張すべきで
　　ある。
第3　設問3について

1　証人は証拠方法であり，刑事訴訟法及び刑事訴訟法規則は詳細な証拠調べ手続を規定（法304条以下，規則199条の2以下）しており，裁判所は，証人尋問の実施を決定するについては，検察官及び被告人又は弁護人の意見を聴かなければならない（法299条2項，規則190条2項）。

　　他方，被告人は，当事者であり，証人と異なり，供述拒否権（法311条1項）が認められ，証拠方法ではないため，法299条2項，規則190条2項の適用はないと解される。

　　したがって，裁判所は，検察官及び弁護人の意見を聴くことなく被告人質問の実施を決定することができ，許される。

第4　設問4について

1　裁判所は，Aの弁護人は，弁第1号証を法328条の弾劾証拠として取調べ請求したことにつき，「やむを得ない事由」（法316条の32第1項）があり，また，「必要と認めるとき」（同条第2項）にあたるとして，証拠調べをする決定をするべきである。

2　なぜなら，弁第1号証には，「少し風邪気味であるにもかかわらず飲酒をしたためか，Aに感冒剤αを手渡された時点において私はかなり酔っていて，Aが感冒剤Aを交付してきた点について記憶があいまいな部分もかなりあります。」とのVの自己矛盾供述が含まれているところ，かかる供述を公判前整理手続において提出させることは，予め，公判での証言を予想しないと不可能であり，「やむを得ない事情」によって提出できなかった評価できるからである。また，本件自己矛盾供述は，Vの証言の証明力を減殺させるものであり，証拠調べにより，明らかにする「必要がある」といえるからである。

以上

45　←△ナンバリング不要

←○根拠条文を正しく指摘している

50

55　←○「やむを得ない事由」に気づいている

60　←△誤字。正しくは「感冒剤α」

65　←△誤字。正しくは「『やむを得ない事由』によって提出できなかったと評価」

←○あてはめはよくできている

優秀答案における採点実感 ‖‖

① 全体

　全体的に，要領よく記述されており，設問間の記述の配分も適切である。なおかつ，いずれの設問も問いに対し的確に解答しており，理解の深さを示す答案である。

② 設問1

　設問1でここまで明確に求釈明の対象とその理由を示せた答案は皆無であった。また，前科の立証法について判例をふまえて正確な論述をしていた。

　もちろん，ここまでの論述は合格答案として必要なものではないので，これよりも不十分な答案であっても不合格になるというものではないので安心してほしい。ただ，この答案から，その思考過程を読みとると今後の論述におおいに参考になる答案である。ぜひ，この思考過程を読みとってもらいたい。

③ 設問2

　設問2は，端的に事実を指摘しており，結論を書く要領のよい答案の例といえる。しかしながら，予定主張においては，もう少し事実を拾い，具体的な要件を明示して論述を心掛けるとよりよい答案になっていた。このような事実を指摘して主張させるような答案では，適切に事実を拾い，評価を加え，要件との関係で検討すると，説得的になる。その点では，説得力に欠けるものであった。

　また，この答案は，感冒剤αをアルコールと同時に摂取したら，昏睡状態に陥るということは知らなかった，というAの弁解に触れられていない。この点にも触れられるとなおよいものになったであろう。

　この部分の答案は，標準的な解答となっているので，受験生としてはこれにどのような修正を加えるとよりよくなるのかを検討してみるとよいかもしれない。

④ 設問3

　手続の根拠・趣旨を正確におさえられているよい答案である。このように，手続を正確に記述できていると，印象がよいということを実感してほしい。ぜひこのような答案をめざしてもらいたい。

⑤ 設問4

　公判前整理手続に気づき，「やむを得ない事由」の検討をしている答案が非常に少なかったので，これができているだけでも十分に合格レベルの答案となっている。

　このように，だれもできていない部分で少しでもよくできるとそれだけで相対上位の答案になるということを覚えておいていただきたい。内容自体はそれほど難しいものではないため，問題点に気づくことができれば，合格に近づくことになる。

以下の【事例】1および2を読んで〔設問1〕に，【事例】3から6までを読んで〔設問2〕から〔設問4〕に，【事例】7および8を読んで〔設問5〕にそれぞれ答えなさい。なお，弁護士職務基本規程を資料（239頁）として掲載してあるので，適宜参照しなさい。

【事　例】
1　令和3年5月20日，V県のW警察署に，覚醒剤輸入についての匿名の密告電話があった。その要旨は，同年6月10日にV県X港に入港予定の貨物船に積載された貨物の中に大量の覚醒剤が含まれているというものであった。その他，輸入の日時，場所や態様等に関して詳細な情報が提供された。司法警察員Kらは，この電話を端緒として内偵捜査を進めた。
　司法警察員Kは，捜索差押許可状の発付を受けたうえで，同月10日，X港において，提供された情報に基づき，陸揚げされた貨物を捜索したところ，甲が代表取締役を務める株式会社α（以下「α社」という）を輸入元とする複数の荷物内から合計約500グラムの覚醒剤が発見されたことから，当該覚醒剤を差し押さえた。
　以上の捜査結果に基づいて，司法警察員Kは，逮捕状の発付を受け，同月11日，甲を逮捕した。その後，甲の送致を受けた検察官Pは，甲につき留置の必要があると判断し，同月14日，甲について，覚醒剤取締法違反の事実で勾留請求した。
　検察官Pが勾留請求書に記載した被疑事実の要旨は，次のとおりである。

> 被疑事実の要旨
> 被疑者は，営利目的で覚醒剤を輸入しようと企て，令和3年5月10日（現地時間），Y国Z港において，覚醒剤約500グラムを隠匿した荷物を，同港から出港する貨物船に積載させ，同年6月10日，同船をX港内のふ頭に接岸させ，情を知らない関係作業員らにこれを陸揚げさせて本邦に持ち込み，もって覚醒剤を輸入したものである。

2　検察官Pによる勾留請求を受けたV地方裁判所裁判官は，必要な手続を経て，同月15日，勾留請求書に記載された被疑事実によって甲を勾留するとの裁判を行い，同日，甲は勾留された。また，同日，裁判官は，甲の請求に基づいて，甲に対して，弁護士Lを国選弁護人として選任した。
　その後，所要の捜査を遂げた後，同年7月2日，検察官Pは，以下の公訴事実を記載した起訴状をV地方裁判所に提出して，甲を起訴した（以下，この事件を「本件」という）。

> 公　訴　事　実
> 被告人は，氏名不詳者らと共謀のうえ，営利目的で覚醒剤を輸入しようと企て，令和3年5月10日（現地時間），Y国Z港において，覚醒剤約500グラムを隠匿した荷物を，同港から出港する貨物船に積載させ，同年6月10日，同船をX港内のふ頭に接岸させ，情を知らない関係作業員らにこれを陸揚げさせて本邦に持ち込み，もって覚醒剤を輸入したものである。

〔設問1〕
　検察官Pは，起訴状に，裁判官に対し甲についての勾留の裁判を求める趣旨の「勾留中求令状」という文言を記載した。検察官が当該行為をとった理由を説明しなさい。

【事例（続き）】
3　裁判所は，本件について，公判前整理手続に付する決定を行った。

　　その後，第1回公判前整理手続において，検察官Pは，証明予定事実の提示と証拠調べ請求を行った。また，弁護人Lは，検察官請求証拠に対する証拠意見を述べるとともに，検察官Pに対して，類型証拠の開示請求を行った。

　　また，第2回公判前整理手続では，弁護人Lは，証明予定事実その他の公判期日においてすることを予定している事実上および法律上の主張のひとつとして，「甲は，覚醒剤が荷物に混入していることを知らなかった。甲が代表取締役を務めるα社の取引先であり乾燥しいたけの卸売先である業者βの代表者γが，乾燥しいたけの荷物の中に覚醒剤を入れて甲に輸入させたと考えられる。」と述べた。その後，弁護人Lは，令和3年6月17日頃に司法警察員Kらが業者βを捜索しており，その際の捜査報告書が存在しているはずであるとして，検察官Pに対し，業者βを捜索した際の捜査報告書の開示を求めた。[手続]

　　その後，裁判員選任手続の期日が決定されたほか，必要な手続が行われ，公判前整理手続は終了した。

4　本件については，令和3年10月21日に第1回公判が開かれた。同期日では，起訴状記載の公訴事実に対し，甲は，輸入した荷物に覚醒剤が入っているとは認識していなかった旨を述べ，弁護人Lも同様の内容を陳述した。

　　その他，第1回公判期日で予定されていた手続がなされた。

5　同月22日に開かれた第2回公判期日においては，検察官請求にかかる証人尋問として，甲が農作物の輸入を依頼していた船会社Bの担当者である証人Cの尋問が行われた。証人Cの立証趣旨は，「甲の覚醒剤についての認識」であった。以下は，その証人尋問の一部である。

P：あなたは船会社Bの従業員ということでよいですか。

C：はい。

P：Bではどういった業務を担当していますか。

C：陸揚げされた貨物の検査，管理，引渡し等の業務です。

（中略）

P：それでは，令和3年4月21日頃，あなたが甲の友人であるDと電話で話した際，Dとは何を話したのですか。

C：Dと甲さんの話になって，最近は甲さんの商売がうまくいっていないというようなことを中心に話したと記憶しています。また，Dから甲が「やばいブツを輸入している。」と言っていたと聞きました。

L：異議あり。[異議]

6　第2回公判期日が終了した後，弁護人Lは，V拘置所において甲と接見した。以下は，その際の弁護人Lと甲とのやり取りの一部である。

L：2日連続の公判，お疲れさまでした。あとは，第3回公判期日での被告人質問，最終弁論と，来週の判決を残すのみです。

甲：先生こそ，お疲れさまでした。ただ，わたしにはどのような判決が言い渡されるのでしょうか。

L：それは蓋を開けてみなければわかりません。ただ，これまでの証拠関係からして，無罪というのは相当難しいと思います。ですので，明日の被告人質問では少しでも罪が軽くなるように情状の点に比重をおき，最終弁論でも，有罪を前提として情状についての点を述べたほうがよいと考えています。

甲：先生，それはあまりにもひどいです。わたしは無実なのですから，最後まで無罪という主張を貫き通してもらわないと困ります。

〔設問2〕

本件の第2回公判前整理手続期日において，弁護人Lが行った下線部の［手続］とは何かについて，条文をあげつつ説明しなさい。そのうえで，当該［手続］を行うために弁護人Lが明らかにしなければならない事項について，簡潔に説明しなさい。

〔設問3〕

第2回公判期日において弁護人Lが申し立てた［異議］の理由は何であったと考えられるかについて，簡潔に説明しなさい。そのうえで，当該［異議］を受けて，裁判所がなすべき決定の内容について，簡潔に説明しなさい。

〔設問4〕

弁護人Lは，第3回公判期日においてどのような最終弁論をすべきかについて，刑事弁護人に求められる倫理をふまえて説明しなさい。なお，最終弁論とは，証拠調べが終わった後に弁護人が行う，事実および法律の適用についての意見のことである。

【事例（続き）】

7 第3回公判期日では，被告人に対する質問が行われたほか，必要な手続が行われ，結審した。

公判における被告人の供述の要旨は，以下のとおりである。

(1) わたしは，輸入した貨物の中に覚醒剤が入っていたことは知らなかった。業者βの代表者γが，乾燥しいたけの荷物の中に覚醒剤を入れて輸入したに違いない。

(2) 荷物のうち，3から6の番号が付けられた箱を通常より早く引き渡すようCに要求したのは，業者βとの関係である。業者βが乾燥しいたけの在庫を切らせてしまい，早急に引き渡してくれなければ営業ができなくなってしまうと，γに泣きつかれたためである。γからの要請が令和3年6月8日にあり，その日のうちにCに連絡をとって，上述のような要求をした。また，手帳のメモについては，γから連絡があった際にメモをしたものである。なお，業者βへの卸売価格が他と比べて高額なのは，α社が扱う乾燥しいたけの品質をγが高く評価しているからであり，また，今回のような急な要請にも応えるからである。

8 本件の公判手続における審理の結果をふまえて，裁判所は，裁判員との合議により，本件の公訴事実の存否に関わる事実について認定した。以下は，その事実の一部である。

(1) 覚醒剤の輸入状況

令和3年6月10日，X港にY国Z港から船会社Bの貨物船が到着した。同貨物船に積載されていた荷物のうち，α社から輸送を委託された荷物は合計10箱であり（以下「α社の荷物」という），その輸入物はY国産の乾燥しいたけであった。また，α社の荷物は順に1から10の番号が付けられており，α社の荷物のそれぞれに，乾燥しいたけが入れられたビニール袋が25袋ずつ詰め込まれていた。

覚醒剤が混入していたのは，α社の荷物のうち，3から6までの番号が付けられた箱である。粉末状の覚醒剤が5グラムずつ個包装に入れられ，乾燥剤を装って，乾燥しいたけが入ったビニール袋に1袋ずつ入れられていた。

(2) 甲のCに対する要求

同月8日，甲はCに電話をし，同月10日にX港に入港する予定の船に積み込まれているα社の荷物についての状況を確認した。Cが，予定どおりにX港に入る予定である旨を告げると，甲は安堵した様子になった。その後，甲は，Cに対して，α社の荷物のうち，3から6までの番号が付けられた箱につき，通常の手続を飛ばしてα社に引き渡してもらい

たい旨を要求した。

　なお，通常，B社は輸入貨物を依頼主に引き渡す前に，貨物に不具合がないかどうかなどを確認するために開封検査をしており，その手続に３日程度を要する。

(3)　甲の手帳

　甲は業務に関するスケジュール等を管理するために手帳を持ち，随時，青いインクの万年筆で記入していた。

　当該手帳の令和３年６月８日の欄に，「５ｇ　　３－６　　25ずつ　　６　　10」と，甲の筆跡による記載があった（以下「本件メモ」という）。

(4)　業者β

　α社の取引先である業者βは農作物小売業者としての実体がない。また，司法警察員Ｋらが業者βを捜索した際には，業者βの事務所とされていた場所はもぬけの空であった。α社と業者βは過去に何度も取引しており，その取引内容はいずれも乾燥しいたけである。これについて，α社が業者βに乾燥しいたけを卸売する際，１箱あたりの卸価格は他の取引先に卸す際と比較して20倍の高値であり，今回もそのような高値で卸される予定であった。なお，α社が業者βに卸している乾燥しいたけの品質は，他の業者へ卸しているものと変わらない。

〔設問５〕

　本件における甲に対する犯罪の成否に関し，甲の故意の有無を認定するにあたって検討すべき以下の事項について説明しなさい。

(1)　本件メモの記載内容がもつはたらき
(2)　甲の公判における供述の信用性

思考過程

1 設問1

　本設問は，検察官が「勾留中求令状」という文言を起訴状に記載し，裁判官に対し，甲の勾留を求めている。被疑者段階から勾留された者が，同一事件について起訴された場合，そのまま何ら手続を経ずに被告人勾留に移行する（208条1項，60条2項参照）。しかし，これは勾留の基礎となる被疑事実と公訴事実が同一の場合であって，被疑事実と公訴事実が異なる場合は，別途被告人勾留の手続が必要である。

　本件では，「氏名不詳者らと共謀のうえ，」という文言が付け加わることにより，被疑事実と公訴事実が異なる疑いがある。かりに別途被告人勾留の手続をとらないと，被告人の身体拘束が違法と評価される余地がある。これを避けるため，検察官は被告人勾留の手続をとったと考えられる。

　被告人勾留は，検察官が請求する被疑者勾留（204条から206条まで）と異なり，裁判所あるいは裁判官の職権発動により行われる。そこで，検察官が起訴状に記載した「勾留中求令状」は，裁判官の職権発動を促すものである。なお，起訴状による被告人勾留請求は第1回公判期日前であるから，勾留権者は裁判所ではなく裁判官である（280条1項，規則187条1項）ことに注意しよう。

2 設問2

　設問2の前段は，弁護人Lが行った証拠開示請求の根拠条文をあげて説明することを求めている。まず根拠条文をあげることは最低限であるが，それに加えて，予定主張（刑訴316条の17第1項）を前提とした証拠開示請求（316条の20第1項）であることを説明すると，より出題の趣旨に沿って答えたことになる。なお，公判前整理手続の全体像は，FL【公判前整理手続】に譲る。

　また後段では，請求にあたってLが明らかにしなければならない事項を問うている。これを直接規定する条文として316条の20第2項をあげることが最低限であるが，加えて本件の具体的事情に即して，何を明らかにしなければいけないかを書くと高得点が得られる。

3 設問3

　設問3は，Cの証人尋問にあたってLが主張した異議の内容と，これに対する裁判所の決定を答えさせる問題である。異議の種類や中身はFL【異議全般】に譲る。Cの証言の「Dから甲が『やばいブツを輸入している』と言っていたのを聞いた」という部分が伝聞証拠（320条1項）であるため，この部分の証拠排除を求める異議であると考えられる。

　まずは，本当にC供述が伝聞証拠にあたるか，という点を判断しなければならない。この点の検討は，刑事訴訟法の問題と同様である。C証言の要証事実は，「甲の覚醒剤についての認識」すなわち甲の故意である。甲が覚醒剤を輸入していることについて認識があった，という事実を立証するためには，甲が真実「やばいブツを輸入している」と言ったのか否か，が問題となる。そして甲の発言を直接聞いて知覚しているのはDであり，Cではないことから，Cにいくら反対尋問をしても，甲が真実そのようなことを言ったのか，は判断できない。よってこの点を要証事実とするかぎりにおいて，Cの供述は伝聞供述である（なお，甲が真実「やばいブツ」を輸入していたのか否か，を問題とするならば，再伝聞供述ということになろう）。

　ここまでわかれば，あとは適用条文に注意するだけである。判断したいのはD供述の内容の真実性であるから，「被告人以外の者（＝C）の……公判期日における供述で被告人以外の者（＝D）の供述をその内容とするもの」として，324条2項が適用され，321条1項3号が準用されることになる。そして本件で，321条1項3号の伝聞例外の要件をみたすという事情はないから，伝聞法則により，Cの証言のうち，伝聞部分は証拠排除されることになろう。

　よって裁判所は，C供述のうち伝聞にあたる部分を証拠排除する決定をしなければならない（規則205条の6第2項）。ここまで書いてはじめて，問いに答えたことになる。

4 設問4

　本設問は弁護士倫理上の問題である。弁護人Lは，有罪を前提とした情状弁論を被告人に勧めるが，被告人は，あくまで無罪主張を貫きたいとしているという状況下で，弁護人としてすべき弁論が問われている。なお，法曹倫理の詳しい内容については，FL【法曹倫理】に譲る。

弁護人は，被告人の権利および利益を擁護する任務を負っている。その任務を果たすために弁護人が負う義務は誠実義務とよばれている。この誠実義務は弁護士法1条2項，弁護士職務基本規程5条（以下「規程」という）で定められている。

本件において，弁護人が無罪の主張を貫く被告人の有罪を前提とした情状弁論をすることが，誠実義務との関係で許されるかを検討しなければならない。

まず，被告人には事実を争う権利がある。その被告人の権利を擁護するために弁護人は弁護活動をしなければならない。被告人が無罪の主張を貫きたい旨を述べているのにもかかわらず，弁護人が有罪を前提とした弁論を行うことは，被告人の事実を争う権利を妨げるものであるから，被告人の権利および利益を擁護する義務たる誠実義務（弁護1条2項，規程5条）に反して許されないことになる。

したがって，弁護人は，被告人の主張に基づき無罪の弁論をすべきである。

⑤　設問5

設問5は，本件の争点である甲の故意を認定するにあたって，⑴⑵がもつ意義を説明させる問題である。

本件メモは，その6月8日の欄に，「5ｇ　3－6　25ずつ　6　10」と記載がある。「25ずつ」と，「6　10」については，輸入する荷物全体についての特徴である。そのため，本件メモは6月10日に輸入する荷物についての記載であることがわかる。

次に，「5ｇ」と「3－6」は，荷物の中に入っている覚醒剤についての記載であると考えられる。実際に覚醒剤は，3－6の乾燥しいたけの箱に5グラムずつ個包装されて混入されていたからである。これが6月8日の欄に，甲の筆跡で書かれていたのだから，甲が6月8日に自分で本件メモを作成したといえる。そして，甲が覚醒剤のことを知らないのに，このような偶然一致するメモを作成したとは考えがたい。よって，本件メモを甲が作成した際には，覚醒剤について甲が認識していたと推認される。これが⑴の本件メモからわかることである。

⑵の甲の供述は，みずからの故意を否定するものである。本件メモの上記推認を覆すような供述があり，かつそれが信用できるのだとしたら，本件メモがあるにもかかわらず，甲の故意の存在について合理的な疑いが生じる。

本件メモによる推認は，「5ｇ　3－6」の記載が本件の覚醒剤輸入を認識していなければ不可能である，という経験則に基づく。そこでこれを覆すためには，覚醒剤輸入を認識していないのに「5ｇ　3－6」を記載したことについて合理的な説明が必要である。

ここで甲は，3－6の箱を早く引き渡すように要求した経緯として，γが商品不足に陥り，早く輸入するよう泣きつかれたことを供述している。これは甲がCに対して，通常の手続を飛ばして引き渡すように要求した点についての説明である。しかし，γが商品不足に陥っているのなら，なぜ4箱だけ先に輸入し，かつそれが3から6という中途半端な番号であるか，という不自然な点について何の説明もなされていない。さらに，本件メモから甲の故意を推認する鍵となる「5ｇ　3－6」の記載についても，何の説明もなされていない。

また，甲とβとの乾燥しいたけの取引価格は，市場価格の20倍という高値である。甲が提供する乾燥しいたけ自体は通常の品質と変わらず，また，かりに甲の言うように緊急事態に対応するという利点があったとしても，20倍という値段はおよそ経済合理性がない。よって，この部分の甲の供述はそれ自体不合理であるといえる。

これらの点からすると，甲の供述はそれ自体不合理な点が多く，甲の供述は信用できない。

答案構成用紙

答案例

第1　設問1について
　1　勾留中の被疑者が被疑事実と同一の犯罪事実で起訴された場合，被疑者勾留は起訴と同時に自動的に被告人勾留へと切り替わる（刑事訴訟法208条1項，60条2項参照。以下「刑事訴訟法」法名省略）。一方，犯罪事実が同一でない場合で，被告人を引き続き勾留する必要がある場合，新たに勾留の裁判が必要となるが，検察官には被告人勾留の請求権はなく，裁判官の職権発動を促すことができるにとどまる。 ➡公訴事実が同一の場合 ➡公訴事実が異なる場合
　2　本件の場合，勾留の被疑事実と公訴事実とでは「氏名不詳者らと共謀の上」の部分に違いがあり，犯罪事実が同一とはいえないおそれがある。そのため，検察官Pは，本件での起訴後の甲の身体拘束の法的根拠につき疑義が生じないようにするために，裁判官に対して勾留の裁判を求めたものと考えられる。 ➡問いに答える
第2　設問2について
　1　弁護人Lが行った手続は，Lが第2回公判前整理手続で行った予定主張（316条の17第1項）に関連する証拠の開示請求である（主張関連証拠開示，316条の20第1項）。 ➡条文を正確に摘示する
　2　この請求を行うために，Lは，316条の20第2項各号に掲げる事項を明らかにしなければならない。
　　(1)　第1号の事項として，令和3年6月17日頃にβを捜索した際の捜査報告書等と明示する。 ➡具体的事実を条文にあてはめる
　　(2)　第2号の理由として，予定主張のうちの，βの代表者γが甲を利用して覚醒剤を輸入した，という部分について，利用者とされるβを捜索した際の報告書は関連性があり，本件における甲の防御にとって不可欠の情報であるため，当該捜査報告書の開示が必要であるとの理由を明示する。 ➡具体的事実を条文にあてはめる
第3　設問3について
　1　Lが行った異議は，甲の「やばいブツを輸入している。」との発言をDから聞いた旨をCが証言したところで行われており，これは，証拠調べに関する異議にあたる（309条1項，刑事訴訟規則205条1項本文）。そして，証人Cの立証趣旨は，「甲の覚醒剤についての認識」であるところ，甲が真実そのような発言をしていれば，甲は覚醒剤について認識していたといえる。これはDの証言の内容の真実性にあたるところ，本件ではCによる証言から甲がそのような発言をしたか否かを認定しようとしているため，伝聞証言である。 ➡条文を正確に摘示する
　　よって，Lが行った異議は，それが伝聞証言にあたるにもかかわらず，伝聞例外（324条2項・321条1項3号）の要件をみたしていないことから，当該証言は証拠とすることができないものであることを理由としていると考えられる。
　2　Cの当該証言について，324条2項・321条1項3号の要件をみたしているとの事実は認められないことから，Lの［異議］には理由がある。 ➡異議に対する判断
　　よって，裁判所は，Cの当該証言を証拠から排除する決定をしなければならない（刑事訴訟規則205条の6第2項）。
第4　設問4について
　弁護人は，被告人の権利および利益を擁護すべき義務である誠実義務を

負っている（弁護士法１条２項，弁護士職務基本規程５条）。本件におい　45
て，弁護人は有罪を前提とした情状弁論が最善であると考えている一方で，
被告人は無罪の主張を貫きたいとしている。この場合に，弁護人はいずれ
の弁論をすべきかが問題となる。

　この点について，被告人には事実を争う権利があることからすれば，誠
実義務を負う弁護人はその権利を擁護しなければならない。そうだとすれ　50
ば，弁護人が被告人の権利を妨げるような弁護活動をすることは，誠実義
務に反するため許されない。

　これを本件についてみると，被告人は，無罪の主張を貫きたいとしてい
るところ，それに反して弁護人が有罪を前提とした情状弁論をすることは，
被告人の事実を争う権利を妨げるものであるといえる。そのため，有罪を　55
前提とした弁論は誠実義務に反して許されない。

　したがって，弁護人Ｌは被告人の無罪を主張する最終弁論をすべきであ
る。

第５　設問５について
１　本件において，覚醒剤は，５グラムずつ個包装され，乾燥しいたけの　60
　入ったビニール袋の中に１袋ずつ入れられ，当該ビニール袋は25袋ずつ
　箱に詰められていた。このうち，箱３から６までの荷物の中から覚醒剤
　が発見された。そして，これらは甲が輸送を依頼していた。

　　一方，甲は令和３年６月10日の入港で合計10箱の乾燥しいたけを輸入
　しており，甲の手帳には，甲の筆跡で「５ｇ　　３－６　　25ずつ　　６　65
　10」との記載があった（本件メモ）。

　　「５ｇ　　３－６」の記載は，覚醒剤の混入状況と符合し，「25ずつ　　６
　10」の記載は，輸入する荷物全体の特徴と符合する。後者は，本件メ
　モが，輸入する荷物についての記載であることを示している。前者は，
　それが覚醒剤の混入状況と偶然に一致することは考えにくいことから，　70
　輸入物内の覚醒剤の混入状況を記載したものとみるのが自然である。そ
　して，本件の覚醒剤は，乾燥しいたけの中に入っている乾燥剤を装って
　混入されていた。甲が覚醒剤の輸入について認識していないとすると，
　甲は輸入物の中の乾燥剤についての情報を記載したことになるが，さし
　て重要性の高くない乾燥剤についてわざわざメモを作成することは不自　75
　然である。したがって，甲は，覚醒剤の混入を認識したうえで，その内
　容として前者のメモを作成したと推認できる。よって，本件メモは甲の
　故意の存在を推認させるはたらきをもつ。
２　甲の供述によれば，甲がＣに対して通常より早い引渡しを要求したこ
　とは，いちおう説明できるが，それがなぜ４箱で，３から６という中途　80
　半端な番号を指定した理由は説明されていない。また，本件メモの「５
　ｇ　　３－６」という記載については，なんの説明もされていない。さら
　に，同品質の乾燥しいたけを業者βへは他に比べて20倍の価格で卸売り
　しているが，これは，甲が述べるように急な要請に応えるということを
　前提としても，著しく経済的合理性を欠く。　85

　　よって，甲の供述には信用性がない。

以上

（右欄の注記）

⇒条文を正確に摘示する

⇒問題の所在を明示する

⇒誠実義務から考える

⇒あてはめ

⇒結論

⇒覚醒剤の混入状況

⇒メモの記載

⇒両者が符合することを示す

⇒甲の主観的意図の推認

⇒甲に故意がないとすると，不自然であることの指摘

⇒供述それ自体の不合理性

⇒問いに答える

　本件では，捜査・公判から判決にいたるまでの手続の流れをベースとして，それぞれの局面で問題となる実体法・訴訟法に関する訴訟関係人（裁判官・検察官・弁護人）の判断について出題した。

　設問1では，捜査を終えて公訴提起をする場面における検察官の手続，設問2では，公判前整理手続における証拠開示に関する弁護人の手続，設問3では，公判の証拠調べ手続における弁護人等の手続について，それぞれ問われている。これらはいずれも，関係する訴訟法上の制度についての理解を前提として，訴訟関係人がとるべき手続を問うものであり，手続遂行能力の面が主に問われている。

　設問4では，法曹倫理の分野から，刑事弁護の倫理においてもっとも重要な事項である誠実義務にまつわる問題について，弁護人がなすべき最終弁論のあり方というかたちで問われている。

　最後に，設問5では，公判で取り調べられた証拠を前提とする争点に関する事実認定について問われており，刑事訴訟実務の分野で手続遂行能力と並んで重要となる実体形成能力（事実認定能力）について問われている。

1　設問1

　設問1については，ほとんどの人が知識として知らない難問であっただろう。その知らない問題にあたったときに，立ち向かうのか，それともあきらめてしまうのかで大きく評価が分かれた。立ち向かった答案のなかには，起訴状で被告人勾留を求めていること，被告人勾留は職権発動であるから，請求ではなく職権発動の求めである点について触れられているものもあり，いちおうの評価は得られている。被疑事実と公訴事実の相違にまで思いがいたった答案は，高く評価された。あきらめてしまった人も，予備試験や司法試験では見たこともない問題が必ずどこかででるため，次回からはなんとか食らいついてほしい。

2　設問2

　設問2は，多くの答案が根拠条文をあげることができ，また明らかにしなければならない事項を規定する316条の20第2項をあげられていた。しかし，そこから更に踏み込んで，本件では具体的に何を明らかにするか，という点まで書かれている答案は多くはなかった。設問が多く，時間がかぎられているという難しさがあるが，簡潔にでも，具体的事情まで踏み込むと，高く評価されるだろう。

3　設問3

　設問3は，多くの答案はCの供述が伝聞供述であることを理由に，弁護人Lが異議を述べた，という点は指摘できていた。もっとも，Cの供述がなぜ伝聞供述にあたるのか，という点を，Cの証人尋問の立証趣旨から説得的に論述している答案は少なかった。問題文にはわざわざCの証人尋問の立証趣旨が掲げられていることから，これを手掛かりに論じてほしいところであった。

　また同時に，弁護人による異議の根拠条文と，それに対する裁判所の決定についての根拠条文をあげられた答案は，多くはなかった。特に後者は刑事訴訟規則であったためか，ほとんどの答案はこれをあげられなかった。刑事訴訟法を勉強する際にはなじみの薄い刑事訴訟規則ではあるが，刑事実務基礎では一転してその重要性は高い。もっとも，出題される規則は数がかぎられているため，答案に書かれているものを覚えておく程度でよい。本設問で扱った規則205条付近は，異議に対する裁判所の対応が規定されており，重要性が高いといえよう。数も多くないため，この機会に一度素読しておくことをお勧めする。なお，証拠調べに対する異議については，2020（令和2）年予備試験でも問われた事項である。

4　設問4

　設問4は，弁護士倫理の問題である。弁護士倫理の問題は，その多くが相対立する利害のなかでどのように折り合いをつけていくかを問うものである。本件でいえば，弁護人は，証拠関係上有罪

を前提とした情状弁論を行うことが有利と考えているのに対して、被告人は無罪の主張を貫きたいとしている。この相対立する主張のいずれを弁護人が最終弁論において主張すべきかが問題となっている。

　本設問は誠実義務（弁護1条2項、規程5条）から利害対立を処理する問題であり、その方向で検討すべき問題である。しかしながら、誠実義務ではなく、最善の弁護活動（規程46条）で論ずる答案もいくつか見受けられた。最善の弁護活動は誠実義務に反していない弁護活動を前提とするものであり、誠実義務に反する弁護活動は最善の弁護活動とはなりえない。したがって、最善の弁護活動の問題以前に、誠実義務を検討しなければならない。本設問で誠実義務の検討を怠り、有罪を前提とした情状弁論を行った受験生は気をつける必要がある。

　このように弁護士倫理の問題は、異なる立場をふまえつつ自分の立場を説得的に論じる必要がある。その際には、単純に「たしかに……、しかし……」でつなぐのではなく、なぜ自分が反対説ではなく、自説をとるのか、自説をとったのなら、反対説が擁護する反対利益についてどのように保護するのか（あるいはより優越する利益のために、やむなく保護しないのか）、という点まで考えて論述することが求められている。

5　設問5

　設問5では、ほとんどの答案が本件メモの記載を、覚醒剤輸入の態様と結びつけ、そこから甲の故意を推認することはできていた。

　しかし、本件メモの記載が覚醒剤の混入状況と一致しているという事実から、直接に甲が覚醒剤を輸入する認識があったとはいえない。甲が自分の手でそのメモを記載した、という事実や、甲がその直後に3から6までの箱のみを早急に引き渡すようCに要求した事実、そして、覚醒剤は乾燥剤に紛れ込まされていた事実から、もし甲が覚醒剤の輸入について認識がないままこのメモを作成したのならば、γとの間で特に乾燥しいたけの中の乾燥剤についての会話がなされていたことになるが、それはきわめて不自然な事態であるという経験則があってはじめて、本件メモの存在により、甲の覚醒剤輸入の故意があったという構成要件事実を推認することができるのである。

　この推認過程は一例にすぎないが、答案のなかには、メモの記載と覚醒剤の混入状況と整合することからただちに甲の故意を推認しているものもあり、そのような答案は低い評価にとどまった。一方で、メモの記載と混入状況の一致から、なぜ甲の故意を推認できるのか、その推認過程を自分の頭で考えて、丁寧に論述している答案は高く評価された。

1 設問1 （条文は刑事訴訟法）

　起訴により甲の勾留は，被疑者勾留（204条1項，207条1項本文，60条1項）から，被告人勾留（280条1項，60条1項）に切り替わる。第1回公判期日前では，裁判官か被告人勾留を行うため，Pは，裁判官の職権の発動を促すべく，「求令状」の記載をしたと考えられる。また，「勾留中」の記載をしたのは，被疑者勾留から被告人勾留へ自動で切り替わる旨を示したかったからであると考えられる。

2 設問2

　下線部の手続は，弁護人Lの主張関連証拠開示請求（316条の17，316条の20第1項）である。Lは既に証明予定事実の主張をしているため，目的とする捜査報告書の調拠調請求をし（316条の17第2項），その上で捜査報告書を「識別するに足りる事項」（316条の17第2項1号）と「開示が必要である理由」（同条2号）を明らかにしなければならない。

3 設問3 （規則は，刑事訴訟規則とする）

(1) 異議（309条1項）の理由は，Lの直前の証言が320条1項に反し，証拠とできないことである。

(2) かかる異議（309条1項，規則205条1項）に対し，裁判所は理由のあることを認め，証人尋問の中止をすべき旨の決定をすべきである。なぜなら，Cの証言は320条1項に抵触し，かつ，324条2項の準用する321条1項3号の要件を具備しないため，「法令の違反」があるからである（規則205条1項本文，205条の6第1項）。

4 設問4 （規程は，弁護士職務基本規程をいう）

　Lは有罪であることを前提に，情状についての弁論をすべきと考えているが，甲は無罪の弁論を望んでいる。弁護士は，依頼者から独立した地位にあり（規程20条），自己の判断に従い「最善の弁護活動」（規程46条）をすべきことからすると，有罪であることを前提とし，情状に関して弁論すべきとも思える。

　しかし，同時に弁護士は「依頼者の意思を尊重して職務を行うものと」される（規程22条）。そうだとすれば，あくまでも甲の意思を尊重すべきであり，Lは，甲は無罪である旨の最終弁論をすべきである。

5 設問5

(1) 本件メモの記載内容の働き

　覚醒剤は，5g毎に，25袋ずつ，3番から6番の番号の付された箱に入っていたという客観的な事実がある。この事実と，「5g　3－6　25ずつ」という記載は一致性がある。そのため，本件メモの記載をした甲は，上記客観的事実を認識していたのではないか，という推認が働く。そして，甲は6月10日に3番から6番までの箱の引き渡しの要求をCにしていたため，本件メモの「6　10」の記載との整合性もある。したがって，客観的な事実と一致する内容を甲が記載できたことから，甲の故意を強く推認するという働きを有する。

(2) 甲の公判における供述

　甲は，業者βが乾燥しいたけの在庫を切らせてしまったと供述するが，「業者βは農作物小売業者としての実体がな」く，矛盾した供述をしている。また，γがα社のしいたけの品質を高く評価していると供述する

▭○条文を示す姿勢がとれている

▭△280条1項は，勾留に関する処分を裁判官が行うという条文であり，被告人勾留の根拠条文ではない

▭×誤記に注意。正しくは「証拠調請求」。「316条の20第2項1号」

▭△正しくは「Cの直前の証言」

▭△証拠排除で足りる

▭×誠実義務を検討すべき

▭△客観的事実が一致することから，すぐさま主観的に認識していたとはいえない

▭○客観的事実との不整合

が，その品質は他業者へ卸しているものと変わらない品質であり，客観的事実と整合しない。そのため，20倍の価格でβにしいたけを卸しているという不自然な状態に対する合理的な弁解がない。このように，甲の公判における供述は客観的事実と整合せず，信用できない供述である。

そのため，「わたしが輸入した貨物の中に覚醒剤が入っていたことは知らなかった」という供述も信用できない。したがって，甲の供述は，甲に故意がないことを推認させるものではない。

以上

45 ⇦○客観的事実との不整合

50

① **設問1について**

　被疑者勾留や被告人勾留について，条文を示して説明しようとする姿勢は評価できる。また，被疑者勾留は検察官請求であるが，被告人勾留は裁判所，裁判官の職権によることも示すことができており，基本的な理解が正確である。本件の特徴である，被疑事実と公訴事実との差異に触れられると更によかったが，そこまでできなくても，基本的な理解ができていれば，高得点に結びつく。

② **設問2について**

　公判前整理手続の条文について，正確に示すことができている。316条の20第2項における「識別するに足りる事項」と，「開示が必要である理由」について，抽象的に指摘するだけではなく，本設問では具体的にいかなる事情が，「識別するに足りる事項」であり，「開示が必要である理由」なのかを論じることができると更によかった。

③ **設問3について**

　異議の根拠条文について，刑事訴訟法のみならず，規則もあげることができた点は高評価である。

　Cの直前の証言が伝聞供述にあたるという点について，なぜ伝聞供述にあたるのか，要証事実との関係で具体的に論じてほしかった。伝聞証拠か否かは要証事実との関係で決まるものであるし，問題文には証人尋問の立証趣旨が明示されているからである。

　また，異議に理由がある場合に，証人尋問の中止を命じることはやりすぎである。弁護人は，伝聞供述部分について証拠排除を求めているのだから，裁判所は該当部分を証拠排除する旨の決定をすればよい（規則205条の6第2項）のであって，証人尋問という手続をすべて中止する必要はない。

④ **設問4について**

　本答案は，弁護人の誠実義務の検討をせずに，最善の弁護活動から論じている。最善の弁護活動は誠実義務を前提としたものであるから，誠実義務を先に論ずべきであった。

　本答案は，結論として無罪の弁論の主張をすべきとしている点では，誠実義務に反する弁護活動となっていないので，誤りとしては最小限にとどまっている。誠実義務に反する弁護活動は，弁護士法1条2項に違反するので法律違反として懲戒事由（弁護56条1項）となる。誠実義務の問題は弁護士として懲戒されることもあるほど重要な問題であるので，誠実義務に反する弁護活動はしてはならない。これを肝に銘じておいてほしい。

⑤ **設問5について**

　(1)では，覚醒剤の混入状況と，本件メモの記載が一致している点は書けている。しかし，そこからなぜ，記載した甲が覚醒剤の混入を認識していたという主観面が推認できるのか，説明がなされていない。

　(2)では，甲の供述が客観的事実に一致しないこと，20倍という価格がおよそ経済的な合理性がなく，不自然であることをあげて，全体として信用できない，という結論を導いている。全体として信用できないのだから，覚醒剤混入について知らなかった，という部分も信用性がないという結論を導けている。考え方の流れが答案にそのまま再現されており，高い評価が得られるだろう。

第 2 部

司法試験予備試験過去問

下記【事案の概要】を読んで，後記の各設問に答えなさい。

【事案の概要】

1　A（男性）とC（女性）は，同じ県立○○高校の同級生同士として交際しており，平成18年3月に高校卒業後，Aは東京の大学に，Cは地元の大学にそれぞれ進学した後も交際を続けていた。他方，AとCの高校の同級生であるV（男性）は，以前からCに好意を抱いていたところ，平成21年5月に開かれた高校の同窓会で再会したCに対し，しつこく交際を迫るようになった。困ったCは，同年8月上旬にそのことをAに相談し，AがVに話をつけることにした。Aは，Vに電話で「Cが困っているから，彼女に付きまとうのをやめろよ。」と言ったところ，逆にVから「お前何様のつもりだ。お前には関係ないだろ。」と一方的に言われたため，その言動に立腹し，「何だ，その言い方は。覚えておけよ。」と言って電話を切った。

2　Aは，平成21年8月13日に夏休みで地元に戻った際，Vに対する腹立ちが収まらなかったため，高校の先輩であったB（男性）にVのことを相談することにした。Bは，他の高校の生徒や暴走族などとすぐにけんかをする有名な暴れん坊であったが，同じ中学出身であった後輩のAのことはかわいがり，Aにとっては頼りになる兄貴分のような存在であった。そこで，Aは，高校時代から名うての暴れん坊であったBが出てくれば，さすがのVも，Bを怖がって言うことをきくだろうと考えた。Bは高校卒業後，地元の会社に就職したが，まじめに働かなかったためクビになり，そのうち覚せい剤を使用するようになった。そのため，Bは，平成19年7月に，覚せい剤を自己使用した覚せい剤取締法違反の罪により，懲役1年6月，執行猶予3年の有罪判決を受けた（なお，判決は確定済み）。その後，Bは，日雇のアルバイトで生計を立てながら，アパートで一人暮らしをしていた。

　Aは，同日，自宅で，Bに「CがVから付きまとわれて嫌がっているんです。俺も直接Vに付きまとうのをやめるようVに言ったのですが，逆にVから言い返されてしまいました。Bさんからもに付きまとうのをやめるようVに言ってくれませんか。Bさんから言われればVもすぐにやめると思いますから。」と言ったところ，Bは，「わかった。おれが話をつけてやる。それでも聞き入れなければ痛い目に合わせてやる。お前は見張りだけでいい。」と言った。その後，AとBで相談し，AからCに，詳しいことを知らせずに，Vを夜間，人気のない港町公園に呼び出すよう依頼すること，Aがレンタカーを借りてBを乗せて港町公園まで運転すること，BとVが公園にいる間，Aは車の中で待機しながら見張りをすることなどを決めた。

3　8月23日夜，AとBは，Aが借りて運転するレンタカーで港町公園まで行き，午後9時前ころから，公園入口の近くにとめた車両内で待機していた。午後9時ころ，Cからの呼び出しに応じてやって来たVが公園に入って行ったのを見て，Bが車から降り，Vの方に近づいていった。Aは，車の運転席から，公園に入って来る人がいないかを見張っていた。Vは，公園内をきょろきょろしながら，Cの姿を捜していたが，Bが近づいて来たのを見て，一瞬ぎょっとした様子をしたものの，すぐに平静を装い「あれ，Bさんお久しぶりです。お元気でしたか。こんな時間にどうしたのですか。」と言って，わざと親しげに話しかけてきた。Bは，「お前，Cに付きまとうのやめろよ。」と言ったところ，Vは，平然とした様子で「何を言い出すかと思えばそんなことですか。恋愛ざたに口を出すとBさんの株が下がりますよ。」と言い返してきた。それを聞いたBは，Vに対し「お前，だれに向かって口をきいてるんだ。」と言いながら，いきなりVの顔面を平手で2回殴った。Vは，Bが高校のときから有名な暴れん坊であることを知っていたので，これ以上逆らうと何をされるかわからないと思い，「わかりました。もうCには連絡しません。」と言った。Bはそれを聞いて「二度と連

絡するなよ。」と念を押して，Vに背を向け公園の出口に向かおうとした。Vは，Bが立ち去ろうとしたので一安心し，小声で「格好つけやがって。前科持ちの癖に。」とつぶやくように言った。それを聞いたBは憤激し，「お前，今何て言った。」と怒鳴りながら，腰に隠し持っていた三段伸縮式の特殊警棒を取り出し，Vの頭部，両上腕部，腹部等を多数回にわたり殴打した。

4　公園の入口近くにとめた車の中で見張りをしていたAは，公園の中でのBとVのやり取りは見えなかったものの，犬を連れて散歩する男が公園に入ろうとするのを見て，車から降りて，Bに向かって「人が行ったから。」と伝えた。Bは，公園から駆け足で戻って車の助手席に乗り込み，すぐにAが車両を発進させてその場から離れた。特殊警棒を手に持って車に戻ったBは，Aに「あいつ，ふざけたことを言うから，やきを入れてやった。」と言ったところ，Aは「あれ，そんなの持っていたのですか。Vは本当に生意気なやつだったでしょう。」と返答した。

公園を散歩していたWは，うずくまりけがをしているVを発見し，警察と救急隊に連絡した。Vは，救急車で病院に搬送され，入院加療約3か月を要するろっ骨骨折，左上腕部複雑骨折，頭部打撲と診断された。

5　警察官は，Vの事情聴取から犯人がBであることが判明したため，8月27日，Vの供述などを疎明資料として，傷害の被疑事実でBの逮捕状を請求し，同日その発付を受けた。しかし，Bは，事件後，友人宅を転々と泊まり歩く生活を送るようになっており，Bのアパートに赴いた警察官は，Bの身柄を確保することができなかった。Bの所在捜査を続けていたところ，9月1日，Bの友人宅の近くのパチンコ店でBを発見し，Bを逮捕したが，犯行に使用した特殊警棒については押収することができなかった。その後，V・B・Cの各供述からAの関与も判明したため，同月4日，Aも逮捕され，所要の捜査を遂げた後，A及びBは，以下の【公訴事実】で公判請求された。

第1回公判期日において，被告人Aは，公訴事実記載の「共謀」を争い，被告人Bは公訴事実を認めたため，裁判所は，AとBの審理を分離した。

【公訴事実】
被告人両名は，共謀の上，平成21年8月23日午後9時ころ，○○県○○市○○町1丁目2番3号港町公園において，V（当時21歳）に対し，平手でその顔面を殴打し，特殊警棒で頭部，両上腕部，腹部等を多数回段打するなどの暴行を加え，よって，同人に入院加療約3か月を要するろっ骨骨折，左上腕部複雑骨折，頭部打撲の傷害を負わせたものである。

〔設問1〕
検察官は，逮捕されたBの送致を受け，Bを勾留請求するかどうかを検討することとした。そこで，その検討に際し，勾留請求の実体的要件が認められるかどうかにつき，それぞれ具体的事実を指摘しつつ論じなさい。ただし，勾留の理由（罪を犯したことを疑うに足りる相当な理由）と必要性については論じる必要はない。

〔設問2〕
上記【事案の概要】の4までの事実が，裁判所において証拠上認定できることを前提に，Aが本件傷害の共同正犯の罪責を負うかどうか検討するに当たり，「共謀」を肯定する方向に働く事実と否定する方向に働く事実を挙げて，それぞれの事実がなぜ共謀を肯定し，又は否定する方向に働くかの理由とともに示しなさい。

〔設問3〕
　仮に，以下の【手続】がなされたとした場合，弁護人はどのような対応を取ることができるか，条文上の根拠とともに論じなさい。

【手続】
　Bは，捜査段階において，「私が港町公園に行くとき，特殊警棒を隠し持っていたことをAは知っていました。というのも，Aの自宅でAから相談されたとき，『そんな生意気なやつはこれでボコボコにしてやる。』と言って，Aにこの特殊警棒を見せたということがあったからです。」という供述をし，その旨の検察官面前調書が作成された。他方，Aは「Bが特殊警棒を持っていることは知りませんでした。」と供述したため，Aの弁護人は，検察官が証拠請求したBの上記供述が記載された検察官面前調書を不同意にした。Aの公判期日において，Bの証人尋問を実施したところ，Bは，上記の点について，「よく考えてみるとAは知らなかったと思います。」と証言した。そこで，検察官はその証言と相反する記載のあるBの検察官面前調書を，前の供述と相反し，前の供述を信用すべき特別の情況があるとして，刑事訴訟法第321条第1項第2号により証拠請求した。裁判所は，その調書の証拠採用を決定したが，弁護人は，検察官面前調書中の供述には信用すべき特別の情況が欠けていると考えた。

〔設問4〕
　ABの高校時代の教師が，AB両名が逮捕勾留されたことを知り，AB両名に対し，知人の弁護士Dを紹介した。弁護士Dが，AB両名の弁護人として事件を受任することの問題点を論じなさい。

① 設問1

設問1では，勾留請求の実体的要件が認められるかどうかが問われている。ただし，勾留の理由（罪を犯したことを疑うに足りる相当な理由）と必要性については論じる必要はないとの限定が付されているので，207条1項が準用する60条1項各号の要件該当性のみを論じることになる。なお，勾留の実体的要件についてはFL【身体拘束手段】参照。

1 1号該当性

まず，被疑者が「定まった住居を有しないとき」（207条1項・60条1項1号）に該当するか否かについては，本件の場合，Bはアパートで一人暮らしをしていたが，事件後には友人宅を転々と泊まり歩く生活を送るようになっていたという事実を指摘することができる。現在は友人宅を転々としている以上，「定まった住居を有しないとき」に該当するといえよう。

2 2号該当性

次に，被疑者が「罪証を隠滅すると疑うに足りる相当な理由があるとき」（207条1項・60条1項2号）にあたるためには，単に抽象的な罪証隠滅の可能性ではなく，罪証隠滅が客観的に可能であることが必要だと解される。本件の場合，犯行に使用した特殊警棒については押収することができなかったことから，Bがこの特殊警棒を破棄・隠匿することが客観的に可能である。

3 3号該当性

さらに，本件では，Bは，平成19年7月に，覚醒剤を自己使用した覚醒剤取締法の罪により，懲役1年6月，執行猶予3年の有罪判決を受けている。そして，本件では，執行猶予期間中に，傷害罪（法定刑は15年以下の懲役または50万円以下の罰金）を犯していることから，執行猶予が取り消される可能性が高い（刑26条，刑26条の2参照）。したがって，Bには「逃亡すると疑うに足りる相当な理由がある」（刑訴207条1項・60条1項3号）といえる。

4 注意事項

なお，207条1項・60条1項柱書は「左の各号の一にあたるときは」と規定していることから，上記60条1項各号事由のどれか1つに該当することを確認できれば足りるのではないかとも考えられる。しかし，実務上は，上記各号事由のそれぞれに該当するか否かを判断し，たとえば，当該被疑者が住居不定（207条1項・60条1項1号）である場合にも，更に罪証隠滅のおそれ（207条1項・60条1項2号）があるかどうか，逃亡のおそれ（207条1項・60条1項3号）があるかどうかを検討している。このような実務上の扱いからすれば各号事由への該当性はすべて検討すべきである。

② 設問2

1 共謀の意義

設問2では，「共謀」の有無に関する事実認定が問われている（共謀の認定については，FL【共謀の認定】参照）。実務上，共謀とは，犯罪の共同遂行に関する合意であると考えられている。そして，この共謀は意思連絡および正犯意思という2つの要素からなり，共謀が認められるためには，そのいずれもが認められなければならない。

2 意思連絡

(1) 意思連絡を肯定する方向にはたらく事実としては，①Bは，他の高校の生徒や暴走族などとすぐにけんかをする有名な暴れん坊であり，Aもそのことを知っていたことからすれば，Aは，BがVに対してなんらかの暴行を加え傷害を負わせることがあることも容易に想定することができたということ，②BはAに対して「俺が話をつけてやる。それでも聞き入れなければ痛い目に合わせてやる。」と述べているところ，BがVを痛めつけるなかでVが傷害を負うことも当然ありえる以上，AはVが傷害結果を負う可能性があることを認識していたこと，③BがVに傷害を負わせた後，AはBに対して「Vは本当に生意気なやつだったでしょう。」と述べ，BがVに傷害を負わせたことに大して驚くこともなくむしろ想定内のかのように受け入れていることがあげられる。

(2) 一方，意思連絡を否定する方向にはたらく事実としては，Aは，Bが特殊警棒を持っているのを見て「あれ，そんなの持っていたのですか。」と述べ，Bが特殊警棒を持っていることを認識

していなかったことがあげられる。

(3) このような事情のもとでは、たしかに、Aは、BがVに対して特殊警棒を使って傷害を負わせるとは思っていなかったとしても、なんらかの方法によりBがVに傷害を負わせることがありうることは認識していたといえる。したがって、意思連絡は肯定することができる。

3 正犯意思

(1) 次に、正犯意思を肯定する方向にはたらく事実としては、①Aは、Vに対する腹立ちが収まらないことに加えて、Vが、自分の恋人であるCにこれ以上付きまとわないようにさせるためにBに相談をもち掛けているところ、このような相談の目的はもっぱらAの利益を実現するためのものであること、②Aは、犬を連れて散歩する男が公園に入ろうとするのを見て、車から降りてBに向かって「人が行ったから。」と伝え、その後戻ってきたBを車に乗せるとすぐに車両を発進させ逃走を図っているなど、自分から積極的に見張り行為や運転行為を行っているところ、このような見張り行為や運転行為が物理的・心理的に犯罪の実現に寄与した程度は大きいということなどがあげられる。

(2) 一方、正犯意思を否定する方向にはたらく事実としては、①BはAの高校の先輩であり、自己はBに従属する立場であること、②BはVから「格好つけやがって。前科持ちの癖に。」と言われたことに憤激しVに対して暴行を加えているところ、このような暴行はAのためというよりはBの個人的な憤激の情からなされたものであることなどがあげられる。

(3) このような事情のもとでは、たしかに、Bが個人的な怒りからVに対して暴行を加えた面があるとしても、Aは、生意気なVが高校時代から名うての暴れん坊であったBを怒らせ痛めつけられることを予想し利用しようとしていたと考えられる。そうだとすればAの正犯意思は否定されないだろう。

4 結論

したがって、本件の場合、共謀が認められ、Aは本件傷害について傷害罪の共同正犯（刑60条・刑204条）の罪責を負う。なお、上記の事実に対する評価はあくまでも一例であり、これら以外の評価をすることも十分に可能である。

③ 設問3

設問3は、公判中の証拠調べ手続における弁護人の対応について、条文上の根拠に基づいた理解ができているかを問う問題である。

本件の場合、弁護人は、検察官面前調書中の供述には信用すべき特別の情況（刑訴321条1項2号ただし書）が欠けていると考えているのであるから、裁判所がその調書の証拠採用を決定したことは、321条1項2号に違反するといえる。そこで、弁護人としては、法令違反を理由に（規則205条1項）、裁判所の証拠決定に対して異議を申し立てる（刑訴309条1項本文）という対応をとることができる。

④ 設問4

設問4は、共犯者を同時受任することの問題点を論じさせるものである。共犯者の同時受任を含む、法曹倫理上の問題点については、FL【法曹倫理】を参照してほしい。

共犯者の同時受任についての考え方としてはいくつかあるが、共犯者間では利害対立が起きる可能性を常に内包しており、顕在化していなくとも潜在的には利益相反があること、利害相反する複数の被告人の弁護を同時受任すれば、個々の被告人に対する誠実義務を全うすることができないことを理由として同時受任は禁止されるとする考え方（禁止説）が有力である。

しかし、禁止説であっても、共犯者の同時受任を弁護士法25条3号、規程27条3号の問題と捉えれば、他方の共犯者の同意により禁止が解除されることとなり、規程28条3号の問題と捉えれば、共犯者全員の同意により禁止は解除されることとなるので、同時受任が可能となる。

検討の方針としては、禁止説の立場から、規程28条3号の問題として考え、共犯者全員の同意があれば同時受任が可能と考えるべきである。

なお、同時受任後に利害対立が顕在化した場合には、規程42条により、弁護人はＡＢそれぞれに対して辞任その他の事案に応じた適切な措置をとらなければならない。

答案例

第1　設問1について
1　本件では，刑事訴訟法（以下「刑事訴訟法」法名省略）207条1項が準用する60条1項の各号該当事由が認められるかどうかを検討する。　　→各号該当事由はすべて検討する
　(1)　住居不定（207条1項・60条1項1号）
　　　本件では，Bは事件後，友人宅を転々と泊まり歩く生活を送るようになっていたのであるから「定まった住居を有しない」といえる。　　5
　(2)　罪証隠滅のおそれ（207条1項・60条1項2号）
　　　罪証隠滅のおそれがあるといえるためには，罪証隠滅が客観的に可能である場合でなければならないと解される。
　　　本件では，犯行に使用した特殊警棒については押収することができ　　10
なかったことから，Bがこの特殊警棒を破棄・隠匿することが客観的に可能である。
　　　したがって，本件では罪証隠滅のおそれが認められる。
　(3)　逃亡のおそれ（207条1項・60条1項3号）
　　　本件では，Bは，平成19年7月に覚醒剤を自己使用した覚醒剤取締　　15
法の罪により懲役1年6月，執行猶予3年の有罪判決を受けている。そして，Bは執行猶予期間中に，傷害罪（法定刑は15年以下の懲役または50万円以下の罰金）を犯していることから，執行猶予が取り消される可能性が高い（刑法26条，刑法26条の2参照）。
　　　したがって，Bは執行猶予の取消しを免れるために逃亡するおそれ　　20
があるといえる。
2　以上より，本件では，勾留の理由（207条1項・60条1項柱書）と必要性（207条1項・87条1項参照）以外の勾留の実体的要件（207条1項・60条1項各号）は認められる。
第2　設問2について　　25
1　共謀の意義
　　共謀とは，犯罪の共同遂行に関する合意であると考えられている。そ　　→共謀の意義
して，この共謀は意思連絡および正犯意思という2つの要素からなり，共謀が認められるためには，そのいずれもが認められなければならない。
2　肯定する方向にはたらく事実　　30
　(1)　意思連絡を肯定する事実としては以下の事実があげられる。
　　　Bは，他の高校の生徒や暴走族などとすぐにけんかをする有名な暴　　→事実
れん坊であり，Aもそのことを知っていたことからすれば，Aは，B　　→評価
がVに対してなんらかの暴行を加え傷害を負わせることがあることも
容易に想定することができた。また，BはAに対してVが話を聞き入　　35　→事実
れなければ痛い目に合わせる旨を述べている。そして，BがVを痛め
つけるなかでVが傷害を負うことも当然ありえることからすればAは　　→評価
Vが傷害結果を負う可能性があることを認識していたといえる。さら　　→事実
に，BがVに傷害を負わせた後，AはBに対して「Vは本当に生意気な
やつだったでしょう。」と述べ，BがVに傷害を負わせたことに驚く　　40　→評価
こともなくむしろ想定内かのように受け入れていた。
　(2)　正犯意思を肯定する事実としては以下の事実があげられる。
　　　Aは，Vに対する腹立ちが収まらないことに加えて，Vが自分の恋　　→事実
人であるCにこれ以上付きまとわないようにさせるためにBに相談を

もち掛けているところ，このような相談の目的はもっぱらＡの利益を　45　⇒評価
実現するためのものである。また，Ａは，犬を連れて散歩する男が公　　　⇒事実
園に入ろうとするのを見て，車から降りてＢに向かって「人が行った
から。」と伝え，その後戻ってきたＢを車に乗せるとすぐに車両を発　　　⇒評価
進させ逃走を図っているなど，自分から積極的に見張り行為や運転行
為といった重要な役割を果たしている。　　　　　　　　　　　　　　50

3　否定する方向にはたらく事実
(1)　意思連絡を否定する事実としては，Ａは，Ｂが特殊警棒を持ってい　　　⇒事実
　るのを見て「あれ，そんなの持っていたのですか。」と述べ，Ｂが特
　殊警棒を持っていることを認識していなかったという事実があげられ　　　⇒評価
　る。　　　　　　　　　　　　　　　　　　　　　　　　　　　　　55
(2)　正犯意思を否定する事実としては，ＡはＢの高校の後輩であり，Ｂ　　　⇒事実
　に従属する立場であること，ＢはＶから「格好つけやがって。前科持　　　⇒評価
　ちの癖に。」と言われたことに憤激しＶに対して暴行を加えていると　　　⇒事実
　ころ，このような暴行はＡのためというよりはＢの個人的な憤激の情　　　⇒評価
　からなされたものであという事実があげられる。　　　　　　　　　　60

4　結論
　　意思連絡については，たしかにＡは，ＢがＶに対して特殊警棒を使っ
　て傷害を負わせるとは思っていなかったとしても，なんらかの方法に
　よりＢがＶに傷害を負わせることがありうることは認識していたといえ，　　⇒評価
　意思連絡は肯定することができる。また，Ｂが個人的な怒りからＶに対　65
　して暴行を加えた面があるとしても，Ａは，見張り行為や運転行為によ
　り物理的・心理的に犯罪の実現に相当程度寄与していたといえ，正犯意　　　⇒評価
　思も肯定することができる。
　　よって，共謀が認められ，Ａは本件傷害の共同正犯の罪責を負う。

第3　設問3について　　　　　　　　　　　　　　　　　　　　　　70　⇒条文を丁寧に摘
　　弁護人は，検察官面前調書中の供述には信用すべき特別の情況（321条　　　示する
　1項2号ただし書）が欠けていると考えているのであるから，裁判所がそ
　の調書の証拠採用を決定したことは321条1項2号に違反すると主張する
　ことが考えられる。そこで，弁護人としては法令違反を理由に（刑事訴訟
　規則205条1項），裁判所の証拠決定に対して異議を申し立てる（309条1　75
　項）という対応をとることができる。

第4　設問4について
　　本件では，弁護士Ｄが共犯者ＡＢの同時受任をすることができるかが問
　題となっている。
　　共犯者間には潜在的な利益相反があること，利害の相反する複数の被告　80
　人の弁護を同時受任すれば，個々の被告人に対する誠実義務を全うするこ
　とができないことから，共犯者の同時受任は禁止される。もっとも，弁護
　士職務基本規程28条3号により，共犯者全員の同意があれば，禁止が解除
　されるので，同時受任が可能となる。
　　したがって，本件においては，ＡＢの同意がない場合には同時受任する　85　⇒問題点の指摘
　ことができないという問題がある。
　　なお，利益相反が顕在化した場合には，同規程42条により弁護士Ｄは
　ＡＢに対して辞任その他適切な措置をとらなければならない。　　　　以上

　本問は，具体的な事例を前提として，捜査から判決にいたる刑事手続および事実認定についての基本的理解ならびに法曹倫理（刑事）に関する基礎的素養が身についているかどうかを試すとともに，それらを適切に表現する能力をも問う問題である。

　設問1は，捜査段階における勾留について，その実体的要件（ただし，勾留の理由と必要性を除く）の理解およびその検討にあたって考慮すべき具体的事実を問題文から指摘できるかどうかを試す問題である。

　設問2は，本件事例の争点である「共謀」の事実認定について，問題文のなかから，共謀を認定する積極的事実と消極的事実とを抽出するとともに，各事実の評価の理由をも問う問題である。

　答案としては，共謀共同正犯の実体法上の解釈に関する論述が求められているのではなく，共謀共同正犯の成否が問題となった最高裁判例の判決文において摘示されている事情等を参考に，間接事実による事実認定の基本的枠組みを理解したうえで，事案に即して重要な具体的事実を分析・評価することが求められる。

　設問3は，公判中の証拠調べ手続における弁護人の対応について，条文上の根拠に基づいた理解ができているかどうかを問う問題である。証拠調べ手続については，刑事訴訟法上の規定のみならず，刑事訴訟規則において詳細なルールが定められていることから，このような規則についての理解も必要とされるところである。

　設問4は，刑事弁護の受任に関する弁護士倫理を問う問題である。刑事弁護倫理については，刑事訴訟法，刑事訴訟規則はもとより，弁護士法，弁護士職務基本規程上の関連する規定の理解も求められる。

【司法試験予備試験のサンプル問題に関する有識者に対するヒアリングの概要】
（法律実務基礎科目（刑事））
（◎委員長，○委員，□有識者，△事務局）

◎先生方におかれては，御多用にもかかわらず，当委員会に御出席いただき感謝申し上げる。まず，検討結果につき御説明を頂き，その後，質疑応答とさせていただきたい。

□法律実務基礎科目（刑事）のサンプル問題は，資料4として配布されているので，御参照いただきたい。

　まず，論文式試験について御説明申し上げる。このサンプル問題は，共犯の傷害事件の具体的事例を前提とし，設問1は，検察官として捜査段階の勾留請求に当たり検討する事項に関する問題，設問2は，共謀の事実認定における事実の評価に関する問題，設問3は，公判手続における弁護人の活動に関する問題，設問4は，法曹倫理に関する問題という構成になっている。検討メンバーの間で最も悩んだ点は，このような事例問題を出題したときに，どのような解答が求められているのかということを受験者が設問からイメージできるか，限られた試験時間の中で，出題意図に沿った解答が得られるようにするためには，どのような設問にすればよいか，という点である。我々としては，例えば，設問1にあるように，論じる必要のないことは必要ないとただし書で明記するなどして，出題者の求める解答ができる限り具体的にイメージできるように配慮したつもりである。さらに，念のため，例えば，設問2の出題趣旨で，この問題は，そもそも共謀とは何かという実体法の解釈について長々と論じることを求めているのではないという注意書きをすることで，予備試験の受験者に対して，良く注意しながら設問を読んで，どのような解答が適切なのかを読み取ってほしいということを伝えようとした[1]。サンプル問題の検討に当たっては，試験時間を1時間30分程度とし，資料6の答案用紙を使うことを前提として考えた。その結果，設問の数については，このサンプル問題で掲げた4つの設問すべてについて時間内に解答を

---

1)　この部分から刑事実務基礎科目では基本的に実体法の解釈が求められているわけではないことがわかる。答案では，規範の定立は行うとしても規範を導く理由づけは端的な論述にとどめたほうがよいだろう。

求めるのは，やや難しいのではないかと思われた。そこで，仮に，事実認定に関する設問2を問うとした場合，設問1と設問2の2問とするか，あるいは，設問2から設問4までの3問とする程度が適当ではないかと考えた。また，このサンプル問題は，設問2の事実認定を中心としているが，必ずしも毎年，事実認定を問わなければならないという趣旨ではない。法曹倫理についても，このサンプル問題では設問4として入れているが，刑事の法曹倫理は，出題範囲としては非常に限られるので，必ずしも毎年出題しなければならないというものではないと考えている[2]。このサンプル問題の水準であるが，法科大学院修了程度との関係で言えば，100点満点の解答が求められるような易しい問題ではない。事実認定であるので，じっくりと問題を読み，いろいろな角度から検討して，積極的事実と消極的事実を拾い出すという作業が必要であるので，そのための時間もある程度かかるであろうと考える[3]。それから，事実認定は，自主学習には容易でない面もあるが，出題の趣旨にも書いたとおり，刑法の中では共謀に関する最高裁判例を必ず勉強するはずであり，それを学ぶ中で，それらの判例の中から共謀の事実認定に関係する事実を拾い出していくという作業をすることによって，おのずと事実認定の力が身に付くと考える[4]。そのような自主的な勉強によって，このサンプル問題に対応することは十分に可能である。また，その他の設問も含め，市販されている教材で，十分に自主学習は可能であると考える。

　中略

○論文式試験の設問1は，罪証隠滅の恐れや逃亡の恐れなどについて論じさせるという趣旨か。

□設問1については，検討の当初は，刑事訴訟法第60条第1項各号に該当するかどうかを論じるということを設問に明記するという案もあったが，それでは解答を誘導しすぎであろうという意見が出たので，そのような記載はしないこととした。ただし，論じるべき内容は，第60条第1項各号に該当するような具体的事実がこの事例の中にあるかどうかということを，各号ごとに検討することを求めている。そこで，それ以外の勾留の理由や必要性については，特段論じる必要はないということを記載することとした。設問2の事実認定の問題にじっくり取り組んでほしいという意味もあり，設問1で論じる内容を絞るという趣旨で，そのような設問とした。

○勾留の必要性は，第60条には記載されていない。これを設問の中で挙げることで，誤解を生じることはないか。

□確かに，勾留の必要性は，第60条には要件として記載されていないが，第87条で，勾留の必要がなくなったことが勾留の取消事由とされており，そのこととの関係で，勾留の必要性も勾留の要件と解される。刑事訴訟法の法科大学院教員である検討メンバーに確認したところ，その点は，法科大学院で通常教えているということである。また，設問1で「実体的要件」という言葉を使っているが，これについても，法科大学院生であれば，実体的要件と手続要件という言葉の意味も分かるし，一般的な教科書にもその辺りのことは触れられているということである。

○設問2は，事実認定に関する設問だが，法科大学院の実務教育でもこの程度のことは教えているという理解でよいのか。

□ここでは証拠にさかのぼった事実認定を求めているわけではなく，事例として与えられた事実の中から間接事実を拾い出すことを求めている[5]。法科大学院で一般的に使用されている市販の教材，例えば，司法研修所や法務総合研究所が編集している教材などで，その点を学習することが

2）　この部分で言及されているように刑事実務基礎科目についても法曹倫理が問われる可能性があり，現に2015（平成27）年，2018（平成30）年，2019（令和元）年では法曹倫理に関する出題がなされている。弁護士職務基本規程を一読しておくなど最低限の対策は必要であろう。

3）　この部分から事実認定の問題では，積極的事実のみならず消極的事実の抽出までもが求められていることがわかる。答案上では，自分の採用した結論を導く方向の事実のみを抽出しがちであるが，自分の採用した結論とは逆の方向にはたらく事実についても言及することが高得点につながるだろう。

4）　この部分に，事実認定の力を養うための勉強法が示されている。事実認定の力を養うために判例を読むときには，事案の部分や判旨の部分から事実認定に関係する事実を抽出する習慣をつけたいところである。

5）　この部分から，事実認定の問題では間接事実を抽出すること自体に配点があることがわかる。

でき，法科大学院でもそれを使った勉強がされている。もちろん，法科大学院によって教えている内容の難易度は異なるであろうが，法科大学院のシラバスや試験問題を見ると，重要な間接事実を拾い出して事実認定をするという水準は，ほとんどの法科大学院で学習すべき内容に含まれていると理解している。

○設問3は，証拠調決定に対する異議の申立てについて論じることを求めているのか。

□そうである。刑事訴訟規則に規定された異議の種類について理解しているかどうかを問うものである。

○設問2の共謀共同正犯に関する事実認定の問題は，良い問題だと思うが，いろいろなバリエーションをもって継続的に事実認定を出題することができるものなのか。典型的な論点が幾つかに絞られてしまい，受験者もそれだけを勉強するというふうになってしまうのではないかという感じがするが，いかがか。

□その点は，なかなか難しい面があると考えており，我々も，事実認定について毎年継続して良い問題が作れるとは限らないのではないかと感じる。このサンプル問題では，事実認定を取り上げたが，刑事手続の流れを中心に問うような問題を作ることも可能だと考えている。事実認定の出題が常にスタンダードであるという位置付けでは考えていない。

◎大学の法学部を見ると，法科大学院で教える刑事実務の基礎とまでは言わなくとも，刑法の各論の授業で，どのような事実があれば刑法の構成要件に該当するかという程度のことは教えている。先ほど出たように，証拠から事実を認定するということまでは，法科大学院で学ばずに自力で行うのは厳しい面があるとは思うが。典型的な論点には限りがあるとしても，それを基にして少しずらせば，単にパターンで覚えてきた受験者は，がくっと崩れて，実力が露呈するであろうから，継続して出題できないこともないのではないか。このサンプル問題は，ひとまとまりの完成した問題としてではなく，「問題数について」で，設問1及び設問2，あるいは設問2から設問4までと2つのパターンを示しているが，それはどのような趣旨か。

□1時間30分で解答させるひとまとまりの問題とするには，この設問の一部を外すこととなるが，そのような形で公表すると，受験者が公表された部分しか勉強しなくなる恐れがあると思われた。どれも勉強しておく必要があるが，必ずしも毎回すべてを聞くとは限らない，ということを受験者に伝えるという趣旨で，設問は幅広く用意した[6]。

---

6) この部分から、刑事実務基礎科目では事実認定、刑事手続、法曹倫理など幅広い分野から出題されることがわかるが、メリハリをつけて勉強することも大切である。刑事実務について十分な時間がとれない場合には、まずは刑事手続からの学習をお勧めする。

第7問 平成23年予備試験論文問題

次の記述を読んで，後記の設問に答えなさい。

1【事案】

　乙（男性，30歳，会社員）は，平成23年3月5日午後2時10分頃（以下，同日），会議出張のためA駅のホームのベンチに座って，午後2時45分発の特急電車の到着を待っていた。このとき乙は，会議に必要な書類などを入れた黒いキャリーバッグ（B社製，外側ポケット部分に金色の「B」のロゴが入っているもの）を持っており，キャリーバッグの外側ポケットに携帯電話を入れていた。そのうち，乙は，少し暑く感じたので，着ていたコートを脱ぎ，ベンチの背もたれに掛けた（位置関係については，別紙「見取図1」のとおり。）。

　乙が電車を待っている間，一人の男が，時折乙の方をうかがうような目つきをしながらホームをうろついていた。その男は，白髪，身長約180センチメートルで紺色のスーツを着ており，手ぶらであったが，乙とその男の間は約3メートル離れていたので，乙の目から見て，男の着ている紺色のスーツの生地が無地か柄物かは分からなかった。乙はその男と何回か目が合ったものの，男が乙に話しかけてくる様子もなかった。午後2時10分以降，ホームには何本かの電車が到着したが，紺色のスーツを着た男はいずれの電車にも乗ろうとせず，ただホームをうろつくだけであった。

　午後2時25分頃，乙は，新聞や飲み物を購入しようと思い立ち，キャリーバッグをホームのベンチに残したまま，ホームの中央部分にある売店まで歩いて行き，新聞等を購入した。乙のいたベンチから売店までは，約15メートルの距離であった。売店は客で混み合っていたため，乙は新聞等を買うのに順番待ちで約5分かかった。

　乙は，買い物を終えた時，偶然そこにいた友人丙に声をかけられた。乙は，久しぶりに丙と出会ったことで丙との話に夢中になり，一瞬キャリーバッグのことを忘れて，丙と共に，キャリーバッグを置いたベンチとは反対方向に約5メートル歩いたところで，すぐにキャリーバッグのことを思い出してベンチの方向を振り返った。このとき，乙は，ベンチのそばに自分のキャリーバッグが見当たらないことに気付き，慌てて，丙に別れを告げてベンチに駆け戻ったが，ベンチの背もたれにコートだけが残っており，キャリーバッグはなくなっていた。

　乙はベンチの周囲を探したり，ホームの端から端まで走ったりしてキャリーバッグを探したが，どこにもなかったことから，誰かがキャリーバッグを持ち去ったに違いないと思い，ホームの階段を下りて，改札口の方へ走って行ってみた。乙は，改札口に向かう途中で，何人かの乗客が黒いキャリーバッグを持っていたのを見たが，いずれも金色の「B」のロゴが入ったものではなかった。

　そうしたところ，乙は，改札口の手前，乙の前方数メートルの地点に，金色の「B」のロゴが入った黒いキャリーバッグを引いている男を発見した。その男は，白髪で身長約180センチメートル，紺色の生地で細い縦じま模様のあるスーツを着ていた。乙は，走ってその男に追いつき，男の背後から，「おい，待て。」と声を掛けた。男は一瞬立ち止まり，振り返って乙を見たが，その途端に，それまで引いていたキャリーバッグを持ち上げ，走り出そうとする仕草を見せた。そこで，乙が，男が持っているキャリーバッグに手を掛けて，「待て泥棒。そのキャリーバッグは俺のだぞ。」と言うと，男は，「何の証拠があってそんなことを言うんだ。」と言い返してきた。このため乙は，「お前は，さっき，ホームで俺の様子を見てただろう。そのキャリーバッグの中身を開けてみろ。俺の書類が入っているに違いない。」と言ったが，男は，「何の権限があってキャリーバッグを開けろなどと言うのだ。俺は急いでいるから手を離せ。」と言って，乙にキャリーバッグを渡そうとしなかった。こ

のように二人が口論していたところ，午後２時40分頃，Ａ駅構内を主なパトロール場所としている警察官丁が通り掛かった。丁が，二人の大声を聞いて，「どうしたのですか。」と乙らに問いかけると，乙が，「この男が私のキャリーバッグを盗んで持ち去ろうとしていたのです。」と答え，これを聞いた男は怒った口調で，「何だと。これがあんたの物だという証拠もないのに，他人を泥棒呼ばわりするのか。」と乙に言った。丁は，「まあまあ，落ち着いて。」と二人をなだめながら，乙に，「このキャリーバッグがあなたの物だという証拠でもあるのですか。」と尋ねた。これに対し，乙が，「あ，そうでした。キャリーバッグの外側のポケットに私の携帯電話が入っているはずです。興奮していて携帯電話のことをすっかり忘れていました。」と言ったので，丁が，自分の携帯電話を取り出して，乙に対し，「では，あなたの携帯電話の番号を言ってください。」と言って，乙から聞いた携帯電話の番号に電話をかけてみたところ，男が持っていたキャリーバッグの外側ポケット内から携帯電話の着信音が鳴り始めた。これを聞いて乙が，「ほら，やっぱり俺のキャリーバッグじゃないか。」と男に言うと，男は，「俺は，このキャリーバッグが誰かの忘れ物だと思ったから，駅の事務室まで届けに行こうとしてたところだ。あんたの物なら返すよ。」と言い出した。これに対して乙が，「おかしいぞ。さっきまでそんなことは言っていなかったじゃないか。」と言うと，丁が，乙と男に対し，「ここでは周りの人の迷惑になりますから，ちょっとそこの事務室でお話を聞かせてください。」と言って，二人をＡ駅の事務室まで連れて行った（改札口付近の位置関係については，別紙「見取図２」のとおり。）。

丁は，駅事務室において，男の事情聴取をした。このとき男は，「キャリーバッグは誰かの忘れ物だと思って，駅の事務室まで届けに行こうとしていただけだ。」などと話し，その際の男の話から，男の氏名が「甲」であること，住居不定，無職であることが分かった。また，丁が甲の前歴を照会したところ，甲には窃盗罪（置き引き）の前科が２犯あり，そのうち最近の前科については，現在，執行猶予期間中であることが分かった。

更に丁が，駅員の協力を得てホーム上に３台設置されている防犯カメラの画像を確認したところ，下記のとおりの画像が映っていた（３台の防犯カメラが撮影した画像は１台のモニター画面に映されていて，５分間隔で切り替わるようになっていた。）。そこで丁が，乙に被害届を出す意思があることを確認した上，午後３時30分，甲を窃盗の事実で緊急逮捕した。

２【各防犯カメラの画像】

［平成23年３月５日午後１時５分からの防犯カメラ１の画像（以下，同日）］

ホームに到着した電車から降りた十数名の乗客が一斉に改札口に向かってホームの階段を下りて行く中で，同じ電車から降りてきた乗客の一人がホームに残った。その乗客は紺色のスーツを着た白髪の男性であること，また，手荷物を一切持っていないことが画面から判別できたが，スーツの生地に細いしま模様があるか否かは画面から判別できず，顔つきも身長も判別できなかった。その男は，ホームをうろつき，特急を含む何本もの電車が発着を繰り返しているにもかかわらず，そのいずれにも乗ろうとしなかった。

［午後２時10分からの防犯カメラ２の画像］

乙と思われる男が，キャリーバッグを持ってホームにあるベンチに近づき，ベンチの前で着ていたコートを脱いでベンチの背もたれに掛け，キャリーバッグをベンチの傍らに置いた。紺色のスーツを着た別の男が，乙の前を何回か往復している。

［午後２時25分からの防犯カメラ３の画像］

ホームの売店に一人の男が近づいてきて，数分間順番待ちをして，新聞等を購入した後，別の男と話を始め，その男と共に売店から離れてベンチとは反対方向に数メートル歩いて

行ったが，すぐに引き返して，ベンチの方向に走って行った。

　なお，防犯カメラの時計は時報とほとんど誤差はないことが確認されている。キャリーバッグがいつの時点でベンチからなくなったのかは，モニターが切り替わって他のカメラの画像を映していたため，画面からは確認できなかった。

3 【甲の逮捕後の捜査で判明した事実】
① 　甲の所持品の中に，改札済みの「B駅→A駅」の乗車券が1枚あった（B駅はA駅の隣駅である。切符に印字されたB駅での購入時刻は，3月5日午後0時55分であった。）。
② 　AB両駅間の電車の所要時間は約3分である。

4 【逮捕後の甲の弁解内容】
　「午後2時過ぎ頃にA駅に着いて，すぐにベンチにキャリーバッグが置かれているのに気付き，忘れ物に違いないと思って，親切心から駅の事務室に持って行こうとしたのです。そうしたところ，知らない男からいきなり泥棒呼ばわりされ，キャリーバッグを奪われそうになったため腹が立ち，しかも，この男のキャリーバッグだという証拠もありませんでしたから，その男にキャリーバッグを渡しませんでした。しかし，駆けつけてきた警察官が，男の携帯電話の番号に電話をかけたところ，その男のキャリーバッグだと分かったので，素直にキャリーバッグを渡したのです。ですから，キャリーバッグは盗んでいませんし，盗む気もありませんでした。」

〔設問〕
　上記の1ないし3の各事実が裁判所において証拠上認定できることを前提とし，上記4の弁解内容を考慮して，甲に対する窃盗罪の成否に関する以下の各設問に答えよ。
1 　甲が，キャリーバッグをベンチから持ち去った人物であることを認定できるか否かについて，事実を摘示して説明せよ。
2 　キャリーバッグに対する乙の占有の有無及び甲の窃盗の故意の有無について，判例の立場に立って，それぞれ事実を摘示して説明せよ。

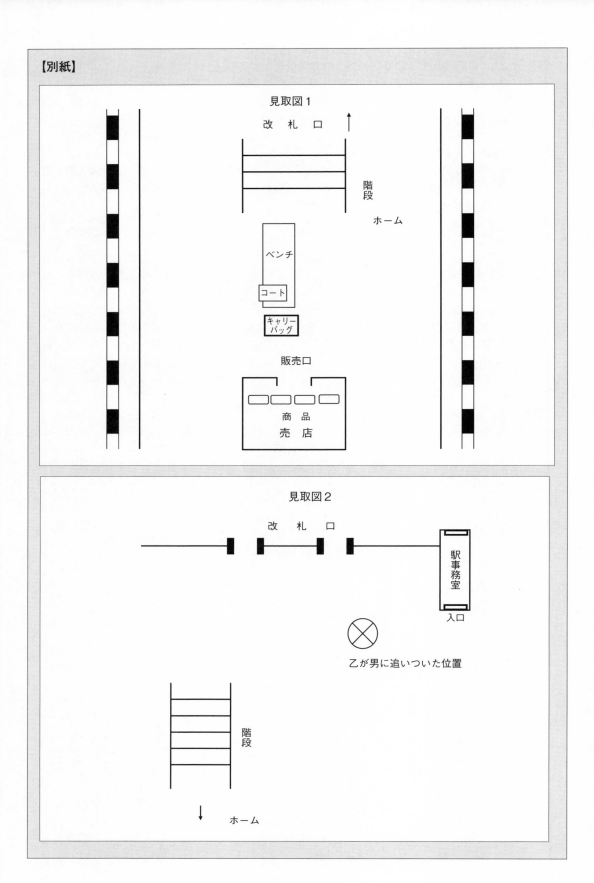

答案構成用紙

思考過程 ▌▌▌

1 設問1

犯人性の問題では，まず直接証拠があるか否かを確認する必要がある（犯人性の認定については，FL【犯人性の認定】参照）。本件では，事実4の逮捕後の甲の弁解内容から甲がキャリーバッグをベンチから持ち去ったことを認めている。したがって，本件の犯人性の問題は直接証拠型である。

もっとも，実務では，直接証拠がある場合でも自白の偏重を防止し正確な事実認定を期すために，まずは自白を除いて間接事実により犯人性を認定できるか検討している。したがって，答案上でも，まずは間接事実の積み重ねにより犯人性が認められるかを検討すべきである。

1 間接事実の積み重ね

間接事実の抽出の視点については，FL【犯人性の認定】を参照してもらいたい。以下ではそこで掲げた視点をもとに間接事実を拾ってみる。

(1) 事件に関係する証拠物や現場等における遺留物その他犯人に関係するものと，被疑者・被告人との結びつきを示す事実

本件では，乙は午後2時25分から5分ほど新聞を買うために順番待ちで並んだ後，本件キャリーバッグがなくなっていることに気がついているため，本件犯行は，午後2時25分から同30分までの間に行われていると考えられる。したがって，犯人は，午後2時25分から同30分までの間に本件キャリーバッグを持ち去ったといえる（犯人側の事情）。

そして，甲は午後2時40分ころにキャリーバッグを所持していたところ，そのキャリーバッグは被害品と同様に外側のポケット部分に金色の「B」のロゴが入っている黒いキャリーバッグであり，その外側には乙の携帯電話が入っていることが確認されている。したがって，甲は午後2時40分に被害品である本件キャリーバッグを所持していた（甲側の事情）。

かりに，甲がキャリーバッグを持ち去ったのではないとすれば，犯人がキャリーバッグを持ち去った後に甲はそのキャリーバッグを譲り受けたことになるが，キャリーバッグがわずか10分程度の間に転々流通する可能性は非常に低い。したがって，甲が被害品を所持していたという事実は甲の犯人性を強く推認させる（意味づけ，推認力）。

(2) 犯行前後の被疑者・被告人の事件に関する言動

乙が電車を待っている間に見掛けた，白髪，身長約180センチメートルで紺色のスーツを着ている人物は甲だと考えられるところ，甲は午後2時10分以降，ホームには何本かの電車が到着しているにもかかわらず，いずれの電車にも乗ろうとせずにただホームをうろついていただけである。また，甲は，乙から，「おい，待て」と声を掛けられた途端，それまで引いていたキャリーバッグを持ち上げて，走りだそうとする仕草を見せている。

さらに，甲は，自分の持っていたキャリーバッグが乙の物だとわかった途端，乙にキャリーバッグを返す旨を述べている。

本件では，これらの間接事実に適切な意味づけをし，推認力の強さを分析する必要がある。

(3) 被告人に事件の動機・目的となりうる事情があった事実

甲は，住居不定・無職であり，金銭的に困っていた可能性が高い。これは，甲に窃盗の動機があったことを示す事実であり，適切な意味づけと推認力の強さを論じる必要がある。

2 間接事実のまとめ

以上の間接事実を総合すれば，本件では，合理的な疑いを容れない程度に甲の犯人性を推認することができる。なお，間接事実の漏れをなくすために一定の視点のもとで間接事実を拾ったが，実際の答案では上記間接事実のうち推認力の強いものから書いていけばよい。

3 自白

本件では，甲は逮捕後の弁解にてキャリーバッグをベンチから持ち去ったことについては認めている。この甲の自白部分については，上記の間接事実とも整合するため信用することができる。

4 まとめ

以上より，間接事実，甲の自白を総合すれば，甲の犯人性を肯定することができるだろう。

2 設問2

1 占有の有無

占有があるというためには，その物に対する事実上の支配が認められなければならず，そのような事実上の支配の有無は，占有の意思と占有の事実との相関関係において判断される。そして，この判断においては以下の①から④までの事情が考慮されうる（これらの事情の意義等については，FL【占有の認定】を参照）。

(1) ①時間的・場所的近接性

時間的・場所的近接性の検討では，被害者が置き忘れた時点から被告人が領得した時点までの時間の経過ならびに被告人が領得した時点における被害者と財物との距離およびその間に被害者がもっとも財物から離れた距離を問題にしなければならない。

まず，時間的近接性について，乙は，午後2時25分ころにキャリーバッグから離れ，その後，売店にて約5分順番待ちで並んだ後に，キャリーバッグがなくなったことに気がついている。したがって，甲が置き忘れた時点は，午後2時25分である。そして，甲はその間に乙のキャリーバッグを持ち出しているので，甲がキャリーバッグを領得した時点は遅くとも午後2時30分であるといえる。したがって，被害者が置き忘れた時点から甲が領得した時点までは最大で5分しか経過していない。また，場所的近接性について，ベンチから売店まで約15メートル離れており，また乙は売店で買い物を終えた後，ベンチとは反対方向に約5メートル離れている。したがって，甲が領得した時点における被害者と財物との距離は約20メートル離れていたにすぎない。

(2) ②置き忘れた場所の見通し

乙は，キャリーバッグを置き忘れたことに気がついてベンチの方向を振り返ったところ，キャリーバッグがみあたらないことに気がついている。この事実から，乙が置き忘れに気がついた地点から置き忘れた場所を見とおすことができたといえるので，乙は，ただちにキャリーバッグが存在する場所付近の監視状態を回復することができたといえる。

(3) ③置き忘れた場所の状況

置き忘れた場所は，駅のホームのベンチであり，本件犯行が午後2時25分から30分の間であるから比較的人が多く出入りしていたと考えられる。このように，多くの人が出入りする場所では，財物に対する事実上の支配は失われやすいといえる。

(4) ④被害者の認識，行動

乙は，キャリーバッグをどこに置き忘れたのかを明確に覚えている。したがって，置き忘れたことを思いだした後，すみやかに現実の支配を回復する余地があったといえる。

(5) まとめ

以上の事情を総合考慮すれば，本件の場合，乙の占有は認められるだろう。

2 窃盗の故意の有無

故意とは，犯罪事実すなわち客観的構成要件要素に該当する事実を認識・認容していることをいう。したがって，窃盗の故意としては，客観的構成要件要素すなわち他人の占有する財物を窃取したことを認識・認容していることが必要である。本設問では，甲が上記の占有を基礎づける事実を認識していたといえるかを検討することになる。

答案例

第1　設問1について
1　本件では甲の弁解内容から直接証拠が存在するが，正確な事実認定を
　期すためにまずは間接事実により犯人性を認定できるか検討する。

➡近接所持の法理を念頭におく

2(1)　甲が被害品と同一のキャリーバッグを所持していたこと

　ア　乙は午後2時25分から5分ほど新聞を買うために順番待ちで並ん
　　だ後，本件キャリーバッグがなくなっていることに気がついている
　　ため，犯行は午後2時25分から同30分までの間に行われていると考
　　えられる。したがって，犯人は午後2時25分から同30分までの間に
　　本件キャリーバッグを持ち去ったといえる。

➡犯人側の事情

　イ　そして，甲は午後2時40分ころにキャリーバッグを所持していた
　　ところ，そのバッグは被害品と同様に外側のポケット部分に金色の
　　「B」のロゴが入っている黒いキャリーバッグであり，外側のポケ
　　ット内には乙の携帯電話が入っていることが確認されている。した
　　がって，甲が所持していたキャリーバッグは被害品であり，甲は午
　　後2時40分に被害品を所持していたといえる。

➡甲側の事情

　ウ　かりに，甲がキャリーバッグを持ち去ったのでないとすれば，犯
　　人がキャリーバッグを持ち去った後に甲はそのキャリーバッグを譲
　　り受けたことになるが，キャリーバッグがわずか10分程度の間に
　　転々流通する可能性は非常に低い。したがって，上記事実は甲の犯
　　人性を強く推認させる。

➡意味づけ，推認力
➡甲が犯人でない可能性を考える
➡持ち去られた物の性質を考慮する

(2)　甲に犯行の機会があったこと

　ア　乙は，午後2時10分ころ，ホームで白髪，身長約180センチメー
　　トル，紺色のスーツを着た手ぶらの男を見ているところ，同一時刻
　　同一場所で紺色のスーツを着た男が防犯カメラ2に映っている。し
　　たがって，乙が目撃した男と防犯カメラ2に映っている男は同一人
　　物といえる。

➡甲側の事情（乙が目撃した人物等が甲であることの根拠とあわせて）

　　　また，防犯カメラ1には，紺色のスーツを着た白髪の男が手荷物
　　を持たず午後1時5分にホームにいた状況が映っている。この男は，
　　特急を含む何本もの電車が発着を繰り返しているにもかかわらず，
　　そのいずれにも乗ろうとしなかったのであるから，午後1時5分以
　　降も相当時間ホームに滞在していたといえる。そして，この男と乙
　　が目撃した男とは，近接する時間帯で同一場所にいたうえ，白髪，
　　紺色のスーツ，手ぶらという外見的特徴が一致する。したがって，
　　乙が目撃した男と防犯カメラ1に映っている男も同一人物といえる。

　　　そして，乙が目撃した男と甲とは，白髪，身長約180センチメー
　　トル，紺色のスーツという外見的特徴が一致する。また，甲の所持
　　品にA駅から電車での所要時間約3分のB駅で午後0時55分に購入
　　された「B駅→A駅」の乗車券があったことから，甲が午後1時5
　　分にホームに到着することは可能であった。そのため，両者は同一
　　人物の可能性が高い。

　イ　甲は，午後1時5分から1時間以上も手ぶらでホームをうろつい
　　ていたところ，午後2時40分ころにはA駅改口手前で本件キャリー
　　バッグを引いていた。甲の挙動が通常の乗客としては不自然であり，
　　犯行に及ぶ機会もあったといえることは，甲が犯人であることを一

➡意味づけ，推認力

定程度推定させる。

3　以上より，本件では推認力が強い間接事実があり，甲が犯人でないとしたならば，これらの間接事実が偶然重なることは考えがたい。したがって，これら間接事実と自白を総合すれば，甲の犯人性を合理的な疑いを超えて推認することができる。

よって，甲が本件バッグを持ち去った人物であると認定できる。

第2　設問2について

1　乙の占有の有無

(1)　占有があるというためには，その物に対する事実上の支配が認められなければならず，そのような事実上の支配の有無は，占有の意思と占有の事実との相関関係において判断される。　　　　　　　　　　　➡規範

(2)　たしかに，乙はキャリーバッグを置き忘れてはいる。しかし，乙は　➡事実
置き忘れた場所について明確に覚えているためすみやかに現実の支配　➡評価
を回復することができた。したがって，占有の意思は認められる。また，たしかに置き忘れた場所は，駅のホームのベンチであり人が多く　➡事実
出入りしていたと考えられ事実上の支配は失われやすい状況にあった。➡評価
しかし，乙はキャリーバッグとともにコートもあわせて置いてきてい　➡事実
るため，キャリーバッグは持ち主がすぐ近くにいるかのような状況の　➡評価
なかにあった。また，被害者が置き忘れた時点から甲が領得した時点
までは最大で5分しか経過しておらず，甲が領得した時点における被　➡事実・評価
害者と財物との距離は約20メートル離れていたにすぎない。そして，
乙が置き忘れに気がついた地点から置き忘れた場所を見とおすことが　➡事実
でき，乙は，ただちにキャリーバッグが存在する場所付近の監視状態　➡評価
を回復することができた。これらの事情からすれば，乙はすぐにキャリーバッグの支配を回復することが可能であったといえ，占有の事実
も認められる。

(3)　よって，乙の占有はあるといえる。

2　甲の窃盗の故意の有無

(1)　窃盗の故意としては，他人の占有する財物を窃取したことを認識・　➡故意の内容
認容していることが必要である。

(2)　本件キャリーバッグはコートとともに置かれていたところ，そのよ　➡事実
うな状況は持ち主がすぐ近くにいるかのような状況のなかにあったと　➡評価
いえる。また，甲は乙の様子をうかがっていたと思われるので，乙が　➡事実
キャリーバッグから離れた時間やキャリーバッグと乙との距離を認識　➡評価
していたといえる。したがって，甲は，乙の占有を肯定するに足りる
状況を認識・認容したうえで，キャリーバッグを持ち去っている。

本件では，甲はキャリーバッグを盗む気はなかった旨を弁解してい　➡弁解の不合理性
る。しかし，甲は乙が声を掛けたところ，走りだそうとする仕草を見　　を指摘し，信用
せている。また，甲は乙のキャリーバッグであるかを積極的に確認し　　性を否定する
ようとしていない。このような行動は親切心から落し物を駅の事務室
に持っていこうとした者の行動としては不自然である。したがって，
甲の弁解は信用することができない。

(3)　よって，甲の窃盗の故意はあるといえる。

以上

第1　設問1

1　一般に持ち去られた場所・時刻から接着した場所・時刻に，持ち去られた物を
所持している場合には，その人物が持ち去ったのだという推認が働く。なぜなら，
時間があまり経過していなければ，物を他人に手渡す時間もないことから，まだ
自分が所持している可能性が高く，また，近い場所にいれば，犯行時刻に現場に
いることが可能であったといえるためである。　　　　　　　　　　　　　　　5

2(1)　本間では，キャリーバッグが持ち去られたベンチと，バッグを持った甲を発
見した改札口は同じ駅の構内であった。

このように近い場所でバッグを持っている甲を発見した場合，ホームから改
札口までの間に他の者が甲に手渡したとは考えにくい。そうだとすれば，甲自　　10
身がバッグを持ち去った人物であったという推認が働く。

(2)　乙が最後にバッグを視認した午後2時25分から15分後，改札口で甲を発見し
ている。バッグが持ち去られた時間は，乙の失念とカメラの切り替えにより不
明である。

もし仮に持ち去られた時間が2時35分以降であれば他人に手渡す時間もなく，　　15
また，わずか5分でそれほど遠くに移動できるとも思えず，改札口にいた甲が
バッグを持っていたことから，甲自身が持ち去ったのだという推認が働く。

もっとも，午後2時25分辺りで持ち去られたのだとすれば，見取図1の階段
から下りて改札口に着くまで，15分もかかるのは不自然であり，持ち去ったの
は甲ではないというのが自然である。そこで，カメラから持ち去った時刻が分　　20
からない以上，この事情は犯人性推認には使えない。

(3)　甲は，A駅から一駅しか離れていないB駅の改札を午後0時55分に通り，AB
両駅間の所要時間が3分程度であるにもかかわらず，午後2時20分頃，まだ，
A駅のホームにいた。

甲は午後2時過ぎ頃A駅に着いたと供述しているが，B駅に1時間以上もい　　25
るのは不自然であり，またカメラ1が，午後1時5分頃に甲とよく似た格好を
している男性を映していることから，甲が午後1時過ぎにはA駅ホームにいた
ことは十分に考えられる。

もしそうだとした場合，またそうでなくとも，電車を何本も乗り過ごしてい
る甲は，乗り継ぎ目的でホームにいるのではないことがうかがわれる。　　　　30

また，甲は乙の様子をうかがうようにして，乙の周りをうろついていたこと
から，乙のバッグの存在についても当然認識していたものと思われる。

そのような状況で甲以外の者がバッグを持ち去れば，通常，乙の所有物であ
ることを認識している甲はそれを止めるはずである。にもかかわらず，バッグ
はベンチから消えており，ベンチから近い場所で甲がバッグを所持していたの　　35
であるから，持ち去った人物が甲自身であることが推認される。

3　以上の事情を総合すると，甲が持ち去った人物であることを否定する事情も特
になく，何より，ホームと改札という近い場所で，それほど時間も経過していな
い間にバッグを所持する甲を発見していることから，甲が持ち去った人物である
ということを認定できる。　　　　　　　　　　　　　　　　　　　　　　　　40

第2　設問2

1　占有の有無について

(1)　窃盗罪（刑法235条）における占有は，占有の意思，占有の事実から社会通
念に従って判断され，たとえ一時的に所持を失っても，すぐに，かつ容易に所

持を回復しうる状況があればなお占有の事実を肯定できる。そして，占有の判 45
断にあたっては①財物の形状，②置き忘れた場所の状況，③置き忘れた場所の ←⑤
見通し，④時間的・場所的近接性，⑤所有者の意識・行動等を総合考慮する。

(2)ア　本問では，持ち去られてから乙が思い出してベンチに戻ってくるまでの時 ←⑥
　　　間は10分前後であり，乙はベンチから最大で20メートルしか離れていない。
　　　　　このように時間・場所が近接している場合，置き忘れたことを思い出せば 50
　　　すぐに戻って所持を回復することが容易であったといえる。そこで，占有が
　　　あることを推認させる（④）。
　　イ　乙は，バッグを置き忘れたことを思い出し，すぐにベンチまで戻っている。
　　　　　このように所有者が置き忘れた場所を明確に記憶している場合，所有者が
　　　置き忘れたことを思い出せばすぐにその場所へ戻ることができ，所持の回復 55
　　　が容易であったといえる。そこで，占有があることを推認させる（⑤）。
　　ウ　バッグが置かれた場所は，駅のホームであった。
　　　　　このように人の出入りが自由で，電車の乗り降りが激しい場所では，そば
　　　に持ち主がいない限り，一般の人からはバッグの所有者が分からず，このこ
　　　とは，乙の占有の事実がなかったことを推認させる（②）。 60
　　　　　他方で，駅のホームのような見通しの良い場所では所有者がバッグのこと
　　　を思い出してその場所に向かえば，バッグの監視を回復することは容易であ
　　　り，そうだとすると，所持の回復が容易であったことが推認され，占有があ
　　　ったことをうかがわせる（③）。
　　エ　本問でバッグは，コートと一緒にベンチに置かれていた。 65
　　　　　一般に，バッグが単体で置かれている場合，単に置き忘れたものととられ
　　　やすいのに対して，他の物と一緒に置かれている場合には，トイレや売店な
　　　ど一時席を外しているだけだとうけとりやすい。本問で一緒に置かれていた
　　　コートは身に付けるものであり，忘れにくい類のものと思われ，そのような
　　　ものとバッグが一緒に置かれていれば，後で取りに戻ることが予測され，占 70
　　　有の意思がうかがわれる（①）。

(3)　以上の事情を総合すると，④，⑤から特に占有が有ることが強く推認され，
　　②は占有を否定する方向に働くが，③①も併せて考えると，占有を肯定できる。

2　故意について
(1)　故意とは，前述の占有を認識していることをいう。 75
(2)　本件バッグには目立つ金色のロゴがついており，甲が乙の周りをうろついて ←⑦
　　いたことからすると，改札口で自分の持つバッグが乙の所有物であることは認
　　識していたと考えられる。そして，甲は1時間前から，A駅ホームにいた可能
　　性があり，乗り継ぎ目的でいたのではないこと，乙を注視していたことから，
　　おそらくは売店に行く所も見ていたことからすると，乙がベンチを離れる機会 80
　　を待って持ち去った，あるいは，乙がいずれ戻ってくることが確実であると認
　　識しながら，持ち去ったことが推認できる。
　　　　また，甲は駅の事務室まで届けるつもりだったと発言し，また供述している
　　が，所有者を探すつもりであったのなら，乙に声をかけられた際，中身を見せ
　　て確認すれば済むことから，それを拒んだ甲に事務室に届ける意図があったか 85
　　は疑問であり，弁解内容は信用性に欠ける。
(3)　以上から，甲は乙のバッグへの占有を認識していたことが推認され，故意を
　　認定できる。 以上

出題趣旨

　本問は，駅のホームで起こったキャリーバッグの置き引き事案について，具体的な事実に即して，窃盗罪の構成要件該当性と混同することなく甲の犯人性を検討できるか，被害者乙のキャリーバッグに関する占有の事実及び占有の意思の有無を検討できるか，甲の弁解に沿う事実に留意しつつ，甲の窃盗の故意の有無を検討して妥当な結論を導くことができるか，という基本的な実務能力を問うものである。

講　評

① 設問1

　犯人性の問題については，まだ答案の型が定まっていない答案が多かった。特に，各間接事実を犯人側の事情と被疑者・被告人側の事情に分けて検討している答案は少数であった。犯人性の問題では，犯人側の事情と，被疑者・被告人側の事情でナンバリングを変えるなど，明確に両者を区別して論じたい。犯人性の答案の型に不安が残るようであれば，FL【犯人性の認定】を参照して答案のかたちをある程度覚えてしまうのがよいだろう。

　犯人性の問題では，犯人とも被疑者・被告人とも断言できない人物が登場することがよくある。本件でいえば，乙がホームで見掛けた白髪，身長約180センチメートルで紺色のスーツを着た手ぶらの男（かりに「L」とする），防犯カメラ1の画像に映っていた手荷物をいっさい持っていない紺色のスーツを着た白髪の男性（「M」とする），防犯カメラ2に映っていた紺色のスーツを着た男（「N」とする）がこれにあたる。このような，犯人とも被疑者・被告人とも断言できない人物が登場した場合には，認定根拠を示しつつ，犯人か被疑者・被告人のいずれかと認定しつつ，犯人側の事情または被疑者・被告人側の事情に振り分ける作業が必要となる。

　A駅のホームという場所の同一性と，午後2時10分という時間の同一性から，LとNは同一人物と認定できる。また，防犯カメラ1により，MはA駅のホームに午後1時5分以降もしばらくホームをうろついていた。したがって，時間的場所的近接性から，L＝M＝Nと認定できるであろう。

　では，このL（M，N）を犯人と認定して，Lの挙動を犯人側の事情に振り分けることができるか。かりに本件で，防犯カメラにL（M，N）がキャリーバッグを持ち去る場面が映っていれば，犯人と認定して議論を進めてよいと思われる。しかし，本件では，L（M，N）を犯人と認定するには材料が不足しているであろう。

　むしろ，本件では，L（M，N）と甲の頭髪，身長，服装の共通点や，甲が所持していた乗車券の購入時刻とA駅・B駅の位置関係から，甲（被疑者・被告人）と認定して，L（M，N）の挙動を被疑者・被告人側の事情として振り分けたほうが収まりがよい。そして，被疑者・被告人の犯行前の挙動の不自然さや，犯行前は手ぶらであったのに犯行後には本件キャリーバッグを持っていたことから，犯人性の推認力を論じることになる。

　犯人とも被疑者・被告人とも断言できない人物が登場した場合に，その人物の挙動を犯人側の事情とするか，被疑者・被告人側の事情とするかは，ケースごとに異なる。大切なのは，認定根拠を示しつつどちらかに振り分ける作業を怠らないことである。このような過程を経ることなく，当然に犯人または被疑者・被告人であるとして答案を書き進めることのないように注意してもらいたい。

　また，間接事実の摘示それ自体は適切でも，当該間接事実に対する意味づけ，推認力の分析が不十分な答案が多かった。たとえば，甲は，乙から，「おい，待て」と声を掛けられた途端，それまで引いていた「キャリーバッグを持ち上げて，走り出そうとする仕草を見せた」という間接事実に対して“声を掛けられた瞬間に走り出す行為は，通常人の行動としては不自然であり，持ち去ったキャリーバッグについての追及を逃れるための行為だと考えられる”といった意味づけや，逆に“見知らぬ人に声を掛けられた場合に関わり合いになるのを避けるため走りだすことも十分にありうる”といった意味づけも考えられる。

　間接事実を摘示するだけでは，犯人性を推認することはできない。間接事実は，適切な意味づけ

をしてこそ犯人性を推認しうるということに改めて注意してもらいたい。そして，意味づけは，常識的な経験則を用いて，自分の言葉で表現することが何よりも大切である。自分で抽出した間接事実について，答案例等を参考に再度自分なりに意味づけを考えてみてもらいたい。

　また，多くの答案において，近接所持の法理に言及することができていた。近接所持の法理は，間接事実の積み重ねによる犯人性の認定の一場面であり，犯人性の問題では頻出である。したがって，近接所持の法理に言及することができないと相対的に低い評価となってしまう可能性が高いので注意したい。

　近接所持の法理では，被害品と被疑者・被告人が所持していた物が，同一の物なのか，同種の物なのかによって推認力が大きく異なってくるため，物の同一性の認定はやや丁寧に行いたい。また，近接所持の法理は，時間的場所的近接性によっても推認力が大きく変わるため，被害品が持ち去られた時点と，被疑者・被告人が被害品を所持していた時点とを明確に特定する必要がある。近接所持の法理についてはこの２点が不十分な答案が多かったので特に意識してほしい。

　なお，少数ながら，甲に窃盗罪（置き引き）の前科が２犯あることを，甲の犯人性を推認させる間接事実として指摘する答案があった。しかし，このような同種前科による犯人性立証は原則として認められておらず，例外的に「前科に係る犯罪事実が顕著な特徴を有し，かつ，それが起訴に係る犯罪事実と相当程度類似することから，それ自体で両者の犯人が同一であることを合理的に推認させるようなものであって，初めて証拠として採用できる」とされている（最判平成24年９月７日刑集66巻９号907頁）。本件では，甲の前科の犯罪事実については明記されていないため，犯人性立証に用いることは許されないというべきである。

② 設問2

1　占有の有無

　占有の有無の判断については，ただ，事実を摘示するのみではなく，事実に対して評価を行うことが必要である。これは，サンプル問題の出題趣旨にて「間接事実による事実認定の基本的枠組みを理解した上で，事案に即して重要な具体的事実を分析・評価することが求められる。」との指摘があることからも明らかであろう。

　本件では，たとえば，被告人が領得した時点における被害者と財物との距離は約20メートルであったという事実に対して"乙が置き忘れに気がつけば，キャリーバッグの事実上の支配を回復することも容易である"といった評価が考えられる。

　ほかに，思考過程でも示したように，置き忘れた場所の見通しに関する事実については，"乙は，ただちにキャリーバッグが存在する場所付近の監視状態を回復することができた"という評価をすることが考えられる。

　事実を摘示するのみでは説得力がないが，上記のように事実に対して評価をすることではじめて説得的な論述となる。事実に対して評価を行うという意識を忘れてはならない。

　なお，事実に対して評価を行うことに慣れないうちは，思考過程部分や答案例の事実に対する評価を覚えてしまうのがよい。そして，ある程度慣れてきたら，その場で自分の言葉により評価を加えていくのがよいだろう。

2　故意の有無

　出題趣旨によれば，本件では「甲の弁解に沿う事実に留意しつつ，甲の窃盗の故意の有無を検討して妥当な結論を導くことができるか」が問われている。この「甲の弁解に沿う事実に留意しつつ」という部分から，解答にあたって窃盗の故意を否定する事実についても摘示し，評価を加えることが求められているといってよい。この部分は刑事実務基礎科目にかぎらず常に意識しておくべき部分であり，自分とは逆の結論にはたらく事実であってもしっかりと言及するという姿勢は実務家としても重要なことである。

　もっとも，この要求に応えている答案は少数であった。自己の結論に不利な結論を導く事実を無視するのではなく，しっかりと言及し乗り越えてもらいたい。

　たとえば，本件では，キャリーバッグは忘れ物だと思ったため駅の事務室に持っていく途中であったという甲の弁解に沿う事実として，甲が乙に声を掛けられた場所が駅の事務室の前であるとい

う事実があげられる。窃盗の故意を肯定する場合には、この事実に対して"甲が乙に声を掛けられた場所は改札口の手前であり、そのまま改札を通過してしまうこともできる場所である"といった言及の仕方で乗り越えることができるだろう。

このようなかたちで反対事実に言及し乗り越えることができれば高得点を望むことができる。

なお、検討の順序としては、先に甲の弁解以外の事実によって甲の窃盗の故意の有無を検討してから、最後に甲の弁解の信用性を検討するのがセオリーである。

優秀答案における採点実感

① 全体の見通し

本答案は事実に対して評価をしようという姿勢がとても強く感じられ、事実に対して評価をするということについて大変参考になる答案である。

なお、犯人性については、本答案は、犯人側の事情、甲側の事情などで分けていない。これは、予備試験において犯人性が問われたはじめての年であり、答案の書き方などがまったく固まっていなかったためであると思われる。現在では、犯人性の論述の仕方はFL【犯人性の認定】で述べたようにかなり固まってきているので、しっかりとかたちを守ったほうが読みやすく、かつ説得的な答案になるだろう。

② 設問1

1 近接所持の法理について

本答案の冒頭で近接所持の法理について言及されている（右欄①部分）。一般に近接所持の法理では時間的・場所的な接着性ではなく近接性が求められる。やや細かい点であるが注意したい。また、近接所持の法理の根拠は、被害発生の直後であれば、被害品はいまだ窃盗犯人の手中にあることが多いという経験則と、その時点であれば、窃取以外の方法で物品を入手したものは自己の入手方法について具体的に弁明し、容易にその立証をすることができるはずであるという論理則の2つに求められた。本答案では、上記経験則については触れられているが、論理則については触れず、代わりに「近い場所にいれば、犯行時刻に現場にいることが可能であったといえるため」という根拠を示している。これは、本件では甲が持ち去ったこと自体は認めているため、本件の具体的事案に上記論理則は妥当しないと考えた結果であろうと思われる。深い考察がなされているといえる。

また、本答案では、場所的近接性には言及するものの、時間的近接性には言及していない（右欄②部分）。これは、本答案では、キャリーバッグを持ち去られた時間を特定することができないと判断した結果であると考えられる。しかし、「疑わしきは被告人の利益に」という利益原則に照らして、キャリーバッグが持ち去られた時間に幅がある場合には、被疑者・被告人にもっとも有利な時間を念頭において近接所持の法理を適用するべきである。近接所持の法理において時間的近接性は重要な要素であるから丁寧に論じたいところであった。

2 その他

設問の事実関係が正確に読みとれている点は好印象である。防犯カメラの画像等も考慮にいれながら正確に事実関係を把握することは何よりも大切なことだが実際には難しいことでもある。この正確な事実関係の分析がそのまま正確な論述につながっていると思われる。

また、事実を摘示するのみならず経験則等を駆使してしっかりと評価を加えている点がすばらしい。的確に事実を評価するなど結論に対する理由が十分に論じられているので説得的である（右欄③部分）。

③ 設問2

占有の有無について規範定立したうえで（右欄④部分）、考慮要素まであげられている点も好印象である（右欄⑤部分）。考慮要素は、記憶があやふやな場合や時間がない場合には、あてはめで示すことでも十分である。しかし、理想的な答案としては、やはりこの答案のように規範の段階で考慮要素を示したものだろう。また、この設問でもかなり的確に事実に対する評価がなされており（右欄⑥部分）、この点で本答案は高く評価されよう。右欄⑦部分も⑥と同様である。

次の【事例】を読んで，後記〔設問1〕及び〔設問2〕に答えなさい。

【事　例】

1　V（男性，28歳）は，平成24年4月2日午前11時頃，H県I市内のTマンション304号室の
V宅に1人でいた際，インターホンを通じて宅配便荷物を届けに来た旨を言われたことから，
自ら玄関ドアを開けたところ，①男（以下「犯人」という。）に，突然，右腕をつかまれた。
そして，Vは，犯人から刃物を突き付けられながら，「金はどこだ。言わないと殺すぞ。」と
言われたので恐ろしくなり，「居間のテーブルに財布があります。」と答えた。すると，犯
人は，着用していたジャンパーの右ポケットから，ひもを取り出し，これでVの手首，足首
を縛った上，さらにジャンパーの左ポケットからガムテープを取り出して，これをVの口を
塞ぐようにして巻き，Vを玄関の上がり口に放置した。その後，Vが犯人の様子を観察して
いると，犯人は居間に行き，テーブルの上に財布があるのを確認するなどした後，最終的に，
Vの財布を右手に持って玄関から出て行った。

　　同日午前11時30分頃，Vの妻Wが外出先から帰宅し，縛られたVを発見してひもやガムテー
プを外した。Vは，すぐに居間などの犯人が出入りした部屋に行き，被害の有無を確認し
たところ，タンスを開けられるなど金品を物色された跡があったものの，財産的被害につ
いては，居間のテーブルにあった財布1個を奪われただけであることを確認した。その上で，
Vは，110番通報をし，強盗の被害に遭ったことを訴えるとともに，財布に入っていたクレ
ジットカードを利用できないようにするために，発行会社に連絡した。

2　同日午前11時45分頃，I警察署の司法警察員Kら司法警察職員4名はV宅に臨場し，外さ
れたガムテープとひもを領置した後，玄関の上がり口にレシートが1枚落ちているのを発
見した。このレシートは，同日午前10時45分にTマンションから約200メートル離れたコン
ビニエンスストアZにおいて，ガムテープとひもを購入したことを示すものであった。この
レシートについて，Vは，「私が受け取ったものではない。今日は，被害に遭うまでの間，
自宅に誰も入っていないので，犯人が落とした物だと思う。」旨説明し，Wも，「私が受け
取ったものではない。」旨説明した。これを受けて，司法警察員Kは，このレシートを遺留
物として領置した。なお，臨場した司法警察職員4名の中に，前記Zを利用したことがある
者はいなかった。

　　また，臨場した司法警察職員の一部が鑑識作業に従事し，外側の玄関ドアノブから2種
類の指紋を採取したが，物色されたタンスからは指紋を採取できなかった。さらに，Vは，
司法警察員Kに対し，被害状況について，前記の状況や財布に現金2万円，V名義のクレ
ジットカード1枚が入っていたことなどを供述したが，犯人については，「会ったことも見た
こともない男である。身長約180センチメートル，がっちりとした体格，20歳代くらい，緑
色のジャンパーとサングラスを着用していたことくらいしか分からない。手袋をはめてい
たかどうかも覚えていない。」旨を供述した。

3　同日午後3時頃，赤色のジャンパーを着用していた甲が，H県I市内所在の家電量販店S
の電気製品売場において，V名義のクレジットカードを使用してパソコンを購入しようとし
た。しかし，店員は，V名義のクレジットカードの利用が停止されていることに気付き，警
察に通報するとともに，何かと理由を付けて甲を店内に引き止めていた。その後，司法警
察員Kが同売場に到着し，甲にVかどうかを確認したところ，「Vではなく，甲である。」と
答えた。しかし，甲は，同クレジットカードを所持していた理由については，黙秘した。そ
こで，司法警察員Kは，甲を詐欺未遂により緊急逮捕した。そして，この際，司法警察員K
は，同クレジットカードを差し押さえた。

甲は，Ｉ警察署に引致された後，「宅配便荷物を取り扱う会社Ｕに配送員として勤務している。ひったくりによる窃盗の前科が２犯ある。」などと自らの身上関係については供述し，供述調書の作成にも応じるものの，その他については，一切黙秘した。なお，甲の年齢については，27歳であること，甲の体格については，身長182センチメートル，体重95キログラムであること，甲の前科については，甲の供述どおり，窃盗の前科２犯があることが判明した。

　また，司法警察員Ｋが会社Ｕの担当者に甲の勤務状況について確認したところ，甲は，同年３月31日にＶ宅に宅配便荷物を届けていたこと，同年４月２日は休みであったことが判明した。そこで，司法警察員Ｋが，Ｖに対し，電話で，同年３月31日に会社Ｕから宅配便荷物が届けられたか否かを確認したところ，Ｖは，「その日，確かに私が会社Ｕが取り扱う宅配便荷物を受領した。ただ，これを届けてきた人物については，男であったことしか覚えていない。」旨供述した。

4　同年４月２日午後６時30分頃，司法警察員Ｋは，部下を連れて甲の自宅に行き，同所において，捜索差押許可状に基づき，甲の妻Ａを立会人として捜索差押えを実施し，財布１個，緑色のジャンパー１着，サングラス１個，果物ナイフ２本及び包丁２本を差し押さえた。その後，Ａは，同日午後８時頃からＩ警察署において実施された取調べにおいて，以下のとおり，供述した。

(1)　同日午後零時頃の甲の言動について

　甲は，今日の午前９時30分頃，外出した。その際，甲がどのような着衣で外出したのか見ていないので分からない。その後，今日の午後零時頃，甲が自宅に戻り，甲の部屋に入って出てくると，財布を渡してきた。そのとき，甲は，赤色のジャンパーを着用していたが，サングラスは着用していなかった。私が，「どうしたの。」と聞くと，「友達にもらった。」と言ってきた。しかし，甲に財布をあげる知人などいるはずがなく，過去にひったくりで捕まった前科もあったので，犯罪で得たものではないかと思い，「違うでしょ。まさか，また悪いことしていないよね。」と言った。すると，甲は，「そんなことない。ただ，お前がそのように疑うなら，警察も同じように疑うかもしれない。もし，警察が訪ねてきたら，今日は朝から午後零時まで家に俺とお前の２人でいたと言ってくれ。警察に疑われたくないからね。」と言ってきた。その後，すぐに，甲は，財布を置いて出て行った。

(2)　差し押さえた財布１個，緑色のジャンパー１着及びサングラス１個について

　財布は，甲が今日の午後零時頃，自宅に置いていったものであるが，何も入っていなかった。緑色のジャンパーとサングラスは，甲の部屋にあったものだが，今日，着用していたかどうかは分からない。

(3)　差し押さえた果物ナイフ２本及び包丁２本について

　２本の果物ナイフのうち，１本は古くなって切れ味が悪くなったので，捨てようと思い，新聞紙にくるんで台所に置いていた。残りの１本は，私が甲に頼んで，昨日，甲に買ってきてもらったものである。使えなくなった１本を除く，３本の刃物については，今日の午前11時30分頃，昼食を作る際には台所にあった。いずれも，今日，甲が持ち出したことはない。

5　司法警察員Ｋは，財布を強取した犯人が甲に間違いないと判断するとともに，これについても，前記詐欺未遂と併せてＨ地方検察庁検察官に送致した方が良いと判断し，同月３日，Ｈ地方裁判所裁判官から逮捕状の発付を受けた上で，甲を住居侵入・強盗の被疑事実により逮捕した。その後，同月４日，甲は，詐欺未遂，住居侵入・強盗の送致事実によりＨ地方検察庁検察官に送致された後，所要の手続を経て同日中に勾留された。

6　その後，甲が被疑者として勾留されている間，以下の捜査結果が得られた。

(1) 指紋に関する捜査

　　V宅で領置したレシートからは，甲の指紋が検出された。また，玄関ドアノブから採取した2種類の指紋については，甲の指紋とWの指紋と一致することが判明した。なお，甲宅で差し押さえた財布からは指紋が検出されなかった。

(2) Vに対する事情聴取

　　司法警察員KがVに，差し押さえた前記証拠物について確認したところ，Vは，クレジットカードについては，「私名義ですし，奪われた財布の中に入っていたものに間違いありません。」と供述したが，財布については，「私が奪われた財布の形，色とよく似ていますが，私のものかはっきりしません。」と供述し，緑色のジャンパーとサングラスについては，「犯人が着用していたものと同じものかよく分かりません。」と供述した。また，Vは，果物ナイフ2本及び包丁2本については，「包丁2本については，明らかに今回の犯行に使用されたものではありません。形が違います。果物ナイフの2本のうち，古い方についても，明らかに今回の犯行に使用されたものではありません。古すぎます。残りの果物ナイフ1本は，今回の犯行に使用されたものとよく似ています。今回の犯行に使われたものであると断言はできませんが，今回の犯行に使われた可能性はあると思います。」と供述した。

　　さらに，Vは，司法警察員Kから透視鏡を通じて取調室の甲の容貌を見せられ，犯人と同一か否か及び同年3月31日に宅配便荷物を届けに来た人物と同一か否かの確認を求められたものの，「犯人はサングラスを掛けており，人相がよく分からなかったので，確認を求められている人物が犯人と同一か分かりません。また，宅配便荷物を届けに来た人物をしっかり見ていたわけではないので，その人と確認を求められている人物が同一かも分かりません。」旨供述した。

(3) コンビニエンスストアZにおける捜査

　　司法警察員Kが，コンビニエンスストアZの店員に対し，V宅で領置したガムテープとひもを示すとともに，領置されたレシートが発行された経緯について確認したところ，同人は，「レシートを発行した経緯については，全く覚えていない。示されたガムテープとひもについては，当方で販売しているものと同一のものか分からないが，同じ種類のものは販売している。」旨供述した。

　　また，司法警察員Kは，同店で保管されていた防犯ビデオを確認したところ，同年4月2日午前10時45分頃，緑色のジャンパーを着用した大柄の男がガムテープとひもを購入していることは確認できたものの，同人がサングラスを着用していたこともあって人相は確認できなかった。また，甲宅で差し押さえた緑色のジャンパーも防犯ビデオに写っている緑色のジャンパーもいずれも特徴がなく，同一のものであるとは確認できなかったことなどから，甲と防犯ビデオに写っている男とが同一人物か否かは判然としなかった。

7　同月13日，H地方検察庁検察官Pは，甲を住居侵入・強盗の公訴事実によりH地方裁判所に起訴し，詐欺未遂については，被害者であるS店の代表者が，実害もなく，特に処罰を求めない旨を述べたことなどを考慮し，不起訴（起訴猶予）とした。なお，甲は，同月2日から同月13日までの間の捜査において，供述調書の作成に応じた身上関係以外については，一切黙秘していた。

8　本件は公判前整理手続に付されたところ，同手続において，検察官Pは，所要の証拠調べ請求の一つとして，Aの検察官調書につき，「犯行直後の甲の言動」を立証趣旨とする証拠調べ請求をしたが，甲の弁護人Bはこれを不同意とした。このため，検察官PがAの証人尋問を請求したところ，裁判所はAの証人尋問を行うことを決定した。

　　Aの証人尋問は同年6月5日の第1回公判期日に実施されたが，その主尋問の中で，検察官Pが，「平成24年4月2日午後零時頃，外出していた甲が自宅に戻った際，あなたに何と

言いましたか。」と質問したのに対し，Aは，「甲は，『もし，警察が訪ねてきたら，今日は朝から午後零時まで家に俺とお前の2人でいたと言ってくれ。』と言ってきました。」と証言した。これに対し，弁護人Bは，「ただいまの証言は，伝聞証拠を含むものであるから，排除されたい。」旨述べて異議を申し立てた。これに対する意見を裁判所から聴かれた検察官Pは，異議に理由がない旨を陳述した。これを受けて，②裁判所は，この異議の申立てについて決定した［決定］。

　甲に対する審理は，同年6月8日に結審したが，甲は，終始一貫して黙秘していた。

〔設問1〕
　【事例】の事実を前提として，甲が下線部①の犯人であると認定できるか否かについて，具体的な事実を摘示しつつ論じなさい。

〔設問2〕
　下線部②の［決定］の結論及びその理由について，条文を挙げつつ論じなさい。

答案構成用紙

思考過程

① 設問1

設問1では，犯人性の問題が問われている。犯人性の問題の検討手順等については，FL【犯人性の認定】を参照してもらいたい。

1 証拠構造

犯人性の問題では，まずは証拠構造を把握する必要がある。本件では甲の自白や，犯行目撃・犯人識別供述（犯行自体を目撃し，かつ，その犯人と被告人とが同一人物である旨の供述）といった直接証拠があるわけではない。よって，本件の犯人性の問題は，いわゆる間接事実型であり，間接事実の積み重ねにより甲の犯人性を検討する必要がある。

2 間接事実の検討

本件でもFL【犯人性の認定】にて示した視点をもとに間接事実を拾ってみる。

(1) 事件に関係する証拠物や現場等における遺留物その他犯人に関係するものと，被疑者・被告人との結びつきを示す事実

本件において，甲は，後述するように被害品であると思われるクレジットカードを所持していた。したがって，近接所持の法理の適用を考える必要がある。

犯人は，平成24年4月2日午前11時ころに，V宅から財布およびクレジットカードを奪い取っている（犯人側の事情）。

そして，本件では後述するように信用性が認められるVの供述から以下の事実が認められる。すなわち，本件犯行の被害品は財布およびクレジットカードであるところ，財布についてVは「私が奪われた財布の形，色とよく似ていますが，私のものかはっきりしません。」と供述している。したがって，財布は被害品と同一物とはいえず同種の物といえるにとどまる。一方，クレジットカードについて，Vは「私名義ですし，奪われた財布の中に入っていたものに，間違いありません。」と供述しているので，甲が所持していたクレジットカードは被害品であるクレジットカードと同一物と考えるのが自然であろう。したがって，甲は平成24年4月2日午後3時ころ被害品であるクレジットカードを所持し，また同日午後6時30分ころ，被害品と同種の物である財布を所持していたといえる（甲側の事情）。

これらの事実からすれば，甲は被害品であるクレジットカードを犯行後僅か4時間後に，被害品と同種の物である財布を犯行後7時間30分後に所持していたことになる（意味づけ）。たしかに，このような近接した時点で被害品等を所持しているということから甲の犯人性を一定程度推認することができる。しかし，一般にクレジットカードを使用することで犯行が露見しやすいことから，犯人がクレジットカードおよび現金を抜き取った後の財布を犯行直後に捨ててしまうこともありうる。そして，甲がその捨てられたクレジットカードや財布を拾うこともありえないことではない。したがって，上記事実は甲の犯人性を一定程度推認させるにとどまる（推認力）。

次に，V宅にはレシートが落ちていたところ，そのレシートはガムテープとひもを購入したことを示している。そして，本件犯行にはガムテープとひもが使用されていること，本件レシートは，犯行時刻の15分前に犯行現場たるTマンションから約200メートルしか離れていないコンビニエンスストアZにて発行されていること，および，このレシートはVやその妻Wが受け取ったものではなく，また臨場した司法警察職員4名のなかにZを利用した者がいないことからすれば本件レシートは，犯人が落とした可能性が高い（犯人側の事情）。

そして，本件レシートには甲の指紋が付いている（甲側の事情）。

一般にレシートは発行者から購入者に渡されるのみで，その他の者の指紋が付く可能性が低いことからすれば，本件レシートは甲が受け取ったものであるといえる（意味づけ）。そして，他人のレシートを拾って所持することは通常考えにくいことから，甲がレシートを拾ったとは考えがたい。したがって，上記事実から甲の犯人性を強く推認することができる。

(2) 犯人の特徴と犯行当時の被告人の特徴が合致または酷似する事実

Vの供述によれば，犯人は身長約180センチメートル，がっちりとした体格，20歳代くらい，

緑色のジャンパーとサングラスを着用していた（犯人側の事情）。

　そして，甲は，身長約182センチメートル，体重95キログラム，27歳である（甲側の事情）。

　たしかに，犯人と甲の特徴は一致する。しかし，犯人と甲には際立った特徴があるわけではないから，この程度の特徴の一致はよくあることである（意味づけ）。したがって，この間接事実は甲の犯人性を弱いながらに推認させるにとどまる（推認力）。

⑶　被告人に事件を実現する機会・能力があった事実

　甲は，犯行がなされた平成24年4月2日には会社Uは休みであり，また妻Aの供述によれば甲は同日午前9時30分から午後零時ころまで外出しているため，本件犯行を行うことが可能であった。さらに，甲は同年3月31日V宅に宅配便荷物を届けているためV宅の状況もある程度知っていたといえる。しかし，V宅にて本件犯行が可能な人物はほかにも存在しうるため，上記事実は甲が犯人であることと矛盾しないという程度にとどまる。

⑷　犯行後の被告人の事件に関する言動

　甲は，妻Aに対してアリバイ工作を依頼している。犯人でなければあえてアリバイ工作をする必要はないのであるから，この事実は甲の犯人性を一定程度推認させる。

　また，甲は，妻に対して財布を友達からもらった旨を述べているが，妻Aによれば甲に財布をあげる知人はいないようであり，また友達からもらったという弁解は抽象的であり，信用性に欠ける。この点は後述する甲の弁解の信用性で検討することになる。

3　供述の信用性

　上記の間接事実の認定に際しては妻Aや被害者Vの供述に信用性があることを前提としたが，供述の信用性の検討を各間接事実の際に逐一行うことは遠であり，また読みにくくもなるので，各間接事実に分析が終わった後に論じるのがよいだろう。供述の信用性の検討にあたっては，FL【供述の信用性】を参照してもらいたい。

4　間接事実の総合評価

　以上より，本件では甲が犯人であることを強く推認させる事実および甲が犯人であることを一定程度推認させる事実があり，甲が犯人でないとしたならば，これらの間接事実が偶然重なることはおよそ考えがたい。よって，合理的な疑いを超えて甲は犯人であると推認することができる。

5　甲の弁解

　甲は，クレジットカードを所持していたことについては黙秘し，また財布をもらったことについては友達からもらった旨を弁解している。しかし，友達から財布をもらった旨の弁解は前述したように不合理であり，甲の弁解に信用性が認められない。

6　まとめ

　以上より，犯行を否認する甲の弁解は信用できないので，これにより，甲が犯人であるとの推認に合理的な疑いを容れる余地は生じない。よって，甲が犯人であると認定できる。

② 設問2

　設問2では，伝聞証拠の該当性が問われている。伝聞証拠（320条1項）とは，公判廷外の供述を内容とする証拠であって当該公判廷外供述の内容の真実性を証明するために用いられるものをいうと考えられている。そして，本件の場合，立証趣旨が「犯行直後の甲の言動」とされているとおり，甲がアリバイ工作をAに依頼するという供述の存在自体を立証することで甲の犯人性を推認しようとするものであるから，甲の供述内容の真実性を証明するために用いられるものとはいえない。よって，Aの公判廷供述は伝聞証拠にはあたらないため法令違反はなく，裁判所は弁護人の異議申立て（309条1項，規則205条1項）を棄却する決定（309条3項，規則205条の5）をしたと考えられる。

第1　設問1について
1　本件では直接証拠は存在しない。そこで，間接事実により犯人性が認定できないか検討する。
2　後に検討するとおり，信用できるV，W，AおよびZの店員の供述から，以下の間接事実が認められる。　　　　　　　　　　　　　　　　　5
　(1)　レシートに甲の指紋が付着しているという事実
　　　ア　本件では犯行当日の午前11時30分ころに，V宅にてレシートが1枚発見されているところレシートの発行時刻は犯行時刻の約15分前の午前10時45分である。したがって，レシートは午前10時45分から午前11時30分までの間にV宅に落とされたものであるといえる。そ　　10
　　　　して，その時間帯にV宅を訪れた者はV，W，臨場した司法警察職員4名および犯人であるところ，V，Wは自分が受け取ったものではないと供述し，司法警察職員4名のなかにZを利用したことがある者はいない。したがって，本件レシートは犯人が落としたものである可能性がきわめて高い。　　　　　　　　　　　　　　　　15
　　　イ　そして，そのレシートには甲の指紋が付着している。
　　　ウ　レシートに甲の指紋が付着しているということは，甲がそのレシートの受取人であることを意味している。そして，甲が犯人でないとするならば，甲が受け取ったレシートを捨てた後に，犯人がそのレシートを拾ってV宅にて落としたことになる。しかし，本件レシ　　20
　　　　ートには犯行で使用されたと思われるひもとガムテープを購入した旨が示されているところ，犯人が犯行15分前に犯行現場から200メートルほど離れたZにて，ひもとガムテープを購入したことを示すレシートを偶然見つけそれを拾うということは考えがたい。したがって，レシートに甲の指紋が付着しているという事実は甲の犯人性　　25
　　　　を強く推認させる。
　(2)　甲がクレジットカードを所持していたという事実
　　　ア　犯人は，平成24年4月2日午前11時ころに，V宅から財布およびクレジットカードを奪い取っている。
　　　イ　そして，甲はV名義のクレジットカードを同日午後3時ころに，　　30
　　　　財布を同日午後6時30分ころに所持していた。
　　　ウ　甲は被害品であるクレジットカードを犯行後わずか4時間後に，被害品と同種の物である財布を犯行後7時間30分後に所持していたことになる。たしかに，このような近接した時点で被害品等を所持しているということから甲の犯人性を一定程度推認することができ　　35
　　　　る。しかし，一般にクレジットカードを使用することで犯行が露見しやすいことから，犯人がクレジットカードおよび現金を抜き取った後の財布を犯行直後に捨てた後，甲がそれらを拾うこともありえないことでない。したがって，上記事実は，甲の犯人性を一定程度推認させるにとどまる。　　　　　　　　　　　　　　　　　40
　(3)　甲がアリバイ工作を行ったという事実
　　　　甲は，Vに対して犯行があった日に，朝から午後零時まで2人で家にいたと言ってくれとアリバイ工作をしている。これは，犯人でなければ通常しない行動といえ，甲の犯人性を一定程度推認させる。

→犯人側の事情

→甲側の事情

→意味づけ。甲が犯人でない可能性を考える

→近接所持の法理
→犯人側の事情

→甲側の事情

→経験則をふまえる

→犯人側の事情と甲側の事情で分けて書いてもよい

(4) 犯人の特徴と甲の特徴が一致するという事実

V の供述によれば，犯人は身長約180センチメートル，がっちりとした体格，20歳代くらいの男である。そして，甲は身長182センチメートル，体重95キログラム，27歳である。犯人の特徴と甲の特徴は一致するが，これらの特徴は珍しいものではないためこの事実は甲の犯人性を弱いながらに推認させるにとどまる。

➡犯人側の事情
➡甲側の事情

(5) 甲は，犯行が可能であるという事実

甲は犯行日たる平成24年4月2日に会社 U を休んでいるため，犯行が可能であった。もっとも，甲と同程度に犯行が可能な人物はほかにも多数存在するため上記事実は，甲が犯人であることと矛盾しないという程度にとどまる。

➡意味づけ

(6) V 宅のドアノブに甲の指紋が付着していたという事実

本件では V 宅のドアノブに甲の指紋が付着しているところ，この指紋は甲が V 宅を訪れたことがあるということを示している。しかし，甲は事件の2日前に V 宅に宅配便荷物を届けたことがあるためその際指紋が付いた可能性も否定できない。したがって，この事実から甲が犯人であることを推認することはできない。

➡意味づけ

(7) 甲が S 店において赤色のジャンパーを着ていた事実

V は，犯人は緑色のジャンパーを着用していたと供述しているところ，甲は S 店にて赤色のジャンパーを着ていた。もっとも，犯人が服装を変えることはありうるから甲が犯人であることと矛盾しない。

➡意味づけ

(8) 供述の信用性

V，W，Z の店員は甲と何ら利害関係がないため信用性に欠ける点はない。妻 A は，甲に不利益な事実を供述しているが，A と甲に利害の対立はないため A の供述の信用性も認められる。

➡供述の信用性はこのようにまとめて書いても，それぞれの事実がでてくる場合に書いてもよい

3 以上より，本件では，甲が犯人であることを強く推認させる事実および甲が犯人であることを推認させる事実がいくつか存在する。そして，甲が犯人ではないのにこれらの間接事実が偶然に重なることはおよそ考えがたい。よって，甲は犯人であると推認することができる。

第2 設問2

1 A の証言に含まれる甲の供述部分が伝聞証拠（刑事訴訟法320条1項。以下「刑事訴訟法」法名省略）にあたらないならば弁護人の異議には理由がなく（309条1項，刑事訴訟規則205条1項本文。以下「規則」という），裁判所は異議を棄却することになる。では，この供述は伝聞証拠にあたるか。

➡条文を丁寧に摘示する

(1) 伝聞証拠とは，公判廷外の供述を内容とする証拠であって当該公判廷外供述の内容の真実性を証明するために用いられるものをいう。

(2) 本件では，立証趣旨が「犯行直後の甲の言動」とされているとおり，甲がアリバイ工作を A に依頼するという供述の存在自体を立証することで甲の犯人性を推認しようとするものである。したがって，甲の供述内容の真実性を証明するために用いられるものとはいえない。ゆえに，A の公判廷供述は伝聞証拠にはあたらない。

2 よって，裁判所は異議を棄却するという決定（309条3項，規則205条の5）をすべきである。

以上

　本問は，【事例】に示された複数の具体的事実の中から，甲が犯人であるか否かを判断するために必要な事実を抽出した上で，各事実が上記判断に有する意味付けを的確に評価して妥当な結論を導くことができるか（設問1），Aの証言に現れた甲の供述が伝聞証拠に該当するか否かなどを検討することにより，本件異議申立ての根拠及び理由の有無を的確に判断して妥当な結論を導くことができるか（設問2），という法律実務に関する基礎的な知識及び能力を問うものである。

講　評 ▋▋▋

1　設問1

1　答案形式

　答案の形式面については，犯人性の問題の検討順序を意識していない答案が相当数見受けられた。犯人性の問題では，検討順序がある程度決まっている。検討順序に自信がなければ再度FL等で犯人性の問題の検討順序を理解して覚えてもらいたい。

　また，答案上で犯人側の事情と被疑者・被告人側の事情とを分けることができていない答案が多く見受けられた。司法修習における犯人性起案では，犯人側の事情と被疑者・被告人側の事情とを明確に区別しなければならない。したがって，実務基礎科目における犯人性の問題でも犯人側の事情と被疑者・被告人側の事情は分けておいたほうがよいだろう。

2　間接事実の抽出の点

　次に，答案の内容面としては，十分に間接事実を抽出できていない答案が多かった。犯人性の問題では，検討すべき間接事実が多く存在する。まずはその間接事実を適切に抽出したい。その際には，FL【犯人性の認定】で掲げた視点をもっておくことが有用だろう。また，実務基礎科目については他の科目よりも若干長い試験時間（刑事実務基礎科目，民事実務基礎科目あわせて3時間）が設けられているとしても事案を正確に読み時間内に答案を作成することは容易ではない。時間を短縮し，かつ間接事実の抽出漏れをなくすためには間接事実抽出の視点はおさえたうえで問題文を読むことが有用である。

3　意味づけの必要性

　間接事実が抽出できている答案であっても，間接事実を摘示するだけではなく当該事実に適切な意味づけを与えるといったことができていない答案が一定数見受けられた。出題趣旨で言及されているように，犯人性の検討では，「甲が犯人であるか否かを判断するために必要な事実を抽出した上で，各事実が上記判断に有する意味付けを的確に評価して妥当な結論を導く」こと，すなわち，間接事実の抽出とその意味づけ，推認力の分析を行うことが求められている。当該間接事実がなぜ犯人性を推認させるのか，そして，その推認力はどの程度なのかということを答案に明示する必要がある。

　たとえば，玄関ドアノブから，甲の指紋が採取されたことという事実については，"甲が平成24年4月2日以前に，V宅を訪れたことがある"と意味づけをすることができる。そして，この間接事実の推認力については"甲は，同年3月31日にもV宅に宅配便荷物を届けていたことから，そのときに玄関ドアノブに甲の指紋が付着した可能性がある。したがって，このような事実からは甲の犯人性を推認することはできない"と論じることが考えられる。もっとも，間接事実の意味づけ・評価，推認力をどの程度であると考えるか正解は1つではない。思考過程や答案例，優秀答案も参考にしながら再度自分で考えてみることが重要である。

4　間接事実の組合せ

　また，今回の問題では，いくつかの事実を組み合わせて1つの間接事実をつくることが考えられる。すなわち，①本件レシートが発見されたのは4月2日午前11時半ころであり，発行されたのは同日午前10時45分であること。②その間にV宅を訪れたのはV，W，司法警察官4名であるところ，いずれもレシートについて知らないと供述していることから，"本件レシートをV宅に落としたの

は犯人である可能性がきわめて高い”という間接事実を認定することができる。そして，この犯人側の間接事実について，本件レシートに甲の指紋が付いていることからすれば，甲がこのレシートを落としたといえ，甲の犯人性を推認することができる。このように，いくつかの事実を組み合わせて１つの間接事実をつくる場合には，どの事実からどのような間接事実を認定するのかという構造を理解しておく必要がある。本問では，このような構造を意識したうえで作成できている答案は少数であった。犯人性などの事実認定の問題では，常にいかなる事実から間接事実を推認するのか，それらの間接事実からどのように犯人性などを推認していくのか，という構造を意識しておくことが必要である。この意識をもつためには各過去問をこの視点から分析してみることがよい訓練になるだろう。

5　間接事実の総合評価の考え方

次に，間接事実の総合評価については，単に，“以上の間接事実を総合考慮すれば，甲が犯人であることが合理的な疑いを超える程度に推認することができる”と論述するのではなく，より具体的に，どうして合理的な疑いを超える程度に犯人性を推認することができるのかを論述することが望ましい。たとえば，“本件では，推認力が強い間接事実①および②があり，更に相当程度の推認力を有する③の間接事実も存在する。そして，これらの間接事実はそれぞれ独立して甲の犯人性を推認させる事実であるところ，甲が犯人ではないのにこれらの間接事実が偶然に重なることは考えがたい。したがって，これらの間接事実を総合すれば，甲の犯人性を合理的な疑いを超えて推認することができる”のように論述することが考えられる。

6　供述の信用性の位置づけ

なお，各供述の信用性については，どこで書くかを迷うことがあったかもしれない。各供述の信用性については，供述がでてくるたびに逐一その信用性を書くパターンと，間接事実抽出後にまとめて書いてしまうパターンがある。どちらでもかまわないが，供述の信用性は間接事実抽出後にまとめて書いてしまうほうが読み手もしても読みやすいだろう。まとめて書いてしまう場合には，各間接事実を抽出する前に“信用できるVおよびZの供述から以下の間接事実を認定することができる”などと記載することが多い。

② 設問２

設問２では，条文をあげつつ解答することが求められている。それにもかかわらず，条文の摘示がまったくなされていない答案や，なされていても不十分な答案が多数見受けられた。最後に論述することになるため時間がなかったと思われるが，設問２は比較的簡単な問題であるため設問２にこそ時間を残すべきである。今回設問２に十分な時間を割けず，やむをえず論じきることができなかった場合には，時間配分についてしっかりと訓練しなおす必要がある。

時間が足りないと思われる答案を除けば，おおむね正確に論じられている答案が多かった。本件の場合“もし，警察が訪ねてきたら，今日は朝から午後零時まで家に俺とお前の２人でいたと言ってくれ”という供述の内容が真実であることを立証しようとしているわけではないので，非伝聞であることにはあまり争いがないだろう。したがって，この部分では差がつかず，条文をいかに摘示できたかで勝負が決まる。摘示しなければならない条文としては，309条1項，3項，320条1項，規則205条1項，205条の5第1項といったものがあり，これらを論述に織り交ぜながら摘示することが必要だろう。本件ではこれらの条文すべてを摘示できている答案は比較的少数であった。条文を摘示すれば必ず一定の点数がつく場面であるから積極的に条文を摘示する姿勢を身につけてもらいたい。

第1　設問1について
1　身体的特徴
　　犯人は，Vの供述によれば，身長約180センチメートル，がっちりと
した体格，20歳代くらいである。
　　他方，甲は身長182センチメートル，体重95キログラムと体格は良く，
27歳と，Vの供述と一致する。
　　しかし，Vが犯人を知覚したのは，強盗の被害に遭っている際中であ
るから，知覚の正確性には疑問があるし，仮に正確でも，特にめずらし
い特徴ではないから，同一性判断にはそれほど役立たない。
　　したがって，この点については，一定の証明力はあるものの，強いと
はいえない。
2　服とサングラス
　　犯人は，Vの供述によれば，緑色のジャンパーとサングラスを着用し
ていた。この知覚に関しては，Vは犯人を近くで見た以上，ジャンパー
の色やサングラスの有無を見まちがえることは通常ないと考えられるた
め，正確性に問題はないと考える。
　　しかし，甲は，緑色のジャンパーとサングラスを所持していたものの，
Vは犯人が着用していたものと同じか分からないと供述していて同一か
不明であるし，甲が当日着用していたか否かも，Aの供述からは不明で
ある。
　　したがって，この点については証明力は弱い。
3　刃物
　　Vは甲宅にあった果物ナイフが，犯人の使用していた刃物とよく似て
いると供述している。
　　しかしながら，前述の通り甲の知覚の正確性には疑問があるし，甲も
断言できていないから，同一のものかは疑問がある。
　　また，甲の妻Aも，これを今日甲が持ち出したことはないと供述して
いる。
　　ここで，Aは甲の妻という甲と密接な関係にある者であることから，
供述の信用性に疑問が生じうる。しかし，Aは4(1)において，甲にとっ
て不利な供述もしているし，その供述内容も具体的であるから，一定の
信用性があると言える。
4　ひも，ガムテープのレシート
　　V宅には，ひも・ガムテープを購入したレシートが落ちていた。これ
は，V，Wいずれのものでもないし，犯人はひも・ガムテープを犯行に
使っているから，犯人が落としたものと推認できる。
　　また，レシートが発行されたZでは，防犯ビデオにおいて，緑色のジ
ャンパーとサングラスを着用した大柄な男が，レシート発行の時刻にひ
も・ガムテープを購入しているから，この男は犯人であると推認できる。
そして，犯人がレシートを受け取った，つまりレシートに指紋をつけた
のであるから，このレシートの指紋は犯人のものといえる。
　　そうだとすれば，レシートの指紋が甲の指紋と一致した以上，甲と犯
人が同一であると強く推認できる。
　　したがって，この点については証明力は強い。

【欄外の書き込み】

⇐○犯人側の事情
OK

⇐○被疑者側の事
情OK

⇐△供述の信用性
は後にまとめて
もよい

⇐×推認力が正し
い

⇐○犯人側の事情
OK
⇐○供述の信用性
の検討ができて
いる
⇐○推認力の程度
が具体的に検討
されている

⇐×推認力

⇐○供述の信用性
が具体的に検討
されている

⇐○犯人側の事情
OK

⇐△被疑者側の事
情にも触れたい

⇐×推認力

5 クレジットカード，財布　　　　　　　　　　　　　　　　　　　　45

　　甲は，Ｖのクレジットカード及びＶの財布と思われるものを所持して
　いた。

　　甲がこれを所持していたのは犯行時刻から４時間後という時間的に近
　接した時点であるところ，犯行から近い時点においては被害品は犯人の
　手元にあることが多いため，甲が犯人であると推認できる。　　　　　　50

　　また，甲は財布を持っていることにつき，Ａに合理的な説明をできて
　いないところ，犯行から近い時点においては，その入手経路を合理的に
　説明できるのが通常であるため，甲が犯人であると推認できる。

　　したがって，この点については，証明力が強いといえる。

6　以上より，１，２，３の事情には強い証明力は認められないが，４，５　　55
　の事情が，強い証明力を有するため，甲と犯人の同一性は合理的な疑い
　のない程度に証明されると言えるから，甲が犯人であると認定できる。

第２　設問２

1　Ｂの異議につき，裁判所は却下するとの決定を行うべきである。

2　Ｂの異議は，Ａの証言が「他の者の供述を内容とする供述」にあたる　　60
　ことから，伝聞証拠として証拠能力が否定されるため，排除すべき（刑
　事訴訟法320条）という趣旨であると考えられる。そこで，Ａの証言が
　伝聞証拠にあたるかが問題となる。

　(1)　そもそも，同条の趣旨は，裁判所の面前での反対尋問を受けない供
　　述は，知覚・記憶・叙述の過程で混入しうる誤りをチェックする機会　　65
　　がないことから，証拠能力を否定すべきとする点にある。

　　　そうだとすれば，供述内容の真実性が問題とならない場合には，か
　　かる趣旨があたらないから，伝聞証拠にあたらないと解すべきである。

　(2)　本問では，Ａの証言中の甲の供述は，甲がアリバイをねつ造しよう
　　とした事実そのものである。　　　　　　　　　　　　　　　　　　　70

　　　とすれば，甲の犯人性という要証事実との関係では，甲の供述内容
　　の真実性は問題とならないといえる。

　(3)　したがって，非伝聞として，証拠能力は否定されないから，Ｂの異
　　議は拒否されるべきである。

　　　　　　　　　　　　　　　　　　　　　　　　　　　　　以上　75

◁○近接所持の法
理に触れられて
いる

◁×推認力

◁×推認力

◁×棄却。条文の
摘示もできてい
ない

◁△320条１項。
項までしっかり
と摘示する

◁○趣旨から論述
を行うことがで
きている

優秀答案における採点実感

1 全体の見通し

　本答案は，本試験でA評価を受けているが，まだまだ改善すべき箇所も見受けられる点で学習効果が高い答案といえる。この答案を参考にしてよりよい答案のかたちを模索してもらいたい。

　なお，刑事実務基礎科目の答案のレベルは年々向上しており，本答案は予備試験が始まって2年目の2012（平成24）年に作成された再現答案である。したがって，現在では，A評価になるにはより高い水準での論述が求められるだろう。

2 設問1

　犯人性の答案では，冒頭で一言証拠構造にも触れるとよい。また，抽出した間接事実は推認力の強いものから書いていくのが一般的であり，そうすることでより読みやすい答案となるだろう。

　答案上で，犯人側の事情と甲側の事情を分けて検討する姿勢が見られる点は好印象である。答案の全体でこの姿勢をより維持することができれば更に読みやすい答案となる。

　また，事実に対して評価しようとする姿勢はうかがえるが，よりしっかりと評価したい部分も散見される。この点は改善する必要があるだろう。

　さらに，本答案では，Vの供述の信用性について結論が二転三転している。たしかに，1つの供述のうち，ある部分の供述については信用性があり，ある部分の供述については信用性がないということもありうる。しかし，信用性の検討ひいては事実認定が恣意に流されたものにならないように，そのような場合には供述の各部分で信用性が異なる理由にまで言及しなければならないだろう。この説明がなければ論理矛盾のある答案ととられかねない。

　用語の間違いにも注意したい。本答案上の「証明力」は正しくは「推認力」である。実務家として，法律用語の間違いは勉強不足ではないかと読み手に思わせるので非常に印象が悪い。

3 設問2

　設問2では，「条文を挙げつつ」論じることは求められていた。それにもかかわらず設問2で摘示できている条文は320条のみであり，更にこの条文の摘示も320条1項と項まで摘示できていない点で不十分である。条文を使いこなすことができるという能力は実務家として求められる最低限の能力であるから，実務基礎科目にかぎらず全科目しっかりと条文を摘示してもらいたい。

　また，設問2では，裁判所は異議を「却下」ではなく棄却とすべきである。不適法な異議の申立ては決定で却下される（規則205条の4本文）が，異議の申立てに理由がない場合には，異議の申立ては決定で棄却される（規則205条の5）。両者は別ものであるから注意したい。

次の【事例】を読んで，後記〔設問〕に答えなさい。

【事例】

1　V（男性，27歳）は，平成25年2月12日，カメラ量販店で，大手メーカーであるC社製のデジタルカメラ（商品名「X」）を30万円で購入した。同デジタルカメラは，ヒット商品で飛ぶように売れていたため，販売店では在庫が不足気味であり，なかなか手に入りにくいものであった。

2　Vは，同月26日午後10時頃から，S県T市内のQマンション405号室のV方居室で，テーブルを囲んで友人のA（男性，25歳）とその友人の甲（男性，26歳）と共に酒を飲んだが，その際，上記「X」を同人らに見せた。Vは，その後同デジタルカメラを箱に戻して同室の机の引き出しにしまい，引き続きAや甲と酒を飲んだが，Vは途中で眠ってしまい，翌27日午前7時頃，Vが同所で目を覚ますと，既に甲もAも帰っていた。Vは，その後外出することなく同室内でテレビを見るなどしていたが，同日午後1時頃，机の引き出しにしまっていた同デジタルカメラを取り出そうとしたところ，これが収納していた箱ごと無くなっていることに気付いた。Vは，前夜V方で一緒に飲んだAや甲が何か知っているかもしれないと考え，Aに電話をして同デジタルカメラのことを聞いたが，Aは，「知らない。」と答えた。また，Vは，Aの友人である甲については連絡先を知らなかったため，Aに聞いたところ，Aは，「自分の方から甲に聞いておく。」と答えた。

　　Vがv方の窓や玄関ドアを確認したところ，窓は施錠されていたが，玄関ドアは閉まっていたものの施錠はされていなかった。Vは，同デジタルカメラは何者かに盗まれたと判断し，同日午後3時頃，警察に盗難被害に遭った旨届け出た。

3　同日午後3時40分頃，通報を受けたL警察署の司法警察員Kら司法警察職員3名がV方に臨場し，Vは上記2の被害状況を司法警察員Kらに説明した。なお，司法警察員KがVに被害に遭ったデジタルカメラの製造番号を確認したところ，Vは，「製造番号は保証書に書いてあったが，それを入れた箱ごと被害に遭ったため分からない。」と答えた。

　　司法警察員Kらは，引き続き同室の実況見分を行った。V方居室はQマンションの4階にあり，間取りは広さ約6畳のワンルームであり，テーブル，机及びベッドは全て一室に置かれていた。同室の窓はベランダに面した掃き出し窓一つのみであり，同窓にはこじ開けられたような形跡はなく，Vに確認したところ，Vは，「窓はふだんから施錠しており，昨日の夜も施錠していた。」と申し立てた。また，鑑識活動の結果，盗難に遭ったデジタルカメラをしまっていた机やその近くのテーブルから対照可能な指紋3個を採取した。

　　さらに，司法警察員KらがVと共にQマンションに設置されている防犯ビデオの画像を確認したところ，同月26日午後9時55分にV，甲及びAの3人が連れ立って同マンション内に入ってきた様子，同日午後11時50分にAが一人で同マンションから出て行く様子，その後約5分遅れて甲が一人で同マンションから出て行く様子がそれぞれ撮影されていた。Aや甲が同マンションから出て行った際の所持品の有無については，画像が不鮮明なため判然としなかった。なお，甲が一人で同マンションを出て行って以降，同月27日午前7時20分まで，同マンションに人が出入りする状況は撮影されていなかった。また，同マンションの出入口は防犯ビデオが設置されているエントランス1か所のみであり，それ以外の場所からは出入りできない構造になっていた。

　　司法警察員Kは，同日，盗難に遭ったデジタルカメラの商品名を基に，L警察署管内の質屋やリサイクルショップ等に取扱いの有無を照会した。また，司法警察員Kは，A及び甲の前歴を確認したところ，Aには前歴はなかったが，甲には窃盗の前科前歴があることが判明

した。

4　同年3月1日，L警察署に対し，T市内のリサイクルショップRから，「甲という男からC社の『X』1台の買取りを行った。」旨の回答があった。そこで，司法警察員KがリサイクルショップRに赴き，同店店員Wから事情を聴取したところ，店員Wは，「一昨日の2月27日午前10時頃，甲が来店したので応対に当たった。甲の身元は自動車運転免許証で確認した。甲から『X』1台を箱付きで27万円で買い取った。甲には現金27万円と買取票の写しを渡した。」旨供述した。そのときの買取票を店員Wが呈示したため，司法警察員Kがこれを確認したところ，2月27日の日付，甲の氏名，製造番号SV10008643番の「X」1台を買い取った旨の記載があった。司法警察員Kは甲の写真を含む男性20名の写真を貼付した写真台帳を店員Wに示したところ，店員Wは甲の写真を選んで「その『X』を持ち込んできたのはこの男に間違いない。」と申し立てた。

　　司法警察員Kは，同店店長から，甲から買い取った「X」1台の任意提出を受け，L警察署に持ち帰って調べたところ，内蔵時計は正確な時刻を示していたが，撮影した画像のデータを保存するためのメモリーカードが同デジタルカメラには入っておらず，抜かれたままになっていた。司法警察員Kは，同デジタルカメラを鑑識係員に渡して，指紋の採取を依頼し，同デジタルカメラの裏面から指紋1個を採取した。この指紋及び同年2月27日にV方から採取した指紋をV及び甲の指紋と照合したところ，同デジタルカメラから採取された指紋及びV方のテーブルから採取された指紋1個が甲の指紋と合致し，V方の机から採取された指紋1個がVの指紋と合致し，それ以外の指紋は甲，Vいずれの指紋とも合致しなかった。

5　司法警察員Kは，甲を尾行するなどしてその行動を確認したところ，甲が消費者金融会社Oに出入りしている様子を目撃したことから，甲の借金の有無をO社に照会したところ，限度額一杯の30万円を借り，その返済が滞っていたこと，同月27日に27万円が返済されていることが判明した。

　　さらに，司法警察員Kは，同年3月4日，AをL警察署に呼び出して事情を聞いたところ，Aは以下のとおり供述した。

⑴　Vは前にアルバイト先で知り合った友人で，月に1，2回は一緒に飲んだり遊んだりしている。甲は高校時代の同級生であり，2か月くらい前に偶然再会し，それ以降，毎週のように一緒に遊んでいる。甲とVは直接の面識はなかったが，先月の初め頃，自分が紹介して3人で一緒に飲んだことがあった。

⑵　今年の2月26日は，Vに誘われて甲と共にV方に行って3人で酒を飲んだ。その際，Vからデジタルカメラを見せられた記憶がある。しかし，Vが先に眠ってしまい，自分も終電があるので甲を誘って午後11時50分頃V方を出て帰った。その後，Vから「カメラが無くなった。」と聞かされたが，自分は知らない。甲にも聞いてみたが，甲も知らないと言っていた。ただ，思い出してみると，あの日帰るとき，甲が「たばこを一本吸ってから帰る。」と言うので，Vの部屋の前で甲と別れて一人で帰った。その後甲がいつ帰ったかは知らない。

6　司法警察員Kは，裁判官から甲を被疑者とする後記【被疑事実】での逮捕状の発付を得て，同年3月5日午前8時頃，甲方に赴いた。すると，甲が自宅前で普通乗用自動車（白色ワゴン車，登録番号「T550よ6789」）に乗り込み発進しようとするところであったことから，司法警察員Kは甲を呼び止めて降車を促し，その場で甲を通常逮捕するとともに同車内の捜索を行った。その際，司法警察員Kは同車内のダッシュボードからちり紙にくるまれたメモリーカード1枚を発見したので，これを押収した。なお，同車は甲が勤務するZ社所有の物であった。

7　その後，同日午前9時からL警察署内で行われた弁解録取手続及びその後の取調べにおいて，甲は以下のとおり供述した。

(1) 結婚歴はなく，T市内のアパートに一人で住んでいる。兄弟はおらず，隣のU市に今年65歳になる母が一人で住んでいる。高校卒業後，しばらくアルバイトで生活していたが，平成23年8月からZ社で正社員として働くようになり，今に至っている。仕事の内容は営業回りである。収入は手取りで月17万円くらいだが，借金が120万円ほどあり，月々3万円を返済に回しているので生活は苦しい。警察に捕まったことがこれまで2回あり，最初は平成19年5月，友人方で友人の財布を盗み，そのことがばれて捕まったが，弁償し謝罪して被害届を取り下げてもらったので，処分は受けなかった。2回目は，平成22年10月に換金目的でゲーム機やDVDを万引き窃取して捕まり，同事件で同年12月に懲役1年，3年間執行猶予の有罪判決を受け，今も執行猶予期間中である。

(2) 今年の2月26日夜，AとV方に行った時にVからカメラを見せられた。そのカメラを盗んだと疑われているらしいが，私はそんなことはしていない。私はその日はAと一緒に帰ったから，Aに聞いてもらえれば自分が盗みをしていないことが分かるはずだ。

8 司法警察員Kは，甲が乗っていた自動車内から押収したメモリーカードを精査したところ，同カードはデジタルカメラで広く使われている規格のもので「X」にも適合するものであった。そこで，その内容を解析したところ，写真画像6枚のデータが記録されており，撮影時期はいずれも同年2月12日から同月25日の間，撮影したデジタルカメラの機種はいずれも「X」であることが明らかとなった。司法警察員Kは，同年3月5日午後6時頃，VをL警察署に呼んで上記データの画像をVに示したところ，Vは，「写っている写真は全て自分が新しく買った『X』で撮影したものに間違いないので，そのメモリーカードは『X』と一緒に盗まれたものに間違いない。」旨供述した。さらに，Vがその写真の一部は自分がインターネット上で公開していると申し立てたので，司法警察員Kがインターネットで調べたところ，メモリーカード内の画像のうち3枚が，実際にVによって公開された画像と同一であることが判明した。

また，司法警察員Kは，同月6日午前9時頃，甲の勤務するZ社に電話をして，代表者から同社が所有する車両の管理状況について聴取したところ，同人は，「会社所有の車は4台あり，うち1台は私が常時使っている。残りの3台は3人の営業員に使わせているが，誰がどの車両を使っているかは車の鍵の管理簿を付けているのでそれを見れば分かる。登録番号『T550よ6789』のワゴン車については，今年の2月24日から甲が使っている。」旨供述した。

9 司法警察員Kは，同年3月6日午前9時30分頃から再度甲の取調べを行ったところ，甲は以下のとおり供述した。
(1) Vのデジタルカメラは盗んでいない。
(2) 自分が今年の2月27日にリサイクルショップにデジタルカメラを持ち込んだことはあるが，それは名前を言えない知り合いからもらった物だ。
(3) 車の中にあったメモリーカードのことは知らない。
(4) 自分が疑われて不愉快だからこれ以上話したくない。

10 司法警察員Kは，同年3月6日午前11時頃，後記【被疑事実】で甲をS地方検察庁検察官に送致した。甲は，同日午後1時，検察官Pによる弁解録取手続において，「事件のことについては何も話すつもりはない。」と供述した。

11 検察官Pは，同日午後2時30分頃，S地方裁判所裁判官に対して，甲につき後記【被疑事実】で勾留請求した。S地方裁判所裁判官Jは，同日午後4時頃，甲に対する勾留質問を行ったところ，甲は被疑事実について「検察官に対して話したとおり，事件のことについて話すつもりはない。」と供述した。

【被疑事実】

　被疑者は，平成25年2月26日午後11時55分頃，S県T市内所在のQマンション405号室V方において，同人が所有するデジタルカメラ1台（時価30万円相当）を窃取したものである。

〔設問〕

　上記【事例】の事実を前提として，本件勾留請求を受けた裁判官Jは，甲を勾留すべきか。関連条文を挙げながら，上記事例に即して具体的に論じなさい。ただし，勾留請求に係る時間的制限，逮捕前置の遵守及び先行する逮捕の適法性については論じる必要はない。

　なお，甲が罪を犯したことを疑うに足りる相当な理由について論じるに当たっては，具体的な事実を摘示するのみならず，上記理由の有無の判断に際してそれらの事実がどのような意味を持つかについても説明しなさい。

答案構成用紙

① 総論

　本設問は，勾留請求を受けた裁判官が勾留すべきか，という問いであるから，勾留の要件の該当性が問われていることをまず確認するべきである。また，勾留要件のひとつである「罪を犯したことを疑うに足りる相当な理由」（207条1項本文・60条1項柱書）については，具体的な事実を摘示するのみならず，それらの事実がもつ意味にまで踏み込んで論述することが要求されているため，この要件が論述の中心的なものになることがわかるであろう。なお，勾留要件のうち，時間的制約，逮捕前置の遵守および先行逮捕の適法性は論じる必要がないことも留意しておくと，無駄な点に着目せずに問題を読むことができる。

② 問題点の発見

　問題文を読んでいくと，甲が犯人であると疑われるような事情が現れてくる。しかし，甲は事件の関与を否認しており，甲が本件の窃盗を行ったという直接の記載は問題文にないから，勾留要件のひとつである「罪を犯したことを疑うに足りる相当な理由」の要件のなかで，甲の犯人性を検討する。この要件を厚く論じなければならないのは設問の記述から明らかであるから，結局のところ，本設問は犯人性の検討を中心に論じるべき問題であることが判明する。

　なお，本設問は，被疑者段階における勾留の可否の検討である。判決段階では，刑罰権の行使という重大局面であるため，嫌疑の程度として合理的な疑いを超える程度の嫌疑が要求される。起訴段階の判断も，当該被疑者を有罪にできるか否かを判断するため，同程度の嫌疑が要求される。これに対して被疑者勾留段階では，いまだ捜査が途上であること，また被疑者勾留は人身の自由を一定期限にかぎってのみ認める処分であることから，嫌疑の程度として「罪を犯したことを疑うに足りる相当な理由」があれば足りる。このような点を理解しておくと，求められる要件を的確に理解することができる。

③ 犯人性の検討

1 総論

　犯人性の検討は，まず直接証拠型か間接事実型かを判断する。間接事実型であれば，①推認力のある間接事実の指摘，②それぞれの間接事実に意味づけ・推認力の強弱の認定，③間接事実相互の総合判断，という順序をたどる。それぞれの段階における犯人性の検討の一般的な方法は，FL【犯人性の認定】に譲る。本件は，直接証拠がないので間接事実型の検討をする。

2 近接所持の法理

　本設問で特に重要な間接事実は，被害物件であるデジタルカメラXと同一物とも考えられるカメラXを甲がリサイクルショップで売却した点である。この事実から，いわゆる近接所持の法理を念頭において論述する必要がある。その一般的な説明はFL【近接所持の法理】に譲る。そして，近接所持の法理においても犯人側の事情と被疑者・被告人側の事情を分けて書くことが望ましい。

(1) 犯人側の事情

　まず犯人側の事情についてみると，本件では平成25年2月26日の午後10時ころには，被害物品たるカメラXはV宅に存在し，その後翌27日の午後1時ころには，カメラXがV宅に存在しないことが確認されている。加えて，同27日の午前7時ころにVは起床し，その後部屋を出ることなく過ごしていた。したがって，犯人は同月26日午後10時ころから，翌27日午前7時ころまでに，カメラXを持ち去ったといえる。

(2) 被疑者側の事情

　次に被疑者側の事情についてみる。ここでは，被疑者が所持していた物品が被害物品そのものであることを認定する必要がある。本件で，甲は同月27日の午前10時ころにリサイクルショップRに被害物品と同種であるカメラXを持ち込んでいるところ，これが被害物品そのものであるといえれば，被疑者が犯行と近接した時点で被害物品を所持していたことになる。もっとも，カメラXは市販品であり同種の製品は数多く存在することからただちに被害品であるとはいえない。

　ここで媒介となるのが，甲が使用するZ社の営業車から発見されたメモリーカードである。こ

のメモリーカードは，被害物品たるV所有のカメラXで撮られたと考えられる写真データが保存されているのだから，被害物品に内蔵されていたメモリーカードと考えられる。そして，カメラXに内蔵されているメモリーカードのみを取得することは通常考えられないので，甲はV所有のカメラXが被害にあってから，メモリーカード発見時である3月5日午前8時までのいずれかの時点で，被害物品であるV所有のカメラXを所持していたといえる。

一方で，前述のように甲は2月27日の午前10時の時点でカメラXを所持しているところ，このカメラXと被害物品たるカメラXがかりに別の物だとすると，甲はこの1週間ほどの間に，被害物品たるカメラXとは別のカメラXを所持したことになる。しかし，カメラXは人気商品であり入手するのが困難であること，またカメラXは高額であり，甲には資金力がないことから考えると，そのような事態はほとんど想定できず甲がカメラXを購入して入手した可能性は非常に低い。したがって，甲が持ち込んだカメラXと被害物品たるカメラXは同一の物であるといえる。

以上から，被疑者である甲は，2月27日午前10時ころに被害物品を所持していたといえる。

(3) 意味づけ・推認力

かりに甲が犯人でなく，甲が言うように名前の言えない知り合いからもらったのであれば，犯人がV所有のカメラXを窃取したのち12時間以内にそれが甲のもとに流通したことになる。しかし，現金のような高い流通性があるわけでもない物が，夜間・早朝を中心とした非活動時間帯に転々流通することはおよそ考えがたい。したがって，甲が犯人であることが強く推認できる。

3　近接所持の法理に用いる間接事実以外にも，本件では重要な間接事実がいくつかある。

たとえば，Vの部屋はマンションの4階にあり，Vの証言によれば窓は施錠されていたこと，Vが居住するマンションの玄関に設置されている防犯カメラの映像によれば，2月26日の午後11時50分ころにAが立ち去ってから約5分遅れて甲がマンションから立ち去っていること，その後翌日午前7時20分ころまで，玄関から人の出入りはないことから，Aと甲以外で，マンションの外部から何者かが侵入してV所有のカメラXを持ち去った可能性は否定される。

また，Vは飲んでいる途中にカメラXをAと甲に見せていたこと，Vの机から甲の指紋が検出されたこと，甲が「たばこを1本吸ってから帰る」と言って残り，Aが先にマンションを出たことからすれば，甲は被害物品の存在場所を認識しており，かつ，だれにも見られずに被害物品を持ち去る機会があったことを認定することができる。また，甲は消費者金融会社のO社から借金をしていたことは，甲の資金力が弱いことを示すため，窃盗という財産犯を行う動機があることがいえるだろう。

4　もっとも，現実には時間と答案の紙幅に制限があることから，これらの間接事実をすべて抽出し評価し尽くすことは不可能である。そのため，間接事実を取捨選択したうえで，抽出した間接事実をどのように評価し，主要事実を推認するかが問われている。間接事実を取捨選択する際には，推認力の強いものからあげていくと，説得的な答案になりやすいため，目安として覚えておこう。

4　その他

本設問の中心が犯人性の検討であることは間違いないが，冒頭に述べたように，あくまでも問いは「勾留すべきか」であり，甲の犯人性は勾留の要件のひとつのなかで検討しているにとどまる。そのため，その他の要件についても簡潔にせよ検討することを忘れてはならない。

207条1項本文・60条1項各号要件のなかで検討すべきものは，本設問では2号と3号が考えられるだろう。なお，1つだけあげて満足するのではなく，複数該当するならすべてあげることが必要である。

勾留の必要性（207条1項本文・87条1項参照）は，甲には隣町に今年65歳になる母が住んでいるものの，現在は別居中であり，甲を勾留することで母の生活が立ち行かなくなるといった事情もないため，問題なく認められるだろう。

なお，本設問は被疑者勾留の事件であるから，207条1項の条文を指摘することも覚えておこう。

答案例

第1 「罪を犯したことを疑うに足りる相当な理由」（刑事訴訟法207条1項本文・60条1項柱書。以下「刑事訴訟法」法名省略）の有無について

1 2月27日午前10時時点で，被害物品を所持していた事実

(1) 本件の被害品であるカメラXは，平成25年2月26日午後10時時点ではV宅に存在し，翌27日午後1時時点で紛失が確認されている。また，Vは27日午前7時ころ起床し，その後家で過ごしたというのだから，犯人は27日午前7時ころまでにカメラXを持ち去ったといえる。

➡事実の摘示

➡犯人側の事情
➡被疑者側の事情

(2) 一方で，甲は27日午前10時ころに，リサイクルショップRにカメラXを持ち込んでいる。このカメラXが被害品であるカメラXと同一物であれば，甲は犯行から近接した時点で被害品を所持していたといえる。

ここで，3月5日午前8時ころ，甲を逮捕する際に甲が乗車していたZ社所有の営業車から，カメラXに適合するメモリーカード1枚が見つかっている。このメモリーカードからは6枚の写真データが検出されたところ，これらはいずれも2月12日から25日までの間にカメラXにより撮影されたものであるうえ，V供述とインターネットの画像によれば，それらの写真はV所有のカメラXにより撮影されたものである。よってこのメモリーカードは，被害品であるカメラXに内蔵されていたものと認定できる。また，発見されたZ社の営業車は，2月24日以降甲が使用していたものであるから，3月5日時点でこのメモリーカードを甲が所持していたといえる。そしてカメラに内蔵されているメモリーカードのみを独立して入手することは通常考えがたいから，甲は被害品であるカメラXを所持し，そこからメモリーカードを抜いたと推認できる。すなわち，甲は2月26日以降3月5日午前8時までのいずれかの時点で，被害品であるカメラXを所持していたといえる。

➡メモリーカードの認定

➡被害品を所持していた事実の認定

そして，甲が2月27日に持ち込んだカメラXが被害品とは別物だとすると，甲はこの1週間ほどの間に被害品たるカメラXと，それとは別のカメラXを所持したことになるが，カメラXは人気商品で品薄であり，また高価であるから，資金力のない甲がそのような高級品を短期間で複数所持することは考えがたい。したがって，甲が持ち込んだカメラXは被害品と同一であり，甲は2月27日時点で被害品を所持していた。

➡持ち込んだカメラと被害品が同一であることの認定

(3) そして，甲が犯人でないなら，犯人がV宅からカメラXを持ち去った後，わずか12時間足らずの間に甲のもとに流通したことになるが，そのような短時間かつ非活動時間帯に，カメラXが転々流通することはおよそ考えがたい。したがって，甲が犯人であると強く推認することができる。

➡意味づけ，推認力。甲が犯人でない可能性を考える

2 甲に犯行が可能である事実

防犯ビデオの画像によれば，2月26日の午後11時50分にAがQから出て，その5分後に甲がQから出ている。被害が発生したV宅では，V・A・甲の3人で飲んでおり，Vは途中で寝てしまったというのだから，甲はAが立ち去ってから自分が立ち去るまでの5分間は，だれにも見られずにカメラXを持ち去る機会があったといえる。

➡事実
➡意味づけ

したがって，甲が犯行を行うことは可能であった。　　　　　　　　　　45
　　3　甲に犯行の動機がある事実
　　　　甲はO社に120万円の借金をしており，経済的に困窮していた。よって，　　　➡事実
　　　甲は反対動機を乗り越えて犯罪に及ぶ動機があるといえる。　　　　　　　　　➡評価
　　4　総合判断
　　　　以上の事実からすれば，甲は近接所持の法理により決定的に犯人と推　　50
　　　定され，なおかつ犯行が不可能であったり，あえて犯罪に及ぶ動機がな
　　　かったりといった事実もないため，甲には「罪を犯したことを疑うに足
　　　りる相当な理由」がある。
第2　「左の各号の一にあたるとき」（207条1項本文・60条1項柱書）につ
　　いて　　　　　　　　　　　　　　　　　　　　　　　　　　　　　　　　55
　　1　2号該当性
　　　　本件は，V宅という密室での犯行であるため，甲が自身の罪を逃れる　　　　➡具体的な罪証隠
　　　ため，Aに対して一緒に帰った旨の虚偽の供述をするよう働き掛けをし　　　　滅の方法
　　　たり，同じく犯行が可能なAが窃取し，自分はそれを譲り受けただけで
　　　あるといった虚偽の証言やそれを裏づける証拠を作出するおそれもある。60
　　　そのため2号の事由にあたる。
　　2　3号該当性
　　　　甲は現在執行猶予期間中であるから，かりに本件で有罪になれば，執　　　　➡事実
　　　行猶予が取り消され，前科たる窃盗の刑をも執行されるおそれがある。　　　　➡評価
　　　そのため，甲は処罰をおそれて逃亡する強い動機がある。また，甲は単　　65　➡事実
　　　身者であり，勤務先のZ社も1年半ほどしか勤めていないため，逃亡す　　　　➡評価
　　　ることは十分に可能である。そのため，3号の事由にあたる。
　　　　以上より，「左の各号の一にあたるとき」といえる。
第3　勾留の必要性（207条1項本文・87条1項参照）について
　　　上記の要件が認められても，被疑者の身体拘束の必要性と，その拘束に　　70　➡規範
　　より被疑者が被る不利益や弊害とを比較衡量して，後者が前者に比べてき
　　わめて大きい場合は，勾留の必要性が否定される。
　　　本件被害品は，30万円相当のカメラXという高価な物であり，最高で懲　　　　➡あてはめ①
　　役10年が課される（刑法235条）。また前述のように甲には罪証隠滅や逃亡
　　のおそれが強いため，甲の身体を拘束する必要性は高い。　　　　　　　　　75
　　　一方で，甲が身体拘束されている間は，甲はZ社に出社できず，その分　　　　➡あてはめ②
　　給与を得られないといった不利益は生じるが，原則10日間という比較的短
　　期の身体拘束により生じる経済的不利益が，前述の甲の身体拘束の必要性
　　よりもきわめて大きいとはいえない。
　　　よって，勾留の必要性もある。　　　　　　　　　　　　　　　　　　　80
第4　以上より，Jは甲を勾留すべきである。　　　　　　　　　　　　　　　　　➡問いに答える
　　　　　　　　　　　　　　　　　　　　　　　　　　　　　　　以上

本問は，被疑者勾留の各要件についての正確な理解を前提に，具体的な事実関係を踏まえてその要件を充足するか否かについて妥当な結論を導くことができるか，という基本的な実務能力を問うものである。すなわち，勾留要件のうち罪を犯したことを疑うに足りる相当な理由の有無については，【事例】に現れた事実関係のうち甲の犯人性に関する具体的事実を摘示し，さらに，上記理由の判断に際してそれらの事実がどのような意味を持つかなどを，また，その他の勾留要件（刑事訴訟法第60条第1項各号及び勾留の必要性）については，【事例】に現れた事実関係を踏まえつつ各要件を充足するか否かを，それぞれ具体的に検討し，妥当な結論を導くことができるかを問うものである。

講　評 |||

①　勾留の要件

多くの受験生は，条文をあげて勾留の要件を示したうえで，具体的事実をふまえて各要件を充足するかを検討する，という姿勢がとれていた。ただ，207条の指摘を忘れている答案や，勾留の必要性（87条1項参照）の要件を落としている答案が一定数あった。条文は三段論法でいうところの大前提であり，その条文を落としたり間違えたりすることは，大前提を誤ることになる。その後の結論にも誤りが波及する蓋然性を生じさせるため，実務家登用試験である司法試験や予備試験での高得点は期待できない。ぜひとも注意してほしい。

②　近接所持の法理

1　総論

近接所持の法理を用いた犯人性の認定は，頻出論点であるにもかかわらず，ほとんどの答案は正確な理解を欠いている。これは優秀答案でも異なるところはない。優秀答案は，誤りが最小限であったがゆえに，相対的に優秀答案なのであって，正確に理解しているから優秀答案なのではないことを肝に銘じてほしい。逆にいえば，これを正確に理解すれば，相当な高得点が望めるということである。本事例に即して以下説明するので，ぜひとも理解してほしい。

2　書き方

一般に犯人性の問題では，犯人側の事情と被疑者・被告人側の事情を分けて書くのが望ましい。近接所持の事例でいえば，"ⅰ 犯人は，……の時点で被害品を持ち去ったところ，ⅱ 被疑者（被告人）は，……の時点で被害品を所持していた"のように書くことが考えられる。

3　注意点

ここで，よくある間違いは，ⅱで"甲は，2月27日午前10時ころ，リサイクルショップRにカメラXを持ち込んだのだから，この時点で被害品（と同種の物）を所持していた"とのみ記載して終わらせる答案である。しかし，ⅱで求められているのは，被疑者（被告人）が……の時点で被害物品そのもの（英語でいう"it"）を所持していた，という認定なのであって，被害物品と同種のもの（英語でいう"one"）を所持していた，という認定だけでは不十分である。今回の事例でいえば，"2月26日時点でV宅に存在していた，Vが所有するカメラXという物そのもの（＝"it"）を，2月27日時点で甲が所持していた"という事実を認定する必要がある。加えて，そのように認定するためには，甲がカメラXをRに持ち込んだ，というだけでは足りない。カメラXは市販品であり，同種のものは数多く存在するのだから，甲がカメラXを持ち込んだ事実のみをもって，それが被害品そのもの（＝"it"）であるとは認定できないからである。その甲が持ち込んだカメラXが"it"であることをいうためには，他の間接事実と組み合わせる必要がある。

たとえば，甲が日常使用している車からカメラXに適合するメモリーカードが見つかり，そのメモリーカードの中からVが撮影した写真のデータが検出されたことから，甲が所持していたメモリーカードは"it"で使われたメモリーカードであることを認定する。次に"it"で使われたメモリーカードだけを入手することは通常考えられないことから，"it"を入手して，その中のメモリー

カードを抜き取ったと推認できる。そうすると，甲はどこかの時点で"it"を所持していたことになるが，甲は2月27日の午前10時過ぎにカメラXをリサイクルショップRに持ち込んでおり，このカメラXはメモリーカードが抜かれていて，カメラの裏面から甲の指紋が検出されている。さらに，カメラXは高級品であり手に入りにくいのだから，資金力のない甲がカメラXを同時に複数台所持することは考えにくい。以上より，甲がリサイクルショップRに持ち込んだこのカメラXこそが，被害物品である"it"であると認定できる。すなわち，甲がRに持ち込んだ時点で，"it"を所持していたといえるのである。

4　意味づけ

そして，通常の犯人性の認定と同様に，犯人側の事情と被疑者・被告人側の事情が一致することについての意味づけが必要である。本件でいえば，被疑者・被告人が犯人でなくとも，被害品を所持している可能性がどれほど考えられるか，という可能性を考えればよい。たとえば，Vが酔って甲にカメラXを譲渡したことも，可能性としては考えられる。しかし，かりにそうならば，甲がそのような弁解をするはずであるところ，甲はそのような弁解をしていないから，Vが甲に譲渡した可能性は否定される。このように考えた結果，被疑者・被告人が犯人でないのに，被害品を所持している可能性がほとんどないとすると，それはすなわち，被疑者・被告人が被害品を所持していることは，被疑者・被告人が犯人でなければ説明できない，ということになり，被疑者・被告人の犯人性を認定できる。

③　その他の間接事実

現場の状況や監視カメラの映像から，甲には犯行可能性があることや，甲には犯行を行う動機がある点は，ほとんどの答案が指摘できていた。ただ，これらは甲が犯行を行えないわけではない，という推認を及ぼすにとどまり，甲が犯行を行った，という方向への推認力は弱い。更に進んで，甲とA以外には犯行を行うことができない，という認定をする答案もあった。かりにこのようにいえるのであれば，他の者による犯行が不可能であることから，甲が犯行を行った，という方向への推認力を相当強く認めることができるだろう。ただし，本設問の事案は，Aと甲が帰宅した後，マンションの外部から侵入した人間はいない，といえるにとどまり，マンション内部の別の住人がV宅からカメラXを持ち去った可能性は否定されない。そうだとすれば，甲とA以外には犯行は不可能である，とはいいづらいであろう。

また，カメラXの買取価格が27万円であり，甲は売却後にO社に27万円を返済したことから，甲の犯人性を推定する一間接事実とする答案があった。甲に資力はなく，いきなり27万円という大金を返済したことから，その27万円は急に甲のもとに入ってきた金銭であることは推認できる。しかし，甲がカメラXを売却して27万円を入手したこと自体は甲自身も認めていて争いがないところであり，そこから更に進んで甲がカメラXを売却目的で盗んだことまで推認するのは，論理の飛躍があるだろう。

④　その他

事例を読み違えるミスが若干ある。たとえば，甲が持ち込んだカメラXに，Vの指紋がついていたという誤った事実をあげる答案や，甲の逮捕時にメモリーカードは押収ずみであるにもかかわらず，メモリーカードの罪証隠滅のおそれがあることを理由に，60条1項2号に該当するとする答案があった。問題文が長く時間がかぎられているという状況は，予備試験のみならず司法試験でも共通の課題である。数をこなして，複雑な事例を読むスピードをあげることも，試験対策のひとつである。

第1　勾留の要件について
1　勾留請求を受けた裁判官Ｊは，①「罪を犯したことを疑うに足りる相当な理由」（刑事訴訟法60条1項柱書）があり，②同条1項各号のいずれかに該当する場合であり，かつ，③勾留の必要性が認められれば，甲を勾留することができる（同法207条1項）。 5

第2　勾留の要件充足性について
1　①「罪を犯したことを疑うに足りる相当な理由」について
（1）デジタルカメラに関連するもの
　ア　まず，Ｖが所有するデジタルカメラ（以下，「本件デジカメ」という。）からは，甲の指紋が採取されている。これは，甲がＶ方においてＶから本件デジカメを見せられた際に付着した可能性があるので，甲の嫌疑を推認させる力は弱い。 10
　イ　甲は，Ｖ方から本件デジカメが持ちだされたことにＶが気付いた平成25年（以下，年数は省略する。）2月27日と同日に，デジタルカメラをリサイクルショップＲに持ち込んでいる。このデジタルカメラにはメモリーカードが入っておらず，本件デジカメもメモリーカードのみが別の場所から発見されていることから，本件デジカメである可能性が高い。そうすると，Ｖ方から本件デジカメが持ち出されたことに気付いた日の午前10時という，盗難から短時間の間に甲が本件デジカメを所持していたこととなり，このような近接所持の事実から，甲の嫌疑は強く推認される。 15 / 20
　ウ　本件デジカメのメモリーカードは，甲が使用していた車の中から発見されている。この車は，Ｚ社のものであるが，2月24日からは甲が使用していたのであり，盗難のあった2月26日も甲が使用していたものであるから，メモリーカードは甲がこの車の中に置いた可能性が高い。また，このメモリーカード内のデータは，Ｖが撮影したものであるとＶ自身が証言しており，そのうち3枚の画像について，インターネットにＶが公開していた画像と一致するものであることから，このメモリーカードは本件デジカメに使われていたものであるといえる。このことから，甲が証拠隠滅のために本件デジカメからメモリーカードを抜き取り，車の中に置いていたと考えられ，甲の嫌疑が強く推認される。 25 / 30
（2）犯行時の状況に関連するもの
　ア　Ｖがデジカメの盗難にあったのは，甲・Ａにデジカメを見せた2月26日午後10時から翌27日にＶが起床した午前7時頃の間のことである。この間にＶ方にいた可能性のあるのは，甲とＡの2人のみである。というのも，Ｖ方のあるＱマンションのエントランスに設置されている防犯カメラには，甲がＱマンションを出た2月26日午後11時55分頃から翌27日の午前7時20分まで人が出入りする状況は撮影されていない。加えて，Ｖ方の窓は施錠されており，窓から何者かが侵入した可能性はない。また，Ｑマンションの他の部屋の住人が侵入した可能性も零ではないが，同じマンションの住人が窃盗に入ることは社会通念上考えにくくこの可能性は極めて低い。そうすると，Ｖ方から本件デジカメを持ち去ることができたのは甲かＡの 35 / 40

右欄注記：
- ←○勾留要件の定立
- ←△ナンバリング不要
- ←×指紋が採取された「Ｘ」と被害品が同一であることを前提として検討しているが，自身で認定していかなければならない事項である
- ←△飛躍。メモリーカードが分離されているだけでは，持ち込んだカメラと被害品が同一とはいえない
- ←△推認が甘い。盗んだ以外の方法により，同種の状況が説明できるかを検討しなければならない
- ←△犯人像の絞り込みはよいが，このような経験則があるといえるか疑問

いずれかであるところ，Aは，本件デジカメについて，「知らな　45
い。」と述べているから甲が窃盗犯人である可能性が極めて高くなる。

イ　また，２月26日午後11時50分頃，甲は，いったんはAとともにV
方を出ている。しかし，その際に，「たばこを一本吸ってから帰
る。」と言って，V方の前でAとは別れている。その後，午後11時
55分頃に甲がQマンションを出るのが防犯カメラによって確認され　50
ているから，甲には午後11時50分からの５分間についてアリバイが
ない。そして，本件デジカメが仕舞われていた机からは，甲の指紋
が採取されていることから，この間に甲が本件デジカメを窃取した
ことが推認される。

(3)　動機に関連するもの　55

ア　消費者金融O社によると，甲は30万円を借り返済が滞っていたと
ころ，甲はお金に困っており本件デジカメを摂取する動機があった。
また，この借金のうち，27万円が２月27日に返済されているが，27
万円という金額は，Rがデジカメの買取価格として甲に支払った額
と同額であり，甲は，このお金で借金を返済したと考えられる。　60

イ　甲には，換金目的でゲーム機やDVDを万引き窃盗したという前
科がある。本件犯行も，同様の換金目的による窃盗であるから，こ
のことからも甲の動機を推認しうる。

(4)　甲の供述に関連するもの
甲は，Rに持ち込んだデジタルカメラについて，「名前を言えない　65
知り合いからもらった物だ」と供述しているが，このような供述は信
用性に乏しく，かえって嫌疑が高められる。

(5)　以上を総合考慮すると，甲には，「罪を犯したことを疑うに足りる
相当な理由」が認められる。

2　60条１項各号該当性について　70

(1)　住居不定（１号）
甲は，T市内のアパートに住んでおり，定まった住居を有する。よ
って，１号には該当しない。

(2)　罪証隠滅のおそれ（２号）
甲は，メモリーカードを車内に隠すといった証拠隠滅の行動を行っ　75
ており罪証隠滅の意図がある。また，アリバイ工作などの罪証隠滅の
可能性もある。よって，罪証隠滅のおそれがあり，２号に該当する。

(3)　逃亡のおそれ（３号）
甲は，平成22年12月に懲役１年，執行猶予３年の判決を受け，現在
も執行猶予期間中である。そうすると，本件で有罪判決を受けると執　80
行猶予が取り消される可能性がある。このことから，甲には逃亡のお
それが認められ，３号に該当する。

3　勾留の必要性について
甲は，「これ以上話したくない」と言って供述を拒んでおり，さらな
る取調べの必要性が認められるから，甲には勾留の必要性が認められる。　85

第3　結論
以上より，勾留の各要件を充足するので，Jは甲を勾留するべきである。
以上

△Aが知らない
と述べているか
らただちに甲の
可能性が高いと
いうのは早計

△やや飛躍。甲
が犯行可能であ
ったことは事実
だが，そこから
ただちに甲がこ
の間に犯行を行
ったことまでは
推認できない

×本件犯行が，
換金目的の窃盗
かは不明。かり
にそうだとして
も，典型的な悪
性格立証

△より具体的に
述べられるとな
およい
○複数あげてい
る

△勾留の必要性
の要件は，反対
利益との比較が
必要

優秀答案における採点実感

1 総論

　問いに答える，という姿勢を示すために，まず勾留の要件を列挙し，それらの要件に該当すれば勾留が認められる，という大前提を明示する点は好印象である。必ずしも要件を先出しすることが必須ではないものの，条文のほとんどは要件と効果でできている。そのため，要件をみたせば効果が発生する，という大前提をまず示し，次に本件事実によれば要件をみたす，という小前提を示し，ゆえに効果が発生する，という結論を示すことで，条文を起点とした三段論法を表現することができる。

2 犯人性検討

　勾留要件のひとつである「罪を犯したことを疑うに足りる相当な理由」（60条1項柱書）のなかで，犯人性を検討するという基本的な枠組みができている。

　間接事実を数多く積み重ねて，犯人性を認定するという基本的な作業ができている。また，事実をあげる際に，「デジタルカメラに関するもの」「犯行時の状況に関するもの」のように，分類分けをすることで，採点者にとって読みやすく，高い評価につながるだろう。また，事実を単にあげるのみならず，これを自分の頭で考えて評価し，推認力を判断するという姿勢が表れている。推認過程に粗さはあるものの，このような基本的な作業ができているため，十分に優秀答案といえるだろう。

　近接所持について，甲が持ち込んだカメラXと，被害品であるカメラXが同一であることをまず認定している。同一であるという認定に多少の粗さはあるものの，近接所持について正しく理解していることが伝わるため，高得点が望める部分である。

　マンションの構造と防犯カメラの映像から，外部の人間で犯行が可能であるのはAと甲であること，また，同じマンションに住む人間が窃取する可能性の程度，この2点を指摘したうえで，犯人をAと甲に絞り込んだことは評価できる。特に同じマンションに住む人間による窃取の可能性を考慮している点は，他の答案にはないものであった。もっとも，「同じマンションの住人が窃盗に入ることは社会通念上考えにくくこの可能性は極めて低い。」とまでいえるかは疑問であり，表現を改善するとよりよい答案になるだろう。

　本設問の中心は犯人性であるから，その点について分量を割いて検討する必要がある。この答案は，犯人性の検討に3頁を費やして，丁寧に検討している点が高評価である。

3 他の要件

　他の要件についても，記述することを忘れていない。勾留の必要性という要件の理解に難があるものの，その他の要件の理解はおおむね正確である。また，各号要件として1つで満足せず，複数あげる点は，実務上も重要であり，採点者からも好印象をもたれるだろう。

4 注意点

　全体として，推認過程に粗さがある点が否めない。甲が犯人であることが前提として頭にあり，甲が犯人であるならば，これらの事情はすべて矛盾なく説明できる，という姿勢は，犯人性の検討過程として正しいとはいえない。甲以外の者が犯人であっても，これらの事情が矛盾なく説明できるかもしれないからである。

　犯人性の検討の段階では，まだ甲が犯人であるかは明確ではない。そのため，甲が犯人ではないとしたら，これらの事情のいずれかがうまく説明できない，といえてはじめて，甲が犯人である，という推認をはたらかせることができるのである。

次の【事例】を読んで，後記〔設問〕に答えなさい。

【事　例】

1　A（男性，22歳）は，平成26年2月1日，V（男性，40歳）を被害者とする強盗致傷罪の被疑事実で逮捕され，翌2日から勾留された後，同月21日，「被告人は，Bと共謀の上，通行人から金品を強取しようと企て，平成26年1月15日午前零時頃，H県I市J町1丁目2番3号先路上において，同所を通行中のV（当時40歳）に対し，Bにおいて，Vの後頭部をバットで1回殴り，同人が右手に所持していたかばんを強く引いて同人を転倒させる暴行を加え，その反抗を抑圧した上，同人所有の現金10万円が入った財布等2点在中の前記かばん1個（時価合計約1万円相当）を強取し，その際，同人に加療約1週間を要する頭部挫創の傷害を負わせた。」との公訴事実が記載された起訴状により，I地方裁判所に公訴を提起された。なお，B（男性，22歳）は，Aが公訴を提起される前の同年2月6日に同裁判所に同罪で公訴を提起されていた。

2　Aの弁護人は，Aが勾留された後，数回にわたりAと接見した。Aは，逮捕・勾留に係る被疑事実につき，同弁護人に対し，「私は，平成26年1月14日午後11時頃，友人Bの家に居た際，Bから『ひったくりをするから，一緒に来てくれ。車を運転してほしい。ひったくりをする相手が見付かったら，俺だけ車から降りてひったくりをするから，俺が戻るまで車で待っていてほしい。俺が車に戻ったらすぐに車を発進させて逃げてくれ。』と頼まれた。Bからひったくりの手伝いを頼まれたのは，この時が初めてである。私は，Bが通行人の隙を狙ってかばんなどを奪って逃げてくるのだと思った。私は金に困っておらず，ひったくりが成功した際に分け前をもらえるかどうかについては何も聞かなかったが，私自身がひったくりをするわけでもないので自動車を運転するくらいなら構わないと思い，Bの頼みを引き受けた。その後，私は，先にBの家を出て，その家に来る際に乗ってきていた私の自動車の運転席に乗った。しばらくしてから，Bが私の自動車の助手席に乗り込んだ。Bが私の自動車に乗り込んだ際，私は，Bがバットを持っていることに気付かなかった。そして，私が自動車を運転して，I市内の繁華街に向かった。車内では，どうやってかばんなどをひったくるのかについて何も話をしなかった。私は，しばらく繁華街周辺の人気のない道路を走り，翌15日午前零時前頃，かばんを持って一人で歩いている男性を見付けた。その男性がVである。Bも，Vがかばんを持って歩いていることに気付き，私に『あの男のかばんをひったくるから，車を止めてくれ。』と言ってきた。私が自動車を止めると，Bは一人で助手席から降り，Vの後を付けて行った。この時，周囲が暗く，私は，Bがバットを持っていることには気付かなかったし，BがVに暴力を振るうとは思っていなかった。その後，私からは，VとBの姿が見えなくなった。私は，自動車の運転席で待機していた。しばらくすると，Bが私の自動車の方に走ってきたが，VもBの後を追い掛けて走ってきた。私は，Bが自動車の助手席に乗り込むや，すぐに自動車を発進させてその場から逃げた。Bがかばんを持っていたので，私は，ひったくりが成功したのだと思ったが，BがVに暴力を振るったとは思っていなかった。私とBは，Bの家に戻ってから，一緒にかばんの中身を確認した。かばんには財布と携帯電話機1台が入っており，財布の中には現金10万円が入っていた。Bが，私に2万円を渡してきたので，私は，自動車を運転した謝礼としてこれを受け取った。残りの8万円はBが自分のものにした。財布や携帯電話機，かばんについては，Bが自分のものにしたか，あるいは捨てたのだと思う。私は，Bからもらった2万円を自分の飲食費などに使った。」旨説明した。Aは，前記1のとおり公訴を提起された後も，同弁護人に前記説明と同じ内容の説明をした。

3 受訴裁判所は，同年2月24日，Aに対する強盗致傷被告事件を公判前整理手続に付する決定をした。検察官は，同年3月3日，【別紙1】の証明予定事実記載書を同裁判所及びAの弁護人に提出・送付するとともに，同裁判所に【別紙2】の証拠の取調べを請求し，Aの弁護人に当該証拠を開示した。Aの弁護人が当該証拠を閲覧・謄写したところ，その概要は次のとおりであった。

(1) 甲第1号証の診断書には，Vの受傷について，同年1月15日から加療約1週間を要する頭部挫創の傷害と診断する旨が記載されていた。

(2) 甲第2号証の実況見分調書には，司法警察員が，Vを立会人として，同日午前2時から同日午前3時までの間，Vがかばんを奪われるなどの被害に遭った事件現場としてH県I市J町1丁目2番3号先路上の状況を見分した結果が記載されており，同所付近には街灯が少なく，夜間は非常に暗いこと，同路上の通行量はほとんどなく，実況見分中の1時間のうちに通行人2名が通過しただけであったことなども記載されていた。

(3) 甲第3号証のバット1本は，木製で，長さ約90センチメートル，重さ約1キログラムのものであった。

(4) 甲第4号証のVの検察官調書には，「私は，平成26年1月15日午前零時頃，勤務先から帰宅するためI市内の繁華街に近い道路を一人で歩いていたところ，いきなり何者かに後頭部を固い物で殴られ，右手に持っていたかばんを強く引っ張られて仰向けに転倒した。私は，仰向けに転倒した拍子にかばんから手を離した。すると，この時，私のすぐそばに男が立っており，その男が左手にバットを持ち，右手に私のかばんを持っているのが見えた。そこで，私は，その男にバットで後頭部を殴られたのだと分かった。男は，私のかばんを持って逃げたが，その際，バットを地面に落としていった。かばんには，財布と携帯電話機1台を入れており，財布の中には，現金10万円を入れていた。男にかばんを奪われた後，私は，すぐに男を追い掛けたが，男が自動車に乗って逃げたため，捕まえることはできなかった。」旨記載されていた。

(5) 甲第5号証のBの検察官調書には，「私は，サラ金に約50万円の借金を抱え，平成26年1月15日に事件を起こす1週間くらい前から，遊ぶ金欲しさに，通行人からかばんなどをひったくることを考えていた。通行人からかばんなどをひったくる際には抵抗されることも予想し，そのときは相手を殴ってでもかばんなどを奪おうと考えていた。私は，同月14日午後11時頃，私の自宅に来ていた友人Aに『ひったくりをするから，一緒に来てくれないか。車を運転してほしい。ひったくりをする相手が見付かったら，俺が一人で車から降りてひったくりをするから，その間，車で待っていてくれ。俺が車に戻ったら，すぐに車を走らせて逃げてほしい。』と頼んだ。Aは，快く引き受けてくれて，Aの自動車でI市内の繁華街に行くことを話し合った。私は，かばんなどを奪う相手に抵抗されたりした場合にはその相手をバットで殴ったり脅したりしようと考え，自分の部屋からバット1本を持ち出し，そのバットを持ってAの自動車の助手席に乗った。そして，Aが自動車を運転して繁華街に向かい，その周辺の道路を走行しながら，ひったくりの相手を探した。車内では，どうやってかばんなどを奪うのかについて話はしなかった。私は，かばんを持って一人で歩いている男性Vを見付けたので，Aに停車してもらってから，私一人でバットを持って降車し，Vの後を付けて行った。私がバットを持って自動車に乗ったことや，バットを持って自動車から降りたことは，Aも自動車の運転席に居たのだから，当然気付いていたと思う。私は，降車してしばらくVを追跡してから，同月15日午前零時頃，背後からVに近付き，いきなりVが右手に持っていたかばんをつかんで後ろに引っ張った。この時，Vが後方に転倒して頭部を地面に打ち付け，かばんから手を離したので，私は，すぐにかばんを取ることができた。私は，Vを転倒させようと思ってかばんを引っ張ったわけではなく，バットで殴りもしなかった。かばんを奪った直後，私は，手を滑

らせてバットをその場に落としてしまったが，Vがすぐに立ち上がって私を捕まえようとしたので，バットをその場に残したままAの自動車まで走って逃げた。私は，Vに追い掛けられたが，私がAの自動車の助手席に乗り込むとAがすぐに自動車を発進させてくれたので，逃げ切ることができた。その後，私とAは，私の自宅に戻り，Vのかばんの中身を確認した。かばんには，財布と携帯電話機1台が入っており，財布には現金10万円が入っていた。そこで，私は，Aに，自動車を運転してくれた謝礼として現金2万円を渡し，残り8万円を自分の遊興費に使った。財布や携帯電話機，かばんは，私がいずれもゴミとして捨てた。」旨記載されていた。

(6) 乙第1号証のAの警察官調書には，Aの生い立ちなどが記載されており，乙第2号証のAの検察官調書には，前記2のとおりAが自己の弁護人に説明した内容と同じ内容が記載されていた。乙第3号証の身上調査照会回答書には，Aの戸籍の内容が記載されていた。

4　Aの弁護人は，【別紙1】の証明予定事実記載書及び【別紙2】の検察官請求証拠を検討した後，①同証明予定事実記載書の内容につき，受訴裁判所裁判長に対して求釈明を求める方針を定め，また，②検察官に対し，【別紙2】の検察官請求証拠の証明力を判断するため，類型証拠の開示を請求した。そこで，検察官は，当該開示請求に係る証拠をAの弁護人に開示した。

その後，同年3月14日，Aに対する強盗致傷被告事件につき，第1回公判前整理手続期日が開かれた。裁判長は，Aの弁護人からの前記求釈明の要求に応じて，検察官に釈明を求めた。そこで，検察官は，今後，証明予定事実記載書を追加して提出することにより釈明する旨述べた。

第1回公判前整理手続期日が終了した後，検察官は，追加の証明予定事実記載書を受訴裁判所及びAの弁護人に提出・送付した。Aの弁護人は，BがVの後頭部をバットで殴打したか否かなどの実行行為の態様については，甲第4号証のVの検察官調書が信用性に乏しく，甲第5号証のBの検察官調書が信用できると考えた。その上で，③Aの弁護人は，前記2のAの説明内容に基づいて予定主張記載書面を作成し，これを受訴裁判所及び検察官に提出・送付した。

同月28日，第2回公判前整理手続期日が開かれ，受訴裁判所は，争点及び証拠を整理し，V及びBの証人尋問が実施されることとなった。そして，同裁判所は，争点及び証拠の整理結果を確認して審理計画を策定し，公判前整理手続を終結した。公判期日は，同年5月19日から同月21日までの連日と定められた。

5　その後，Bに対する強盗致傷被告事件の公判が，同年4月21日から同月23日まで行われた。Bは，同公判の被告人質問において，「実は，起訴されるまでの取調べにおいては嘘の話をしていた。本当は，平成26年1月14日午後11時頃，自宅において，Aに対し本件犯行への協力を求めた際，Aから『バットを持って行けばよい。』と勧められた。また，Vを襲った時，バットでVの後頭部を殴ってから，Vのかばんを引っ張った。」旨新たに供述した。そこで，Aの公判を担当する検察官が，同年4月24日にBを取り調べたところ，Bは自己の公判で供述した内容と同旨の供述をしたが，その一方で「Aの前では，Aに責任が及ぶことについて話しづらいので，Aの公判では，できることなら話したくない。今日話したことについては，供述調書の作成にも応じたくない。」旨供述した。④同検察官は，取調べの結果，Bが自己の公判で新たにした供述の内容が信用できると判断した。

〔設問1〕
下線部①につき，Aの弁護人が求釈明を求める条文上の根拠を指摘するとともに，同弁護人が求釈明を求める事項として考えられる内容を挙げ，当該求釈明の要求を必要と考える理由を具体的に説明しなさい。

〔設問2〕

　下線部②につき，Aの弁護人が甲第4号証のVの検察官調書の証明力を判断するために開示を請求する類型証拠として考えられるものを3つ挙げ，同弁護人が当該各証拠の開示を請求するに当たり明らかにしなければならない事項について，条文上の根拠を指摘しつつ具体的に説明しなさい。ただし，当該各証拠は，異なる類型に該当するものを3つ挙げることとする。

〔設問3〕

　下線部③につき，Aの弁護人は，Aの罪責についていかなる主張をすべきか，その結論を示すとともに理由を具体的に論じなさい。

〔設問4〕

　下線部④につき，検察官は，Bが自己の公判で新たにした供述の内容をAの公訴事実の立証に用いるためにどのような訴訟活動をすべきか，予想されるAの弁護人の対応を踏まえつつ具体的に論じなさい。

【別紙1】

証明予定事実記載書

平成26年3月3日

　被告人Aに対する強盗致傷被告事件に関し，検察官が証拠により証明しようとする事実は下記のとおりである。

記

第1　犯行に至る経緯
1　被告人とBとは，高校の同級生であり，高校卒業後もお互いの自宅に行き来するなどし，友人として付き合いを続けていた。
2　Bは，高校卒業後，アルバイトをすることもあったが，定職には就いておらず，本件当時も無職であった。また，Bは，本件当時，消費者金融会社からの負債が約50万円に上っていた。そこで，Bは，遊興費欲しさに，本件の約1週間くらい前から，通行人を殴打するなどしてかばん等を奪うことを考えるようになった。
3　被告人は，平成26年1月14日，自己が所有する普通乗用自動車に乗って，Bの自宅を訪れた。Bは，同日午後11時頃，かねてから考えていた強盗を実行しようと決意し，事件後に逃走するためには自動車があった方がよいと考え，被告人に自動車の運転役を依頼し，被告人もこれを了承し，ここにおいて被告人とBは，強盗の共謀を遂げた。
　被告人は，自己の自動車の運転席に乗り，Bが，自宅にあったバット1本を持ち，同車の助手席に乗った。そして，被告人が同車を運転し，H県I市内の繁華街に向かった。なお，被告人は，Bが乗車した際にバットを持っていることを認識していた。
第2　犯行状況等
1　被告人とBは，I市内の繁華街周辺の道路を自動車で走行していた際，かばんを所持して徒歩で帰宅途中のVを認め，Vからそのかばんを強奪しようと考えた。そこで，被告人が自動車を停止

証拠
第1につき
甲3号証（バット1本），甲4号証（Vの検察官調書），甲5号証（Bの検察官調書），乙1号証（被告人の警察官調書），乙2号証（被告人の検察官調書）

第2につき
甲1号証（診断書），甲2号証（実況見分調書），甲3号証（バッ

させ，Bがバットを持って降車し，Vを追跡した。

　　Bは，しばらくVを追跡した後，同月15日午前零時頃，I市J町1丁目2番3号先路上において，いきなりVの後頭部を手に持っていたバットで1回殴打し，Vが右手に持っていたかばんをつかんで後方に引っ張った。Vは，かばんを引っ張られた勢いで仰向けに転倒してかばんから手を離した。そこで，Bは，Vのかばんを取得し，被告人の自動車まで逃走した。この間，被告人は，同車内で待機していたが，Bが，Vから追い掛けられながら逃走してくるのを認め，Bが助手席に乗るや否や同車を発進させて逃走した。

　　Vは，前記のとおり後頭部を殴打されたことなどにより，加療約1週間を要する頭部挫創のけがを負った。

2　被告人とBは，Bの自宅に戻り，Vのかばんの中身を確認した。かばんの中には財布及び携帯電話機1台が入っており，財布の中には現金10万円が入っていたことから，Bが8万円を自分のものとし，被告人が2万円を自分のものとした。財布，携帯電話機及びかばんについては，Bが廃棄した。

ト1本），甲4号証（Vの検察官調書），甲5号証（Bの検察官調書），乙2号証（被告人の検察官調書）

以上

【別紙2】

検察官請求証拠

甲号証

番号	証拠の標目	立証趣旨
甲第1号証	診断書	Vの負傷部位・内容
甲第2号証	実況見分調書	犯行現場の状況
甲第3号証	バット1本	犯行に用いられたバットの存在及び形状
甲第4号証	Vの検察官調書	被害状況
甲第5号証	Bの検察官調書	犯行に至る経緯及び犯行の状況等

乙号証

番号	証拠の標目	立証趣旨
乙第1号証	被告人の警察官調書	身上・経歴関係
乙第2号証	被告人の検察官調書	犯行に至る経緯及び犯行の状況等
乙第3号証	被告人の身上調査照会回答書	被告人の身上関係

1 全体

　まず，問題文の全体を概観すると，設問が４つあり，適切に時間配分をして，適切な分量で記述することが求められるだろう。次に，各設問についてみていく。設問１は，求釈明の根拠と内容を問うものであり，比較的わかりやすい内容なので，ここはあっさりと書く。設問２は，類型証拠のどの３つの類型で証拠開示請求をするかを問うており，難易度が高そうに思えるので，ここに時間を使いたい。設問３は，Ａの主張にのっとり，弁護方針を立てて主張していくので，比較的扱いやすそうである。設問４は，検察官の訴訟活動について，おおまかにわかりそうであるが，弁護人の対応を想定するのが難しそうなので，ここに時間を残しておきたい。

2 設問1

　設問１は，証明予定事実記載書について，求釈明をするにあたり，①求釈明の根拠条文，②求釈明を求めるべき事項，③求釈明を求める理由を問うている。

1 ①について

　このような問題で，根拠条文を知らない場合には，条文について刑事訴訟規則を含めて探していく。目次を頼りに探していくと，規則208条３項に弁護人が裁判長に対し求釈明を求める根拠を発見できる。

2 ②および③について

　それでは，いかなる事項について裁判長に対して求釈明を求めるべきか。

　そもそも，弁護人は，検察官の主張・立証構造が不明確であり，かつ，それにより被告人側の防御上支障が生じる場合に，求釈明を求める。

　これを本件についてみるに，まず，公訴事実について確認し，次に検察官の立証しようとすることを確認する。それらを確認すべく，問題文に目をとおすと，ＡはＢとの強盗致傷罪の共同正犯（刑60条・刑240条前段）の公訴事実で起訴されており，ＡはＢとの間での強盗の共謀の存在を否定する旨を説明している。具体的には，Ａは，Ｂからひったくりすることしか聞かされていないこと，Ｂがバットを持っていたことに気づかなかったこと等である。Ａの主張をもとにすると，Ａを強盗致傷罪の共謀共同正犯と認定することは困難となる。そのため，検察官はＡＢ間の強盗行為についての共謀の存在を立証しようとすると予想することができる。

　次に，検察官の立証予定について，証明予定事実記載書と検察官請求証拠についてみる。これらについて目をとおすと，ＡＢ間の強盗罪の共謀の存否については，甲号証，乙号証の内容をみても，強盗罪についての共謀の成立を示す事実を立証することはできないことに気づく。すなわち，検察官がいかなる証拠によりＡＢ間の共謀の存在を立証するのかが判明しないのである。

　したがって，弁護人は，共謀の存在の立証方法について求釈明を求めるべきである。

3 設問2

　本設問では，Ｖの検察官調書の証明力を判断するために開示請求する３つの異なる類型証拠をあげることが求められている。このような問題は，当事者としての発想が求められるので，想像力をはたらかせる。類型証拠開示の点についてFL【公判前整理手続】を参照してほしい。

　Ｖの検察官調書の証明力を判断するのであるから，Ｖの調書の内容を確認する。ただし，供述の証明力の判断については，いくつかの重要な視点を念頭において調書を読まなければならない。その視点とは，①供述者の利害関係，②供述者の知覚や記憶の条件等，③供述内容と他の証拠との整合性・符合性，④供述内容の自然性・合理性，⑤供述経過，変遷（一貫性）の有無，⑥供述態度である。詳しくは，FL【供述の信用性】に譲る。

　まず，Ｖの供述と客観的状況との整合性が気になるところである。これについては，甲２号証として実況見分調書が提出されている。しかしながら，実況見分調書は，検察官に有利なもののみが提出された可能性は否定できない。そこで，実況見分調書として作成されたもののすべてを調べる必要がある。したがって，316条の15第１項３号の類型として，すべての実況見分調書，検証調書について証拠開示請求をすることが考えられる。また，Ｖの供述と傷害結果との整合性の確認のた

めに，バットの鑑定書も316条の15第1項4号の類型として求めることが考えられる。加えて，犯行現場の目撃者の供述があれば，316条の15第1項6号の類型として証拠開示請求をすることができる。犯行現場は，暗くて人通りが少ないということ（甲2号証参照）であるが，目撃者が存在する可能性は否定できないので，その供述が存在する可能性はある。そのため，これについて証拠開示請求をすることが考えられる。

　ほかに何の開示請求が考えられるか。Vは，警察官に対しても供述し，それが録取されていることは十分に考えられる。そして，かりにVが警察官にした供述と検察官にした供述とが異なっていれば，Vの供述に一貫性がなく，その信用性は著しく減退する。したがって，Vの弁解録取書，警察官調書等について316条の15第1項5号ロの類型として開示請求をする。

　開示請求をするにあたり，明らかにしなければならない事項は，316条の15第3項に明示されている。そこで，316条の15第3項の条文に丁寧にあてはめて説明する必要がある。

④　**設問3**

　設問3では，Aの弁護人として主張すべきこと，およびその理由を問われている。もっとも，問題文中の誘導に従って主張を考えなければならない。

　Aの主張からみると，AはBとひったくりについて共謀したにすぎず，強盗行為について共謀していないと主張をしており，また，その行為が運転役にすぎず，報酬の約束もないことから，Aは窃盗罪の幇助犯（刑62条1項・刑235条）でしかないという主張を組み立てることができる。

　信用できるBの主張をもとに弁護人としての主張を検討すると，Bはバットで殴っていないと主張していることから，強盗罪における暴行をしておらず，正犯たるBに強盗罪は成立しないという主張をすることができる。そして，共謀の点について，そもそも強盗罪の共謀を結んでおらず，窃盗罪の点について共謀したにすぎないという主張もできる。さらに，Aの認識は，ひったくりの手伝いにすぎないから，強盗罪の共同正犯としての故意も認められないと主張でき，Aに強盗致傷罪の共同正犯は成立しえない旨を主張する。

　共犯形態の点についても，運転手役というだれでもできるという役割，報酬の約束をしていないという事実から，重要な役割を担っておらず，正犯意思もないので，幇助犯にすぎないという主張をすることができる。

⑤　**設問4**

　設問4は，検察官が，Bの自己の公判で新たにした供述の内容をAの公訴事実の立証に用いるためにする訴訟活動について，予想されるAの弁護人の対応を前提に問うている。

　Bは，Aがバットを持っていけと言ったと供述したが，Aの公判では供述を拒否し，調書の作成にも応じない。この供述をどのようにしてAの公判で証拠とすべきか。

　方法としては，Bの公判調書を証拠として提出することが考えられる。この場合，Bの供述は裁判官面前調書であり，さらに，Bの供述は前の供述と異なる供述なので，321条1項1号の伝聞例外として証拠能力を認めることができ，証拠採用することが可能となる。

　これに対して，弁護人から316条の32第1項における「やむを得ない事由」がないとして，公判前整理手続後の証拠調べ請求は認められないと反論することが想定される。

　「やむを得ない事由」にあたる場合としては，証人が，開示されていた供述調書の内容と異なる供述をしたときに，供述調書を実質証拠または弾劾証拠として取調べ請求をする場合も含まれると解されている。

　本設問では，Bの新供述が前の供述と相反するものなので，「やむを得ない事由」があると反論することになる。

答案例

第1　設問1について
1　条文上の根拠は刑事訴訟規則208条3項である。

⮕ 根拠条文を明示

2　求釈明を求める事項は，本件証明予定事実記載書の第1の3に記載されている，AとBの「強盗の共謀」の具体的内容である。

⮕ 問いに答える

　　その理由は，Aが強盗致傷罪の共謀共同正犯（刑法60条，240条前段）の公訴事実で公訴提起されているにもかかわらず，共謀の具体的内容である強盗の行為態様について証明予定事実記載書に記載されておらず，その証明方法も不明なためである。共謀の内容は被告人の防御にとって重要であるから，この点について求釈明を求めることが必要となる。

⮕ 理由を明示

第2　設問2について
1　開示を請求する類型証拠としては，①実況見分調書等検証調書のすべて，②Vの負傷の原因がバットによる殴打か否かの鑑定書，③Vの未開示の捜査段階における供述録取書等のすべて，が考えられる。

⮕ 問いに答える

2　開示請求をするために明らかにすべき事項は，次のとおりである。

(1)　類型証拠開示請求をする（刑事訴訟法316条の15第1項。以下「刑事訴訟法」法名省略）にあたり，㋐同条1項各号の類型該当性と証拠を識別するに足りる事項（316条の15第3項1号イ），㋑特定の検察官請求証拠の証明力を判断するための重要性その他の被告人の防御の準備のための必要性（316条の15第3項1号ロ），を明らかにしなければならない。

⮕ 明らかにする事項を明示

(2)　これを①から③までについてみる。

⮕ あてはめ

ア　①は，321条3項に規定する書面またはこれに準ずる書面であるため，316条の15第1項3号の類型に該当する（㋐）。Vの供述の信用性を判断するためには，客観的状況との整合性を確認することが重要である。そして，Vの供述調書である甲第4号証は，犯行態様を証明するための重要な証拠であり，その証明力の判断のために①の証拠を開示する必要性は高い（㋑）。

イ　②は，鑑定書であるから321条4項に規定する書面といえるため，316条の15第1項4号に該当する書面である（㋐）。そして，①と同様にVの供述の信用性の判断のためには客観的状況との整合性を確認する必要があることから，証明力を判断するためには，重要であり，被告人の防御上開示の必要性は高い（㋑）。

ウ　③について，Vは「取調べを請求した供述録取書等の供述者」であり，検察官は，Vの供述に沿った事実を立証しようとしている。したがって，同号証は，「第326条の同意がなされない場合……検察官が証人として尋問を請求することを予定しているもの」といえ，316条の15第1項5号ロの類型に該当する（㋐）。そしてVの供述の信用性の判断のためには，供述の変遷を確認することが重要であり，Vの供述を弾劾できれば，被告人に有利になるので，開示の必要性は高い（㋑）。

第3　設問3
1　Aの弁護人としては，以下のとおり，Aの罪責は窃盗罪の幇助犯（刑法62条1項・235条）にとどまるという主張をする。

⮕ 主張を明示

2　Aの罪責は窃盗罪にとどまる。

⮕ 主張に沿った立論

Bの供述によれば，Bはかばんを引っ張っただけなので，Vの反抗を 45
抑圧するほどの暴行を加えていないため，Bの行為は強盗罪（刑法236
条1項）における「暴行」にあたらない。そのため，実行正犯であるB
の罪責は窃盗罪にすぎず，共犯であるAの罪責も窃盗罪にとどまる。A
は強盗致傷罪の罪責を負わない。

➡️正犯の実行行為
　性の否定

　　かりに，Bの罪責が強盗致傷罪となるとして，AB間の共謀が認めら 50
れたとしても，それは窃盗罪の共謀にすぎない。すなわち，BはAに対
してひったくりをすることしか告げておらず，AもBがひったくりをす
るだけと認識しており，Bがバットを持っていることに気づいていなか
ったことから，窃盗罪の共謀しかしていないことになる。

➡️共謀の成立の否
　定

　　さらに，AはBの暴行を想定していないことから，強盗罪の故意（刑 55
法38条2項本文）がなく，窃盗罪の故意しかない。したがって，Aは窃
盗罪の罪責しか負わない。

➡️故意の否定

3　共犯形態は幇助犯にとどまる。

➡️共犯形態の主張

　　共同正犯と幇助犯は，重要な役割を果たしたかにより区別される。

➡️規範

　　Aは運転役を果たしたにすぎず，これは運転できる者ならだれでもで 60
きる役割であるから，重要な役割とはいえない。そのため，Aの共犯形
態は幇助犯にとどまる。

➡️あてはめ

　　また，Aは分け前をもらえるかどうかについて知らないなど，自己の
犯罪として本件犯罪を行う認識を欠いており，共同正犯の故意を欠くの
で共同正犯は成立せず，Aは幇助犯にとどまる。 65

第4　設問4

1　本件で，検察官は，Bが供述（以下「本件供述」という）を行った公
判調書を証拠調べ請求（298条1項）すべきである。

➡️検察官の採る手
　段

　　それは，Bの態度から，本件供述について，証人尋問においては証言
拒否の可能性があり，新たな調書の作成も困難であるためである。 70

2　これに対し，弁護人は，当該調書の証拠採用に不同意とし（326条1
項），316条の32第1項により，この請求は認められないと反論すること
が予想される。

➡️想定される反論
　①

　　この点について，本条は，原則として証拠調べ請求を手続中にさせる
ものであるから，公判前整理手続後の証拠調べ請求は限定すべきである。75
そこで，「やむを得ない事由」とは，公判前整理手続で請求することが
困難な合理的理由をいうと解する。

➡️規範

　　本件供述は，Bが公判前整理手続後にはじめてした供述であるから，
公判前整理手続中の提出は不可能であるので合理的理由が認められる。
したがって，「やむを得ない事由」が認められ，証拠調べ請求は認めら 80
れると主張する。

➡️あてはめ

3　次に，弁護人は，本件公判調書は，伝聞証拠であり証拠能力が否定さ
れる（320条1項）と反論することが考えられる。

➡️想定される反論
　②

　　この点について，検察官は，321条1項1号の伝聞例外に該当すると
反論すべきである。具体的には，Bの証人尋問を行い，Bが証言を拒絶 85
した場合には，供述不能の要件を，本件供述と異なる内容の証言をした
場合には供述相反性の要件をみたすと主張すべきである。

➡️再反論

以上

　本問は，強盗致傷罪の成否やその共謀が争点となり得る具体的事例を題材に，弁護人として，公判前整理手続において，検察官作成の証明予定事実記載書の内容につき求釈明を要求すべき事項（設問1），被害者の検察官調書の証明力を判断するために類型証拠開示請求すべき証拠（設問2），被告人の弁解等を踏まえ明示すべき予定主張の内容（設問3）などを問うとともに，検察官として，公判前整理手続終了後に共犯者の公判でなされた共犯者供述を被告人の公訴事実の立証に用いるために行うべき訴訟活動の在り方（設問4）を問うものである。昨今の刑事裁判実務において重要な役割を果たしている公判前整理手続やその他の刑事手続，更には実体法（刑法）についての基礎的知識を試すとともに，具体的事例において，これらの知識を活用し，訴訟当事者として行うべき訴訟活動や法的主張を検討するなどの法律実務の基礎的素養を試すことを目的としている。

講　評 ▌▌▌

① 設問1

　求釈明を求める根拠について，多くの受験生は，根拠条文をあげることができていた。しかしながら，規則208条1項とする誤りも見受けられた。条文をよく読んで，主体を確認する癖をつけてほしい。

　本設問で，根拠条文をあげることができなかった場合は，最初の問題だけに採点者に与える印象はとても悪い。条文は，法律家にとって大変重要なものである。手続の根拠条文について知らない場合には，法，規則の目次から探す努力を惜しんではならない。

　求釈明を求める中身については，問題文，証明予定事実記載書と証拠一覧に向き合い，何が争点となり，検察官がどういう立証をするのかということについて考えられたかで差がついている。実務基礎科目においては，当事者意識を試されることが多い。自分が当事者だったらどのような弁護方針を立てるかを考えれば，検察官の立証の不備に気づくことができるだろう。

　答案のなかには，共謀共同正犯の要件を長く論述するものがあったが，設問からこのような論述は求められていないことに気づいてほしい。あくまで，問題文に応じた具体的な論述が求められているということを意識することが重要である。

　今後の学習では，当事者意識を身につけるような学習をしてほしい。たとえば，裁判傍聴へ行くなど，実際の運用を見て，当事者意識を身につけるという方法もある。

② 設問2

　受験生の多くは，類型証拠開示請求の根拠（316条の15第1項）を指摘することができていた。これを指摘できなかったならば猛省したほうがよい。公判前整理手続は実務上重要な手続であることから，内容について概略だけでも確認しておいてほしい。

　もっとも，どの類型から証拠開示請求をし，何を明らかにするかについては，さまざまな解答が見受けられた。当事者意識を発揮し，Vの調書の証明力の判断のために何を明らかにしたいかを考えられたものは現実的な証拠を対象としていた。特に，供述の変遷といった，供述の信用性の判断の視点を意識した答案は，当事者意識に立ち考えることができていて，好印象であった。たとえば，供述の変遷を考慮して，Vの供述録取書について証拠開示請求をするものである。ほかには，Vの傷害についての鑑定書，Vの目撃証言についての弾劾のためのVの視力についての鑑定書をあげるものも多く，本試験でのかぎられた時間でよく考えていることがうかがえた。

　しかしながら，闇雲に類型証拠をあげる答案も一定数あった。このような答案では，実務を本当に理解しているのかに疑問が生じるので，低評価にならざるをえなかった。

　また，類型だけをあげる答案などまったく問いに答えていない答案もきわめて低評価であった。たとえわからなくても，何とか開示すべき証拠をひねりだし，316条の15第3項の開示すべき事項を明示し，それにあてはめた答案を書くべきである。

　今後の学習の指針としては，単に手続を学習するだけでなく，実務では具体的にどのように手続

が運用されているかといったことを意識した学習を心掛けてもらいたい。

③　設問3

　設問3は，多くの受験生がAの罪責につき窃盗罪の幇助犯にとどまることを主張できていた。本設問は，実体法の理解も問われているので，実体法の理解を正確にかつ端的に示し，それにAの主張にのっとって具体的に事実をあてはめた答案には説得力があった。たとえば，共謀の点と正犯意思の点について分けて記述し，それについてAの主張をあてはめ，適切な評価を加えている答案は主張が明確であり，読みやすいので高評価である。具体的には，BはAに「ひったくりをする」と伝えたにすぎないこと，ひったくりは有形力の行使を伴うものとはいえ，その文言は一般的な理解からすれば被害者の隙をついて物を奪取することをさし，反抗抑圧に足りる程度の強度の暴行を加えることをさすとはいえないことを指摘し，強盗の共謀の成立の否定を主張するのは，説得的な論述であった。

　もっとも，実体法の部分を長々と書いている答案や，あてはめが雑な答案は，主張としてバランスが悪いので，高評価とはならなかった。特に，事実をただ並べただけの答案もあった。その事実からどういうことが推認できるかといった評価をしないと説得的な論述にはならない。この類の答案を書いてしまったならば，今一度，設問で何が求められているかを推し量る努力をしてほしい。

　本設問のような問題に対しては，設問として何が求められるかを意識すれば，適切なバランスのとれた答案を書くことができるだろう。問題に真摯に向き合い，求められていることに応える姿勢を身につけたい。

④　設問4

　設問4は，弁護人の訴訟活動から一転して検察官の訴訟活動が問われた。もっとも，検察官側としても，当事者意識をはたらかせれば，どうすればいいかが判断できると思われる。

　本設問の特殊性は，BがAの公判で供述を拒否していること，調書も作成したくないこと，公判調書を証拠とする場合には伝聞証拠にあたりうること，公判前整理手続後であるということである。この特殊性に配慮し，現実的な方法を考えられた答案は高評価であった。

　受験生のなかには，Bの証人尋問をするという方法をあげ，共犯者の証言の可否について論ずるものもあった。しかし，Bが証言を拒絶しているのに証人尋問をすることが妥当かを考えるべきであり，また，共犯者の証人尋問の可否は中心的な問題ではないことに気づいてほしかった。

　そのほかには，公判調書を証拠調べ請求するという方法を考えるまではよかったものの，伝聞の意義から厚く書くものもあった。たしかに，実務基礎科目においても，伝聞証拠の意義は重要ではあるが，それについての理解を前提として具体的に考えるのであるから，厚い論証は求められていないことに気づくべきである。

　公判調書の証拠調べ請求に気づいたものの，公判前整理手続後という特殊性に気づき，弁護人の反論を立てられたのはわずかしかなかった。多くの受験生が伝聞の部分を厚く書いていただけに，この特殊性に気づけた答案は高評価となっている。公判前整理手続は重要な手続であるから，その中身だけでなく，その後の手続についてもしっかりとした理解をしておきたい。そして，重要な手続であるだけに，今後の出題も予想されるので，次に類似の問題がでたときは，それに対応できるだけの理解をしておこう。

　今後の学習としては，公判のどの段階かに注意する問題の読み方を身につける学習をしてほしい。

優秀答案

<table>
<tr><td>

第1　設問1について
　1　求釈明を求める条文上の根拠は刑事訴訟法規則208条1項である。そして本件では，Aの弁護人はAとの接見においてAがBの乗車時においてバットを有していたことを認識しておらず，本件の強盗について共謀が認められないことを示す事実を述べている。それにもかかわらず，証明予定事実として本件強盗の共謀，そしてその理由を示すものとしてバット所持を認識していたことが記されていることから，共謀の前提としてバット所持の認識があったかの内容について求釈明を求める事項とすることが考えられる。
第2　設問2について
　1　類型証拠については，「前条の規定より開示した証拠以外の証拠」（刑事訴訟法〔以下略〕316条の15第1項柱書）について認められるところ，甲1～5号証，及び乙1～3号証については証拠の取り調べを請求しAの弁護人に開示されており316条の14第1項1号の要件を満たすので類型証拠足り得ない。そこで本件では下記の物が類型証拠として考えられる。
　2　まず甲1号証の他に，Vの傷害状況についての医師等の鑑定書面について316条の15第1項4号により類型証拠となるといえる。開示を請求するにあたり明らかにしなければならない事項は同第3項1号イについて，316条の15第1項4号に該当すること，第3項2号ロについて，Vの傷害状況の詳細が判明すればVがバットで殴られた事実を否定しうるものとなりVの検察官調書の供述が虚偽であることが判明し被告人の防御に資するといえるということである。
　3　次に目撃者の供述録取書について，316条の15第1項5号イにより類型証拠とすることが考えられる。明らかにしなければならない事項は316条の15第3項1号イについては，前記条文該当性，3項1号ロについては本件では犯行時刻に目撃者がいたことが想定されえ，第三者の目撃情報の内容次第によってはBの暴行態様などが判明し証明力判断のため重要で被告人の防御に資すると考えられるということである。
　4　また更なるBの検察官調書について316条の15第1項6号により類型証拠となるといえる。明らかにしなければならない事項については，同第3項1号イについては前記条文該当性，3項1号ロについてBは甲5号証によりVの供述を否定しているところ更なる類似供述があればBの供述の信用性が高まりそれと矛盾するVの供述の証明力が下がるといえ，証明力判断のため重要で被告人の防御に資すると考えられるということである。
第3　設問3について
　1　本件ではAの弁護人は，Aは強盗致傷罪の共同正犯でなく幇助の罪責を負うにとどまると主張すべきである。
　2　共謀の有無について
　　本件ではAB間でBがひったくりを行う旨の合意がなされていたことについてAはこれを認めている。もっとも本件で実際に行われたとされるバットを用いた強盗について，AはBの乗車時及び犯行に際し車から出て行く両時点でバットを有していたことにつき認識していなかったと

</td><td>

◀×正しくは規則208条3項である
◀△ナンバリングは不要

◀△意味が伝わりにくい

◀△誤記。「規定による開示をした」
◀△丁寧ではあるが，当たり前のことなのでここまで丁寧にしなくてもよい
◀○よく考えている

◀△求める証拠についてよく考えているが根拠条文が誤り。正しくは，316条の15第1項6号

◀△求める証拠についてよく考えているが根拠条文が誤り。正しくは，316条の15第1項5号ロ

◀×窃盗罪の幇助犯にすべき。かつ，根拠条文の指摘がない

</td></tr>
</table>

述べている。またどのようにしてひったくりを行うのかについても話は 45
なかったとされている。そして本件犯行はB主導でなされており，ひっ
たくりの手伝いを頼まれたのは今回が初めてであるという。Aは単に車
でBの送迎を行っているのみで，直接実行行為には関与していない。以
上の点から，本件でのバットを用いた犯行についてAB間で共謀があっ
たと認めることは困難である。 50

3 　正犯意思について

　　本件では，AはBの犯行後奪取物たる財布の中から10万円中2万円も
の金を取り出しAに渡しており，Aが犯行の分け前と考えられる上記金
額を受領していることからAは自己の犯罪として本件犯行を行う意思が
あったとも思える。しかし，Aの供述によれば分け前をもらえるかどう 55
かについては聞いておらず，話し合いはなかったものと考えられる。そ
して現にAは金には困っていなかったと述べておりBの犯罪に関与して
金銭を得る動機に乏しかったといえる。そのうえ，Aは単に車でBを送
迎したのみでかかる点からも正犯意思を認めることは難しい。

4 　以上の点からAは上記罪責を負うにとどまると主張することが考えら 60
れる。

第4　設問4について

1 　本件ではBの公判の供述内容を証拠として用いる訴訟活動を行うべき
であるが，BはAの公判で証人となること及び供述調書の作成に応じる
ことを拒んでいる。そこでBの公判の供述自体を証拠する訴訟活動を展 65
開することが考えられる。

2 　もっとも本件証拠は伝聞証拠（320条1項）に該当し，同意（326条1
項，規則190条2項参照）なき限り原則証拠能力が認められない。そし
て本件Bの供述にはAがバットを持っていくことを勧めたというAに不
利益な事実が認定される蓋然性が高い内容の供述が含まれているのでA 70
の弁護人は上記同意をするとは考えがたい。よって本件証拠は証拠能力
が認められないとも思える。

3 　しかし，321条以下で伝聞例外が定められているところ本件証拠は321
条1項1号により証拠能力が認められうる。よって検察官は同号の要件
を充足されることを前提に上記供述を証拠としてもらう訴訟活動をすべ 75
きである。

以上

△何罪に対する
共謀か不明確に
なっている

△正犯意思の判
断基準を示した
い

○着眼点よし

○伝聞証拠につ
いて論じられて
いる

×316条の32に
気づいていない

① 全体

　全体の設問間の分量の配分は適切な答案の例である。答案構成がしっかりしているとこのようにバランスのとれた答案になるので，この受験生は答案構成をしっかり行ったことがうかがえる。この答案を見習って，答案構成をしっかりするようにしてほしい。

② 設問1

　設問1では求釈明の根拠条文について惜しい間違いをしている。裁判長が当事者に対して釈明を求める求釈明の根拠条文は規則208条1項であることに間違いはない。しかしながら，弁護人，検察官が裁判長に対して裁判長が当事者に求釈明するように求める場合の根拠は，規則208条3項である。ここは，区別して覚えておきたい。

　また，求釈明の対象の点についても，誤りがみられる。共謀の点に着目しているところはよいが，共謀の立証方法が不明であることに気づけていない。証明予定事実記載書と証拠をみて，いかなる立証をしようとするのかに注意を向けていれば，この部分に気づくことができたはずである。

　形式上の問題ではあるが，ナンバリングに関して注意がある。この答案は，1とナンバリングしたあとに2を書いていない。1と書いたら2が続くのが通常であるから，2を書かないなら，そもそも1を書かないようにしなければならない。

③ 設問2

　設問2は，他の答案に比べ比較的よくできている。

　初見の問題に対して，冷静に考えられているところが他に比べよい。たとえば，Vの供述の信用性の判断のために，鑑定書の証拠提出を求めるというのは，供述の信用性の判断のために重要な点であるため，この点を指摘できるのはよい点である。このように，初見の問題でも焦らずに基本から考えることが重要である。

　もっとも，根拠条文の指摘に誤りがみられた。根拠条文の誤りは法律家としてしてはならないことなので，そこまで注意深く検討すればよりよい答案になっていたであろう。

④ 設問3

　この再現答案は，設問3で致命的な誤りをしている。

　弁護人の主張は，Aの罪責は強盗致傷罪の幇助犯（刑62条1項，刑240条前段）にとどまるというものである。しかし，その理由を読むと，そもそも強盗の共謀を否定している。そうなると，強盗罪は成立しえないはずなのに，これの成立を認めているというのは矛盾している。そのため，この答案は決定的な誤りをしている。

　また，強盗致傷の幇助犯にとどまるという主張をすることを立ち止まって考えてほしい。強盗致傷罪の法定刑は，無期または6年以上の懲役という重い罪である。一方で，強盗の共謀が否定され窃盗罪の共謀ならば，10年以下の懲役または50万円以下の罰金である。そうなると，この刑の差は著しいものであるから，弁護人としては，Aの主張をもとにすれば，なんとしても窃盗罪の共謀という認定を求めるのが筋である。そのため，強盗罪の幇助犯という主張をするのは避けてほしい。

⑤ 設問4

　設問4は，伝聞証拠の問題について拾えているので，最低限おさえるべきところはおさえている。そして，伝聞証拠の原則を大展開していないので，それほど印象も悪くない答案である。

　この分量の伝聞の記述に加え，公判前整理手続後の部分を記述できていれば，もっとよくなっていただろう。もっとも，その部分に気づけた答案は少なかったので，記述できていなくとも落ち込む必要はない。

次の【事例】を読んで，後記〔設問〕に答えなさい。

【事　例】
1　A（男性，24歳）は，平成27年3月14日，V（男性，19歳）を被害者とする傷害罪の被疑事実で逮捕され，翌15日から勾留された後，同年4月3日にI地方裁判所に同罪で公判請求された。

　上記公判請求に係る起訴状の公訴事実には「被告人は，平成27年2月1日午後11時頃，H県I市J町1丁目1番3号所在のK駐車場において，V（当時19歳）に対し，拳骨でその左顔面を殴打し，持っていた飛び出しナイフでその左腹部を突き刺し，よって，同人に加療約1か月間を要する左腹部刺創の傷害を負わせた。」旨記載されている。

2　受訴裁判所は，平成27年4月10日，Aに対する傷害被告事件を公判前整理手続に付する決定をした。検察官は，同月24日，証明予定事実記載書を同裁判所及びAの弁護人に提出・送付するとともに，同裁判所に証拠の取調べを請求し，Aの弁護人に当該証拠を開示した。検察官が請求した証拠の概要は，次のとおりであった。

(1)　甲第1号証　診断書
　「Vの診断結果は左腹部刺創であり，平成27年2月2日午前零時頃，Vが救急搬送され，直ちに緊急手術をした。加療期間は約1か月間である。」

(2)　甲第2号証　Vの検察官調書
　「私は，平成27年2月1日の夜，交際中のB子に呼び出され，同日午後11時頃，K駐車場に行ったところ，黒色の目出し帽を被った男が車の陰から現れ，①『お前か。人の女に手を出すんじゃねー。』と言って，いきなり私の左顔面を1回拳骨で殴った。私は，いきなり殴られてカッとなり，『何すんだ。』と怒鳴ったところ，その男は，どこからかナイフを取り出したようで，右手にナイフを持っていた。私が刺されると思うや否や，その男は，『この野郎。』と言いながら，私に向かってナイフを持った右手を伸ばし，私の左脇腹にナイフを突き刺した。その後，その男は駐車場から走って逃げていったが，私は，意識がもうろうとしてしまい，気付いたら病院で寝ていた。

　私を刺した犯人の顔は見ていないが，Aが犯人ではないかと思う。私は，アルバイト先の喫茶店でアルバイト仲間だったB子を好きになり，平成26年12月初旬頃から，3，4回B子とデートをした。平成27年1月中旬頃，B子に，きちんと付き合ってほしいと言ったところ，B子も承諾してくれた。しかし，その後，私と一緒にいる時に，B子の携帯電話に頻繁にメールや電話が来るので，不審に思ってB子に尋ねると，B子は，『実は，前の彼氏であるAからよりを戻そうとしつこく言われている。Aとは，以前数箇月間同棲していたことがあるが，異常なほど焼き餅焼きで，私が男友達とメールのやり取りをしていても怒り，私を殴ったりするので，付いていけないと思い，同棲していたA方から飛び出して1人暮らしを始め，電話番号もメールアドレスも変えた。ところが，Aが私の友人から新しい電話番号やメールアドレスを聞き出したようで，頻繁に電話を掛けてくるようになった。新しい彼氏ができたと話したが，お前は俺のものだと言って聞く耳を持たない。どうやら新しい住所も知られているようで怖い。』と言っていた。その際，B子はAの写真を見せてくれたので，B子の前の彼氏が逮捕されたAであることに間違いない。私は，B子のことは好きだったが，前の彼氏とのトラブルに巻き込まれたくないと思い，B子からデートに誘われても最近は断りがちで，中途半端な付き合いになっていた。そのような状況だった平成27年2月1日の午後8時頃，私は，B子から，相談したいことがあるので，どうしても会ってほしいという内容のメールをもらい，B子に会うことにし，B子に指定

されたとおり，同日午後11時頃，K駐車場に行った。ところが，現れたのはB子ではなく，先ほど話した黒色目出し帽の男だった。B子が私と会う約束をしたことを知ってAが私を待ち伏せしていたのではないかと思う。他に恨みを買うような相手に心当たりはない。」

(3) 甲第3号証　捜査報告書

「平成27年2月1日午後11時10分頃，氏名不詳の女性から『黒色目出し帽の男がK駐車場で人を刺した。』旨の110番通報があり，同日午後11時25分頃，K駐車場に司法警察員が臨場し，付近の検索を行ったところ，同駐車場出入口から北側約10メートルの地点の歩道脇に，飛び出しナイフ1丁が落ちており，犯人の遺留品の可能性があると思料されたため，同日，これを領置した。」

(4) 甲第4号証　飛び出しナイフ1丁（平成27年2月1日領置のもの）

(5) 甲第5号証　捜査報告書

「平成27年2月1日に領置した飛び出しナイフ1丁の柄から採取された指紋1個が，Aの右手母指の指紋と一致した。」

(6) 甲第6号証　捜査報告書

「平成27年2月1日に領置した飛び出しナイフ1丁の刃に人血が付着しており，そのDNA型が，Vから採取した血液のDNA型と一致した。」

(7) 甲第7号証　B子の検察官調書

「私は，以前AとA方で同棲していたが，Aの束縛が激しい上，私が男友達とメールのやり取りをしているだけでも嫉妬して私を殴るなどするので嫌になり，平成26年9月頃，A方から逃げ出して，電話番号やメールアドレスを変え，1人暮らしを始めた。その後，Vと知り合い，平成27年1月頃，Vとの交際を始めた。ところが，Aは，私の電話番号，メールアドレスを探り出し，私に何度も電話やメールを寄越して復縁を迫るようになった。私が更に電話番号やメールアドレスを変えると，今度は私の自宅を突き止めたようで，私の自宅に頻繁に来るようになった。私は，Aに，他に好きな人ができたので復縁するつもりはないと言ったが，Aは納得せず，『そいつと会わせろ。』と言っていた。私は，AがVに暴力を振るうかもしれないと思ったので，AにはVの詳しい情報を教えなかった。私は，Aから逃げられないという恐ろしさを感じ，VにAとの関係やAに付きまとわれている状況を全部打ち明けた。しかし，Vは，次第に私との距離を置くようになってしまった。私は，私から距離を置こうとするVに腹が立ち，どうしていいのか分からなくなった。私は，2人を引き合わせればVの態度もはっきりするだろう，Vが私を捨てるなら私も覚悟を決めようと思った。そこで，私は，平成27年2月1日午後8時頃，Vに『今日の午後11時頃にK駐車場に来てほしい。』という内容のメールを送ってVを呼び出し，その後，Aに，電話で，私がVを呼び出したことを伝えた。Aは，『俺が行って話を付けてくるから，お前は家にいろ。』と言っていた。しかし，私は，Vの態度を見たかったので，同日午後11時前頃，K駐車場付近に行き，2人が現れるのをこっそり待っていた。すると，Aが現れてK駐車場に入っていき，しばらくするとVが現れてK駐車場に入っていった。私は，K駐車場のフェンス脇まで近付き，K駐車場内の様子を見ると，Vが黒色の目出し帽を被った男に顔を殴られているところだった。私は，目出し帽を被った男の服装が先ほど駐車場に入っていったAの服装と同じだったので，Aだと分かった。Aは，右手にナイフを持ち，Vのお腹の辺りに右手を突き出した。私は，Vが刺されたと思い，怖くなってその場から走って逃げ出し，200メートルくらい離れた場所から匿名で110番通報をした。私は，そのまま自宅に帰ったので，その後2人がどうなったのか見ていない。

翌日の2月2日，Aから私に電話があり，Aは，② 『Vをナイフで刺した。走って逃げている時に，そのナイフを落としてしまった。』と言っていた。

平成27年2月1日に警察官が領置したという飛び出しナイフを見せてもらったが，そ

のナイフは，Aと同棲していた時に，A方で見たことがある。ナイフの柄にある傷に見覚えがあるので，Aが持っていたナイフに間違いない。

　私は，Aに自宅を知られているが，引っ越し費用を工面する余裕がなく，転居できる見込みがない。だから，怖くて仕方がない。」

(8)　乙第1号証　Aの司法警察員調書

　「私は，現在，H県I市内で母と2人で暮らしている。両親は，私が中学生の時に離婚し，私は母に引き取られた。それ以降，父とは一度も会っていない。私には兄弟はいない。私は，21歳の時から1人暮らしをしていたが，平成26年5月頃から私の家でB子と同棲していた。しかし，同年9月頃にB子が家を出ていき，それから2週間くらい後の同年10月頃，母が交通事故に遭って，脳挫傷の傷害を負い，左手と左足に麻痺が残ったため，私は母が退院した同年12月上旬から実家に戻り，母と同居している。

　私は，高校卒業後，建設作業員として建築会社を転々としたが，現場で塗装工をしているCさんと知り合い，1年半くらい前からCさんの下で働いている。Cさんの下で働いているのは私だけなので，私が長期間不在にすると，受注していた現場の仕事を工期内に終わらせることができなくなる。母は1人では日常生活に支障があり，私の手助けが必要だし，Cさんにも迷惑を掛けたくないので，早く家に戻りたい。

　私には，前科前歴はなく，暴力団関係者との付き合いもない。」

3　Aの弁護人は，前記の検察官請求証拠を閲覧・謄写した後，平成27年5月3日，Aと接見したところ，Aは，「B子からVをK駐車場に呼び出したことは聞いたが，私は，K駐車場には行っていない。B子には未練があったので，B子の友達からB子の新しい電話番号などを聞き，連絡をしたことは事実だが，B子がVと付き合っていたのでB子のことは諦めた。むしろ，最近は，B子から『Vが自分から距離を置こうとしているように感じる。』などと相談を持ち掛けられていた。B子の家を知っているが，それはB子から相談を持ち掛けられて話をした後，B子を家まで送っていったからで，B子に付きまとって家を突き止めたわけではない。飛び出しナイフについては，全く身に覚えがなく，飛び出しナイフの柄になぜ私の指紋が付いていたのか分からない。VとB子が私を陥れようとしているのではないか。」と述べた。

4　Aの弁護人は，平成27年5月7日，検察官に類型証拠の開示請求をし，検察官は，同月13日，同証拠を開示した。Aの弁護人は，Aと犯人との同一性（犯人性）を争う方針を固め，同月20日の公判前整理手続期日において，③甲第2号証，甲第5号証及び甲第7号証については「不同意。」，甲第4号証については，「異議あり。関連性なし。」，その他の甲号証及び乙号証については「同意。」との意見を述べた。

　その後，Aの弁護人は，Aと接見を重ねた結果，飛び出しナイフにAの指紋が付着していた事実自体は争わない方針に決め，同年6月1日の公判前整理手続期日において，甲第5号証については「同意。」，甲第4号証については「異議なし。」との意見に変更した。

　そして，受訴裁判所は，同月15日に公判前整理手続を終了するに当たり，検察官及びAの弁護人との間で，争点は犯人性であり，証拠については，甲第2号証及び甲第7号証を除く甲号証，乙号証並びにV及びB子の各証人尋問が採用決定されたことを確認した。

　Aの弁護人は，公判前整理手続終了直後に，V及びB子とは接触しない旨のAの誓約書，Aを引き続き雇用する旨のCの上申書及びAの母親の身柄引受書を保釈請求書に添付して，④Aの保釈を請求したが，検察官はこれに反対意見を述べた。

　なお，検察官は，証拠開示に当たり，Aの弁護人に，Vの住所，電話番号をAに秘匿するよう要請し，Aの弁護人もこれに応じて，Aにそれらを教えなかった。

〔設問1〕
(1)　下線部③に関し，Aの弁護人が，検察官請求証拠について意見を述べる法令上の義務はあるか，簡潔に答えなさい。
(2)　下線部③に関し，Aの弁護人が，甲第4号証の飛び出しナイフ1丁について「異議あり。関連性なし。」との意見を述べたため，裁判官は，検察官に関連性に関する釈明を求めた。検察官は，関連性についてどのように釈明すべきか，論じなさい。
(3)　甲第5号証の捜査報告書は，Aの犯人性を立証する上で，直接証拠又は間接証拠のいずれとなるか，理由を付して論じなさい。

〔設問2〕
　下線部④に関し，Aの弁護人が保釈を請求するに当たり，検討すべき事項及びその検討結果を論じなさい。

〔設問3〕
(1)　公判期日に実施されたVの証人尋問において，検察官は，甲第2号証の下線部①のとおりVに証言させようと考え，同人に対し，「そのとき，犯人は，何と言っていましたか。」という質問をしたところ，Vは，下線部①のとおり証言し始めた。Aの弁護人が，「異議あり。伝聞供述を求める質問である。」と述べたため，裁判官は，検察官に弁護人の異議に対する意見を求めた。検察官は，どのような意見を述べるべきか，理由を付して論じなさい。
(2)　公判期日に実施されたB子の証人尋問において，検察官は，甲第7号証の下線部②のとおりB子に証言させようと考え，同人に対し，「Aは，電話でどのような話をしていましたか。」という質問をしたところ，B子は，下線部②のとおり証言し始めた。Aの弁護人が，「異議あり。伝聞供述を求める質問である。」と述べたため，裁判官は，検察官に弁護人の異議に対する意見を求めた。検察官は，どのような意見を述べるべきか，理由を付して論じなさい。

〔設問4〕
　Aの弁護人は，弁論が予定されていた公判期日の前日，Aから「先生にだけは本当のことを話します。本当は，私がVを刺した犯人です。しかし，母を悲しませたくないので，明日の弁論はよろしくお願いします。どうか無罪を勝ち取ってください。」と言われ，同期日に，Aは無罪である旨の弁論を行った。このAの弁護人の行為は，弁護士倫理上どのような問題があるか，司法試験予備試験用法文中の弁護士職務基本規程を適宜参照して論じなさい。

答案構成用紙

思考過程

1 設問1

1 小問(1)

設問1小問(1)は，意見を述べる「法令上の義務」があるか否かを，「簡潔」に答えるよう求めている。本設問は問題数が多く，設問中にも「簡潔に」と指示されていることから，該当条文を指摘し，そこで求められる要件をみたすかを端的に記載すれば足りる。それ以上のことを書いても加点はされず，むしろ他の設問にかけられる時間が減るという点で，総得点を落とすことにもなりかねない。このような時間配分能力は，予備試験のみならず司法試験でも求められることなので，十分に留意する必要がある。

小問(1)は，公判前整理手続の概要を把握しているかを問う問題である。法令上の義務は316条の16第1項に規定されている。公判前整理手続の詳しい内容はFL【公判前整理手続】に譲る。公判前整理手続は近時予備試験でも出題され，実務上も重要な手続であるから，この機会に一度勉強しておくことをお勧めする。

2 小問(2)

設問1小問(2)は，「関連性なし」という弁護人の異議に対して，検察官としてどのように釈明すべきかを問うている。

刑事裁判では，事実の認定は証拠による（317条）。そのため，証拠はなんらかの事実を認定する最低限の証明力がなければならない。また，刑事裁判は究極的には構成要件該当事実の存否を判断する手続なのであるから，取り調べる証拠も，構成要件該当事実の存否を判断するのに役立つものでなければならない。この2点を合わせて自然的関連性という。

甲4号証の飛び出しナイフは，犯行当日に犯行現場近くに落ちていたものである。犯行当日に犯行現場付近に，偶然ナイフが落ちていることは考えづらいから，甲4号証の飛び出しナイフは，実際に犯行に用いられ，その後放置されたものと考えられる。そこで甲4号証は，公訴事実のうち，「飛び出しナイフで……突き刺し」の部分を立証することに役立つという点で，関連性があると考えられる。

3 小問(3)

設問1小問(3)は，直接証拠であるか間接証拠であるかについて，理由を付して答えることを求めている。ここではまず「直接証拠」，「間接証拠」の言葉の意味を明らかにしたうえで，甲5号証がどちらに該当するかを書くとよい。また，間接証拠であるならば，いかなる間接事実を立証し，その間接事実は究極的にはいかなる事実を推認するのか，という点まで書くと高得点だろう。

2 設問2

設問2は，弁護人の立場から，保釈を請求する際に検討すべき事項とその検討結果が求められている。弁護人の立場からの論述であるから，保釈を認める方向での検討が望ましい。保釈は89条各号所定の除外事由がないかぎりは，原則として許さなければならない（権利保釈），という姿勢を前提に，除外事由がないことを論述する必要がある。もっとも，本設問では除外事由があるとの検察官の反論が想定され，かつこれに再反論することは難しいため，権利保釈を認めることは困難であろう。

しかし，89条の権利保釈とは別に，90条で裁量保釈が認められている。90条が存在している以上，89条所定の除外事由があったとしても，裁量的に保釈を認める場合がありうる。そのため，本件のように除外事由があったとしても，これに優越する保釈の必要性と相当性を説得的に論じることで，裁量保釈が認められるという結論にいたることは十分に可能だろう。

なお，保釈の詳しい内容については，FL【身体拘束手段】を参照してほしい。

3 設問3

設問3は小問(1)も小問(2)も，弁護人が伝聞供述（320条1項）であることを主張して証拠排除を求めており，これに対する検察官の意見が問われている。検察官は，証拠排除されないという立場に立つため，考えられる意見は，①伝聞供述にあたらない，②伝聞供述にあたるが，伝聞例外にあた

るため証拠排除されない，という２つである。

科目が違うとはいえ，伝聞法則の問題であるから，基本的な書き方は刑事訴訟法と同様である。まず伝聞証拠の定義を述べたうえで，本件の証言の立証趣旨を確定し，伝聞証拠に該当するか否かを判断する。かりに伝聞証拠にあたるのであれば，伝聞例外として考えられる条文を指摘したうえで，その要件を解釈し，具体的事実をあてはめる，という一連の流れが理解できているかが問われている。

4 **設問４**

1　設問４は弁護士倫理上の問題である。法曹倫理という分野は馴染みが薄く，対策が遅れがちな科目であるが，その内容自体は他の科目に比べてむしろ平易であり，出題されるポイントもほぼ決まっている。そのため，短期間でまとめて学習するか，本設問のように出会った問題を確実に学習することで，対策が可能である。詳しくは，FL【法曹倫理】を参照してほしい。

2　本設問は，有罪であることを知っていながら，被告人の要請に応じて無罪弁論を行うべきか，という典型的論点である。弁護士は民事刑事にかかわらず，依頼人のために誠実かつ公正に職務を行う義務を負っている（規程５条）。また，刑事弁護人には，これに加えて最善の弁護活動に努める義務もある（規程46条）。これは，被疑者・被告人の防御権が憲法上の要請であり，弁護士はこの防御権の実現のために重要かつ不可欠な役割を果たすべき立場にあることから，刑事弁護人につき特別に規定されたものである。

加えて，弁護士には依頼人の保護のため，秘密保持義務が課せられている（規程23条）。弁護士は，依頼者からさまざまな秘密を打ち明けてもらうことにより依頼者にとってもっとも適切な法律事務を行うことができる。依頼者が安心して秘密を打ち明けるためには，弁護士が依頼者について得た情報を他に漏らしたり，利用したりしないことが不可欠であることから，この秘密保持義務は弁護士の義務としてもっとも基本的かつ重要なものである。

3　しかし一方で，弁護士は真実を尊重する義務（以下「真実義務」という）も負っている（規程５条）。裁判所が，真実を明らかにして，正しい判断をすることで，社会公益の実現を図る機関だとすれば，その担い手である弁護士にも真実義務が課されているのは当然であり，これも弁護士の義務のなかで重要かつ基本的なものである。また，規程75条では偽証のそそのかしの禁止を課しており，これは真実義務と通ずるものがある。

4　有罪事件の無罪弁論は，このように相対立する利益に挟まれたときに，どのように対応するか，という問題であるが，一般的には無罪主張をせざるをえないとされている。刑事事件では，あくまで真実の探求は一次的には挙証者たる検察官にその義務があり，弁護人には真実の発見に積極的に協力する義務（これを「積極的真実義務」という）は課されない。このことは，規程82条で解釈適用方針として，刑事弁護においては規程５条の適用にあたっては，被疑者・被告人の防御権および弁護人の弁護権に十分留意するよう規定されていることからも説明できる。すなわち，刑事弁護においても真実義務がなくなるわけではないが，それは裁判所・検察官による実体的真実の発見を殊更に妨害し，あるいは積極的に真実をゆがめる弁護活動をしてはならない（これを「消極的真実義務」という），というものにとどまる。そこで，有罪事件の無罪弁論については，消極的真実義務に反しないかぎり，倫理上の問題はないとされている。

なお，弁護士倫理を問う問題では，このように相対立する利益のどちらも大事であるが，どちらかしかとれない，というケースが多い。これを解くにあたっては，ただ結論を覚えることに意味はなく，相対立する利益が何であり，どのように考えるかという点こそが評価の対象であるため，その部分をしっかりと理解してほしい。

答案例

第1　設問1
1　(1)について
　　意見を述べる義務はある（刑事訴訟法316条の16第1項。以下「刑事訴訟法」法名省略）。
2　(2)について
　　甲4号証は，Vの血痕が付着したナイフであり犯行現場付近で領置されたものであるから，犯行に用いられた凶器であると考えられる。凶器であるナイフを公判廷に提出することで，犯人が「持っていた飛び出しナイフでその左腹部を突き刺し」たことを立証することに役立つ。そのため，甲4号証は，本件と関連性がある。
3　(3)について
　　直接証拠とは，主要事実を直接的に証明する証拠をいい，間接証拠とは，主要事実の存在を推認させる間接事実を証明させる証拠をいう。
　　甲5号証は，犯行に使われたとされる凶器であるナイフの柄の部分の指紋が，Aの指紋と一致したことを示す捜査報告書である。これにより，凶器であるナイフをAが握持していた事実が立証できる。この事実は，AがナイフでVを刺したという主要事実を推認させる間接事実である。そのため，甲5号証は間接事実を立証する間接証拠である。

第2　設問2
1　権利保釈について
　　保釈は原則としてこれを許さなければならず，除外事由（89条各号）がある場合は例外的に保釈が認められないにとどまる（89条柱書）。
　　4号について，本件で罪証となるのは，領置されたナイフのほかに，被害者Vや目撃者Bの証言がある。このうちAは，Bの住所や連絡先を知っている。そして，Bは犯行を目撃し，かつ犯行後にAから「Vをナイフで刺した」と連絡を受けているため，重要な証人となる。そのため，AはBに虚偽の供述をするよう働き掛けを行うおそれがある。よって，4号に該当する。
　　また，5号について，AはBに強い恋愛感情を抱き，恋人であるVに対して強い恨みをもっているため，再びVに危害を加えるおそれがある。よって，5号にも該当する。
　　以上より，権利保釈は認められない。
2　裁量保釈について
　　権利保釈が認められずとも，保釈の必要性と相当性が認められれば，裁量的に保釈が認められる（90条）。本件では，Aの母は高齢で介護が必要であり，親族で介護ができるのはAしかいない。また，雇用主であるCの従業員はAだけであり，Aが長期間不在とするとCの工事に支障がでる。そのため，保釈の必要性が大きい。
　　また，上記のような罪証隠滅行為のおそれがないわけではないが，保釈請求書にはVとBに近づかない旨のA自身の誓約書，またAの母親の身元引受書，そして雇用主であるCの上申書がある。これは，A以外の者が家庭でも仕事場でもAを監督することが可能であることを示す。したがって，BやVに対する罪証隠滅行為や，危害を加える行為に及ぶおそれは少ないといえる。よって，保釈の相当性もある。

- ➡条文の指摘にとどめる
- ➡甲4号証により立証できる事実
- ➡定義
- ➡甲5号証により立証できる事実
- ➡立証した事実の性質
- ➡権利保釈の原則論
- ➡罪証隠滅のおそれの具体的な態様
- ➡5号に該当する具体的な理由
- ➡保釈の必要性が大きいこと
- ➡保釈の相当性があること

　　　　以上より，裁量保釈は認められる。　　　　　　　　　　　　45　→結論
第3　設問3
1　(1)について
　　　伝聞供述とは，公判期日外における他の者の供述を内容とする供述で　　　　→定義
　　あり，当該公判廷外供述の内容の真実性を立証しようとするものである
　　（320条1項）。ここで，下線部①の供述は，Aがナイフをかざして向　　50　→あてはめ。要証
　　かってくる際に発した供述であるが，その内容の真実性，すなわち真実V　　　　事実の確定
　　がAの女に手を出したか否か，を立証しようとするものではなく，Aが
　　どのような様子でナイフをかざして向かってきたか，を立証するもので
　　ある。よって，検察官は，伝聞供述にはあたらない旨の意見を述べるべ
　　きである。　　　　　　　　　　　　　　　　　　　　　　　　　　　　55
2　(2)について
　　　下線部②の供述は，Aが事件発生の翌日にBに対して，自分がVをナ　　　　→あてはめ。要証
　　イフで刺した旨を告白するものである。これを公判廷でBに証言させる　　　　事実の確定
　　ことにより，検察官は，Aが本件の犯人であることを立証しようとして
　　いる。すなわち，Aによる公判廷外供述の内容の真実性をB供述により　　60
　　立証するものであり，伝聞供述にあたる。
　　　もっとも，伝聞供述であっても，伝聞例外にあたれば証拠排除されな　　　　→伝聞例外
　　いところ，Aの供述は犯罪実行の告白であり，「自己に不利益な事実の
　　承認」である。また，AとBは恋愛関係に準じる仲であり，特に任意性
　　に疑いをもたせる事情はない。よって，検察官は，324条1項が準用す　　65　→結論
　　る322条1項により，証拠排除されないとの意見を述べるべきである。
第4　設問4
　　　弁護人は，依頼人のために誠実に職務を行う義務（誠実義務）を負って　　　　→条文から反対利
　　いる（弁護士職務基本規程5条。以下「規程」という）。また，弁護人は，　　　益および自説の
　　被疑者・被告人の利益擁護のために最善の弁護活動を行わなければならな　　70　　根拠となる利益
　　い（規程46条）とされている。一方で，弁護人は，真実を尊重する義務　　　　を説明
　　（真実義務，規程5条）も負っている。
　　　弁護人の真実義務の適用については，被疑者および被告人の防御権を侵
　　害することのないように留意しなければならないと，わざわざ条文で規定
　　されている（規程82条1項）。このことから，刑事弁護においては，真実　　75　→両者の利益の優
　　義務は被疑者・被告人の防御権の保障に劣後するといえる。　　　　　　　　　　劣関係
　　　もっとも，弁護士は偽証または虚偽の陳述のそそのかし等の行為をして　　　　→反対利益に一定
　　はならない（規程75条）。すなわち，刑事事件では真実を明らかにする挙　　　　の配慮。規範定
　　証責任は検察官にあるのだから，弁護人が積極的に真実を明らかにする義　　　　立
　　務はないものの，偽証や虚偽の陳述のそそのかし等，殊更に真実を歪める　　80
　　行為をしてはならないという義務は存在する。
　　　本件で弁護人は，Aから自分が有罪である旨告げられていたにもかかわ　　　　→あてはめ
　　らず，Aの希望に沿って無罪弁論を行った。しかし，被告人には黙秘権を
　　はじめとする防御権が認められており，また，被告人には偽証罪の適用も
　　ないことから，無罪弁論は偽証や虚偽陳述のそそのかしにはあたらず，殊　　85
　　更に真実を歪める行為にもあたらない。
　　　よって，弁護人の行為に弁護士倫理上の問題は生じない。　　　　　　　　　　→結論
　　　　　　　　　　　　　　　　　　　　　　　　　　　　　　　　以上

出題趣旨

　本問は，犯人性が争点となる傷害被告事件を題材に，弁護人として，検察官請求証拠に対する証拠意見を述べる法令上の義務の有無（設問1(1)），保釈請求に当たり検討すべき事項（設問2），被告人から自己が犯人である旨打ち明けられた場合に無罪弁論をすることの弁護士倫理上の問題点（設問4），検察官として，証拠物の関連性について釈明すべき内容（設問1(2)），公判証言に被告人等の発言内容が含まれている場合の伝聞法則の適用に関する意見（設問3）等を問うものである。保釈請求手続，公判前整理手続と証拠法，弁護士倫理等に関する基本的知識と理解を試すとともに，具体的事例において，これらの知識を活用し，当事者として考慮すべき事項や主張すべき意見を検討するなどの法律実務の基礎的素養を試すことを目的としている。

講　評

①　設問1について

　本問は設問が4つあるうえに，設問1は小問が3つもあるのだから，簡潔にポイントを絞って書くことが重要である。小問(1)は，多くの答案が条文を示して簡潔に答えることができていた。

　小問(2)は，多くの答案は甲4号証が犯行で使われた凶器である可能性が高いことから，ただちに本件と関連性がある，としていた。しかし，犯行に使われた凶器はなぜ関連性が認められるのか，その証拠からいかなる公訴事実を立証できるのか，といった点を明らかにしている答案はわずかであった。答案においては，推認過程を示すことが不可欠である。また，ナイフの柄からAの指紋が検出されたことをもって，犯人性を推定できるとした答案もあったが，その事実は甲5号証により証明するものであり，甲4号証が本件と関連性を有する理由にはならない。

　小問(3)は，直接証拠とは，間接証拠とは，という定義を示し，これにあてはめることで，甲5号証が間接証拠であると論じている答案が見受けられた。そのような答案は三段論法を使いこなしているため，評価されるだろう。一方で，言葉の定義も述べずに，単に直接犯人性を認定できないから間接証拠である，としてしまう答案もあった。基本的な用語を正確に覚えておく必要がある。

②　設問2について

　設問2は，弁護人の立場から論ずる問題であるから，保釈を認めることが望ましいのに，権利保釈も裁量保釈も認めない答案が数多くあった。純粋に検討するならば，本件の事実関係であれば保釈を認めないという結論は十分にありうるが，弁護人の立場から論じるという問題の指定に答えることを忘れてはならない。

　保釈の除外事由として，罪証隠滅のおそれがあげられるが，単に罪証隠滅のおそれがあると抽象的に記載するだけでは足りない。本件でいえば，BとVは証人として公判で証言をする可能性があるが，AはVの連絡先や住所を知らない一方，Bの連絡先や住所は把握している。また，AとBは以前まで恋愛関係にあったのであり，密接な人間関係があったといえる。さらに，Bは犯行の翌日にAから連絡を受け，そこでAは自分の犯罪を告白しているため，Bの証言は非常に証明力が高い。そのため，AはVよりもBに対して働き掛けをする可能性が高い。このように具体的に踏み込んでいる答案は評価された。

　権利保釈の段階では罪証隠滅のおそれが高いとしているのに，裁量保釈の段階になると，何の説明もなく，罪証隠滅のおそれが低い，とする答案が多かった。なんとかして裁量保釈を認めようという姿勢はよいが，おそれが高い低いの水掛け論では説得的な論述とはいえない。裁量保釈は，権利保釈の除外事由があることが前提で，それでもなお保釈の必要性と相当性がある場合に認められるのだから，裁量保釈の段階では保釈の必要性と相当性を指摘し，それが罪証隠滅されることにより生じる不利益よりも優越することを示せばよい。

③　設問3について

　設問3は，伝聞証拠に関する問題である。犯人性の推定や弁護士倫理とは異なり，刑事訴訟法でも頻出かつ重要論点であるから，当然勉強しておくべき分野であるが，2問とも正確に答えている

答案は僅かであり，残念であった。

1　下線部①の供述は，どのように犯人がVに襲ってきたのかを，実際に体験したVに証言させるものである。今回はたまたま，犯人が発言をしながら襲いかかってきたため，Vはその様子を証言したにすぎない。そのため，伝聞証拠の定義を示せば，Aの発言の内容の真実性を立証しようとするものではないことは容易に説明できるはずである。

　　しかし，ほとんどの答案は，精神状態の供述であるとか，犯人の主観的動機を示すものであるなど，自分の聞いたことのあるフレーズをなんとなく記載するという残念なものであった。伝聞証拠の定義はだれでも学習するのであるから，その定義にあてはまれば伝聞証拠であり，あてはまらなければ伝聞証拠ではない。精神状態供述というフレーズを使うのであれば，まず精神状態供述とは何であり，精神状態供述であればなぜ，伝聞証拠の定義にあたらないのか，という点を述べなければならない。それをせずに単に精神状態供述だから伝聞証拠ではない，と記載しても，理解していることにはならず，ゆえに評価の対象にはならない。

2　下線部②の供述は，Aが本件の犯人であることをみずから告白し，それをBが聞いたものであり，このBの証言からAが本件の犯人であることを推認しようとするものである。これは典型的な伝聞証拠にあたるものの，不利益事実の承認であるから，伝聞例外にあたるという筋である。下線部①の供述よりは，正確に答えている答案が多かったものの，多くの答案は，Aのそのような供述の存在自体から犯人性を推認できるから伝聞供述ではない，という無理な推認過程を示したり，発言の後半部分である，ナイフを落としたという部分にのみ着目して，ナイフが落ちていたことは明らかだから内容の真実性を問題にしていない，などとしていた。さらに，検察官の立場からの論述を求められているのに，伝聞証拠にあたるから検察官は撤回すべきである，としたものすらあった。伝聞証拠は，犯人性の推定や弁護士倫理のような，刑事実務基礎特有の問題とは異なり，刑事訴訟法で学んでいるはずの分野である。設問3を正確に答えられなかった者は，刑事訴訟法の勉強が不足している可能性が高いので，よく復習しておく必要がある。

④　設問4について

　設問4は弁護士倫理の問題である。刑事実務基礎で弁護士倫理が問われたのははじめてであるから，面食らった受験生も多かったであろう。勉強が間に合っていない受験生も多数いたと考えられる。しかし，法曹倫理という分野自体は，他の法律分野よりもずっと平易であり，短時間の勉強で身につけることができる。これを勉強しておけば，他の受験生と差をつけることができるのは間違いない。

　多くの答案は，真実義務の問題であることを指摘できていた。それに加えて，刑事弁護人に課される真実義務の内容について，規程82条を手掛かりに踏み込んで考察している答案もあった。さらに，真実義務と衝突する義務として依頼人に対する誠実義務や，秘密保持義務をあげている優秀な答案も少数ながら存在した。

　法曹倫理については，2015（平成27）年に初出題されて以降，出題される回数が増えている。この機会にしっかりと勉強しておいてほしい。

第1　設問1について
1　(1)について
　　刑事訴訟法309条1項は「できる」と規定しているのみである。従って法令上の義務はない。

⇦×公判前整理手続について触れられていない

2　(2)について
　　自然的関連性とは最低限の証明力を言う。本件では、現場近くにVの血がついたナイフが見つかっているが、通常犯行に用いられた以外のナイフにVの血が付着しているとは考えにくいため、本件ナイフは犯行供用物件であると認められる。従って、自然的関連性は認められる。

⇦○評価
⇦△犯行供用物件だと，なぜ関連性が認められるのか

3　(3)について
　　直接証拠とは犯行目撃証言などのことを指すところ、本件捜査報告書はナイフにAの指紋が付いていたことを示すにすぎず、犯行供用物件とAとの結びつきという間接事実を示すにとどまる。従って、間接証拠である。

⇦△定義が不正確

⇦△間接事実は具体的に

第2　設問2について
1　検討事由について
　　義務的保釈（89条）が認められると主張するために同条各号該当事由が存在しないこと及び裁量保釈（90条）が認められることを検討する必要がある。

⇦○問いに答える姿勢

2　検討結果について
ア　4号該当性について
　　まず、Vに接触して、虚偽の証言を行うように働きかけることが考えられるが、本件ではVの住所、電話番号をAに秘匿しており、連絡手段が存在しないため、Vに接触することはかんがえられない。そして、B子に接触し、虚偽の証言を行うように働きかけることも考えられるが、B子に接触しない旨の誓約書を書かせていることから、その恐れも極めて低い。

⇦○具体的に検討している

⇦○具体的に検討している

イ　5号該当性について
　　前述と同様の理由により同号該当事由も認められない。

ウ　6号該当性について
　　Aの指名も判明し、住所も存在するため同号該当事由は認められない。

⇦△誤字。「氏名」が正しい
⇦△各号該当事由がないから，義務的保釈が認められるという結論が必要

エ　裁量保釈について
　　仮に89条各号の事由が認められるとしても、裁量保釈が認められる。Aには母がおり、母は脳挫傷により障害を負い、左手と左足にまひが残り、A以外に子供が存在しないため、Aがいなければ日常生活に支障をきたすこととなる。また、AはCのもとで働いているが、Aが長期不在にすると受注していた現場の仕事を工期内に終わらせることができず、Cに多大な不利益が生ずる。かかる事情にかんがみれば、Aを保釈しないことによる不利益は著しい。他方、AがVおよびB子と接触する可能性は極めて低い。かかる事情にかんがみれば裁量保釈は認められるべきである。

⇦○不利益を具体的に検討している

第3　設問3について
1　(1)について

伝聞供述とは、要証事実との関係で内容の真実性が問題となるものを
言うと解するところ、本件ではB子が犯人の女であるか否かは問題とな　　45
らず、犯人がそのような発言をしたこと自体が要証事実なので、本件供
述部分は内容の真実性が問題とならず、伝聞証拠には当たらない。従っ
て、異議に理由はない。

2　（2）について　　　　　　　　　　　　　　　　　　　　　　　　　　　50

　　本件②の供述は確かに、要証事実はAがVを刺したことであり、内容
の真実性が問題となり伝聞証拠に該当する。しかし、以下のように324
条1項・322条1項の伝聞例外の要件を満たす。

　　まず、本件供述は自己の犯人性を示すものであり、「被告人に不利益
な事実の承認を内容とするもの」といえる。そして、同供述は誰かに強　　55
制されてなしたものではなく、自発的にAがB子に電話したうえでなさ
れたものであるから、「任意にされたものでない疑」は認められない。
従って同項該当性が認められる。

　　よって、異議に理由がない。

第4　設問4について　　　　　　　　　　　　　　　　　　　　　　　　　　60

1　確かに、Aが有罪であることを知りつつ無罪である旨の弁論を行うこ
とは真実義務に反し、弁護士倫理上の問題があるとも思える。もっとも、
弁護士には依頼者の意向にこたえるという誠実義務（弁護士職務基本規
定46条）も存在する。また、真実義務は、積極的真実義務でなく、虚偽
の主張をしないという意味での消極的真実義務である。　　　　　　　　　65

　　そこで、虚偽の事実主張をしない限りにおいて、有罪であることが分
かっている者の無罪弁論をすることは許されると解する。

2　本件でも、虚偽の陳述をしなければ、Aの弁護人の行為に弁護士倫理
上の問題は存しない。

以上　70

⬅○定義
⬅○要証事実の認
　定
⬅△推認過程を述
　べられるとなお
　よい

⬅○要証事実の認
　定
⬅△推認過程を述
　べられるとなお
　よい

⬅△誤字。「規程」
　が正しい
⬅△46条ではなく
　5条である
⬅△なぜ，刑事弁
　護人の真実義務
　は消極的真実義
　務にとどまるの
　か

1 設問1

小問(1)は，公判前整理手続について思いがいたらなかったのだろう。公判前整理手続は，事前に勉強しておかないと，その場で対応することは難しい。また，前年の予備試験で出題されたことから，多くの人が一とおり勉強してきた分野であろう。この部分で点数を落としたことは痛手である。

小問(2)で，現場に血の付いたナイフが落ちている事実から，ただちに甲4号証が犯行供用物件と断ずるのではなく，一度評価を挟んだうえで，甲4号証が犯行供用物件であると結論づけた点は，他の答案にはない点であり，高評価である。ただ，犯行供用物件だとなぜ，関連性が認められるのか，という点までは触れられていない。公訴事実のうちのどの部分と関連するのかが重要である。この点について一言説明があると，更によかったであろう。

小問(3)では，犯行供用物件とAとの結びつきが，甲5号証によってなぜ，推認できるのか，という点についての説明が欠けている。また，間接証拠から認定するべき間接事実とは，あくまで問題文に即した具体的な事実であり，「犯行供用物件とAとの結びつき」という抽象的なものではない。たとえば甲5号証からは，"犯行供用物件であるナイフを，Aが握ったことがある"という間接事実が認定できる。このように，認定できる間接事実を具体的に記載し，その間接事実からなぜ公訴事実が推認できるのか，という点を書くと更によい答案になる。

2 設問2

権利保釈の検討で，弁護人の立場からなんとか権利保釈を認めた点は評価できる。罪証隠滅のおそれの検討では，BやVに対して働き掛けをするおそれがあるか否かを，具体的に検討できているのも高評価である。また裁量保釈の検討では，拾うべき事実を拾い，これらを評価することで保釈の必要性が高いことを説得的に論じることができている。問題数が多く分量に制限があるなかで，よく書けているといえるだろう。

3 設問3

筋を外した答案が多いなか，2問とも筋を外さず書けている点は評価できる。ただ，(1)では，V供述の要証事実がなぜ，"犯人がそのような発言をしたこと自体"なのかについて，(2)では，V供述の要証事実がなぜ"AがVを刺したこと"なのかについて説明があると更によいだろう。

4 設問4

真実義務の内容について，積極的真実義務と消極的真実義務という言葉を用いて，考察している点は評価できる。ただ，消極的真実義務にとどまるのは刑事弁護人に特有であるため，「弁護士」の真実義務とひとくくりにして，消極的真実義務にとどまるとするのは誤りである。それは，刑事弁護人は被疑者・被告人の権利保護のために職務を行うのが使命であって，真実義務が課されていることを理由に刑事弁護人の弁護活動を妨げてはならないという考えに基づく。この考えは，条文でも明文として存在する（規程82条1項）。この点も指摘できるとよいだろう。

また，規程46条は刑事弁護の心構えを示したものであり，依頼者のために誠実に職務を行うという誠実義務の根拠条文は規程5条である。

次の【事例】を読んで，後記〔設問〕に答えなさい。

【事　例】
1　A（男性，32歳，暴力団甲組組員）は，平成28年2月12日，V（男性，40歳，暴力団乙組幹部組員）を被害者とする殺人未遂罪の被疑事実で逮捕され，同月14日から勾留された後，同年3月4日にI地方裁判所に同罪で公判請求された。

　　上記公判請求に係る起訴状の公訴事実には「被告人は，平成27年11月1日午後2時頃，H県I市J町1丁目1番3号に所在する暴力団乙組事務所前路上において，同事務所玄関ドア前に立っていたVに対し，殺意をもって，持っていた回転弾倉式拳銃で弾丸3発を発射したが，いずれも命中しなかったため，同人を殺害するに至らなかった。」旨記載されている。

2　公判請求までに収集された主な証拠とその概要は次のとおりであった。
　証拠①　Vの検察官調書
　　　「私は，平成27年11月1日午後2時頃，配下のWを連れて乙組事務所から出掛けることとした。Wが先に玄関ドアから外に出たので，私が少し遅れて玄関ドアから外に出て，歩き出そうとした瞬間，私の左側に立っていたWが私の上半身を両腕で抱え，Wの方に引っ張ったので，私は，W共々左側に倒れ込んだ。倒れ込むと同時に，拳銃の発射音が何発か聞こえた。玄関ドアの南側正面には道路に面した門扉があるが，私は，玄関ドアから出て倒れるまで，門扉の方を見ていなかったし，倒れた後には，門扉の向こう側には誰もいなかった。私の身長は180センチメートルである。」
　証拠②　W（男性，25歳，暴力団乙組組員）の検察官調書
　　　「私は，平成27年11月1日午後2時頃，私が先に乙組事務所の玄関ドアから外に出て，左手の隅によけ，Vが出てくるのを待っていた。しばらくしてVが玄関ドアから出てきたが，ふと玄関ドアの南側正面にある門扉の方を見ると，門扉の向こう側の右側からマスクをした男が走り出てきて，門扉の正面で止まり，拳銃を両手で持って，玄関ドア前に立っていたVに銃口を向けて構えた。私は，Vが撃たれると思い，とっさにVの上半身に抱き付き，私の方に引き倒すように引っ張った。私とVが倒れるのと前後して，『死ね。』という男の声と同時に，拳銃の発射音が複数回した。倒れてから門扉の方を見たが，既に誰もいなかった。拳銃を撃った男が誰かは分からない。」
　証拠③　実況見分調書（平成27年11月1日付け，立会人W）
　　　「本件現場は，H県I市J町1丁目1番3号に所在する暴力団乙組事務所（以下「事務所」という。）玄関ドア付近である。事務所は3階建てのビルであり，南側に玄関ドアがある。事務所の敷地の周囲には高さ約2.5メートルの塀があるが，南側には塀に設置された門扉があり，門扉の高さは約1.3メートルである。事務所敷地南側は道路に面しており，門扉の正面の路上に立つと，事務所玄関ドアが門扉越しに遮る物なく北方向正面に見える。門扉と玄関ドアとの距離は，約3メートルである。玄関ドアは防弾仕様であり，玄関ドアの中央（玄関ドア東端から西方へ約1メートルから約1.3メートル，玄関ドア下端から上方へ約1.3メートルから約1.4メートルの範囲）に，弾丸3個がめり込んでいた。Wは，㋐『私がVに抱き付く前に，Vはこの位置に立っており，私はこの位置に立っていた。』と言って，玄関ドア前にV役の警察官Y（身長180センチメートル）を立たせ，自らは玄関ドア前の脇に立ったので，それぞれの位置を計測したところ，V役Yの位置は，玄関ドアから南側に約50センチメートル，門扉から約2.5メートルの玄関ドア正面であり，門扉の南側路上から見ると，弾丸の玄関ドア着弾位置はYの胸部の後方となった。Wの位置は，玄関ドア東端から東

方へ約30センチメートル，事務所建物壁から南方へ約１メートルの位置であった。Wは，①『犯人は，門扉の外の路上に立ち，拳銃を玄関ドア方向に向けて真っすぐ構えていた。』と言ったので，Wが犯人と同じくらいの身長の者として選んだ犯人役の警察官Z（身長175センチメートル）を，Wの説明どおりに門扉の南側路上に立たせ，模擬拳銃を玄関ドア方向に真っすぐ構えさせたところ，犯人役Zの立ち位置は，門扉の中央正面（門扉東端から西方へ約１メートル，門扉から南方へ約１メートルの位置）であり，銃口は門扉の上端から約10センチメートル上方であり，銃口から玄関ドアまでは約３メートルであった。」

証拠④　弾丸３個

証拠⑤　捜査報告書

「暴力団乙組事務所玄関ドア東側付近に設置されていた防犯カメラの平成27年11月１日午後２時頃の映像は，次のとおりである。午後１時57分頃，Wが事務所玄関ドアから出て，同ドアの東側脇に立つ。午後２時頃，Vが同ドアから出て，同ドア前に立った後，WがVを抱えるようにして東側に倒れ込み，その直後，高速度で物体が玄関ドアに当たり，玄関ドア表面から煙かほこりのようなものが立ち上るとともに，映像が激しく乱れた。なお，同カメラの映像は，玄関ドア周辺しか撮影されていない。」

証拠⑥　B（男性，20歳，青果店手伝い）の検察官調書

「私は，平成27年11月１日当時，甲組の組員見習として同組組員であるAの運転手をしていたが，同日，私は，Aの指示で，AをH県I市J町まで車で送った。私がAの指示どおりJ町の路上に車を止めると，Aは，『すぐ戻ってくるから。』と言って車から降り，どこかに行った。その時間は午後２時頃だった。５分ほど経過して，少し遠くで『パン，パン』という音が聞こえ，間もなく，マスクをしたAが車に走って戻ってきて，後部座席に乗り込んだ。その際，Aは，右手に拳銃を持っていた。その後，私は，Aの指示どおりAをA方に送った。翌２日，Aの指示で，AをH県K市内のレンタルボックス店まで車で送った。」

証拠⑦　捜査報告書

「Bの供述からH県K市内のレンタルボックス店を特定し，同店に照会した結果，平成27年11月２日に，A名義で同店のレンタルボックスを借りた者がいることが判明した。そこで，平成28年１月５日，捜索差押許可状に基づき，A名義で賃借中の上記レンタルボックスを捜索したところ，封筒に入れられた回転弾倉式拳銃１丁が発見された。」

証拠⑧　回転弾倉式拳銃１丁

証拠⑨　鑑定書

「証拠④の弾丸３個は，口径９mm△△型回転弾倉式拳銃用実包の弾丸であり，発射時に刻まれた擦過痕が一致しているため，同一の拳銃で発射されたものと認められる。証拠⑧の回転弾倉式拳銃１丁は，口径９mmの△△型回転弾倉式拳銃である。科学警察研究所の技官が，証拠⑧の拳銃で試射し，試射弾丸と証拠④の弾丸を対照した結果，試射弾丸と証拠④の弾丸の発射時の擦過痕が一致した。よって，証拠④の弾丸３個は，証拠⑧の拳銃から発射されたものと認められる。」

証拠⑩　捜索差押調書

「平成28年２月12日，捜索差押許可状に基づきA方の捜索を実施したところ，メモ帳１冊が発見され，本件に関係すると思料される記載があったため，これを押収した。」

証拠⑪　メモ帳１冊（２頁目に『11/1　J町１-１-３』という手書きの記載があり，その下に乙組事務所周辺に似た手書きの地図が記載されている。その他の頁は白紙であるが，表紙の裏にAとCが一緒に写っている写真シールが貼付されている。）

証拠⑫　C（女性，25歳，飲食店従業員）の警察官調書
　　　　「私は，平成27年2月頃からAと交際しており，Aが私の家に泊まっていくことも
　　　ある。Aといつ会ったかなど，いちいち覚えていない。」
証拠⑬　Aの上申書（平成28年2月26日付け）
　　　　（A4版のコピー用紙に証拠⑪のメモ帳の2頁目を複写した書面の余白に以下の記
　　　載がある。）
　　　　「これは私が書いた犯行計画のメモに間違いない。実行予定日と乙組事務所の住所
　　　とその周辺の地図を記載した。」
証拠⑭　Aの検察官調書（平成28年3月1日付け）
　　　　「事件の1週間前，乙組の組員が甲組や私の悪口を言っていたという話を聞いたの
　　　で，私は頭に来て，拳銃を撃って乙組の連中を脅そうと思った。そこで，私は，知
　　　人から拳銃を入手し，平成27年11月1日，Bに運転させて，乙組の事務所近くまで車
　　　で行き，午後2時頃，私だけ車から降りて乙組事務所に向かった。私は，乙組事務
　　　所の門扉に近づくと，ズボンのポケットに入れていた拳銃を取り出し，門扉前の路
　　　上から門扉の向こう側正面にある乙組事務所玄関付近を狙って拳銃を3発撃った。目
　　　を閉じて撃ったため人が事務所から出てきたことに気付かなかった。」
3　受訴裁判所は，平成28年3月7日，Aに対する殺人未遂被告事件を公判前整理手続に付す
　る決定をした。検察官は，同月18日，証明予定事実記載書を同裁判所及びAの弁護人に提
　出・送付するとともに，同裁判所に⒜証拠①ないし⑨及び⑭の取調べを請求し，Aの弁護人
　に当該証拠を開示し，Aの弁護人は，同月23日，同証拠の閲覧・謄写をした。Aの弁護人は，
　同年4月6日，検察官に類型証拠の開示請求をし，検察官は，同月11日，同証拠を開示した。
　　Aの弁護人は，逮捕直後からAとの接見を繰り返していたが，当初からAが証拠⑭と同旨
　の供述をしていたため，同月20日の公判前整理手続期日において，⒝「Aが拳銃を撃った犯
　人であること（以下「犯人性」という。）は争わないが，殺意を争う。」旨の予定主張を裁
　判所及び検察官に明示するとともに，⒞検察官請求証拠に対する意見を述べた。
4　同月30日，Aの弁護人がAと接見したところ，Aは，これまでの供述を翻し，「本当は，自
　分はやっていない。名前は言えないが世話になった人から頼まれて身代わりになった。押
　収されたメモ帳もその人のもので，私はそのメモ帳には何も書いていない。自分にはアリ
　バイがあり，犯行当日は，女友達のCと，C方にずっと一緒にいた。」旨述べた。Aの弁護人
　は，同年5月1日，Cから事情を聞いたところ，Cは，「平成27年11月1日は，Aと自宅にず
　っと一緒にいた。警察官から取調べを受け，その日のAの行動について尋ねられたが，覚え
　ていないという話をしたかもしれない。」旨述べた。Aの弁護人は，Cの警察官調書の開示
　請求をしておらず，証拠⑫を閲覧していなかったが，上記の経過を受けて，⒟殺意は争わ
　ないが，犯人性を争う方針を固めた。
5　平成28年5月20日の公判前整理手続期日において，⒠検察官は，犯人性が争点となった
　ため，証拠⑩，⑪及び⑬の取調べを追加請求したが，Aの弁護人は証拠⑩については同意し，
　証拠⑪については異議あり，証拠⑬については不同意である旨意見を述べた。
　　その後，数回の公判前整理手続期日を経て，同年6月15日に，裁判所は，証拠決定をし，
　争点はAの犯人性であること及び証拠⑥の採用を留保し，Bの証人尋問を実施すること等の
　証拠の整理結果を確認して審理計画を策定し，公判前整理手続を終結した。公判期日は，同
　年7月1日から同月6日までと定められた。

〔設問1〕
　下線部⒝に関し，Aの弁護人は，証拠⑭と同旨のA供述を基に，Aの殺意について，どのよ
うな事実上の主張をすべきか，殺意の概念に言及しつつ答えなさい。

〔設問2〕

　下線部ⓐに関し，検察官は，証拠③の実況見分調書を「犯行現場の状況等」という立証趣旨で証拠請求したところ，Aの弁護人が下線部ⓒにおいて，「下線部㋐及び㋑は立会人の現場供述であるため，証拠③は不同意である。なお，作成の真正も争う。」旨の意見を述べた。これに対し，検察官は，証拠③の証拠請求を維持したいと考えた。

(1)　検察官は，裁判長から下線部㋐及び㋑が現場供述であるか否かについて意見を求められた場合，どのような意見を述べるべきか，理由を付して答えなさい。

(2)　Aの弁護人が，証拠③の実況見分調書について不同意意見を維持した場合，検察官は，どのような対応をとるべきか，答えなさい。

〔設問3〕

　Aの弁護人は，下線部ⓓの弁護方針の下，それまでの犯人性についての主張を変更し，Aが犯人ではない旨主張し，Cの証言により，Aが犯行当時C方にいた事実を立証したいと考えた。Aの弁護人が，下線部ⓓ以後の公判前整理手続において行うべき手続は何か。公判前整理手続に関する条文上の根拠を挙げて，手続内容を簡潔に列挙しなさい。

〔設問4〕

(1)　下線部ⓔに関し，仮に証拠⑬が存在しなかった場合，証拠⑩及び⑪から「Aが犯人である事実」がどのように推認されるか。証拠①ないし⑨から何者かが公訴事実記載の犯行に及んだことが認められることを前提に，検察官の想定する推認過程について答えなさい。なお，証拠⑪の２頁の記載は，対照可能な特徴を有する文字が少ないため筆跡鑑定は実施できなかったものとする。

(2)　証拠⑩及び⑪に加えて，証拠⑬も併せて考慮することによって，小問(1)で答えた「Aが犯人である事実」を推認する過程にどのような違いが生じるか答えなさい。

〔設問5〕

(1)　第１回公判期日において，Bの証人尋問が実施され，検察官が尋問の冒頭で以下の質問をしたところ，弁護人が誘導尋問である旨の異議を申し立てた。検察官は，異議には理由がないと述べた場合，裁判所は，その申立てに対しどのような決定をすべきか，理由を付して答えなさい。

　検察官：「それでは，証人が，平成27年11月１日に，被告人を乗せて車を運転したときのことについてお尋ねします。」

(2)　第２回公判期日において，Cの証人尋問が実施され，Cは，弁護人の主尋問において，「平成27年11月１日，Aは，一日中，私の家で私と一緒におり，外出したこともなかった。」旨証言し，検察官の反対尋問において，「Aが起訴される前に，私は警察官の取調べを受けたが，どのような話をしたのか覚えていないし，その時，警察官が調書を作成したかどうかも覚えていない。」旨証言した。検察官は，更にCの記憶喚起に努めたが，その証言内容に変更がなかったため，裁判長に許可を求めることなく，Cに証拠⑫のCの署名押印部分を示そうとした。

　このような調書の一部を示す行為は，検察官の反対尋問において許されるか，条文上の根拠に言及しつつ結論とその理由を答えなさい。

答案構成用紙

1 設問1

設問1は，Aの弁護人として，Aの殺意についてどのような主張をするかについて答えることを求めている。下線部ⓑでAの弁護人としては「殺意を争う」との主張をしていることから，Aの殺意を否定する方向での主張を考えなければならない。問題文で「殺意の概念に言及」することが求められていることから，殺意の定義についても触れつつ，証拠⑭をもとに解答を組み立てていく必要があるだろう。

2 設問2

1 小問(1)

小問(1)は，特定の供述が現場供述であるか否かについて裁判長から意見を求められた場合に，検察官としてどのような意見を述べるかを問うものである。

実況見分調書とは，捜査機関が任意処分として行う検証の結果を記載した書面をいい，全体として321条3項の要件をみたすかぎり伝聞例外となるとされている。

実況見分調書中に立会人の供述が含まれる場合がある。これらの供述は，現場供述と現場指示の2種類に分類することができる。まず，現場供述とは，実況見分の現場を利用してなされる供述をいう。これは，供述証拠としての使用にほかならないため，供述部分について実況見分調書とは別個に伝聞法則の適用が問題となる。一方で，現場指示とは，実況見分の対象を特定するための指示説明をさす。これは実況見分を実施するにあたっての指示にすぎないため，実況見分調書全体の証拠能力が認められる場合には，実況見分の記載部分と一体のものとして証拠能力を認めることができる。

下線部の供述が現場供述にあたるとすれば，実況見分調書とは別個に伝聞法則の適用が問題となることから，検察官としては，下線部の供述は現場指示にすぎないとの主張をすべきである。ほかにも設問が多くあるため，現場指示と現場供述の違いを端的に指摘したうえで下線部の供述が現場指示にあたるとの主張を展開することを意識したい。具体的な主張内容は，答案例を参照されたい。

2 小問(2)

Aの弁護人が実況見分調書について不同意意見を維持した場合，証拠能力を得るためには伝聞例外の要件をみたす必要がある。最判昭和35年9月8日に従うと，実況見分調書には321条3項が適用される。

321条3項の書面は，「供述者が公判期日において証人として尋問を受け，その真正に作成されたものであることを供述」することを要件とする。すなわち，作成名義の真正と記載内容の真正を供述することにより要件をみたす。

本設問でも，証拠③の実況見分調書の証人尋問を請求し，作成名義の真正と記載内容の真正を供述させることを必要とする。

3 設問3

公判前整理手続中にAの弁護人が犯人性についての主張を変更する場合，いかなる手続をとる必要があるかについて答えさせる問題である。

予定主張の変更手続（316条の22第1項）を行うのはもちろんのことであるが，Aの弁護人は，Cの証言によりAが犯行当時C方にいた事実を立証したいと考えているため，Cの証人尋問も請求すべきであろう（316条の22第2項・316条の13第3項）。また，新たな主張に関連した証拠の開示請求も行うべきである（316条の22第5項・316条の20）。ほかの設問とのバランスを考えつつ，条文を端的に指摘して必要な手続を記述することが重要である。

4 設問4

1 小問(1)

証拠⑩および⑪をもとに，Aの犯人性について検察官が想定する推認過程を検討させる問題である。検察官の立場からの推認過程であるから，もちろんAの犯人性が認められる方向で検討を行わなければならない。具体的な推認過程は，答案例を参照されたい。

2 小問(2)

　証拠⑩および⑪に加えて証拠⑬がある場合に，小問(1)で答えた犯人性の推認過程にどのような違いが生じるかを検討することが求められる。

　証拠⑬は，Aが犯行計画のメモを書いたことを認める供述である。そして，証拠⑩および証拠⑪とも矛盾しないことなどからすると，その供述の信用性が認められる。この場合，証拠⑬からAがメモの記載者である事実を認定することができるから，小問(1)の推認過程との違いが生じることとなる。具体的な推認過程は，答案例を参照されたい。

5 設問5

1 小問(1)

　検察官の質問に対し弁護人が誘導尋問であるとの異議を申し立てた場合に，裁判官としていかなる判断をするかが問われている。

　主尋問においては，誘導尋問をすることは禁止されているが（規則199条の3第3項本文），一定の事由がある場合には誘導尋問をすることも許されている（規則199条の3第3項ただし書）。本問における検察官の質問が誘導尋問にあたるのか，あたるとしても誘導尋問が許される事情がないかを検討する必要がある。

2 小問(2)

　Cの証人尋問において，証拠の署名押印部分を示すことが許されるか否かを問う問題である。

　本問において，Cは，検察官からの質問に対し，「覚えていない」旨の回答をしている。そして，警察官の取調べについても，どのような話をしたのか覚えていないし，その際に警察官が調書を作成したかどうかも覚えていないと述べていることから，検察官としては，Cの警察官調書の成立の真正を確認する意図で調書を示したと考えられる。したがって，本問では調書の利用が規則199条の10の要件をみたすかを検討しなければならない。

【関連判例】
最判昭和35年9月8日刑集14巻11号1437頁（判例シリーズ82事件）

答案例

第1　設問1
　　殺意とは，自己の行為により人の死亡結果が発生しうることに対する認　　　　　　　　　　➡定義
識・認容をいう。
　　本件射撃当時，Aは，目を閉じており，事務所から人が出てきたことに➡証拠⑭から指摘できる事実
気づかなかったのであるから，人に向けて拳銃を発射したという認識はな　　5
い。また，Aは，乙組の人間を脅そうとして事務所玄関付近に拳銃を撃っ
ているにすぎないから，人が死んでもかまわないとは考えていない。その
ため，Aには自己の行為により人の死亡結果が発生しうることに対する認
識・認容はない。
　　よって，Aに殺意は認められないとの主張をすべきである。　　　　　10
第2　設問2(1)
　1　現場供述とは，実況見分の現場を利用してなされる供述をいい，現場➡定義
　　指示とは実況見分の対象を特定するための指示説明をいう。現場供述と
　　現場指示との区別は，要証事実との関係で真実性が問題となるか否かに
　　よる。　　　　　　　　　　　　　　　　　　　　　　　　　　　　15
　2　本件において，下線部㋐は事件当時のVとWの位置関係を示すもので
　　あり，下線部㋑は犯人の位置および犯人が拳銃を構えていたことを示す
　　ものである。上記各供述は，実際に，VとWが事件当時その場所にいた
　　ことおよび犯人が示された場所において拳銃を構えていたことを立証す
　　るために用いる場合には，その供述の真実性が問題となるから，現場供　20
　　述にあたりうる。
　3　そこで，検察官としては，下線部㋐，㋑は，実況見分を実施するため➡検察官の立場から下線部㋐および㋑が現場指示にあたることを指摘
　　の手段にすぎず，上記事項を直接証明するために用いるものではないか
　　ら，現場供述ではなく現場指示である旨の意見を述べるべきである。
第3　設問2(2)　　　　　　　　　　　　　　　　　　　　　　　　　　25
　　Aの弁護人が不同意意見を維持した場合，本件実況見分調書全体を証拠➡伝聞例外
として利用するために，検察官は，実況見分調書の作成者である司法警察
職員の証人尋問を請求し，本件実況見分調書の名義および内容が真正であ
ることについて証言させるべきである（刑事訴訟法321条3項。以下「刑
事訴訟法」法名省略）。　　　　　　　　　　　　　　　　　　　　　30
第4　設問3
　　Aの弁護人は，予定主張の変更（316条の22第1項）の手続を行い，本➡Aの弁護人が行うべき手続
件事件当時，AがC方にいた旨の主張を明示する必要がある。また，上記
事実を立証するため，Cの証人尋問を内容とした証拠調べ請求を行うべき
である（同条2項・316条の13第3項）。さらに，主張関連証拠として証拠　35
⑫の開示請求の手続も行う必要がある（316条の22第5項・316条の20）。
第5　設問4(1)
　　まず，証拠⑪より，本件メモ帳に本件犯行日と一致した日付，本件犯行➡証拠⑩および⑪から認定できる事実
現場である乙組事務所の住所およびその周辺に似た手書きの地図の記載が
あることが認定できる。　　　　　　　　　　　　　　　　　　　　　40
　　これらの記載は実際の犯行日・犯行現場と一致しているため，メモの記
載者が本件犯行になんらかのかたちで関わっていることが推認される。
　　さらに，証拠⑪により本件メモ帳の表紙の裏にAとCが一緒に写ってい
る写真シールが貼られていること，証拠⑩により本件メモ帳がA方にあっ

たことが認定できる。通常他人の所有物に自己の写真を貼ることは少ない 45
と考えられるうえ，本件メモ帳がAの支配領域から発見されたことからす
れば，本件メモ帳の所有者はAであると認定できる。そして，Aの支配領
域にあったメモ帳にほかの者が記載をする可能性は低いと考えられるから，
本件メモ帳の所有者であるAがメモの記載者であると推認できる。

以上の事実をふまえると，本件メモを記載したと考えられるAが本件犯 50
行に関わりを有していることが推認できるから，Aの犯人性の推認が可能
である。

第6　設問4(2)

証拠⑬は，Aが証拠⑪の記載を自己が書いた犯行計画メモであると認め
たものである。そして，証拠⑩および証拠⑪とも矛盾しないことからすれ 55
ば，証拠⑬のAの供述は信用できる。そして，証拠⑪により認定できる事
実からすれば，メモの記載者が本件犯行になんらかのかたちで関わってい
ることが推認できる。

そのため，証拠⑬から直接Aがメモの記載者である事実を認定でき，そ
こからAの犯人性を推認することができる。 60

⮕Aがメモの記載者である事実を直接認定できることを指摘

第7　設問5(1)

本件検察官の尋問事項は，Bが平成27年11月1日にAを乗せて車を運転
したことを前提としたものである。

Aは，犯人性を争っていることから，本件日時にBの運転する車に乗車
したこと自体についても争っているはずである。そうだとすれば，本件検 65
察官の尋問は，検察官の求める回答が暗示された尋問であるから，誘導尋
問（刑事訴訟規則199条の3第3項。以下「規則」という）の一種である
誤導尋問にあたる。そして，本件では同項各号に該当する事情もない。

よって，本件異議には理由があり，裁判所としては当該質問の変更を命
じるべきである（規則205条の6第1項）。 70

⮕規則の条文も指摘

第8　設問5(2)

検察官が，Cが覚えていないことを供述不能事由として証拠⑫を証拠請
求する趣旨で，Cに証拠⑫のCの署名押印部分を示す場合には，証拠⑫の
成立の真正について尋問するものといえる。

したがって，上記場合には，検察官は，規則199条の10第1項によって， 75
裁判長の許可を求めることなく，Cに証拠⑫のCの署名押印部分を示すこ
とができる。ただし，相手方に異議がないときを除き，あらかじめ相手方
に証拠⑫を閲覧する機会を与えていることが必要である（同条2項）。

以上

⮕理由

⮕結論

　本問は，犯人性及び殺意の有無が争点となる殺人未遂被告事件を題材に，殺人罪の構成要件，証拠法，公判前整理手続，刑事事実認定の基本構造，証人尋問を含む公判手続についての基本的知識を活用して，殺意の有無に関する当事者の主張（設問1），実況見分調書の立会人の指示説明部分の証拠能力及びその立証方法（設問2），公判前整理手続において当事者が主張を変更する場合に採るべき具体的手続（設問3），証拠から犯人性を推認する場合の証拠構造（設問4），証人尋問の方法及び異議に対する裁判所の対応（設問5）について，問題に指定してある法曹三者それぞれの立場から主張すべき事実や採るべき対応を検討して回答することを求めており，【事例】に現れた証拠や事実，手続の経過に応じた法曹三者の適切な対応を具体的に検討させることにより，基本的知識の正確な理解及び基礎的実務能力を試すものである。

講　評 ▐▐▐

1　設問1

　殺意の主張に関しては，問題文の事情を指摘して適切な解答ができている答案が多かった。一方で，設問1を丁寧に検討するあまり，字数がかなり多くなっている答案も少なからず見受けられた。問題を丁寧に検討することも大事だが，ほかの設問とのバランスを考えることを忘れないでほしい。

2　設問2

　小問(1)は，下線部㋐および㋑についての検察官の主張を答えさせるものであり，検察官としては，いずれも伝聞法則が問題にならないという結論を導きたいと考えられるから，いずれも現場供述にあたらないという方向で解答を組み立てなければならない。

　この点，多くの答案は，下線部㋐および㋑のいずれについても現場供述にあたらないという結論を導き出すことができていたようである。他方で，現場供述と現場指示の区別について明確に述べることなく，結論のみ示している答案も少なくなかった。問題作成者は，いかなる理由で下線部㋐および㋑が現場供述にあたらないといえるのかを問うていると考えられるから，結論のみではなく，理由部分も答案で示さなければならない。この点は，ほかの問題に答える際も同様であるから，注意してほしい。

　小問(2)については，321条3項を摘示したうえで，作成者の証人尋問を行い，内容および成立の真正に関する供述をさせることを指摘できている答案が多かった。この点は，刑事訴訟法でも頻出の問題であるから，多くの受験生が正確に答えることができたと考えられる。小問(2)について正確に答えられなかった場合には，しっかりと復習しておくことをお勧めする。

3　設問3

　まず，問題文に，それまでの犯人性についての主張を変えることが明記されているから，予定主張の追加・変更の手続（316条の22）をとる必要があることは明らかである。この点は，問題文の記述から容易に読みとることができるため，多くの答案で適切に指摘することができていた。

　そして，主張を変更する場合には，変更後の主張に沿った立証をするための準備をしなければならない。このような発想をすれば，Cの証人尋問の請求や主張関連証拠の開示請求などが容易に思いつくだろう。しかし，予定主張の追加・変更以外にCの証人尋問請求や主張関連証拠の開示請求をすべきとする答案は少なかった。

　公判前整理手続に関する問題は，近年の予備試験において頻出の問題である。公判前整理手続についての知識が不十分であると感じる場合は，改めて公判前整理手続について確認しておくべきである。

4　設問4

　小問(1)は，証拠⑩および証拠⑪という間接証拠を用いて，どのようにAの犯人性を推認することができるかを問う問題である。直接証拠による立証とは異なり，間接証拠による立証は推認過程を経るものであるから，犯人性をいかにして推認できるのかについて，丁寧に記述する必要がある。

その際には，いかなる証拠からいかなる事実が認定でき，その事実からどのように犯人性を推認できるのかを，具体的事実に照らして詳細に記述する必要があるだろう。この点について，犯人性の推認過程を丁寧に記述できていた答案は，おおむね高評価であった。他方で，推認過程の記述が不十分である答案や，不自然な推認を経ている答案は，総じて低評価であった。

小問(2)に関しては，小問(1)の推認過程との違いについて，丁寧に記述できていた答案は少なかった。証拠⑬からいかなる事実が証明できるのか，証拠⑬により証明できる事実によっていかなる推認が可能であるのかについて，詳しく記述できていた答案はおおむね高評価であった。

⑤ **設問5**

小問(1)について，規則199条の3第3項の要件を検討したうえで，質問の変更を命ずる決定をすべきであるという結論を導き出せている答案が多かった。一方で，ほかの設問とのバランスから，小問(1)については，それほどの紙面を割くべきではない。それにもかかわらず，小問(1)について，不必要に長い記述をする答案も複数見受けられた。答案を書く際には，ほかの設問とのバランスについて常に意識するようにしてほしい。

小問(2)については，Cに対し，証拠⑫のCの署名押印部分を示そうとした行為が，記憶喚起のための書面の提示であるとして，規則199条の11の要件を検討する答案が多かった。しかし，検察官としては，警察官の取調べの際に調書を作成したかどうか覚えていないと供述したCに対し，証拠⑫の成立の真正を確認する意図で署名押印部分を示そうとしたものと考えられる。そのため，答案としては，規則199条の11よりも規則199条の10の要件を検討すべきであった。規則199条の11では裁判長の許可が必要であるのに対して，規則199条の10では裁判長の許可が必要とされていないことと，示そうとしたのが供述調書の署名押印部分であることから，規則199条の10を検討すべきことに気づいてほしかった。

尋問の際の書面等の利用については，予備試験にかぎらず司法試験でも過去に問われている。しっかりと復習することをお勧めする。

第1　設問1
1　殺意とは，殺人罪（刑法199条）の故意（38条1項本文）をいい，故意とは構成要件該当事実の認識・認容をいう。したがって，殺意が認められるためには，本件実行行為により人の死の結果を発生させる現実的危険性を有することの認識・認容が必要である。　　　　　　　　　5

2　Aは乙組の者たちを脅す目的で拳銃の発砲という本件実行行為に出たものである。Aは発砲時目を閉じて撃っていたため，人が乙組事務所から出てきたことに気付いておらず，Aは本件実行行為により人の死を発生させる認識・認容を欠いていた。そもそもAが殺意を有していたならば乙組の門扉前の路上から発砲するという，確実性の乏しい方法には出ず，もっと乙組事務所に近づいて発砲するはずであるから，この点からもAが殺意を有していなかったことがわかる。　　　　　　　10

第2　設問2
1　小問(1)
　検察官は，下線部㋐及び㋑，いずれも現場供述であり，伝聞証拠（刑訴法320条1項）にあたらないという意見を述べるべきである。まず，㋐は，計測を実施するため，実況見分を行う場所を確定するために行われたものであり，Wが㋐の供述をしたこと自体が要証事実である。したがって，㋐の供述内容の真実性は問題とならないため，㋐は現場供述にすぎない。次に，㋑も，計測場所の確定のために行われたものであり，Wの供述内容の真実性は問題とならないから，こちらも現場供述にすぎない。　　　　　　　　　　　　　　　　　　　　　　20

2　小問(2)
　③の実況見分調書は321条3項が準用されると解されているため，検察官は，実況見分調書の作成者の証人尋問を請求し，作成者の公判廷での名義及び内容の真正についての供述を得るべきである。　　　25

第3　設問3
　まず，刑訴法316条の22第1項前段により，Aの犯人性について争うように主張の変更をすることを，裁判所及び検察官に明らかにしなければならない。そして，Aが犯行当時C方にいた事実を立証するべく，Cの未開示の警察官調書の開示を受けるべく，316条の20第2項各号の事実を明らかにして，Cの警察官調書の開示請求をすべきである。　　　30

第4　設問4
1　小問(1)
　まず，証拠⑩により，本件メモ帳がA方から押収された事実がわかる。　35
次に，証拠⑪により，本件メモ帳には「11/1」という記載があり，また，「J町1-1-3」との記載及び乙組事務所周辺の手書きの地図が添付されており，いずれも実際の本件犯行日時・場所と整合する記載があるという事実がわかる。その上で，本件メモ帳がA方から発見された上，証拠⑪により，本件メモ帳にはAとCが一緒に写っている写真シールという，Aのプライベートな物が添付されていることからすれば，本件メモ帳がAの支配領域にあったという事実も明らかである。このように，本件メモ帳がAの支配領域にあった事実，及び，本件メモ帳の記載が実際の犯行と整合する事実から，A自身が本件メモ帳に犯行計画を記載し　　40

○問題に答える姿勢

△拳銃という殺傷能力の高い武器を用いている以上，この点のみから殺意を否定することは微妙である

×正しくは「現場指示」である

○条文に即した解答ができている

○正しい条文を摘示している

△Cの証人尋問も請求したいところである

○具体的に検討していてよい

た事実が推認できる。そして，かかる事実から，Aが犯人である事実を 45
推認することができる。

2　小問(2)
　　証拠⑬も併せ考慮することにより，A自身が本件メモ帳に犯行計画を
記載した事実も明らかとなる。そうすると，前述の推認過程と途中を省 50
いて，証拠⑩，⑪，⑬から，直ちにAが犯人である事実を推認すること
ができる，という違いが生じる。

第5　設問5

1　小問(1)
　　検察官は，Bが平成27年11月1日にAを乗せて車を運転した，という， 55
検察官の望む答えが含まれている質問をしているから，この質問が誘導
尋問（規則199条の3第3項柱書本文）にあたるとして，弁護人は異議
申立て（法309条1項・規則205条1項本文）をしたと考えられる。誘導
尋問は規則199条の3各号に該当する場合には例外的に許されるところ，
BがAを同日車に乗せたか否かはAの犯人性を認定する上で重要な事実 60
であり，当事者間で争いの生じている事実であるから，同項1号，2号
には該当しない。また，検察官は尋問の冒頭でかかる質問をしているか
ら3号ないし6号に該当しないことも明らかである。そして，誘導尋問
を正当化する特段の事情もないから，7号にも該当しない。したがって，
原則通り検察官による誘導尋問は許されない。よって，裁判所は，弁護 65
人の異議申立てを理由があると認め，検察官に対し，質問の変更を命ず
る決定（規則205条の6第1項）をするべきである。

2　小問(2)

(1)　結論
　　調書の一部を示す行為は，裁判長の許可を求めなければ許されない。
(2)　理由 70
　　Cは警察官の取調べてどのような話をしたのか覚えておらず，その
際に警察官が調書を作成したかどうかも覚えていないとし，記憶喚起
も図られていない。したがって，規則199条の11第1項により，検察
官は記憶喚起のために書面を提示することが許され得る。検察官はC
の署名押印部分を示そうとしており，これは「供述を録取した書面」 75
にあたらないから，これを提示することは許される。しかし，同項に
「裁判長の許可を受けて」との文言があるから，裁判所の許可を受け
なければ，Cに対し調書の一部を示すことはできない。

以上

［左欄注］
⇦△「推認過程」
と「途中」が何
を指すのかが不
明確

⇦○具体的に検討
している

⇦△規則199条の
3第3項各号と
正確に条文を指
摘すべき

⇦○問いに答える
姿勢

⇦△規則199条の
10を検討すべき

優秀答案における採点実感

① **設問1**

　殺意の定義については正確に記述できている。あてはめ部分においては，おおむね問題文に現れている事実を拾えており，好印象である。一方で，Aが拳銃を用いて乙組の門扉前の路上から発砲した点については，確実性に乏しいと評価しているが，拳銃という殺傷能力の高い武器を用いていることから，一概に殺意を否定する方向にはたらくとはいいがたい。この事実から殺意を否定することは，あまり説得力が高くないであろう。

② **設問2**

　小問(1)については，現場指示と現場供述という用語を誤って記述している。両者は結論を大きく異ならせるものであるから，正しい用語を使うように心掛けてほしい。内容としては，検察官として主張すべき内容を適切に指摘しており，この点は評価できる。

　小問(2)については，適切な条文を指摘したうえで，端的に必要な手続を指摘できている。ほかの設問とのバランスも考えると，この程度の分量で十分だろう。

③ **設問3**

　条文を正しく摘示して必要な手続をあげている点は好印象である。一方で，問題文にはCの証言により，Aが犯行当時C方にいた事実を立証したいとの記述があることから，Aの弁護人としては新たにCの証人尋問も請求したいと考えることが推測できる。そのため，主張関連証拠の請求のみならず，Cの証人尋問も請求すべき点に触れられるとなおよかった。

④ **設問4**

　小問(1)は，証拠⑩および証拠⑪により認定できる事実を丁寧に検討できている。もっとも，各証拠から認定できる事実により，Aの犯人性をどのように推認することができるかについては，やや記述が不十分とも思える。この点については，しっかりと復習しておくことをお勧めする。

　小問(2)は，「前述の推認過程」や「途中」など，指示語が何をさしているのかがわかりづらい印象がある。ほかの設問とのバランスを考えて端的な記述にしたとも思われるが，その場合でも，丁寧な記述を心掛けてほしい。

⑤ **設問5**

　小問(1)について，各条文を丁寧に検討する姿勢は評価できる。もっとも，紙面がかぎられていることから，もっと端的に条文の要件を検討してもよかった。

　小問(2)は，結論部分と理由部分に分け，問題文に正確に答えようとする姿勢は評価できる。一方で，内容としては，規則199条の11ではなく規則199条の10を検討すべきであった。

次の【事例】を読んで，後記〔設問〕に答えなさい。

【事　例】

1　A（26歳，男性）は，平成29年4月6日午前8時，「平成29年4月2日午前6時頃，H県I市J町2丁目3番Kビル前歩道上において，V（55歳，男性）に対し，その胸部を押して同人をその場に転倒させ，よって，同人に加療期間不明の急性硬膜下血腫等の傷害を負わせた。」旨の傷害事件で通常逮捕され，同月7日午前9時，検察官に送致された。送致記録に編綴された主な証拠は次のとおりであった（以下，特段の断りない限り，日付はいずれも平成29年である。）。

(1)　Vの受傷状況等に関する捜査報告書（証拠①）

「近隣住民Wの119番通報により救急隊員が臨場した際，Vは，4月2日午前6時10分頃にH県I市J町2丁目3番Kビル前（甲通り沿い）歩道上に，意識不明の状態で仰向けに倒れていた。Vは，直ちにH県立病院に救急搬送され，同病院において緊急手術を受け，そのまま同病院集中治療室に入院した。同病院医師によれば，Vには硬い面に強打したことに起因する急性硬膜下血腫を伴う後頭部打撲が認められ，Vは，手術後，意識が回復したが，集中治療室での入院治療が必要であり，少なくとも1週間は取調べを受けることはできないとのことであった。」

「Vは，同市J町4丁目2番の自宅で妻と二人で居住する会社員である。妻によれば，Vは毎朝甲通りをジョギングしており，持病はないとのことであった。」

(2)　Wの警察官面前の供述録取書（証拠②）

「私は，4月2日午前6時頃，通勤のため自宅を出て甲通りをI駅に向かって歩いていると，約50メートル先のKビル前の歩道上に，男二人と女一人（B子）が立っていて，そのうち男一人（V）が歩道上に仰向けに倒れた様子が見えた。そして，約10メートルまで近づいたところ，もう一人の男（A）が仰向けに倒れたVの腹の上に馬乗りになったので，事件であると思って立ち止まった。このとき，Aは，Vの腹の上に馬乗りになった状態で，『この野郎。』と怒鳴りながら右腕を振り上げ，B子がそのAの右腕を両手でつかんだ。私は，自分の携帯電話機を使って，その様子を1枚写真撮影した。その直後，AはVの腹の上から退いたが，Vは全く動かなかった。私は，119番通報し，AとB子に『救急車を呼んだから，しばらく待ってください。』と声を掛けた。しかし，AとB子は，その場を立ち去り，甲通り沿いのLマンションの中に入っていった。私は，注視していなかったため，Vの転倒原因は分からない。私は，A，V及びB子とは面識がない。」

(3)　B子の警察官面前の供述録取書（証拠③）

「私は，1年半前からAと交際し，半年前からLマンション202号室でAと二人で生活している。私とAは，4月1日夜から同月2日明け方までカラオケをし，Lマンションに帰るため，甲通りの歩道を並んで歩いていた。すると，前方からジョギング中の男（V）が走ってきて，擦れ違いざまに私にぶつかった。私は，立ち止まり，Vに『すみません。』と謝ったが，Vは，立ち止まり，『横に広がらずに歩けよ。』と怒ってきた。Aも立ち止まり，興奮した様子でVに言い返し，AとVが向かい合って口論となった。Aは，Vの面前に詰め寄り，両手でVの胸を1回突き飛ばすように押した。Vが少し後ずさりしたが，『何するんだ。』と言ってAに向き合うと，Aは両手でVの胸をもう1回突き飛ばすように押した。すると，Vは，後方に勢いよく転び，路上に仰向けに倒れ，後頭部を路面に打ち付けた。さらに，Aは，仰向けに寝た状態になったVの腹の上に馬乗りになり，『この野郎。』と怒鳴りながら，右腕を振り上げてVを殴ろうとした。私は，慌ててAの右腕を両手でつ

かんで止めた。すると，AはVの体から離れたが，Vは起き上がらなかった。Aは，『こちらが謝っているのに，文句を言ってきたのが悪いんだ。放っておけ。』と言った。私とAは，通り掛かりの男の人から，『救急車を呼んだから，待ってください。』と言われたが，VをそのままにしてLマンションに帰った。」

(4) Aの警察官面前の供述録取書（証拠④）

「私は，4月2日早朝，カラオケ店から，交際相手のB子と一緒に帰る途中，B子と二人で並んで歩道を歩いていたところ，ジョギング中の男（V）が擦れ違いざまにB子にぶつかってきた。Vは，B子が謝ったにもかかわらず，『横に並んで歩くな。』と怒鳴った。私は，VがわざとB子にぶつかってきたように感じていたので，『ここはジョギングコースじゃないんだぞ。』と言い返した。私とVは口論となり，そのうち，Vは，興奮した様子で，右手で私の胸ぐらをつかんで前後に激しく揺さぶってきたが，その手を自ら離してふらつくように後退し，後方にひっくり返って後頭部を歩道上に打ち付けた。この間，私は，Vの胸を押したことはなく，それ以外にもVの転倒原因になるような行為をしていない。Vが勝手に歩道上に倒れたので，それを放ったまま自宅に戻った。私は，半年前からLマンション202号室でB子と一緒に生活しており，現在，株式会社丙において会社員として働いている。」

(5) Aの身上調査照会回答書（証拠⑤）

H県I市J町2丁目5番Lマンション202号室が住居として登録されている。

2　Aは，4月7日午後1時，検察官による弁解録取手続において，証拠④と同旨の供述をした。検察官は，弁解録取書を作成した後，H地方裁判所裁判官に対し，Aの勾留を請求した。同裁判所裁判官は，同日，Aに対し，勾留質問を行い，<u>ⓐ刑事訴訟法第207条第1項の準用する同法第60条第1項第2号に定める事由がある</u>と判断して勾留状を発付した。

3　Aは，勾留中，一貫して，Vの胸部を押してVを転倒させ，傷害を負わせた事実を否認した。検察官は，回復したVに対する取調べ等の所要の捜査を遂げ，4月26日，H地方裁判所にAを傷害罪で公判請求した。同公判請求に係る起訴状の公訴事実には，「被告人は，4月2日午前6時頃，H県I市J町2丁目3番Kビル前歩道上において，Vに対し，その胸部を両手で2回押す暴行を加え，同人をその場に転倒させてその後頭部を同歩道上に強打させ，よって，同人に全治3週間の急性硬膜下血腫を伴う後頭部打撲の傷害を負わせた。」旨記載されている。同裁判所は，同月28日，同公判請求に係る傷害被告事件を公判前整理手続に付する決定をした。

4　検察官は，5月10日，前記傷害被告事件について，証明予定事実記載書を裁判所に提出するとともに弁護人に送付し，併せて，証拠の取調べを裁判所に請求し，当該証拠を弁護人に開示した。

検察官が取調べを請求した証拠の概要は，次のとおりである。

(1) 甲1号証　H県立病院医師作成の診断書

「Vは，4月2日に急性硬膜下血腫を伴う後頭部打撲を負い，全治まで3週間を要した。」

(2) 甲2号証　H県I市J町2丁目3番Kビル前歩道上において，Vを立会人として，現場の状況を明らかにするために実施された実況見分の調書

(3) 甲3号証　Vの検察官面前の供述録取書

「4月2日早朝，私が甲通りの歩道をI駅方面に向かってジョギング中，前方から，若い男（A）と女（B子）が歩道一杯に広がるように並んで歩いてきた。私は，ぶつからないように気を付けて走ったが，擦れ違う際に，B子がふらつくように私の方に寄ってきたために，B子にぶつかった。B子が私に謝ったが，私は，立ち止まり，『そんなに横に広がって歩くなよ。』と注意した。すると，Aは，『ここはジョギングコースじゃない。』と怒鳴り，興奮した様子で私に詰め寄ってきた。私がAとの距離を取るため，のけ反るように

後ずさると，Aは，私の胸を両手で1回強く押してきた。私は，更に後ずさりしながら，『何するんだ。』と言ったが，その後のことは記憶になく，気が付いた時にはH県立病院の集中治療室にいた。」

(4) 甲4号証　　写真撮影報告書

　I警察署において，Vが甲3号証と同旨のAのVに対する暴行状況を説明し，A役とV役の警察官2名が，Vの説明に基づき，AがVの胸を両手で1回強く押した際のAとVの相互の体勢及びその動作を再現し，同再現状況が撮影された写真が貼付されている。

(5) 甲5号証　　W所有の携帯電話機に保存されていた画像データを印画した写真1枚

　4月2日午前6時に撮影されたものであり，男（A）が，Kビル前歩道上に仰向けに寝ている男（V）の腹部の上に馬乗りになった状態で，Aの右手掌部が右肩の位置よりも右上方の位置にあり，女（B子）が，Aの右後方から，そのAの右腕を両手でつかんでいる状況が写っている。

(6) 甲6号証　　Wの検察官面前の供述録取書

　Wの警察官面前の供述録取書（証拠②）と同旨の供述に加え，甲5号証につき，「この写真は，私が4月2日午前6時，Kビル前歩道上において，自己の携帯電話機のカメラ機能でAらを撮影したものである。⑥Aは，Kビル前の歩道上に仰向けに寝ているVの腹の上に馬乗りになった状態で，『この野郎。』と怒鳴りながら右腕を振り上げた。すると，傍らにいたB子がAの右腕を両手でつかんで止めたが，この写真はその場面が撮影されている。」旨の供述が録取されている。

(7) 甲7号証　　B子の検察官面前の供述録取書

　B子の警察官面前の供述録取書（証拠③）と同旨の供述。

(8) 乙1号証　　Aの検察官面前の供述録取書

　Aの警察官面前の供述録取書（証拠④）と同旨の供述に加え，甲5号証につき，「この写真には，転倒したVを私が介抱しようとした状況が写っている。」旨の供述が録取されている。

(9) 乙2号証　　Aの身上調査照会回答書（証拠⑤と同じ）

5　⑥弁護人は，検察官請求証拠を閲覧・謄写した後，検察官に対して類型証拠の開示の請求をし，類型証拠として開示された証拠も閲覧・謄写するなどした上，「Aが，Vに対し，公訴事実記載の暴行に及んだ事実はない。Vは，興奮した状態でAの胸ぐらをつかんで前後に激しく揺さぶってきたが，このときVの何らかの疾患が影響して，自らふらついて転倒して後頭部を強打し，公訴事実記載の傷害を負ったにすぎない。」旨の予定主張事実記載書を裁判所に提出するとともに検察官に送付し，併せて，検察官に対して主張関連証拠の開示の請求をした。

　5月24日から6月7日までの間，3回にわたり公判前整理手続が開かれ，⑥弁護人は，検察官請求証拠に対し，甲1号証，甲2号証及び乙2号証につき，いずれも「同意」，甲3号証，甲4号証（貼付された写真を含む。），甲6号証及び甲7号証につき，いずれも「不同意」，甲5号証につき，「異議あり」との意見を述べるとともに，乙1号証につき，「不同意」とした上，「被告人質問で明らかにするので，取調べの必要性はない。」との意見を述べた。検察官は，V，W及びB子の証人尋問を請求した。裁判所は，争点を整理した上，甲1号証，甲2号証及び乙2号証につき，証拠調べをする決定をし，甲3号証ないし甲7号証及び乙1号証の採否を留保して，V，W及びB子につき，証人として尋問をする決定をするなどし，公判前整理手続を終結した。

6　6月19日，第1回公判期日において，冒頭手続等に続き，順次，甲1号証，甲2号証及び乙2号証の取調べ，⑥Vの証人尋問が行われ，同尋問終了後に検察官が甲3号証及び甲4号証（貼付された写真を含む。）の証拠調べ請求を撤回した。同月20日，第2回公判期日に

おいて，Wの証人尋問が行われ，Wは甲6号証と同旨の証言をし，裁判所が同尋問後に甲5号証の証拠調べを決定してこれを取り調べ，検察官が甲6号証の証拠調べ請求を撤回した。続いて，⑤B子の証人尋問が行われ，同尋問終了後，検察官は甲7号証につき刑事訴訟法第321条第1項第2号後段に該当する書面として取調べを請求した。同月21日，第3回公判期日において，甲7号証の採否決定，被告人質問，乙1号証の採否決定等が行われた上で結審した。

〔設問1〕
　下線部ⓐに関し，裁判官が刑事訴訟法第207条第1項の準用する同法第60条第1項第2号の「罪証を隠滅すると疑うに足りる相当な理由」があると判断した思考過程を，その判断要素を踏まえ具体的事実を指摘しつつ答えなさい。

〔設問2〕
　下線部ⓑの供述に関し，検察官は，Aが公訴事実記載の暴行に及んだことを立証する上で直接証拠又は間接証拠のいずれと考えているか，具体的理由を付して答えなさい。

〔設問3〕
　下線部ⓒに関し，弁護人は，刑事訴訟法第316条の15第3項の「開示の請求に係る証拠を識別するに足りる事項」を「Vの供述録取書」とし，証拠の開示の請求をした。同請求に当たって，同項第1号イ及びロに定める事項（同号イの「開示の請求に係る証拠を識別するに足りる事項」は除く。）につき，具体的にどのようなことを明らかにすべきか，それぞれ答えなさい。

〔設問4〕
　下線部ⓓに関し，弁護人は，甲4号証（貼付された写真を含む。）につき「不同意」との意見を述べたのに対し，甲5号証につき「異議あり」との意見を述べているが，弁護人がこのように異なる意見を述べた理由を，それぞれの証拠能力に言及して答えなさい。

〔設問5〕
　下線部ⓔに関し，以下の各問いに答えなさい。
⑴　検察官が尋問中，Vは，「私は，Kビル前歩道上でAに詰め寄られ，Aと距離を取るため，のけ反るように後ずさると，Aに両手で胸を1回強く押された。」旨証言した。検察官が同証言後に，Vに甲4号証貼付の写真を示そうと考え，裁判長に同写真を示す許可を求めたところ，裁判長はこれを許可した。その裁判長の思考過程を，条文上の根拠に言及して答えなさい。
⑵　前記許可に引き続き，Vは，甲4号証貼付の写真を示されて，同写真を引用しながら証言し，同写真は証人尋問調書に添付された。裁判所は，同写真を事実認定の用に供することができるか。同写真とVの証言内容との関係に言及しつつ理由を付して答えなさい。

〔設問6〕
　下線部⑤に関し，B子の証言の要旨は次のとおりであったとして，以下の各問いに答えなさい。
［証言の要旨］
・　AのVに対する暴行状況について，「AとVがもめている様子をそばでずっと見ていた。AがVの胸を押した事実はない。Vがふらついて転倒したので，AがVを介抱しようとした。A

がVに馬乗りになって，『この野郎。』と言って殴り掛かろうとした事実はない。Vと関わりたくなかったので，Aの腕をつかんで，『こんな人は放っておこうよ。』と言った。すると，AはVを介抱するのを止めて，私と一緒にその場を立ち去った。」

・　捜査段階での検察官に対する供述状況について，「何を話したのか覚えていないが，嘘を話した覚えはない。録取された内容を確認した上，署名・押印したものが，甲7号証の供述録取書である。」

・　本件事件後のAとの関係について，5月に入ってからAの子を妊娠していることが分かった。」

(1)　検察官として，刑事訴訟法第321条第1項第2号後段の要件を踏まえて主張すべき事項を具体的に答えなさい。

(2)　甲7号証の検察官の取調べ請求に対し，弁護人が「取調べの必要性がない。」旨の意見を述べたため，裁判長が検察官に必要性についての釈明を求めた。検察官は，必要性についてどのように釈明すべきか答えなさい。

思考過程

① 設問1

設問1は，裁判官が，「罪証を隠滅すると疑うに足りる相当な理由」（207条1項・60条1項2号）があると判断した思考過程について問うている。問題文に「判断要素を踏まえ」とあることから，罪証隠滅のおそれの判断にあたって，罪証隠滅の対象，態様，客観的可能性，主観的可能性という判断要素をふまえた検討を行うべきである。

本設問で，罪証隠滅の対象として考えられるのは，W，B子，Wの携帯電話などである。これらについて，AとW，B子との関係や，A自身の状況などを考慮して，罪証隠滅のおそれが認められるかを検討することが求められる。

② 設問2

設問2は，下線部ⓑの供述が，Aが公訴事実記載の暴行に及んだことを立証するうえで直接証拠・間接証拠のいずれにあたるかを，検察官の視点から検討させる問題である。

直接証拠とは，犯罪事実の存否を直接推認する証拠をいい，間接証拠とは，犯罪事実の存否を推認させる間接事実を証明する証拠をいう。

下線部ⓑの供述が，Aが公訴事実記載の暴行に及んだことを目撃したものではなく，Aが仰向けに寝ているVに対し暴行を加えそうになっていることを目撃したものであることからすれば，下線部ⓑの供述は間接証拠にあたると判断されるだろう。

③ 設問3

設問3は，弁護人が類型証拠の開示請求をするにあたり，いかなる事実を明らかにするべきかを問うものである。

316条の15第3項の請求をするにあたっては，3項1号イおよびロに規定する事項を明らかにする必要がある。そして，1号イは「第1項各号に掲げる証拠の類型」および「開示の請求に係る証拠を識別するに足りる事項」を，1号ロは，「開示の請求に係る証拠が当該検察官請求証拠の証明力を判断するために重要であることその他の被告人の防御の準備のために当該開示が必要である理由」を明らかにすることを要求している。

本設問では，「開示の請求に係る証拠を識別するに足りる事項」は検討対象から除外されているから，316条の15第3項1号イに定める事由として，「第1項各号に掲げる証拠の類型」を，1号ロに定める事由として，「開示の請求に係る証拠が当該検察官請求証拠の証明力を判断するために重要であることその他の被告人の防御の準備のために当該開示が必要である理由」を明らかにしなければならない。

④ 設問4

設問4は，弁護人が，甲4号証と甲5号証に対して異なる証拠意見を述べたことについて，その理由を検討する。問題文に指摘があることから，解答にあたっては，それぞれの証拠能力に言及しなければならない。

甲4号証は，犯行状況を再現した写真を貼付した写真撮影報告書である。この写真撮影報告書は，Vの供述を含むものであるから，供述証拠である。そして，再現されたとおりの犯行状況を要証事実として証拠調べ請求されたものと推測される。そのため，公判廷外の供述を内容とするものであり，要証事実との関係で内容の真実性が問題になるとして，伝聞証拠にあたり，証拠能力は原則として否定される（320条1項）。もっとも，伝聞証拠にあたるものであっても，検察官および被告人による同意があれば証拠能力を認めることができる（326条1項）。そのため，弁護人による「不同意」との意見は326条1項の同意を与えないという趣旨で行われたものと考えられる。

一方，甲5号証は，W所有の携帯電話に保存された事件当時の画像データを印画した写真である。この写真は，機械によって撮影されたものであるから，非供述証拠であり，伝聞法則の適用はない。したがって，326条1項に基づく同意の存否は問題とならない。もっとも，弁護人としては，自然的関連性や，必要性等の点で証拠として採用されることに異議があったために「異議あり」との意見を述べたと考えられる。

1　全体

設問5は，証拠として採用されていない写真を証人尋問で利用することに関するものである。この問題の検討にあたっては，最決平成23年9月14日を参考にしたい。

2　小問(1)

小問(1)は，証人尋問において，検察官による写真の利用を許可した裁判官の思考過程を問うものである。

証人尋問において，Vは検察官から質問を受け，Aから暴行を受けた場面について詳細な供述を行っている。検察官はVの供述を受けて，Vに甲4号証貼付の写真を示そうとしているから，検察官による写真の利用は証言の明確化のために行われたものであると考えられる。したがって，裁判官の思考過程として，検察官による写真の利用が規則199条の12の要件をみたしているかを検討することになる。

なお，甲4号証は証拠として採用されていないが，示す予定の写真はすでにされた供述と同趣旨のものと考えられるため，この写真を示したとしても証人に不当な影響を与えるものではない。

証人尋問で書面等を提示する場合は，規則199条の10（同一性等について尋問する場合），規則199条の11（記憶喚起），規則199条の12（供述明確化）のいずれかであるから，必ず条文を確認してから次に進もう。

3　小問(2)

小問(2)は，裁判所が，甲4号証貼付の写真を事実認定の用に供することができるかを検討させるものである。

証人に示した写真を事実認定の用に供することについて，前掲判例は，証人尋問で「引用された限度において……写真の内容は証言の一部となっていると認められるから，そのような証言全体を事実認定の用に供することができる」としている。本問もこの判例に従い検討を進めていくことが重要である。

⑥　設問6

1　小問(1)

小問(1)は，伝聞例外の要件をみたすものとして，検察官が主張すべき内容を問うている。

検察官は，甲7号証につき321条1項2号後段に該当する書面として取調べを請求している。この請求に際して主張すべき要件は，①供述者の「署名若しくは押印」（321条1項柱書），②供述者が「公判準備若しくは公判期日において前の供述と相反するか若しくは実質的に異なつた供述をした」こと，③「公判準備又は公判期日における供述よりも前の供述を信用すべき特別の状況の存する」ことである。本問では，これらの要件をみたす事実を，問題文の事情に即して指摘する必要がある。

2　小問(2)

甲7号証の取調べの必要性について，検察官が釈明すべき内容を検討しなければならない。検察官としては，B子の証人尋問に加えて，甲7号証自体の取調べも必要な理由について釈明しなければならない。

【関連判例】
最決平成23年9月14日刑集65巻6号949頁（刑事訴訟法百選68事件）

答案例

第1　設問1
1　「罪証を隠滅すると疑うに足りる相当な理由」が存在するか否かは，罪証隠滅の対象，態様，客観的可能性，主観的可能性を総合的に考慮して判断する。　　➡判断要素

2　Aが罪証隠滅を図る対象として想定されるのは，W，B子，Vならびにwの携帯電話である。　　5　➡対象

3　そして，罪証隠滅の態様としては，W，B子，Vに対しては，自己に有利な証言をするよう圧迫することが考えられ，携帯電話については，これを破壊することが考えられる。　　➡態様

4　もっとも，AはW・Vとは面識がないから，両者への働き掛けは難しい。また，携帯電話についても，Wとの接触が難しい以上，破壊することは想定しがたい。　　10　➡客観的可能性

5　他方，AはB子の所在を把握していることから，Aが働き掛ける客観的可能性が認められる。また，傷害罪（刑法204条）は罪責が重く，Aは被疑事実を否認しているうえ，B子への働き掛けは容易であるから，罪証隠滅の主観的可能性も認められる。　　15　➡主観的可能性

6　以上より，裁判官は，Aに「罪証を隠滅すると疑うに足りる相当な理由」があると判断したと考えられる。

第2　設問2
1　直接証拠とは，犯罪事実の存否を直接推認する証拠をいい，間接証拠　　20　➡定義
とは，犯罪事実の存否を推認させる間接事実を証明する証拠をいう。

2　本件の公訴事実はVに対する胸部の突き飛ばしであるが，Wの供述内容はこれと異なる行為に関するものであるため，直接証拠にはあたらない。　　➡直接証拠にあたらないこと

3　他方，同供述はVへの攻撃意思の存在という事実の証明に役立つ証拠　　25　➡間接証拠にあたること
で，同事実はAの犯行という要証事実の存在を推認させる間接事実だから，検察官は間接証拠と考えている。

第3　設問3
明らかにすべき事項は，①「証拠の類型」（刑事訴訟法316条の15第3項1号イ。以下「刑事訴訟法」法名省略）と②開示の重要性（同号ロ）である。　　30

1　①について，同条1項5号ロの類型に該当する。　　➡類型該当性

2　②について，甲3号証は，Aが公訴事実記載の暴行に及んだことを内　　➡開示の重要性
容とするものであるが，その証明力を判断するためには，甲3号証以外のVの供述録取書の開示を受け，供述相互間に矛盾がないかを検討する　　35
ことが重要である。

第4　設問4
1　甲4号証は，Vの説明に基づいて作成された被害再現写真であり，V　　➡原則として証拠能力が認められないこと
の説明内容の真実性が問題となることから，伝聞証拠（320条1項）にあたり，原則として証拠能力が認められないが，同意（326条1項）が　　40
あれば証拠能力が付与される。そこで，弁護人としては，取り調べられるべきでないという趣旨で，「不同意」との意見を述べたと考えられる。

2　甲5号証は，写真であり，機械的方法により再現される非供述証拠だ　　➡証拠能力が認められること
から，伝聞法則の適用はなく，伝聞証拠に証拠能力を与える訴訟行為た

る同意についての意見を述べる余地はない。しかし，同写真には自然的　45
関連性が認められないことなどを理由に，「異議あり」との意見を述べ
たのだと考えられる。

第5　設問5
　1　小問(1)
　　(1)　裁判長は，刑事訴訟規則199条の12第1項（以下「規則」という）　50
　　　に基づき，許可したと考えられる。
　　(2)　まず，Vが供述している被害状況の詳細を視覚的に明確にするため，
　　　Vの説明に基づき被害状況を再現した甲4号証貼付の写真を利用する
　　　「必要がある」。また，同写真を閲覧する機会はすでに与えられてい
　　　たといえる（規則199条の12第2項・規則199条の10第2項本文）。　55
　　(3)　このような思考過程を経て，裁判長は写真の利用を許可したと考え
　　　られる。
　2　小問(2)
　　(1)　たしかに，Vに示した被害再現写真は，独立した証拠として採用さ
　　　れたものではない。しかし，Vは，証人尋問中に示された同写真の内　60
　　　容を引用しながら証言したことから，引用された限度において，同写
　　　真の内容は証言の一部となっていると認められる。
　　(2)　したがって，裁判所は，Vの証言全体を事実認定の用に供すること
　　　ができる。

第6　設問6　　65
　1　小問(1)
　　(1)　B子は証人尋問においてAがVの胸を押した事実はないと証言し，
　　　他方，甲7号証ではAがVの胸を突き飛ばすように押した旨の記載が
　　　ある。両者は異なった結論を導くから，「前の供述と相反する……供
　　　述をした」（321条1項2号後段）といえる。　70
　　(2)　また，証人尋問の時点でB子は妊娠しており，今後の生活のため，
　　　有罪判決を受けないようAに有利な証言をする情況があったといえる。
　　　他方，B子は，甲7号証は録取された内容を確認したうえで署名・押
　　　印したと述べており，甲7号証は信用性のある情況で作成されている。
　　　また，警察官の面前で同旨の供述をしているし（証拠③），証人尋問　75
　　　よりも記憶が鮮明なうちに行われた供述である。よって，「前の供述
　　　を信用すべき特別の情況の存するとき」にあたる。
　　(3)　さらに，甲7号証には供述者であるB子の署名・押印がある。
　2　小問(2)
　　甲7号証は，本件の主要な争点たる，AのVに対する暴行行為の存否　80
　　を認定するうえで重要な証拠となる。そして，Aは上記行為を否認して
　　おり，犯行があったとされる場面を間近で目撃しているのはB子しかい
　　ない。したがって，検察官は甲7号証を取り調べる必要があると釈明す
　　べきである。

以上　85

➡証言明確化のための写真の利用

➡被害再現写真が証言の一部となっていたこと

➡供述の相反性

➡相対的特信状況

➡署名・押印があること

➡甲7号証を取り調べる必要性があること

本問は，暴行の有無が争点となる傷害事件を題材に，勾留における罪証隠滅のおそれの判断要素（設問1），証拠から暴行事実を認定する証拠構造（設問2），類型証拠開示請求の要件（設問3），いわゆる被害再現写真と現場写真の証拠能力の差異（設問4），証人尋問における被害再現写真の利用方策（設問5），刑事訴訟法第321条第1項第2号後段書面の要件及び証拠の取調べの必要性（設問6）について，【事例】に現れた証拠や事実，手続の経過を適切に把握した上で，法曹三者それぞれの立場から，主張・立証すべき事実やその対応についての思考過程を解答することを求めており，刑事事実認定の基本構造，証拠法及び証人尋問を含む公判手続等についての基本的知識の理解並びに基礎的実務能力を試すものである。

講　評 ▮▮▮

1　設問1

罪証隠滅のおそれについては，罪証隠滅の対象，態様，客観的可能性，主観的可能性の4つの観点から検討する必要があるところ，以上の観点を意識して罪証隠滅のおそれについて検討できている答案は少なかった。本年度は，近年の予備試験のなかでも特に問題数が多く，ほかの設問とのバランスをとるため分量を少なくした受験生も多かったと考えられるが，分量を減らしたとしても，必ず検討すべき事項についての記載をなくしてはいけない。ほかの問題を解く際にも，要点をおさえることを意識してほしい。

また，罪証隠滅のおそれについての問題は，近年の予備試験で出題される回数が多い。本問を正しく答えられなかったならば，十分に復習しておくことを勧める。

2　設問2

設問2に関して，下線部ⓑの供述が間接証拠にあたることを適切に指摘できている答案が多かった。特定の証拠が直接証拠・間接証拠のいずれにあたるかを判断させる問題は頻出であるから，しっかりおさえておきたいところである。

同様の問題を検討する場合には，要証事実が何かを特定することがポイントとなる。それにもかかわらず，答案のなかには要証事実を特定せずに，下線部ⓑの供述が間接証拠にあたると結論づけるものもあった。そのような答案は，文章がわかりづらく，相対的に低評価となっている。思考過程をわかりやすく文章にするトレーニングを積んでおくべきである。

3　設問3

おおむね適切に答えられていた。一方で，「証拠の類型」（316条の15第3項1号イ）については，正しいのは，1項5号ロであるが，1項6号であるとする答案が複数あった。両者の違いについては間違いやすい点なので，しっかりと復習しておくことをお勧めする。

また，設問3について，分量がかなり多くなってしまっている答案もあった。丁寧な記述を心掛ける姿勢は評価できるが，ほかの設問とのバランスも考慮すべきである。

4　設問4

伝聞法則の適用が違いに影響することを意識できている答案は多かったが，弁護人が「不同意」との意見を述べる場合と，「異議あり」との意見を述べる場面の違いを正確に理解できている答案は少なかった。この点については難しいところではあるが，重要なポイントであるので，十分に復習してほしい。

また，伝聞法則の適用に関しては，多くの答案が正確に答えることができていた。一方で，伝聞法則の趣旨から述べるなど，やや冗長に思える答案も少なからずあった。他の設問とのバランスも考えて問題に取り組まなければならない。

5　設問5

設問5は，証拠として採用されていない写真撮影報告書（甲4号証）についての問題であった。もっとも，甲4号証が証拠として採用されていない点に着目できていた答案はほぼなかった。気づ

きにくい点ではあるが，問題文をよく読んでほしい。

　小問(1)については，供述を明確にするための写真の利用（規則199条の12）であることを理解したうえで，要件該当性を検討できている答案が多かった。本問のように条文の要件該当性を検討する問題においては，条文上の要件に的確にあてはめることが重要であるが，その点を意識できていた答案は少なかった。

　小問(2)については，前掲最決平成23年を意識できていた答案はほぼなかった。この判例は重要なので，答えられなかったならばしっかり復習しておく必要がある。

6　設問6

　小問(1)については，検察官側が行う321条1項2号後段の主張について，具体的な事情に照らして適切な検討ができている答案が多かった。一方で，署名・押印（321条1項柱書）についての検討を忘れている答案も多かったので，注意すべきである。条文の文言に丁寧にあてはめていく姿勢を常に意識すべきであろう。

　小問(2)については，おおむね検察官が行うべき取調べの必要性についての主張を端的に述べることができていた。本問は最後の設問であるので，時間も紙面も残り少なかったと考えられるが，そのような状況のなかでも丁寧な検討を行う姿勢を忘れないでほしい。

第1　設問1
1　まず，「罪証」には人証も含まれると考える。
　　そして，本件では「罪証」として，Wの供述及びB子の供述の二つが
　想定できるためそれぞれの隠滅の可能性について検討する。
2　まず，Wの供述については仮にAがその供述を変更させるよう働きか
　ける主観的可能性があったとしても，WとAは面識がない以上そのよう
　な働きかけを行う客観的可能性は低い。よって，「罪証を隠滅するに疑
　うに足りる」とはいえない。
3　次にB子の供述については，AとBは交際関係にあるため，容易にBの
　供述を変更させることができるとAは考え得るため，「隠滅」の主観的
　可能性がある。また，交際関係にあるため，容易に両者は接触すること
　ができ，また，交際相手のために有利に供述を変更しやすいため隠滅の
　客観的可能性もある。
4　以上より，裁判官はB子の供述という罪証について「隠滅すると疑う
　に足りる相当な理由」があると判断した。
第2　設問2
1　まず直接証拠とは犯罪事実たる要証事実を直接証明する証拠のことを
　いい，間接証拠とは要証事実を推認する間接事実を証明するための証拠
　をいう。
2　そして，本件では⑥の供述はAがVに馬乗りになって暴行を加えてい
　る事実を証明するものである。一方で，公訴事実の暴行はその前段階の
　Vを転倒させた行為についてである。そうだとすると，暴行の内容が異
　なる以上⑥の供述は，転倒させた暴行を直接証明するものとはいえない。
　よって，直接証拠ではない。他方，⑥は転倒後の暴行という事実を推認
　するものであり，その暴行の事実から転倒させる暴行についても推認が
　可能である。よって，間接事実を証明する間接証拠といえる。
3　以上より，検察官は間接証拠と考えている。
第3　設問3
1　まず，316条の15第3項によって開示請求をするためには，検察官請
　求証拠の証明力を判断するために重要であること及び被告人の防御のた
　めに開示が必要であることを明らかにしなければならない。
2　本件では，甲第3号証においてVの供述録取書が提出されており，そ
　の他のVの供述録取書と甲3号証を合わせることにより，その内容の変
　遷によって甲3号証の証明力を判断することができるため証拠として重
　要であるといえる。また，Vの供述の信用性判断は被告人にとって重要
　なものといえる。
3　以上のことを明らかにすべきである。
第4　設問4
1　まず甲第4号証については，Vの供述を身体による動作によって再現
　するものであり，動作による供述証拠として伝聞証拠（320条1項）に
　当たる。そのため，原則証拠能力が否定される。このことから，弁護人
　は326条により「不同意」の意見を述べたと考えられる。
2　次に，甲5号証はWによって現場の状況を撮影した写真そのものであ
　って，そこに供述が記録されているわけではない。よって，伝聞証拠に

5

10

15

20

25

30

35

40

◀△判断要素を示
したい

◀△犯行を否認し
ていることも指
摘したい

◀○定義を示せて
いる

◀○直接証拠の検
討ができている

◀○間接証拠の検
討ができている

◀×類型の該当性
を検討していな
い

◀○開示の重要性
についてよく検
討できている

◀○伝聞証拠にあ
たることを指摘
できている
◀△表現がやや不
正確

は当たらず，それによって証拠能力は否定されない。そのため，その点について「不同意」と述べるのではなく，証拠として相当でないという意味で「異議あり」と述べたと考えられる。

第5　設問5
1　小問(1)
　まず，検察官は刑事訴訟規則199条の12第1項により，写真を示そうと考えたと思われる。
　そして，同条による写真の提示裁判量の許可が必要であり，また相手方に閲覧の機会を与える必要がある。（同条2項，199条の10第2項）そして，本件では，証拠調べ請求がなされている以上相手方には閲覧の機会が与えられているといえる。そのため，裁判長は許可を行ったといえる。

2　小問(2)
　実質上，写真とVの証言内容は同一であって，Vの供述が調書として証拠採用される以上，それと同一の写真についても証拠として事実認定の用に供することができる。

第6　設問6
1　小問(1)
　まず，Bは甲第7号証ではAの犯行を認める供述をしているにもかかわらず，証言においてはAの犯行を否定する供述をしており，実質的に矛盾する供述をしているため「相反」するものといえる。
　また，Bの前の供述の状況とは違い現在はBが妊娠していることが発覚し，Bが子供の親であるAが犯罪者となることを防ぐために虚偽の供述をしたと考えられるため，前の供述の信用性が高い。
　以上のことを主張すべきである。

2　小問(2)
　BとAは交際関係にあり，通常Aに不利な供述をしにくいにもかかわらず甲第7号証ではそのような供述をしているため，その証拠としての重要性が高い。よって証拠調べをする必要性が高いと釈明すべきである。

以上

45
←△よく検討できているが，相当でない理由を述べられるとなおよい

50
←○正しい条文の指摘

55
←×閲覧の機会が与えられたことを指摘するだけで，許可を与えた理由が示されていない
←△写真が引用されたことを指摘したい

60

←○供述の相反性が指摘できている

65
←○相対的特信性が指摘できている

70
←△署名捺印の指摘もほしい

優秀答案における採点実感

① **設問1**

罪証隠滅のおそれの有無は，罪証隠滅の対象，態様，客観的可能性，主観的可能性を考慮して判断される。まずは考慮要素を正確にあげる必要がある。

また，Aが罪証隠滅に及ぶ主観的可能性について，Aが犯行を否認していることをふまえて検討すべきであった。

② **設問2**

この答案はまず，直接証拠と間接証拠の定義を正確にあげている点は評価できる。また，直接証拠に該当しないことについて十分検討し，間接証拠についても間接事実の推認過程をふまえて検討できており，好印象である。

③ **設問3**

明らかにすべき事項は，開示の重要性だけでなく，証拠の類型も必要であるがこれを指摘できていない。もっとも，開示の重要性については，Vの供述録取書の内容が甲3号証の証明力の判断に資することを指摘できており，高く評価できる。

④ **設問4**

甲4号証については，伝聞証拠にあたることを指摘できている。もっとも，供述内容の真実性が問題となることなど，伝聞証拠のキーワードをあげられると，より理解していることが伝わるであろう。

甲5号証についてもよく検討しているが，相当でない理由について述べられるとなおよかった。

⑤ **設問5**

小問(1)について，検討すべき条文を正確に指摘できている。もっとも，この答案は閲覧の機会があったことを指摘するのみで許可を与えた理由が不十分である。Vが供述している被害状況の詳細を視覚的に明確にするため，Vの説明に基づき被害状況を再現した甲4号証貼付の写真を利用する必要があることなどをふまえて検討できるとよかった。また，証拠調べを終えたから相手に閲覧の機会が与えられているとしているが，証拠調べを終えていればそもそも閲覧の機会は問題とならない（規則199条の12第2項，規則199条の10第2項）。

小問(2)は写真が引用され，写真が証言の一部となっていることを指摘すべきである。

⑥ **設問6**

小問(1)については，供述の相反性と相対的特信性という重要な要件について具体的に検討している。署名捺印という要件も指摘できればより高評価だったと思われる。

小問(2)についても，甲7号証を取り調べる必要性について具体的な検討をしている。もっとも暴行の認定において重要であることを明示したい。

次の【事例】を読んで，後記〔設問〕に答えなさい。

【事例】
1　A（21歳，男性）は，平成30年5月30日，「氏名不詳者と共謀の上，平成30年4月2日午前4時頃，H県I市J町2丁目3番K駐車場において，同所に駐車されていたV所有の普通乗用自動車（以下「本件自動車」という。）の運転席側窓ガラスを割るなどして，同車を損壊した上，同車内にあったV所有の現金200万円在中の鞄1個及びカーナビゲーションシステム1台（以下「本件カーナビ」という。）を窃取した。」旨の器物損壊・窃盗被告事件（以下「本件被告事件」という。）でH地方裁判所に公訴提起された。

　　Aの弁護人は，同年5月30日，Aについて保釈の請求をしたところ，ⓐH地方裁判所裁判官は，刑事訴訟法第89条第4号に該当する事由があり，また，同法第90条に基づく職権による保釈を許すべき事情も認められないとして，同保釈請求を却下した。
2　その後，本件被告事件は，公判前整理手続に付することが決定され，検察官は，同年6月12日，証明予定事実記載書面を裁判所に提出するとともにAの弁護人に送付し，併せて，証拠の取調べを裁判所に請求し，当該証拠を同弁護人に開示した。検察官が取調べを請求した証拠の概要は次のとおりである（以下，日付はいずれも平成30年である。）。
　・　Vの告訴状（甲1号証）
　　　「本件自動車を壊して，車内にあった現金200万円が入った鞄や本件カーナビを盗んだ犯人として，Aが逮捕されたと聞いたが，知らない人である。盗難被害のほか，本件自動車の損壊についても，Aの厳しい処罰を求める。」
　・　K駐車場の実況見分調書（甲2号証）
　　　Vを立会人として行われたK駐車場の実況見分の結果を記載したものであり，同駐車場の位置や広さなどのほか，本件自動車の駐車状況及び被害後の状況を含めた被害現場の状況などが記載されている。
　・　Vの警察官面前の供述録取書（甲3号証）
　　　「4月1日午後8時頃，本件自動車をK駐車場に駐車した。本件自動車及び同車内在中の鞄，現金，本件カーナビは，いずれも私が所有するものである。主なもので，その日に銀行から下ろした現金200万円及び本件カーナビ（時価5万円）の損害のほか，本件自動車の修理代金として，約25万円の損害が発生しており，犯人を早く捕まえてほしい。」
　・　W1の警察官面前の供述録取書（甲4号証）
　　　「私は，L県内で中古電化製品販売店を営んでおり，中古電化製品の買取りも行っている。4月2日午前11時頃，Aとして身分確認をした男性からカーナビゲーションシステム1台を買い取った。今刑事さんと一緒に買取台帳等を確認し，製品番号などから，このとき買い取ったカーナビゲーションシステムが，本件カーナビであることが分かった。本件カーナビは未販売であり，警察に提出する。また，当店では，買取りに際し，自動車運転免許証等で身分確認をしており，本件カーナビを売却した男性についても，自動車運転免許証の提示を求めた上，その写しを作成して保管しているので，その写しや買取台帳の写しも提出する。」
　・　警察官作成の捜査報告書（甲5号証）
　　　W1から提出されたカーナビゲーションシステムの写真が添付されており，同カーナビゲーションシステムの製造番号が本件カーナビの製造番号と一致することなどが記載されている。
　・　A名義の自動車運転免許証の写し（甲6号証）

W1から提出されたA名義の自動車運転免許証の写しであり，乙2号証の身上調査照会回答書記載のAの生年月日，住所地等と合致する記載がある。
- W1から提出された買取台帳の写し（甲7号証）
  「買取年月日　30年4月2日」，「顧客名　A」，「商品　カーナビ1台（メーカー名，型番，製造番号）」，「買取代金　3万3000円」等の記載がある。
- W2（男性）の検察官面前の供述録取書（甲8号証）
  「私は，自宅近くのコンビニエンスストアで買い物をして帰宅する途中の4月2日午前4時頃，K駐車場前の歩道を歩いていたところ，駐車場内に駐車されていた本件自動車の車内ランプが光っていることに気付き，注視しながら同車に近づいた。同車まで約5メートルの距離まで近づいたところで，黒い上下のウィンドブレーカーを着た身長175センチメートルくらいの男が，慌てた様子で，ティッシュペーパーの箱を2つ重ねたくらいの大きさの電化製品に見えるものを持って同車の運転席側のドアから降りてきて，1秒ほど私と目を合わせた。そして，その男が，同車の横に停車していた自動車の助手席に乗り込むや否や，その車は急発進し，私のすぐ左側を通り過ぎ，K駐車場から出て，左折して走り去った。私は，男たちの行動を不審に感じ，本件自動車に近づいてその様子を見ると，同車の運転席側の窓ガラスが割れていたので，先ほどの男たちが車上荒らしをしたのだと思い，110番通報をした。本件自動車から降りてきた男については，1秒ほど目が合ったし，自動車が通り過ぎる際にも助手席側の窓ガラス越しに顔を見たので，その男の顔は覚えている。検事から，『これらの写真に写っている男の中に，あなたが見た男がいるかもしれないし，いないかもしれない。』と説明を受けた上で，30枚の男性の顔の写真が貼られたものを見せられたが，12番の写真の男が，顔の輪郭や目鼻立ち，特につり上がった目の感じや左頬のあざなどから，本件自動車から降りてきた男に間違いないと思う。この12番の写真の男は，知り合いではなく，4月2日に初めて見た男である。また，急発進した自動車の運転席には，助手席に座っていた男とは別の人物が座っていたが，この人物の性別などは分からない。12番の写真の男とは知り合いではないものの，私はK駐車場の直ぐ隣の一軒家に住んでおり，12番の写真の男がその気になれば，私のことを特定したり，私の家を知り得ると思うので，嫌がらせなどされないかが不安だ。」（末尾に「12番」とされたAの写真が含まれた写真台帳が添付されている）。
- Aの警察官面前の供述録取書（乙1号証）
  「私は，独身で，3か月前から一人で住所地のマンションに住んでおり，無職である。たまに，工事現場のガードマンとして短期間のアルバイトをして，生活費を稼いでいる。K駐車場には一度も行ったことがない。本件カーナビをW1が経営する中古電化製品販売店に売ったことは間違いないが，それは，Bという友人から売却を頼まれて売ったのであり，本件カーナビや鞄などを盗んだのは私ではないし，本件自動車を壊したのも私ではない。本件カーナビが盗品であることは知らなかった。刑事さんから，犯行日時に，K駐車場で本件自動車から出てくる私を見た人がいると聞いたが，人違いではないかと思う。」
- Aの身上調査照会回答書（乙2号証）
  Aの氏名，生年月日，住所地などが記載されている。

3　⑥Aの弁護人は，検察官請求証拠を閲覧・謄写した後，検察官に対して類型証拠の開示の請求をし，類型証拠として開示された証拠も閲覧・謄写するなどした上，「Aが，公訴事実記載の器物損壊や窃盗を行った事実はいずれもない。Aは，友人Bから本件カーナビの売却の依頼を受けてこれを中古電化製品販売店に売却したが，盗品であることは知らなかった。Aは，公訴事実記載の日時頃，K駐車場にはいなかった。」旨の予定主張事実記載書を裁判所に提出するとともに検察官に送付し，併せて，検察官に対して主張関連証拠の開示の請求をした。

4　検察官は，本件被告事件について，Aの公訴提起後も，Bなる人物の所在を捜査していたところ，Bの所在が判明し，更に所要の捜査の結果，このBがAの共犯者であった疑いが濃厚となった。そうしたところ，6月26日に，Aに係る本件被告事件の第1回公判前整理手続期日が開かれたが，その後の7月5日，Bが，「Aと共謀の上，4月2日午前4時頃，H県I市J町2丁目3番K駐車場において，同所に駐車されていたV所有の本件自動車の運転席側窓ガラスを割るなどして，同車を損壊した上，同車内にあったV所有の現金200万円在中の鞄1個及び本件カーナビを窃取した。」旨の器物損壊・窃盗被疑事件で逮捕され，7月6日，H地方検察庁検察官に送致された。Bは，その後，勾留中の取調べにおいて，友人Aと相談の上で，本件自動車を壊して本件カーナビなどを盗んだことを認め，さらに，本件自動車から盗んだ鞄内には，現金200万円のほか，アイドルグループのCD1枚（以下「本件CD」という。）が在中し，同CDを自宅に置いてある旨述べて，自宅にあったCDを，親族を通じて，警察に提出した。検察官は，所要の捜査を遂げ，同月25日，Bについて，被害品を「現金200万円及び本件CD在中の鞄1個並びに本件カーナビ」と変更したほかは，逮捕事実と同じ事実で，H地方裁判所に公訴提起した。

5　その後，検察官は，Bに係る事件の捜査を踏まえて，既に公訴を提起していたAに係る本件被告事件について，AとBが共謀の上で行った事実である旨証明するに足りる証拠や本件CDも被害品である旨証明するに足りる証拠が収集できたものと判断し，ⓒ所要の手続を順次行った上，本件被告事件について，下記の甲9号証及び甲10号証の証拠を追加で取調べ請求し，それらの証拠をAの弁護人に開示した。

・　Vの警察官面前の供述調書（甲9号証）

　　「Bの自宅にあったCDを刑事さんから見せてもらったが，私宛てで，私が一番好きなメンバーであるQのサインが書かれていることから，盗まれた私の鞄の中に入っていたものに間違いない。見当たらなくなっていたので，もしかしたら盗まれた鞄に入っていたのかとも思っていたものの，確信が持てなかったので，当初は被害品として届けていなかった。」

・　Bの検察官面前の供述調書（甲10号証）

　　「友人であるAと相談して，いわゆる車上荒らしをやることにし，事前に役割分担を決めた。具体的には，Aが，マイナスドライバーで，自動車の窓ガラスを割ってドアのロックを外し，車中にある金目の物のほか，カーナビを外して盗み出す役，私が，Aが助手席に乗る自動車を運転して，現場に行き，Aが金目の物やカーナビを盗む間に見張りをして，盗み終わった後も運転役をすることを決めた。4月2日午前4時前頃，私が運転する私の自動車でK駐車場に行き，本件自動車の運転席側の隣に私の自動車を停めた。その後，助手席から降りたAが，マイナスドライバーで，本件自動車の運転席側の窓ガラスを割ってドアのロックを外し，車中に入った。私は，エンジンをかけた状態の私の自動車の運転席に座ったまま周囲に注意を払っていた。その後，Aは，鞄1個のほか，本件カーナビを持って，車外に出てきたが，その際，一人の男性が，私の車の方に近づいてきたのが見えたため，私は，Aが助手席に飛び乗るや否や，私の自動車を急発進させて，K駐車場から逃走した。本件カーナビは，Aが，L県内の中古電化製品販売店に3万円くらいで売った。現金200万円及びAが売却した本件カーナビの売却金については，Aと二等分した。また，Aと盗んだ鞄の中には，現金のほか，本件CDが入っていたが，Aが要らないと言ったので，私がもらって自宅に置いていた。本件CDについても，Aと一緒に盗んだものに間違いない。」

6　8月21日に開かれたAに係る本件被告事件の第2回公判前整理手続期日において，検察官請求証拠に対し，弁護人は，甲8号証及び甲10号証につき，いずれも「不同意」とし，そのほかの証拠については，いずれも「同意」と意見を述べた。

7　同期日において，Aに係る本件被告事件に関し，検察官は，「共謀状況及び共同犯行状況等」を立証趣旨としてBの証人尋問を，「犯行目撃状況等」を立証趣旨としてW2の証人尋問を請求した。裁判所は，争点を整理した上，弁護人が同意した証拠についていずれも証拠調べをする決定をし，弁護人に対して，B及びW2の証人尋問請求に対する意見を聞いたところ，弁護人は，Bについては，「しかるべく」とし，W2については，「必要がない」旨の意見を述べた。⒟裁判長は，検察官に対し，「Bに加えてW2を尋問する必要性」について釈明を求め，検察官の釈明を聞いた上で，B及びW2につき，いずれも証人として尋問する旨の決定をするなどし，公判前整理手続を終結した。

8　その後，Aに係る本件被告事件については，9月12日に開かれた第1回公判期日において，B及びW2の証人尋問などが行われたところ，同証人尋問において，B及びW2は，それぞれ，甲8号証，甲10号証のとおり証言した。続いて，同月26日，第2回公判期日において，被告人質問等が行われ，10月17日，第3回公判期日において，検察官及び弁護人がそれぞれ意見を述べ，被告人の最終陳述等が行われた上で結審した。

〔設問1〕
　下線部ⓐに関し，裁判官が刑事訴訟法第89条第4号の「被告人が罪証を隠滅すると疑うに足りる相当な理由がある」と判断した思考過程を，その判断要素を踏まえ，具体的事実を指摘しつつ答えなさい。

〔設問2〕
　下線部ⓑに関し，Aの弁護人は，刑事訴訟法第316条の15第1項柱書き中の「特定の検察官請求証拠」を甲8号証の「W2の検察官面前の供述録取書」とし，その「証明力を判断するために重要であると認められるもの」に当たる証拠として
　　①　本件被告事件の犯行現場の実況見分調書（W2が説明する目撃時の人物等の位置関係，現場の照度などについて明らかにしたもの）
　　②　W2の警察官面前の供述録取書
　　③　本件被告事件の犯行日時頃，犯行現場付近に存在した者の供述録取書
の開示の請求をしようと考えた。弁護人は，同請求に当たって，同条第3項第1号イ及びロに定める事項（同号イの「開示の請求に係る証拠を識別するに足りる事項」は除く。）につき，具体的にどのようなことを明らかにすべきか，①から③の証拠についてそれぞれ答えなさい。

〔設問3〕
　下線部ⓒに関し，検察官が順次行った所要の手続について，条文上の根拠に言及しつつ，簡潔に説明しなさい。

〔設問4〕
　下線部ⓓに関し，以下の各問いについて答えなさい。
⑴　検察官は，W2の供述によって「Aが公訴事実記載の器物損壊や窃取に及んだ」という事実を立証しようと考えている。この場合，W2の供述は，直接証拠又は間接証拠のいずれに当たるか，具体的理由を付して答えなさい。
⑵　裁判長が，検察官に対し，「Bに加えてW2を尋問する必要性」について釈明を求めたのはなぜか，条文上の根拠を示しつつ答えなさい。
⑶　検察官は，W2を尋問する必要性について，どのように釈明すべきか答えなさい。

〔設問5〕
　Aに係る本件被告事件の公判前整理手続終結後，第1回公判期日前である8月28日，BがVに対して250万円を弁償し，同日，弁償金を受領した旨の領収証がVからBに交付された。Aの弁護人は，9月15日，同領収証の写しを入手したため，これを第2回公判期日において，取調べ請求したいと考えた。この場合における，刑事訴訟法上及び弁護士倫理上の問題についてそれぞれ論じなさい。

思考過程

① 設問1

　設問1は，裁判官の立場から，「被告人が罪証を隠滅すると疑うに足りる相当な理由」(89条4号)があると判断した思考過程について問う問題である。問題文に「判断要素を踏まえ」とあることから，判断要素として，罪証隠滅の対象，態様，客観的可能性，主観的可能性をふまえたうえで検討を進めていく。

　本問で罪証隠滅の対象として考えられるのは，被害者であるV，目撃者であるW2や，被害品である金銭，鞄などである。それぞれの証拠について，考えうる罪証隠滅の態様や客観的可能性，主観的可能性を検討していく必要がある。

　なお，本問のように罪証隠滅の可能性について問う問題は近年の予備試験で頻出している。判断要素をおさえたうえで，それぞれの問題に現れる具体的事情に即した検討をしてほしい。

② 設問2

　設問2は，Aの弁護人の立場から，類型証拠の開示請求にあたっていかなる事情を明らかにすべきかが問われている。

　類型証拠開示の要件は，①316条の15第1項1号から9号までのいずれかの類型に該当すること，②特定の検察官請求証拠の証明力を判断するために重要であること，③開示をすることが相当であること，④被告人または弁護人から請求があることの4つである。そして，弁護人が類型証拠の開示請求を行う場合には，316条の15第3項に規定する事項を明らかにして行う必要がある。

　そして，316条の15第3項1号イは，「第1項各号に掲げる証拠の類型」および「開示の請求に係る証拠を識別するに足りる事項」を，1号ロは，「開示の請求に係る証拠が当該検察官請求証拠の証明力を判断するために重要であることその他の被告人の防御の準備のために当該開示が必要である理由」を明らかにすることを要求している。被告人または弁護人が3項柱書に基づいて類型証拠の開示請求を行う場合には，以上の要件をみたすことを主張しなければならない。

　本問で開示の請求が検討されているのは，①本件被告事件の犯行現場の実況見分調書，②W2の警察官面前の供述録取書，③本件被告事件の犯行日時頃，犯行現場付近に存在した者の供述録取書の3つである。問題文で「開示の請求に係る証拠を識別するに足りる事項」についての検討は不要とされているから，それぞれについて，316条の15第3項1号イが定める事項として「第1項各号に掲げる証拠の類型」を，1号ロが定める事項として「開示の請求に係る証拠が当該検察官請求証拠の証明力を判断するために重要であることその他の被告人の防御の準備のために当該開示が必要である理由」を明らかにすることが重要になる。

③ 設問3

　本問は，公判前整理手続において，主張関連証拠の開示手続終了後に，公訴事実につき新たな事実が判明した場合に，検察官が行ったと思料される手続について説明を求められている。

　問題文3の時点で，弁護人は検察官に対し主張関連証拠の開示請求をしている。そして，その後，捜査の結果，AおよびBが共謀のうえ本件被疑事実に及んだ事実，本件CDも被害品である事実が明らかになっている。Bに係る事件において，Aと共謀したこと，被害品に本件CDが追加されていることにもかんがみれば，検察官は下線部ⓒにおいて，訴因変更(316条の5第2号，312条1項)，証明予定事実の追加・変更(316条の21第1項)の手続を行ったと考えられる。それぞれ必要な手続を端的に指摘していく。

　なお，刑事訴訟法上，検察官が訴因変更手続を行わなければならないわけではないが，その場合でも任意の訴因変更手続は妨げられないことに注意しなければならない。

④ 設問4

1　小問(1)

　小問(1)は，Aが公訴事実記載の器物損壊および窃盗を行った事実を証明するにあたって，W2の供述が直接証拠と間接証拠のいずれとなるかを問うものである。

　直接証拠とは，犯罪事実の存否を直接証明する証拠であり，間接証拠とは，犯罪事実の存否を推

認する間接事実を証明する証拠をいう。

本問では，公訴事実となっているのは窃盗および器物損壊である。それぞれの犯罪との関係でW2の供述が，直接証拠，間接証拠のいずれにあたるかを検討する。その際には，W2が，窓ガラスが破壊される様子は目撃していないこと，男が電化製品に見えるものを持ち出したのを目撃したにすぎないことなどに注意しておこう。

2　小問(2)

小問(2)は，裁判長がBのみならずW2を尋問する必要性について釈明を求めた理由について検討することが問われている。

適正・迅速な裁判の実現のためには，真に必要な証拠のみを厳選して証拠調べを行っていく（規則189の2）。このような証拠の厳選の考えから，裁判長はW2を尋問する必要性について釈明を求めたと考えられる。問題文で条文上の根拠を示すことを求められているため，規則189の2を忘れずに摘示する。

3　小問(3)

小問(3)は，Bに加えてW2を尋問する必要性について，検察官が釈明すべき内容が問われているので，検察官としては，W2の尋問の必要性を釈明していく。その際には，BがAの共犯者と疑われているものであり，供述の信用性が低くなる可能性があることなどを指摘する。

5　設問5

1　刑事訴訟法上の問題

Aの弁護人は，公判前整理手続終了後に，VからBに交付された領収書を取調べ請求しようと考えている。そのため，公判前整理手続終了後の証拠調べ請求を制限する316条の32の規定に違反しないかが問題となるだろう。

公判前整理手続の目的は，事件の争点および証拠を整理し，充実した争点整理を行うことにある（316条の2参照）。一方で，公判前整理手続を行ったとしても，その後の公判審理で新たな証拠調べ請求を無制限にできるとすると，わざわざ公判前整理手続を行った意味が損なわれる。そこで，公判前整理手続終了後における証拠調べ請求については，「やむを得ない事由」がないかぎり，制限されることとされている（316条の32）。

本問では，Aの弁護人による領収書の写しの取調べ請求について，「やむを得ない事由」があるかを検討する必要がある。領収書の写しの入手時期などを考慮する。

2　弁護士倫理上の問題

Aの弁護人が取調べ請求をしようとしている領収書の写しは，BがVに対して250万円を弁償し，同日，弁償金を受領した旨を内容とするものである。かりにAが公訴事実記載の器物損壊および窃盗を行ったことを認めていたとすれば，この領収書の写しはAの情状資料として機能しうるものである。

しかし，実際には，Aは公訴事実記載の器物損壊および窃盗を行ったことを否認しており，犯人性を争っている。したがって，Aの弁護人がAの同意を得ずこの領収書の写しを提出したことは，Aの意思に反することであると考えられる。このようなAの弁護人の行動が「最善の弁護活動」を要求する弁護士職務基本規程46条に反しないかが問題となろう。具体的事実に即して検討することが重要である。

第1　設問1
　1　「被告人が罪証を隠滅すると疑うに足りる相当な理由がある」（刑事訴　　　➡判断要素
　　訟法89条4号。以下「刑事訴訟法」法名省略）か否かは，罪証隠滅の対
　　象，態様，客観的可能性，主観的可能性を総合的に考慮して判断する。
　2　罪証隠滅の対象，態様としては，W2や共犯者に働き掛けて証言を変　　5　➡具体的事実の指
　　えさせること，被害金である現金200万円および鞄を費消・損壊するこ　　　　　摘
　　となどが考えられる。
　　　AはW2と面識がなかったが，W2は犯行があったK駐車場の近くに
　　住んでいるため，その住居を特定することが可能であり，AがW2を威
　　迫する可能性が認められる。また，共犯者はいまだ発見されていないこ　　10
　　とから，Aが共犯者と口裏を合わせることも可能である。さらに，被害
　　品である現金200万円と鞄は，捜査機関によって発見・押収されていな
　　いことから，所在を知っていれば容易に処分することができる。そのた
　　め，罪証隠滅の客観的可能性が認められる。
　　　また，本件被告事件は，被害額が数百万円もする重大事件であり，重　　15
　　い刑事責任が科されることが予想される。さらに，A自身はカーナビの
　　売却以外については否認している。したがって，罪証隠滅を図る主観的
　　可能性もあるといえる。
　3　以上より，「罪証を隠滅すると疑うに足りる相当な理由」が認められる。
第2　設問2　　　　　　　　　　　　　　　　　　　　　　　　　　　　　　20
　1　①の証拠
　（1）316条の15第3項1号イに定める事項
　　　316条の15第1項3号に該当する。　　　　　　　　　　　　　　　➡類型該当性
　（2）316条の15第3項1号ロに定める事項
　　　　W2が目撃した時刻は午前4時と薄暗い時間帯であったことから，　25　➡開示の重要性
　　甲8号証の証明力を判断するためには，この時点の人物等の位置関係
　　や現場の照度といった客観的な観察条件を確認することが重要である。
　　そして，このような客観的観察条件を確認するために，本件被告事件
　　の犯行現場の実況見分調書を開示する必要性は高い。
　2　②の証拠　　　　　　　　　　　　　　　　　　　　　　　　　　　　30
　（1）316条の15第3項1号イに定める事項
　　　316条の15第1項5号ロに該当する。　　　　　　　　　　　　　　➡類型該当性
　（2）316条の15第3項1号ロに定める事項
　　　　甲8号証の証明力を判断するためには，W2の他の供述録取書の開　　　➡開示の重要性
　　示を受けて，その供述経過を検討し，供述の一貫性や変遷の有無を確　　35
　　認することが重要である。このような供述の変遷等を確認するために
　　は，W2の警察官面前の供述録取書を開示する必要性が高い。
　3　③の証拠
　（1）316条の15第3項1号イに定める事項
　　　316条の15第1項6号に該当する。　　　　　　　　　　　　　　　40　➡類型該当性
　（2）316条の15第3項1号ロに定める事項
　　　　甲8号証の証明力を判断するためには，W2以外の犯行直後の現場　　　➡開示の重要性
　　を目撃した者の供述録取書の開示を受けて，それらの内容にW2の供
　　述との矛盾やそごがないかを確認することが重要である。内容の確認

のためには，本件被告事件の犯行日時頃，犯行現場付近に存在した者 45
の供述録取書を開示する必要性が高い。
第3　設問3
「氏名不詳者」を「B」に変更し，被害品に本件CDを追加するため訴因 →条文上の根拠
変更手続を行い（316条の5第2号，312条1項），AとBが共謀のうえで行
った事実および本件CDも被害品である事実を証明するため，証明予定事 50
実の追加・変更（316条の21第1項）手続を行った。
第4　設問4
1　小問(1)
　　直接証拠とは，主要事実を直接的に証明する証拠をいい，間接証拠と
は，主要事実の存在を推認させる間接事実を証明させる証拠をいう。 55
　　W2の供述は，犯人が犯行時刻に犯行現場のK駐車場にいたこと，本 →間接証拠にあた
件自動車から被害品に類するものを持って慌てて出てきたことを内容と 　ること
し，Aが器物損壊や窃盗に及んだことを推認させる。よって，W2の供
述は，間接証拠にあたる。
2　小問(2) 60
　　一般的に，間接証拠は直接証拠に比べて証明力が低いことから，Aの →証拠の厳選
犯罪事実を直接証明する直接証拠となるBの供述が存在するのであれば，
上述のとおり間接証拠にすぎないW2の供述は，証拠として不要とも思 →条文上の根拠
える。そこで，裁判長は必要な証拠を厳選する（刑事訴訟規則189条の
2。以下「規則」という）観点から，釈明を求めた（規則208条1項）。 65
3　小問(3)
　　共犯者Bには自己の刑事責任を軽減するためにAを引っ張り込む危険 →第三者を尋問す
があるとして，Bの供述の信用性が低く評価された場合，Aとの利害対 　る必要性
立がない第三者たるW2の供述でBの供述の信用性を補強する必要があ
ると釈明すべきである。 70
第5　設問5
1　刑事訴訟法上の問題
　　「公判前整理手続……が終わつた後に」証拠調べ請求をするには「や →「やむを得ない
むを得ない事由」（316条の32第1項）の存在が求められる。 　事由」の存在
　　本問の領収証は公判前整理手続終結後に作成されているため，公判前 75
整理手続でその写しの証拠調べ請求をしなかったことにつき「やむを得
ない事由」が認められる。
2　弁護士倫理上の問題
　　Aの弁護人として，有罪を前提とする情状に関する証拠を，Aと協議 →規程46条に反す
せずに提出することは，犯人性を否認しているAの「権利及び利益」を 　ること
軽視するものであり，「最善の弁護活動」（弁護士職務基本規程46条）と 80
はいえない。
　　　　　　　　　　　　　　　　　　　　　　　　　　　　　　以上

　本問は，犯人性が争点となる器物損壊，窃盗事件（共犯事件）を題材に，保釈における罪証隠滅のおそれの判断要素（設問1），類型証拠開示請求の要件（設問2），訴因の変更の請求及び証明予定事実の追加・変更の手続（設問3），器物損壊事実及び窃取事実を認定する証拠構造，証拠の厳選，共犯者供述と第三者供述の信用性の相違に着目した証人尋問の必要性（設問4），公判前整理手続終了後の証拠調べ請求の制限，犯人性を否認している被告人の弁護において共犯者が行った弁償事実に関する証拠を取調べ請求する際の弁護士倫理上の問題点（設問5）について，【事例】に現れた証拠や事実，手続の経過を適切に把握した上で，法曹三者それぞれの立場から，主張・立証すべき事実やその対応についての思考過程を解答することを求めており，刑事事実認定の基本構造，証拠法及び公判手続等についての基本的知識の理解並びに基礎的実務能力を試すものである。

講　評 ‖‖‖

① 設問1

　罪証隠滅のおそれが認められるか否かを判断するにあたっては，罪証隠滅の対象，態様，客観的可能性，主観的可能性を考慮する必要がある。これらの判断要素に触れつつ，それぞれについて問題文の具体的事情を指摘して解答することができていた答案は，おおむね高評価であった。他方で，判断要素を正しくあげられていなかったり，具体的事実を指摘できていなかったりする答案は，総じて評価が高くなかった。

　罪証隠滅のおそれに関する問題は，勾留，保釈，接見等禁止処分など対象となる場面は異なるものの，頻繁に出題されている。基本的な知識についてはしっかりと復習しておいてほしい。

② 設問2

　設問2は，類型証拠開示請求の際に弁護人が明らかにすべき事項として，「証拠の類型」（316条の15第3項1号イ）と開示の重要性（316条の15第3項1号ロ）を答えることを要求する問題である。

　「証拠の類型」に関しては，多くの答案が正しい類型を指摘することができていた。もっとも，②W2の警察官面前の供述録取書について，316条の15第1項5号イの類型に該当すると述べる答案が複数見受けられた。類型該当性は弁護人が類型証拠の開示請求をする段階で明らかにするものであるところ，本設問では，弁護人の当該請求時点ではW2の証人尋問は請求されていなかったことに注意する必要がある。

　開示の重要性に関しても，開示を請求しようとする証拠ごとに具体的な重要性を指摘できていた答案が多数であった。他方で，本設問については，やや冗長な答案が少なからずあった。設問2は3つの証拠についてそれぞれ検討させる問題であるため，各証拠について端的に記述することを意識しなければ，不必要に答案が長いものとなってしまう。答案を作成する際には設問ごとのバランスに気をつけなければならない。

③ 設問3

　証明予定事実の追加・変更の手続（316条の21）については，多くの答案が適切に指摘することができていたように思う。他方で，まったく異なる手続をあげている答案も複数見受けられた。

　公判前整理手続に関する問題は，近年の予備試験において頻出の問題である。設問3を正しく答えられなかったならば，公判前整理手続全般についてしっかりと復習しておきたい。

④ 設問4

　小問(1)については，多くの答案が，W2の供述が間接証拠にあたることを指摘できていた。検討の際に，Aが器物損壊行為や窃取行為に及んだ事実を要証事実として意識できていた答案も多かった。もっとも，上位答案のなかにも，小問(1)について紙面を使いすぎている答案も多かった。本年度は特に全体の設問数が多いので，全体のバランスにもう少し注意を払うべきであろう。

　小問(2)に関しては，上位答案のなかにも，証拠の厳選（規則189の2）について触れることができていた答案はほぼなかった。結果的に，本問について正しい解答ができなかったとしても，さほど

差がつかなかったといえるだろう。もっとも，証拠の厳選自体は重要な概念であるから，十分に復習しておいてほしい。

小問(3)については，BがAの共犯者であるという特殊性に触れられている答案はそれほどなく，単にW2の証言の重要性についてのみ述べている答案が多かった。問題文をよく読めば，BがAの共犯者であるという事実には簡単に気づけるはずであるから，問題をしっかり読むという姿勢を忘れてはならない。

⑤　設問5

刑事訴訟法上の問題については，本設問で公判前整理手続が行われており，Aの弁護人の取調べ請求時点では，すでに公判前整理手続が終了していることに注目できていた答案が多かった。このような答案は，正しく公判前整理手続終了後の証拠調べ請求についての制限（316条の32）について論じることができていたように思う。他方で，本設問が公判前整理手続終了後の問題であると気づけなかった答案も少なからずあった。

近年の予備試験では，公判前整理手続に関連する問題の出題が増えていることから，問題文に公判前整理手続に関する事情がある場合は，その後の事情について注意深く把握してもらいたい。

弁護士倫理上の問題については，人によって検討する条文が違っていて多様だった。複数の条文が問題となりうる問題ではあるが，説得力に欠ける答案もあった。法曹倫理については，近年の予備試験において数年に１回程度出題される傾向にある。受験生にとってはあまりなじみのない分野かもしれないが，しっかり復習してもらいたい。

第1　設問1について
　1　罪証には物証のみならず人証も含まれるところ，物証としては逃げる
　　　ときに利用した自動車，人証としてはV，W2，共犯者が考えられる。

◀×判断要素を明示すべき

　　(1)　まず，自動車については，Aはこれがどこにあるかを知っていると
　　　考えられ，罪証を隠滅することは可能である。また，逃げるときに利 5
　　　用した自動車は重要な証拠となり得るから，これを処分するなどして
　　　罪証を隠滅するおそれがある。

　　(2)　次にVについてはAとVは知り合いではなかったのであるから，A
　　　がVに働きかけることはできず，罪証隠滅のおそれはない。

◀×働き掛けが「できない」ではなく，「困難」という程度にとどめたほうがよい

　　(3)　W2については確かにAとW2は知り合いではないものの，W2は 10
　　　犯行現場であるK駐車場の直ぐ隣の家に住んでおり，AがW2のこと
　　　や家を特定しうるためAがW2に働きかけることは可能である。また，
　　　W2はAが犯行日時にK駐車場で本件自動車から出てくるのを見たと，
　　　Aに不利な事実を主張しているため，AがW2供述を変えるよう働き
　　　かけるおそれがあり罪証隠滅のおそれが認められる。 15

◀○客観的可能性について具体的な検討ができている

　　(4)　共犯者についてはAは居場所等を知っているであろうから働きかけ
　　　ることは可能である。また，共犯者がAと共謀し犯行に及んだ事実を
　　　供述すればAの犯人性を基礎づける重要な証拠となりうるため，かか
　　　る供述を防ぐためにAが共犯者に働きかけるおそれは認められる。

◀×Aが犯行を否認している事実に触れていない

　2　以上より罪証を隠滅すると疑うに足りる相当な理由があると判断した。20
第2　設問2について
　1　①の実況見分調書に関しては刑事訴訟法（以下，法名省略）316条の
　　　15第3項1号イの「証拠の類型」として同条1項3号に当たることを述
　　　べるべきである。また同条3項1号ロに関しては犯行現場の照度などに
　　　より犯行現場でAを見たとのW2の供述の証明力を減殺しうるため防御 25
　　　の準備のために開示が必要であることを述べるべきである。

◀○類型の指摘が正確
◀○具体的な事実を拾えている

　2　②に関しては316条の15第3項1号イの「証拠の類型」として同条1
　　　項5号ロに当たることを述べるべきである。また同条3項1号ロに関し
　　　てはW2の供述が変遷している場合，犯行現場でAを見たとのW2の供
　　　述の証明力を減殺しうるため防御の準備のために開示が必要であること 30
　　　を述べるべきである。

◀○類型の指摘が正確
◀○具体的な事実を拾えている

　3　③に関しては316条の15第3項1号イの「証拠の類型」として同条1
　　　項6号に当たることを述べるべきである。また同条3項1号ロに関して
　　　は犯行現場でAを見ていないとのW2以外の者の供述があれば，犯行現
　　　場でAを見たとのW2の供述の証明力を減殺しうるため防御の準備のた 35
　　　めに開示が必要であることを述べるべきである。

◀○類型の指摘が正確
◀○具体的な事実を拾えている

第3　設問3について
　　　AとBが共謀の上で行ったとの事実及び本件CDも被害品であるとの事実
　　　の主張は「証明予定事実を追加……する必要がある」ときに当たるため，
　　　316条の21第1項によりこれらの事実を記載した書面を裁判所に提出し， 40
　　　被告人又は弁護人に送付する必要がある。この際，予断排除の原則（同条
　　　1項後段，316条の13第1項後段）に注意する必要がある。

◀○条文を指摘できている
◀×訴因変更に言及していない

第4　設問4について
　1　小問(1)について

Ｗ２の供述は要証事実を間接的に証明する間接証拠に当たる。

　　確かにＷ２はＡが犯行日時に本件自動車から出てきたことを述べている。しかし，Ｗ２はＡが本件自動車の窓ガラスを割るなどして同車を損壊している場面を目撃したわけではなく，後に本件自動車の窓ガラスが割れていた状態を見たに過ぎない。また，窃取に関しても本件カーナビをＡが持ち出しているところを見たとは明示しておらず，単に電化製品に見えるものを持っているのを見たと述べているに過ぎない。

　　以上より間接証拠に当たる。

２　小問(2)について

　　弁護人の「必要がない」旨の意見は316条の16第１項の「意見」に当たる。そこで裁判長は刑事訴訟規則208条に基づき釈明を求めた。

３　小問(3)について

　　確かにＡが犯人であるとの事実を証明するためにはＢの供述だけで十分であり，Ｗ２の供述は不要であるとも思える。

　　しかしＢは共犯者であるところ，一般的に共犯者の供述は引っ張り込みの危険があるために証明力が低い。そのためＡが犯人であるとの事実を証明するためにはＡが犯人であると述べている第三者たるＷ２の供述が必要でありＷ２を尋問する必要があると釈明すべきである。

第５　設問５について

１　刑事訴訟法上の問題としては領収証は公判前整理手続において証拠調べ請求をしていなかったため316条の32第１項により証拠調べ請求できなくなり得るという問題が挙げられる。

　　この点について「やむを得ない事由」として領収証が作成されたのは公判前整理手続終結後であったため公判前整理手続において証拠調べ請求をなしえなかったことを主張する必要がある。

２　弁護士倫理上の問題としては，Ｂという他人の事件であり「他の弁護士等が受任している事件」に当たるため，弁護士職務基本規程72条に反するという問題が挙げられる。

　　　　　　　　　　　　　　　　　　　　　　　　　　　　　以上

45　◀△直接証拠・間接証拠の定義に言及していない
　◀○窃盗および器物損壊について具体的にあてはめができている。公訴事実をあげられていればなおよかった

55　◀×条文上の根拠となる規則189の２に触れていない

60　◀○共犯者の供述の特性に触れられている

65　◀○問題の所在を正確に把握している

70　◀×72条ではなく46条を検討すべき

優秀答案における採点実感 ▌▌▌

① 設問1

設問1では，まず，問題文に「判断要素を踏まえ」とあることから，「罪証隠滅の対象，態様，客観的可能性，主観的可能性」という判断要素を明示すべきであった。一方，罪証隠滅の対象となりうる人証や物証について，それぞれ幅広い検討がなされており，この点は好印象である。

もっとも，それぞれの証拠については，重要性を指摘するのみで，Aが積極的に罪証隠滅に及ぶ可能性を指摘できていない。いかに重要な証拠であったとしても，A自身が犯行を認めているならば罪証隠滅の主観的可能性は認められないだろう。本設問ではAがカーナビの売却以外の公訴事実について否認していることを指摘すべきであった。Vへの働き掛けの可能性について，K駐車場はVの生活圏内にあると考えられるから，Aがその周辺を探索することでVと遭遇し，不当な働き掛けをする可能性は否定できない。AとVは顔見知りではないため，働き掛けが容易とはいえないであろうが，「できない」と断言することは避けたほうがよい。

② 設問2

①から③の証拠に関し，本設問の事情に照らした具体的な指摘をしており，好印象である。ほかの設問とのバランスから，分量もこの程度で十分であろう。

③ 設問3

証明予定事実の追加に関しては，条文上の根拠を指摘したうえで，端的に必要な手続の記述ができている。刑事訴訟法上，訴因変更の必要はないが，検察官として任意の訴因変更を行う可能性についても言及できるとなおよかった。

④ 設問4

小問(1)については，直接証拠・間接証拠のいずれかにあたるかが問われているから，それぞれの定義を述べたうえで具体的検討を行うべきであった。もっとも，本件で判明している事実を用いて器物損壊，窃盗のいずれの公訴事実についても具体的にあてはめを行っている点は評価できる。

小問(2)については，規則189の2をあげたうえで，「証拠の厳選」に言及できるとよかった。もっとも，上位答案のなかでも「証拠の厳選」に言及していた答案はほぼ存在しなかったため，それほど気にする必要はないだろう。

小問(3)については，Bが共犯者であることを指摘したうえで，共犯者の供述の特性をふまえた検討を行うことができている。それほど分量は多くないが，ポイントとなる点を端的に指摘できているため，他の受験生にも参考にしてほしい。

⑤ 設問5

刑事訴訟法上の問題点については，検討すべき内容を正確に捉え，端的に指摘することができており，この点は評価できるだろう。一方で，問題文は単に刑事訴訟法上の論点についての検討を求めている。そのため，答案のように，弁護人の立場から主張すべき内容について述べることまでは必要ないであろう。

弁護士倫理上の問題としては，弁護士職務基本規程72条ではなく46条を検討する必要があった。Aが犯人性を否定していることと，弁償金の支払は加害者がすべきものであることに着目すれば，その両者が整合しないことに気づけるであろう。法曹倫理の出題頻度は高いものではないが，正しい条文の指摘を心掛けたい。

次の【事例】を読んで，後記〔設問〕に答えなさい。

【事例】
1　A（25歳，男性）及びB（22歳，男性）は，平成31年2月28日，「被疑者両名は，共謀の上，平成31年2月1日午前1時頃，H県I市J町1番地先路上において，V（当時35歳，男性）に対し，傘の先端でその腹部を2回突いた上，足でその腹部及び脇腹等の上半身を多数回蹴る暴行を加え，よって，同人に，全治約2か月間を要する肋骨骨折及び全治約3週間を要する腹部打撲傷の傷害を負わせた。」旨の傷害罪の被疑事実（以下「本件被疑事実」という。）で通常逮捕され，同年3月1日，検察官に送致された。
　　送致記録に編綴された主な証拠の概要は以下のとおりである（以下，日付はいずれも平成31年である。）。
① Vの警察官面前の供述録取書
　　「2月1日午前1時頃，H県I市J町1番地先路上を歩いていたところ，前から2人の男たちが歩いてきた。その男たちのうち，1人は黒色のキャップを被り，両腕にアルファベットが描かれた赤色のジャンパーを着ており，もう1人は，茶髪で黒色のダウンジャケットを着ていた。その男たちとすれ違う際，黒色キャップの男の持っていた鞄が私の体に当たった。しかし，その男は謝ることなく通り過ぎたので，私は，『待てよ。』と言いながら，背後から黒色キャップの男の肩に手を掛けた。すると，その男たちは振り向いて私と向かい合った。茶髪の男が，『喧嘩売ってんのか。』などと怒鳴ってきたので，私が，『鞄が当たった。謝れよ。』と言うと，黒色キャップの男が，『うるせえ。』などと怒鳴りながら，持っていた傘の先端で私の腹部を突いた。私が後ずさりすると，その男は，再度，傘の先端で私の腹部を強く突いたため，私は，痛くて両手で腹部を押さえながら前屈みになった。すると，茶髪の男と黒色キャップの男が，私の腹部や脇腹等の上半身を足でそれぞれ多数回蹴った。私が，路上にうずくまると，男たちは去って行った。通行人が通報してくれて救急車で病院に搬送された。これらの暴行により，私は，全治約2か月間を要する肋骨骨折及び全治約3週間を要する腹部打撲傷を負った。
　　犯人の男たちについて，黒色キャップの男は，目深にキャップを被っていたのでその顔はよく見えなかった。また，私は，黒色キャップの男の方を主に見ていたので，茶髪の男の顔はよく覚えていない。」
② 診断書
　　2月1日に，Vについて，全治約2か月間を要する肋骨骨折及び全治約3週間を要する腹部打撲傷と診断した旨が記載されている。
③ Wの警察官面前の供述録取書
　　「2月1日午前1時頃，H県I市J町1番地先路上を歩いていたところ，怒鳴り声が聞こえたので右後方を見ると，道路の反対側で，男が2人組の男たちと向かい合っていた。2人組の男たちのうち，1人は，黒色のキャップを被り，両腕にアルファベットが描かれた赤色のジャンパーを着ており，もう1人は，茶髪で黒色のダウンジャケットを着ていた。黒色キャップの男は，持っていた傘の先端を相手の男に向けて突き出し，相手の男の腹部を2回突いた。すると，相手の男は両手で腹部を押さえながら前屈みになった。さらに，茶髪の男と黒色キャップの男は，それぞれ足で相手の男の腹部や脇腹等の上半身を多数回蹴った。相手の男がその場にうずくまると，2人組の男たちは，その場から立ち去って行った。相手の男がうずくまったまま動かなかったので心配になって駆け寄り，救急車を呼んだ。」

２人組の男たちについて，黒色キャップの男の顔は，キャップのつばで陰になってよく見えなかった。茶髪の男の顔は，近くにあった街灯の明かりでよく見えた。今，警察官から，この写真の中に犯人がいるかもしれないし，いないかもしれないという説明を受けた上，20枚の男の写真を見せてもらったが，２番の写真の男が，『茶髪の男』に間違いない。警察官から，この男はBであると聞いたが，知らない人である。」

④　W立会いの実況見分調書

　　犯行現場の写真及び図面が添付されており，また，Wが２人組の男たちの暴行を目撃した位置から同人らがいた位置までの距離は約８メートルであり，その間に視界を遮るようなものはなく，付近に街灯が設置されていた旨が記載されている。

⑤　A及びBが犯人として浮上した経緯に係る捜査報告書

　　犯行現場から約100メートル離れたコンビニエンスストアに設置された防犯カメラで撮影された画像の写真が添付されており，同写真には，２月１日午前０時50分頃，黒色のキャップを被り，両腕にアルファベットが描かれた赤色のジャンパーを着た男と，茶髪で黒色のダウンジャケットを着た男の２人組が訪れた状況が撮影されている。また，同画像について，警察官が同店の店員から聴取したところ，同人は，「以前，ここに映っている黒色キャップの男と茶髪の男が酔って来店し，店内で騒いだので通報した。その際，臨場した警察官が，彼らの免許証などを確認していたので，その警察官なら彼らの名前などを知っていると思う。」と供述したため，その臨場した警察官に確認したところ，黒色キャップの男がA，茶髪の男がBであることが判明した旨が記載されている。

⑥　A方及びB方の捜索差押調書

　　２月28日，A方及びB方の捜索を実施し，A方において，傘，黒色キャップ，両腕にアルファベットが描かれた赤色のジャンパー及びA所有のスマートフォンを発見し，B方において，黒色のダウンジャケット及びB所有のスマートフォンを発見し，これらを差し押さえた旨がそれぞれ記載されている。

⑦　押収したスマートフォンに保存されたデータに関する捜査報告書

　　A所有及びB所有のスマートフォンのデータを精査した結果，２月２日にAがB宛てに送信した「昨日はカラオケ店にいたことにしよう。」と記載されたメールや，同メールにBが返信した「防犯カメラとかで嘘とばれるかも。誰かに頼んで一緒にいたことにしてもらうのは？」と記載されたメールが発見された旨が記載されている。

⑧　Aの警察官面前の弁解録取書

　　「本件被疑事実について，私はやっていない。昨年，傷害罪で懲役刑に処せられ，現在その刑の執行猶予中であるため，二度と手は出さないと決めている。Bは，中学の後輩である。２月１日午前１時頃は犯行場所とは別の場所にいたが，詳しいことは言いたくない。生活状況について，結婚はしておらず，無職である。約１年前に家を出てからは，交際相手や友人宅を転々としている。」

⑨　Aの前科調書

　　平成30年に傷害罪で懲役刑に処せられ，３年間の執行猶予が付された旨が記載されている。

⑩　Bの警察官面前の弁解録取書

　　「本件被疑事実については間違いない。」

2　検察官は，A及びBの弁解録取手続を行い，以下の弁解録取書を作成した。

⑪　Aの検察官面前の弁解録取書

　　⑧記載の内容と同旨。

⑫　Bの検察官面前の弁解録取書

　　「本件被疑事実については間違いない。Vの態度に立腹し，Aが傘の先端でVの腹部を突

いた後，私とAがVの腹部や脇腹等の上半身を足で蹴った。犯行当時，私は，茶髪で黒色のダウンジャケットを着ており，Aは，黒色のキャップを被り，両腕にアルファベットが描かれた赤色のジャンパーを着ていた。Aは，中学の先輩で，その頃からの付き合いである。もし自分がこのように話したことが知られると，Aやその仲間の先輩たちなどから報復されるかもしれない。生活状況について，結婚はしておらず，無職である。自宅で両親と住んでいる。前科はない。」

　検察官は，3月1日，両名につき勾留請求と併せて接見等禁止の裁判を請求し，同日，裁判官は，A及びBにつき本件被疑事実で勾留するとともに，㋐Aにつき接見等を禁止する旨を決定した。

　なお，Aの勾留質問調書には，Aの供述として，「本件被疑事実については検察官に述べたとおり。」と記載され，Bの勾留質問調書には，Bの供述として，「本件被疑事実については間違いない。」と記載されている。

3　3月2日，Aの弁護人は，勾留状の謄本に記載された本件被疑事実を確認した上，Aと接見したところ，㋑Aは，「実は，Vに暴力を振るって怪我をさせた。Bと歩いていると，いきなり後ろから肩を手でつかまれた。驚いて勢いよく振り返ったところ，手に持っていた傘の先端が，偶然Vの腹部に1回当たり，私の肩をつかんでいたVの手が外れた。傘が当たったことに腹を立てたVが，拳骨で殴り掛かってきたので，私は，自分がやられないように，足でVの腹部を蹴った。それでもVは，『謝れよ。』などと言いながら両手で私の両肩をつかんで離さなかったため，私は，Vから逃げたい一心で更にVの腹部や脇腹等の上半身を足で多数回蹴った。このとき，Bも，私を助けようとして，Vの腹部や脇腹等の上半身を足で蹴った。」旨話した。

4　その後，検察官は，所要の捜査を行い，以下の供述録取書を作成した。

⑬　Aの検察官面前の供述録取書
　　下線部㋑記載の内容と同旨。

⑭　Bの検察官面前の供述録取書
　　「自分が，Vの態度に立腹してVの腹部や脇腹等の上半身を足で多数回蹴って怪我をさせたことは間違いない。このとき，Aも一緒にいたが，Aが何をしていたのかは見ていないので分からない。」

⑮　Wの検察官面前の供述録取書
　　③記載の内容と同旨。

5　検察官は，所要の捜査を遂げ，A及びBにつき，本件被疑事実と同一の内容の公訴事実で公訴を提起した（以下，同公訴提起に係る傷害被告事件につき，「本件被告事件」という。）。

　Aの弁護人は，検察官から開示された関係証拠を閲覧した上，再度Aと接見したところ，Aは，「本当は，Vの態度に腹が立って，VやWが言っているとおりの暴行を加えた。しかし，自分は同種前科による執行猶予中なので，もし認めたら実刑になるだろうし，少しでも暴行を加えたことを認めてしまうと，Vから損害賠償請求されるかもしれない。検察官には供述録取書記載のとおり話してしまったが，裁判では，犯行現場にはいたものの，一切暴行を加えていないとして無罪を主張したい。」旨話した。

6　第1回公判期日における冒頭手続において，【事例】の5記載の接見内容を踏まえ，Aは「犯行現場にはいたものの，一切暴行を加えていない。」旨述べ，㋒Aの弁護人も無罪を主張した。一方，B及びBの弁護人は，公訴事実は争わないとした。

　その後，検察官が，①，②，④から⑦，⑨，⑪から⑬及び⑮記載の各証拠の取調べを請求したところ，Aの弁護人は，①，④，⑪から⑬及び⑮記載の各証拠について「不同意」とし，その他の証拠については「同意」との意見を述べた。また，Bの弁護人は，検察官請求証拠についてすべて「同意」との意見を述べた。

裁判所は，A及びBに対する本件被告事件を分離して審理する旨を決定し，分離後のBに対する本件被告事件の審理を先行して行った。

7　Bは，自身の審理における被告人質問において，「Aと歩いていたところ，いきなりVが『待てよ。』などと言ってきたので，何か因縁を付けられたと思った私は，『喧嘩売ってんのか。』などと言った。すると，Vは，『鞄が当たった。謝れよ。』などと言ってきたので，私は，その横柄な態度に腹が立った。Aが，『うるせえ。』などと怒鳴りながら，持っていた傘の先端でVの腹部を2回突き，私は，前屈みになったVの腹部や脇腹等の上半身を足で多数回蹴った。Aも，Vの腹部や脇腹等の上半身を足で多数回蹴っていた。このことは，逮捕された当初も話していたが，途中からAに報復されるのが怖くなり，検察官にきちんと話すことができなかった。しかし，今は，きちんと反省していることを分かってもらおうと思い，本当のことを話した。」旨供述し，後日，結審した。

8　その後，分離後のAに対する本件被告事件の審理において，V及びWの証人尋問など所要の証拠調べが行われ，さらに，Bの証人尋問が行われた。その際，㋐Bは，一貫して「本件犯行時にAが一緒にいたことは間違いないが，Aが何をしていたのかは見ていないので分からない。」旨証言した。

　　後日，Aは，被告人質問で，自身が暴行を加えたことを否認した。

〔設問1〕
　下線部㋐に関し，裁判官が，Aにつき，刑事訴訟法第207条第1項の準用する同法第81条の「罪証を隠滅すると疑うに足りる相当な理由がある」と判断した思考過程を，その判断要素を踏まえ，具体的事実を指摘しつつ答えなさい。

〔設問2〕
　検察官は，勾留請求時，③記載のWの警察官面前の供述録取書は，本件被疑事実記載の暴行に及んだのがA及びBであることを立証する証拠となると考えた。A及びBそれぞれについて，同供述録取書は直接証拠に当たるか，具体的理由を付して答えなさい。また，直接証拠に当たらない場合は，同供述録取書から，前記暴行に及んだのがAであること又は前記暴行に及んだのがBであることが，どのように推認されるか，検察官が考えた推認過程についても答えなさい。なお，同供述録取書に記載された供述の信用性は認められることを前提とする。

〔設問3〕
　Aの弁護人は，3月2日の時点で，下線部㋑のAの話を踏まえ，仮にAが公訴提起された場合に冒頭手続でどのような主張をするか検討した。本件被疑事実中，「傘の先端でその腹部を2回突いた」こと及び「足でその腹部及び脇腹等の上半身を多数回蹴る暴行を加え」たことについて，それぞれ考えられる主張を，具体的理由を付して答えなさい。

〔設問4〕
　下線部㋒に関し，Aの弁護人が無罪を主張したことについて，弁護士倫理上の問題はあるか，司法試験予備試験用法文中の弁護士職務基本規程を適宜参照して論じなさい。

〔設問5〕
　下線部㋓のBの証人尋問の結果を踏まえ，検察官は，新たな証拠の取調べを請求しようと考えた。この場合において，検察官が取調べを請求しようと考えた証拠を答えなさい。また，その証拠について，弁護人が不同意とした場合に，検察官は，どのような対応をすべきか，根拠条文及びその要件該当性について言及しつつ答えなさい。

答案構成用紙

1 設問1

設問1は，裁判官が，Aについて「罪証を隠滅すると疑うに足りる相当な理由がある」（207条1項・81条本文）と判断した思考過程について検討させる問題である。

この判断にあたっては，罪証隠滅の対象，態様，客観的可能性，主観的可能性について考慮する必要がある。また，本問は，接見禁止に関する判断であるから，「罪証を隠滅すると疑うに足りる相当な理由がある」と判断するためには，被疑者が勾留されていることを前提として，勾留だけでは賄いきれない程度に罪証隠滅のおそれが具体的に予見されていることが必要となる。

本件では，罪証隠滅の対象として，B，W，Aが持っていた傘や黒色キャップ，両腕にアルファベットが描かれた赤色のジャンパーおよびA・Bのスマートフォンなどが考えられる。そして，罪証隠滅の態様として，それぞれ人証については働き掛けをして証言を変えさせる方法，物証については物理的に破壊する方法などにより，罪証を隠滅することができるだろう。これらの証拠について，Bが身体を拘束されているなかで罪証隠滅を図る客観的可能性が認められるのか，具体的事実に照らしたうえで検討を行っていく。

なお，罪証隠滅の主観的可能性を検討するにあたって，Aが傷害罪で懲役刑に処され，3年間の執行猶予が付されており，本件における被疑事実で有罪判決を受けた場合には，重い刑を受ける可能性があることにも言及すべきであろう。

2 設問2

1 設問前段

設問2前段は，③記載のWの警察官面前の供述録取書は，AおよびBとの関係において，それぞれの犯人性を立証するにあたり直接証拠となりうるかが問われている。

直接証拠とは，主要事実を直接的に証明する証拠をいう。直接証拠にあたるか否かは，それぞれの被疑事実との関係で考えることになる。

(1) Aについて

Aとの関係では，Wの供述録取書により，Aが本件被疑事実記載の暴行に及んだことが直接認定できるか否かを検討する。

Wの供述によれば，黒色のキャップを被り，両腕にアルファベットが描かれた赤色のジャンパーを着た男が被疑事実記載の暴行に及んだ事実については，供述録取書から認定することができる。一方で，Wは黒色のキャップの男についてはキャップのつばで陰になってよく見えなかったと供述しており，Wの供述からのみではAの犯人性を認定することは不可能である。そのため，Aとの関係では，③記載のWの警察官面前の供述録取書は直接証拠にはあたらない方向で検討していくのがよい。

(2) Bについて

Bとの関係でも，Wの供述録取書から認定できる事実によって，Bが本件被疑事実記載の暴行に及んだことを直接証明することができるかを検討していく。

Bに関しては，Wが，茶髪の男が被疑事実記載の暴行に及んだことを目撃しており，Wが目撃した男が警察官提示の写真の男であり，その人物がBであると明らかになっていることに注意する必要がある。このような事実をふまえれば，Bとの関係では，③記載のWの警察官面前の供述録取書は直接証拠にはあたるという結論になるだろう。

2 設問2後段

設問2後段は，③記載のWの警察官面前の供述録取書が直接証拠にあたらない場合に，AおよびBの犯人性を推認する過程について検討することが求められている。Bとの関係ではWの供述録取書は直接証拠にあたると判断されるから，Aの犯人性を推認する過程についてのみ検討すれば足りる。その際には，黒色キャップの男がAであることを明らかにする証拠⑤や，A方から傘などが発見されたとする証拠⑥などから認定できる事実も考慮したい。

　設問3は，被疑事実記載の「傘の先端でその腹部を2回突いた」ことおよび「足でその腹部及び脇腹等の上半身を多数回蹴る暴行を加え」たことについて，Aの弁護人としてなすべき主張が求められている。

　下線部④によれば，Aは，Vに傘をぶつけたのは1回のみであり，それも偶然にすぎず，また，Vが殴りかかってきたためにBと暴行に及んだ旨の供述をしている。そのため，Aの供述をふまえ，「傘の先端でその腹部を2回突いた」ことについては，暴行の故意（刑38条1項本文）に欠けること，「足でその腹部及び脇腹等の上半身を多数回蹴る暴行を加え」たことについては，正当防衛（刑36条1項）であることを主張していく。

④ 　設問4

　設問4は，Aの弁護人が無罪を主張したことについて，弁護士倫理上の問題の有無を問うものである。

　Aの弁護人は，Aと接見した際に，Aから本当はVに暴行を加えた旨の告白を受けている。それにもかかわらず，裁判上Aの無罪を主張することは真実義務（規程5条）に反しないかを検討する。

　弁護人は，被疑者・被告人との関係で誠実義務（規程46条参照）・秘密保持義務（規程23条）を負っているところ，これらの義務に反してまで真実発見に協力することは許されない。また，挙証責任を負っているのは検察官であるから，弁護人は，被疑者・被告人の正当な利益の実現に尽力すべきである。そのため，刑事弁護において弁護人が負う義務は，消極的真実義務にすぎず，積極的に実体的真実発見を妨害しないかぎりは，真実義務の違反とはならないと解される。

　本件では，Aの弁護人は無罪を主張しているのみである。したがって，真実義務には違反しないという結論が導かれる。

⑤ 　設問5

　設問5は，Bが，自身を被告とする審理での供述とは異なった供述をした場合における，検察官の対応が問われている。

　まず，Bは下線部㋱において，一貫してAの犯行については見ていないと供述している。一方で，自身の審理における被告人質問では，被疑事実記載のとおりにAの犯行を認める供述をしている。そこで，検察官としては，Aによる被疑事実記載の犯行を証明するため，Bの被告人質問調書を，Aの審理においても証拠として請求することが考えられる。

　一方で，この被告人質問調書は，公判廷外におけるBの供述を内容とするものであり，Bの供述どおりのAの行動を立証事実とすると，内容の真実性が問題となることから，伝聞証拠（320条1項）にあたる。そのため，弁護人がこの調書を証拠とすることに不同意とした場合，証拠能力を認めるためには伝聞例外の要件を主張していくべきである。

　判例（最決昭和29年11月11日）は，他事件の公判準備または公判期日における証人または被告人としての供述を録取した書面も，321条1項1号の書面であるとしている。本設問でも，Bの被告人質問調書について，321条1項1号の要件該当性に触れつつ解答を組み立てるのがベストであろう。

【関連判例】
最決昭和29年11月11日刑集8巻11号1834頁

答案例

第1　設問1について

1　「罪証を隠滅すると疑うに足りる相当な理由がある」か否かは，罪証隠滅の対象，態様，客観的可能性，主観的可能性を総合的に考慮して判断される。　　　　　　　　　　　　　　→判断要素

2　Aは，接見に来た友人等を介して，Bに働き掛けをし，Aの犯人性に関するBの供述を歪めることが考えられる。　　　　　　　　　5　→罪証隠滅の対象，態様

　　AとBは，両名とも勾留されているものの，接見に来た友人等を介して意思疎通が可能である。そして，Bは，Aの中学の後輩であってAとの上下関係があり，また，Aやその仲間等による報復を恐れていることから，Aに逆らいがたいと考えられる。以上の事実からすれば，Aの働き　10　掛けにより，Bの供述が歪められる客観的可能性が認められる。　　　　　　→罪証隠滅の客観的可能性

　　また，Aは被疑事実について否認しているところ，Aは傷害罪で懲役刑に処せられ執行猶予中であるから，本件被疑事実で有罪となれば，重い処罰を受けることが予想される。そのため，Aの罪証隠滅の意図が推認され，罪証隠滅の主観的可能性が認められる。　　　　　　　　　15　→罪証隠滅の主観的可能性

3　以上を総合考慮すると，Aが勾留中であることをふまえてもなお「罪証を隠滅すると疑うに足りる相当な理由がある」といえる。

第2　設問2について

1　Bについて

　　直接証拠とは，主要事実を直接的に証明する証拠をいう。　　　　　20　→定義

　　証拠③の目撃供述から，茶髪で黒色のダウンジャケットを着た人物が本件被疑事実記載の暴行に及んだ事実を直接的に証明でき，「2番の写真の男が，『茶髪の男』に間違いない」との供述から，この人物がBであることを直接的に証明できる。　　　　　　　　　　　　　　→証拠③から認定できる事実

　　よって，証拠③は，本件被疑事実記載の暴行に及んだのがBであること　25　→直接証拠にあたることを直接証明できるので，直接証拠にあたる。

2　Aについて

(1)　直接証拠該当性について

　　　証拠③の目撃供述から，黒色のキャップを被り，両腕にアルファベットが描かれた赤色ジャンパーを着た人物が暴行に及んだ事実を直接　30　→直接証拠にあたらないこと証明できるが，証拠③中に，この人物がAであることを直接的に証明できる供述はない。したがって，Aが本件被疑事実記載の暴行に及んだことを直接証明できないため，証拠③は直接証拠にあたらない。

(2)　検察官の推認過程について

　　　証拠③および⑤から，犯人と同一の服装の者が犯行時刻直前に，犯　35　→推認過程行現場から近接した場所にあるコンビニエンスストアに来店したことが認定でき，同人と犯人が同一であると推認できる。また，証拠⑤の店員の供述および警察官への確認から，同人がAであると推認できる。そのため，証拠③および⑤から，Aが犯人であると推認できる。さらに，証拠⑥から，A方から犯人が着ていたものと同様の衣服類が発見　40　されたことが認定でき，Aが犯人であることが基礎づけられる。以上のように，証拠③および他の証拠から，本件被疑事実記載の暴行に及んだのがAであることが推認される。

第3　設問3について

1　まず，「傘の先端でその腹部を2回突いた」ことにつき，Aの傘の先端は，Vの腹部に偶然1回当たったにすぎないから，Aには，Vに暴行を加えることの認識・認容がなく，故意（刑法38条1項本文）がないと主張することが考えられる。

2　次に，「足でその腹部及び脇腹等の上半身を多数回蹴る暴行を加え」たことについては，次のように，正当防衛（刑法36条1項）を主張することが考えられる。

　　まず，VがAに殴りかかるという，「急迫不正の侵害」がある。そして，Vが腹部を蹴られた後もAの両肩をつかみ離さなかったため，AがVの上半身を多数回蹴った行為は，防衛手段として相当であり，「やむを得ずにした」行為といえる。また，防衛の意思も認められる。よって，正当防衛が成立する。

第4　設問4について

　Aの弁護人が，Aから犯行を告白されたのに無罪を主張したことは，真実義務（弁護士職務基本規程5条。以下「規程」という）に反するとも思える。しかし，弁護人は，真実義務とともに，依頼者に対する誠実義務（規程5条，規程46条参照）を負うため，弁護人の真実義務は，真実発見を積極的に妨げないという消極的真実義務にとどまると考える。

　本件において，Aの弁護人は，Aの意向に沿って無罪を主張したにすぎず，積極的に真実発見を妨げたわけではないので，真実義務に反せず，弁護士倫理上の問題はない。

第5　設問5について

1　Bの被告人質問調書の取調べを請求することが考えられる。

2　もっとも，上記調書は，伝聞証拠にあたり，弁護人の同意（刑事訴訟法326条1項。以下「刑事訴訟法」法名省略）がない場合，原則として証拠能力が否定される（320条1項）。そこで，この証拠について弁護人が不同意とした場合，検察官は，上記調書は，321条1項1号後段の伝聞例外に該当し，証拠能力が認められると主張すべきである。

　　上記調書は，他事件の公判調書であるところ，当事者に他事件についての反対尋問権がないため，321条2項ではなく321条1項1号が適用される。そして，Bは，上記調書でAが本件被疑事実記載の暴行に及んだ旨供述したのに対し，証人尋問で「Aが何をしていたのかは見ていない」と供述しており，「前の供述と異なつた供述をした」（321条1項1号後段）といえる。なお，公判調書は，録取の正確性が担保されているため，署名・押印（321条1項1号柱書）は不要と解する。よって，上記調書は，321条1項1号後段により，証拠能力が認められる。

以上

45
50
55
60
65
70
75
80

➡故意がないことの主張

➡正当防衛の主張

➡問題となりうる条文

➡あてはめ

➡検察官が取調べを請求する証拠
➡弁護人が不同意とした場合の対応

➡伝聞例外の要件該当性

（法務省ウェブサイトより）

本問は，犯人性が争点となる傷害事件（共犯事件）を題材に，接見等禁止における罪証隠滅のおそれの判断要素（設問１），犯人性を認定する証拠構造（設問２），被疑者の弁解等を踏まえた事実認定上及び法律上の主張（設問３），弁護士倫理上の問題点（設問４），刑事訴訟法第321条１項１号書面の証拠能力（設問５）について，【事実】に現れた証拠や事実，手続の経過を適切に把握した上で，法曹三者それぞれの立場から，主張・立証すべき事実，その対応についての思考過程や問題点を解答することを求めており，刑事事実認定の基本構造，刑事手続についての基本的知識の理解及び基礎的実務能力を試すものである。

講 評

①　設問１について

まず，罪証隠滅のおそれが認められるか否かを判断するにあたっては，判断要素として罪証隠滅の対象，態様，客観的可能性，主観的可能性を考慮する必要がある。これらの判断要素を考慮したうえで，複数の証拠について罪証隠滅のおそれを検討できている答案はおおむね高評価であった。一方で，主観的要素，客観的要素の観点のみから罪証隠滅の可能性を検討している答案も少なからず見受けられた。罪証隠滅のおそれについては，実務上も上記の４つについて考慮しているため，答案でもそれにならった判断をすべきである。罪証隠滅のおそれの判断は，近年の予備試験で頻出の問題であるから，しっかり復習しておくことをお勧めする。

また，本設問は接見等禁止処分を検討する過程での問題である。この場合，罪証隠滅のおそれとは，勾留のみでは賄いきれない程度に具体的に危険が予見されるものであることを要する。この点を意識して答えることができていた答案は，上位答案のなかでも少なかった。いかなる場面における罪証隠滅のおそれが問題となっているのかを慎重に判断してほしい。

さらに，設問１のように罪証隠滅のおそれが認められるか否かが問われているときは，複数の対象について罪証隠滅のおそれを検討する場合が多い。そのため，検討にかける分量が多くなってしまいがちである。もっとも，近年の予備試験は問題数が多い傾向にある。最初に設問全体を把握したうえで，不必要に記述が長くならないように注意したい。

②　設問２について

直接証拠および間接証拠の定義については多くの答案が正しく記述することができていた。他方で，直接証拠・間接証拠の定義にいっさい触れていない答案や，誤った定義を述べている答案も，数は多くはないがあった。設問２は，Wの供述録取書が直接証拠にあたるかを問うものであるから，定義に触れることは必須であろう。この点について正しく解答できなかった受験生は，改めて直接証拠および間接証拠について復習しておいてほしい。

Aについては，Wの供述録取書が直接証拠にあたらず，間接証拠にあたることを指摘できていた答案が多かった。一方で，Wの供述録取書からAの犯人性を推認する過程については，説得的に記述できていた答案はそれほど多くなかった。

Bについては，Wの供述録取書が直接証拠にあたることを的確に指摘できていた答案は少なかった。Wが目撃した人物については，警察官らの指摘を受けてはじめてBであると判明したことに着目して直接証拠ではないと認定している答案が多かった。しかし，Wの供述録取書は，警察官とのやり取りによって，Wが目撃した人物がBであると判明したことまで内容に含んでいる。そうだとすれば，Wの供述録取書自体からBの犯人性を推認できる。そのため，Bとの関係でWの供述録取書が間接証拠にあたると判断することは誤りである。この点について正しく答えられなかった場合は，改めて問題を見直す必要がある。

③　設問３について

「傘の先端でその腹部を２回突いた」ことについては，偶然Vの腹部に１回当たったのであり故意が認められないことを多くの答案が指摘できていた。また，「足でその腹部及び脇腹等の上半身

を多数回蹴る暴行を加え」たことについても，多くの答案が，正当防衛が成立することを適切に述べることができていた。設問3は，簡単な刑法の知識を問うものであったこともあり，差がつくような問題ではなかったと考えられる。

　もっとも，答案のなかには，正しく故意および正当防衛の指摘はできているものの，不必要に長い記述をしてしまったために，他の設問の記述が短くなってしまっているものもあった。上記のとおり，近年の予備試験ではほかの設問とのバランスを考えることが重要である。

4　設問4について

　設問4については，弁護人が負う義務は消極的真実義務にすぎないことを適切に指摘したうえで，Aの弁護人が無罪を主張したことは弁護士倫理上問題ないとする答案が多かった。他方で，弁護人が負う真実義務について，内容を特定しないまま，Aの弁護人の行動は弁護士倫理に反するとする答案もあった。

　法曹倫理のなかでも，誠実義務や真実義務に関する問題は基本的なものである。近年の予備試験の傾向からすると，数年に1回程度の割合で法曹倫理が出題されているため，法曹倫理に関する知識も身につけておかなければならない。

5　設問5について

　検察官としては，Aによる暴行の事実を立証するため，Bの審理における被告人質問調書を取調べ請求すべきであると考えられる。

　答案のなかには，取調べを請求する対象として，この調書ではなく，証拠⑫の検察官面前調書をあげるものも一定数見られた。しかし，Bの被告人質問調書，証拠⑫の検察官面前調書は，いずれも原則として伝聞証拠となるものである。そのため，326条1項の同意が得られなかった場合には，伝聞例外の要件をみたさなければ証拠能力は認められない。そして，伝聞例外となるためには，Bの被告人質問調書は321条1項1号，証拠⑫の検察官面前調書は同項2号の要件をみたす必要がある。この場合，2号の要件は，1号の要件よりも厳しいものとなっており，伝聞例外が認められる可能性に違いがある。そうだとすると，検察官としては，より伝聞例外として認められやすいBの被告人質問調書を取調べ請求すべきであろう。

　設問5において，上位答案は，おおむねBの被告人質問調書を取調べの対象として摘示することができていた。刑事訴訟法における伝聞法則の知識とあわせて，十分に復習しておいてほしい。

第1　設問1
1　まず，Bの弁解録取書によると，AはBの中学の先輩であり，Aには仲間がいる。そのため，Aは先輩としての立場を利用し，勾留中に仲間を呼びよせ，Bに対して自己に有利な供述をするよう威迫することを頼むことが考えられ，かかる手段を取ることは，Aの仲間はAの頼みに応じると考えられるため客観的に可能である。また，Aが仲間を通じてVやWに対して自己に有利な供述をするように威迫することも考えられるが，AとV，Wは知り合いでないため，かかる手段につき客観的可能性はない。

2　そして，本件でAは本件被疑事実を否認しており，Bの供述と相反する供述をなしている。またAは執行猶予中で，本件被疑事実で有罪判決が下されれば，執行猶予が取り消される可能性が高い（刑法26条，26条の2）。さらに，Vは大怪我を負っているため，有罪判決がなされれば重い処罰が下されることが予想される。

　よって，YがBに対して上記手段を取ることにつき主観的可能性も認められる。

3　したがって，Aにつき「罪証を隠滅すると疑うにつき相当な理由がある」といえる。

第2　設問2
1　Aについて
(1)　直接証拠に当たらない。
(2)　確かに，③記載の供述録取書には，黒色のキャップを被り，両腕にアルファベットが描かれた赤いジャンパーを着た男が被疑事実記載の暴行を行なっていた様子をWが目撃したことが記載されている。しかし，Wは犯行の目撃時，その男の顔をよく見えていなかったのであるから，Wは「Aが」被疑事実記載の暴行を行なっていたことを供述しているわけではない。よって，上記供述録取書によりAが本件被疑事実記載の暴行を行なったことを直接証明することはできず，かかる録取書は直接証拠に当たらない。

　もっとも，⑥に寄ればA方から黒いキャップと両腕にアルファベットが書かれた赤いジャンパーが発見されているところ，かかる事実はAと犯人の結びつきを示す。したがって，上記述録取書から，被疑事実記載の暴行に及んだのがAであることが推認される。

2　Bについて
(1)　直接証拠に当たる。
(2)　上記供述録取書には茶髪で黒色のダウンジャケットを着た男が被疑事実記載の暴行を行なった様子をWが目撃したと記載されている。そして，Wはこの男がBであると供述している。したがって，上記供述録取書により被疑事実記載の暴行に及んだのがBであることを直接証明され，かかる録取書は直接証拠に当たる。

第3　設問3
1　「傘の先端でその腹部を2回突いた」ことについて
　まず，Aの傘がVの腹部に当たったのは1回のみである。
　また，傘はAがVに肩を掴まれて振り返った際に偶然に当たったもの

【欄外注】
◀△判断要素をふまえているが，先に判断要素を明示したほうがよい
◀△一文が長く，読みにくい

◀○具体的な検討ができている

◀△正しくは「AがBに対して」

◀△勾留のみでは賄いきれない程度に具体的に危険が予見されることについて言及したほうがよい
◀△直接証拠の定義がない
◀○証拠③から認定できる事実を正確に述べている

◀△証拠⑥のみからAの犯人性を推認している

◀○Wの供述のみから犯人性が認定できることを正確に指摘できている

であり，AがVに対し「突いた」わけではない。そして傘が偶然に当たったことは不法な有形力の行使ということはできず，「暴行」（刑法208条）には当たらない。 45

←×「暴行」にはあたる

仮に傘が当たった行為が「暴行」に当たるとしても，Aには故意（38条1項）が認められない以上，Vが傷害を負ってもこの行為に傷害罪が成立することはない。 50

←△故意が認められない理由に触れていない

2 「足でその腹部及び上半身等を多数回蹴る暴行を加え」たことについて
確かにAはVの腹部及び上半身を足で多数回蹴った。しかしこれはVがAに拳骨で殴り掛かり，両手でAの肩をつかんで離さないという「急迫不正の侵害」（刑法36条）に対してAが自己の身体という「権利を防衛するため」になされているものである。 55

←○正当防衛の要件該当性について端的に指摘できている

また，Aが拳骨で殴りかかり，肩をつかんだ両手を離さなかったことからすれば，上記暴行には必要性，相当性が認められ，「やむを得ず」になした行為であるいえる。

したがって，上記暴行については正当防衛が成立し，違法性が阻却され，傷害罪は成立しない。 60

第4 設問4
まず，Aの弁護人がなした無罪主張はAの意思にかなうものだから，弁護人の誠実義務（弁護士職務基本規定5条，46条）には反しない。

もっとも，弁護人は真実義務を負うところ，刑事弁護においては消極的真実義務のみ課される（5条，75条）。本件では，弁護人は無罪主張をしただけで積極的に無罪の立証等をしたわけではないため，消極的真実義務に反する事情はない。 65

←△消極的真実義務のみ負う理由に触れていない

したがって，本件主張については問題はない。

第5 設問5
検察官は，Bの被告人質問の内容を記載した書面を新たに証拠として取調べ請求しようとした。 70

弁護人が不同意とした場合，検察官は刑事訴訟法321条1項1号に基づき伝聞例外として取り調べを請求すべきである。

上記書面は「裁判官の面前」でなされたものであるし，Bは「公判期日において前の供述と異なった供述をした」といえるため，同号の要件を満たす。 75

←△Bの被告人質問調書が原則として伝聞証拠にあたることに触れていない

←△要件該当性の検討が不十分

以上

① **設問1**

全体として，罪証隠滅の対象，態様，客観的可能性，主観的可能性という判断要素をふまえた検討ができており，高く評価できる。A，Bが身体的な拘束を受けていることを前提とした検討ができている点も好印象であろう。結論部分でも，勾留のみでは賄いきれない程度に具体的に危険が予見されることに言及できるとよかった。また，考慮要素を先にあげて，人証のみならず，物証についても検討できていれば更によかったであろう。

② **設問2**

まず，設問2は，③記載の供述録取書が直接証拠にあたるかを検討させようとするものであるから，前提として，直接証拠の定義を明らかにすべきであった。

Aについては，③記載の供述録取書のみからAの犯人性を直接推認することができない旨を正確に指摘できている。一方で，Aの犯人性の推認過程については，記述が不十分であった。答案では，証拠⑥によりA方から黒いキャップと両腕にアルファベットが書かれた赤いジャンパーが発見された事実を指摘し，Aの犯人性が推認できるとしているが，黒いキャップと赤いジャンパーそれ自体はありふれたものであるから，証拠⑥はAの犯人性を強く推認するものではない。証拠⑤により，Wが目撃した人物と同じ特徴の人物が，犯行時刻に近い時刻に，犯行現場付近にあるコンビニエンスストアの防犯カメラに写っており，この人物がAおよびBであるという事実が認定できることに触れる必要があった。

Bについては，Aとは異なり，Wの供述のみから犯人性を直接立証することをできる点を正確に指摘できている。端的な記述ができており，好印象である。

③ **設問3**

「傘の先端でその腹部を2回突いた」ことについては，Aの持っている傘がVにあたっている以上，「暴行」にあたることを否定するのは難しい。下線部④において，Aは傘が偶然にあたっただけである旨の供述を行っているから，暴行について故意がなかったことを中心に主張を行っていくべきである。また，答案では，故意が認められないという結論は書かれているが，なぜ故意が認められないかについては十分な記述がなされていない。Aにおいて，傘がVにあたることについての認識・認容に欠けていたことを指摘する必要があるだろう。

「足でその腹部及び脇腹等の上半身を多数回蹴る暴行を加え」たことについては，正当防衛の要件に該当することを端的に指摘したうえで，違法性が阻却されるという結論を導いており，高く評価できる。ほかの設問とのバランスから，分量もこの程度で十分であろう。

④ **設問4**

弁護人が消極的真実義務のみ負っている理由についての記述が不十分である。弁護人が誠実義務との関係で積極的に実態的真実発見に協力する義務までは負わないことに触れたい。

⑤ **設問5**

検察官が新たに請求しうる証拠として，Bの被告人質問調書が考えられることを正確に指摘できている。一方で，弁護人の不同意意見があった場合に，伝聞例外の要件をみたす必要があることの前提として，この調書が伝聞証拠に該当し，原則として証拠能力が否定されることについても言及すべきであった。伝聞法則については，特に原則・例外の流れを示しやすく，多くの人が原則をふまえた解答をしてくると予想されるため，書き負けないように復習しておいてほしい。

第16問　令和2年予備試験論文問題

次の【事例】を読んで，後記〔設問〕に答えなさい。

【事例】
1　H地方検察庁検察官Pは，I警察署司法警察員Kから，令和2年2月1日にJ県L市内の民家で住人のV（77歳，男性）が殺害された殺人被疑事件について，A（45歳，男性）を逮捕することの是非について相談を受けた。その時点までに収集された主な証拠の概要は以下のとおりである。
　(1)　捜査の端緒に関する捜査報告書（証拠①）
　　　「令和2年2月1日午後9時50分頃，Vと同居していた息子Bから，『Vが何者かに殺されている。』旨の110番通報があり，同日午後9時58分頃，警察官がV方に臨場したところ，Vが1階居間の床上に大量に血を流して仰向けに倒れていた。Vは，臨場した救急隊員により直ちに病院へ搬送されたものの，医師によりVの死亡が確認された。」
　(2)　実況見分調書（証拠②）
　　　「警察官が臨場した際にVが倒れていた位置は，V方1階居間中央にある応接テーブルの西側約1メートルの位置であり，その周囲の床部分には，多量の血痕が付着していた。V方からは，遺留指紋6点が採取されたが，凶器の発見には至らなかった。」
　(3)　遺留指紋に関する捜査報告書（証拠③）
　　　上記遺留指紋のうち5点は，Vの指紋と一致し，残りの1点は，上記応接テーブル上面から採取されたもので，Aの指紋と一致した旨が記載されている。
　(4)　司法解剖医の警察官面前の供述録取書（証拠④）
　　　「Vの死因は，胸部刺創による心臓刺創に起因する失血死である。成傷器は，先端は鋭利，かつ，刃の長さが15センチメートル以上の片刃の刃物と推定される。Vは，これにより1回刺突され，ほぼ即死したものと考えられる。」
　(5)　Bの警察官面前の供述録取書（証拠⑤）
　　　「令和2年2月1日午後2時頃，Vに見送られて外出した。同日午後9時45分頃，帰宅して自宅に入ると，Vが大量に血を流して倒れており，全く反応がなかったので，何者かに殺害されたのだと思い，110番通報した。
　　　Aのことは知っている。Vは，V方の東隣の店舗でクリーニング店を営んでおり，Aは，同店で15年間にわたり従業員として働いていた者である。同店の経営状況が悪くなったことから，Vが令和元年12月末にAを解雇した。しかし，Aは，新しい就職先が見つからず，令和2年1月20日頃から毎日のように同店を訪れては，再び雇ってほしいとVに懇願しており，Vは，これを断り続けていた。同月27日夕方には，同店事務室でVとAが話をしていた際，Aが大声を上げながら両手でVを突き飛ばしたということがあった。その時は，たまたま店番をしていた私がAを制止し，Aをなだめて帰ってもらった。
　　　Aは，Vに用があるときはいつもクリーニング店を訪ねて来ており，私が知る限り，AがV方に上がったことはなかった。また，V方1階居間にあった応接テーブル上面は，事件当日，私が外出する直前の午後1時45分頃に，私が全体にわたり拭き掃除をした。応接テーブル上面にAの指紋が残されていたのであれば，その指紋が付いたのは，私が同日午後2時頃に外出してから午後9時45分頃に帰宅するまでの間としか考えられない。」
　(6)　V方西隣の住民W1の警察官面前の供述録取書（証拠⑥）
　　　「令和2年2月1日午後6時頃，私が自宅にいたところ，V方から男性の大きな怒鳴り声が聞こえたが，何と言って怒鳴っていたかまでは分からなかった。」
2　検察官Pは，司法警察員Kからの上記相談に対し，㋐AがVを死亡させた犯人であること

（Aの犯人性）について，証拠③等の有力な証拠があるものの，これらの証拠に基づき認められる間接事実の推認力が十分でないと考えた。そのため，検察官Pは，現時点でAを逮捕することは妥当ではなく，更なる捜査が必要であると判断し，司法警察員Kにその旨を伝えた。

3　その後，主に以下の証拠が収集され，再度司法警察員Kから相談を受けたことから，検察官Pは，④以前に収集された証拠に基づき認められる間接事実に，証拠⑦から⑪に基づき認められる間接事実が加わったことにより，Aの犯人性を十分に推認できると考え，Aを逮捕することが妥当であると判断して，司法警察員Kにその旨を伝えた。

(1)　Cの警察官面前の供述録取書（証拠⑦）

「Aは，私の高校時代の同級生で，今も友人である。令和2年2月1日夜，Aから私の携帯電話に電話がかかってきた。その通話で，Aは，『むかついたので人をナイフで刺してやった。刺したナイフは，高校の近くのM県N市O町にある竹やぶに投げ捨てた。さすがに見付かることはないよな。』と言ってきた。その時は，Aが酒に酔って冗談を言っているものと思って受け流したが，その後，Aが前に働いていたクリーニング店の経営者が自宅で刺し殺されたことを報道で知って，Aがやったのではないかと思い，怖くなった。友人であるAのことを裏切りたくなくて悩んだが，Aが罪を犯したのであればきちんと償ってほしいと思い，同月5日朝，自分から警察に連絡して，Aから聞いた話を伝えることにした。」

(2)　Cの携帯電話の精査結果に関する捜査報告書（証拠⑧）

Cから任意提出を受けたC所有の携帯電話のデータを精査した結果，Aが契約する携帯電話の番号がAの姓名で登録されており，令和2年2月1日午後9時頃に同番号から着信があり，約5分間にわたって通話した履歴があった旨が記載されている。

(3)　ナイフの領置経過に関する捜査報告書（証拠⑨）

Cの供述に基づき，警察官がM県N市O町にある上記竹やぶ内を探索したところ，令和2年2月5日午前11時頃，血痕様のものが付着した刃体の長さ約15.5センチメートルの片刃のナイフを発見し，これを領置した旨が記載されている。

(4)　上記ナイフに付着した血痕様のものに関する鑑定書（証拠⑩）

上記ナイフに付着した血痕様のものは，人血であり，そのDNA型は，Vのものと一致した旨が記載されている。

(5)　司法解剖医の警察官面前の供述録取書（証拠⑪）

「上記ナイフは，その形状から，Vの死因となった胸部刺創を形成した凶器と考えて矛盾はない。上記胸部刺創が，深さ約15センチメートルに達していた上，肋骨が刺切されていたことに照らすと，凶器をかなり強い力でVの身体に突き刺したものと認められる。」

4　Aは，Vを被害者とする殺人罪の被疑事実で通常逮捕され，引き続き，勾留された。勾留期限までに収集された主な証拠の概要は以下のとおりである。

(1)　Bの検察官面前の供述録取書（証拠⑫）

証拠⑤記載の内容と同旨。

(2)　Cの検察官面前の供述録取書（証拠⑬）

証拠⑦記載の内容と同旨。

(3)　通行人W2の警察官面前の供述録取書（証拠⑭）

「令和2年2月1日午後6時頃，保育園に預けている娘を迎えに行くためV方の前を通ったところ，V方から，『お前は長年店に尽くしてきた俺のことを何も考えていない。殺すぞ。』と怒鳴り付ける男性の大声が聞こえた。続いて，別の男性の声で，『ろくに働きもしていなかったくせに。また働かせろなんて無理に決まっているだろう。』と怒鳴り返しているのが聞こえた。気になったが，保育園のお迎えの時間が迫っていたので，それ

以上は聞かずにその場を離れた。」
  (4) W2の検察官面前の供述録取書（証拠⑮）
      証拠⑭記載の内容と同旨。
  (5) Aの警察官面前の供述録取書（証拠⑯）
      「Vを殺したのは私ではない。V方に上がったこともない。事件があった日は，ずっと自宅にいたと思う。」
  (6) Aの検察官面前の供述録取書（証拠⑰）
      「警察の取調べではうそをついていた。私が持っていたナイフがVの胸に刺さり，Vを死なせてしまったことは，事実である。しかし，私は，刺そうと思って刺したのではないし，Vを殺すつもりもなかった。事件当日は，Vを脅して再雇用に応じさせようと思い，午後6時頃，ナイフを持ってV方に行った。Vに居間に通された後，Vを脅すために，何も言わずにVの方に刃先を向けてナイフを構えたところ，突然Vが向かってきたので，とっさに目を閉じて後ずさりした。次の瞬間，強い衝撃を手に感じ，目を開けるとVの胸にナイフが突き刺さっていたので怖くなり，そのナイフを抜き取って逃げた。」

5 検察官Pは，勾留期限までに，Aにつき，Vを被害者とする殺人罪の公訴事実（逮捕勾留に係る被疑事実と同一の内容）で公訴を提起し，同公訴提起に係る殺人被告事件は，公判前整理手続に付された。

6 公判前整理手続において，検察官は，「Aは，令和2年2月1日午後6時頃，大声でVを怒鳴り付けて再雇用を迫ったものの，VがかつてのAの勤務態度を非難して再雇用を断ったため，これに憤慨し，殺意をもって，Vの胸部をナイフで1回突き刺し，Vを死亡させた。」などと記載した証明予定事実記載書を裁判所に提出するとともに弁護人に送付し，併せて，証拠①から④，⑧から⑬，⑮及び⑰の各証拠の取調べを裁判所に請求した。
    これに対し，Aの弁護人は，証拠⑰と同旨の予定主張を明らかにするとともに，証拠④，⑪，⑬及び⑮について「不同意」とし，その他の証拠については「同意」との意見を述べたので，検察官は，司法解剖医，C及びW2の証人尋問を請求した。
    裁判所は，争点を刺突行為及び殺意の有無と整理した上で，司法解剖医，C及びW2につき，いずれも証人として尋問する旨の決定をするなどし，公判前整理手続を終結した。

7 その後，第1回公判期日までの間において，Aの弁護人は，Aについて保釈の請求をしたが，H地方裁判所裁判官は，刑事訴訟法第89条第1号及び第4号に該当する事由があり，また，同法第90条に基づく職権による保釈を許すべき事情も認められないとして，同保釈請求を却下した。

8 公判期日に実施されたCの証人尋問において，検察官が，Cに対し，事件当日の夜にAから電話で聞かされた内容について質問し，Cが証拠⑬と同旨の証言をしたところ，<u>⑦Aの弁護人は，「ただ今の証言は証拠能力のない伝聞供述であるから，証拠排除を求める。」と述べた。裁判長が検察官に意見を求めたところ，検察官は，弁護人の申立てには理由がない旨を条文上の根拠とともに答えた。</u>

〔設問1〕
(1) 下線部⑦に関し，検察官Pは，V方1階居間中央の応接テーブル上面にAの指紋が付着していた事実は，Aの犯人性を推認させる間接事実であるが，その推認力は限定的であると考えた。その思考過程を，具体的事実を指摘しつつ答えなさい。なお，証拠⑤に記載されたBの供述の信用性は認められることを前提とする。
(2) 下線部⑦に関し，検察官PがAの犯人性を十分に推認できると考えた思考過程を，具体的事実を指摘しつつ答えなさい。なお，証拠⑦に記載されたCの供述の信用性は認められることを前提とする。

〔設問2〕
(1)　公判前整理手続において，Aの弁護人は，検察官が取調べを請求した証拠の開示を受け，これらの証拠に対してどのような意見を述べるかを検討するに当たり，犯行が行われた時刻頃にV方からの物音を聞いた者がW2のほかにいるならば，その者の供述録取書の開示を受けたいと考えた。この場合，Aの弁護人は，どのような手段を採るべきか，また，その手段を採る際に具体的にどのようなことを明らかにすべきか，条文上の根拠を示しつつ答えなさい。

(2)　Aの弁護人が上記(1)の手段を採ったのに対し，検察官は，証拠⑥をAの弁護人に開示した。その検察官の思考過程を，その判断要素を踏まえ，具体的事実を指摘しつつ答えなさい。

〔設問3〕
　下線部⑦に関し，裁判所は，Aの弁護人の申立てに基づき証拠排除決定をすべきか。検察官がCの証言によりどのような事実を立証しようとしているかを踏まえた上で，具体的理由を付して答えなさい。

〔設問4〕
　結審後，判決宣告期日までの間に，Aの父親が死亡した。Aの弁護人が勾留中のAとの接見でその旨を伝えたところ，Aから「父の葬儀にだけは出席したい。何とか出席できるようにしてほしい。」と依頼された。Aの弁護人が採り得る複数の手段について，条文上の根拠を示しつつ，本事例における具体的な事実関係に即して答えなさい。

答案構成用紙

１ 設問１

1 小問(1)

　小問(1)は，Aの犯人性を推認する過程について問われている。

　問題文からすると，まず，「V方１階居間中央の応接テーブル上面にAの指紋が付着していた事実」からAの犯人性を推認する過程について検討する必要がある。本件では，V方の応接テーブルにAの指紋が付着していた事実からのみでは，その指紋がいつ付着したのかを説明することができず，Aの犯人性を推認することは難しい。そのため，下線部㋐時点で収集されていた他の証拠と併せて犯人性を推認することができないか検討する必要がある。具体的には証拠⑤におけるBの供述で，令和２年２月１日午後１時45分にBが応接テーブルの拭き掃除をした事実，同日午後２時に外出し，午後９時45分に帰宅した事実などとあわせて，Aの犯人性をどのように推認できるかを検討していく。

　そして，Aの犯人性が推認できるとしても，その推認力は限定的である点についても触れる必要がある。この問題を検討するに際しては，A以外の人物がVを殺害した可能性はないか，という点に着目することが重要である。

2 小問(2)

　小問(2)も，引き続きAの犯人性を推認する過程について検討させるものである。下線部㋐時点で収集されていた証拠①から⑥までに加え，その後に収集された証拠⑦から⑪までを資料として判断する。Aが友人のCに対してナイフの投棄場所を伝えた事実などを考慮して検討を進める。

２ 設問２

1 小問(1)

　小問(1)は，公判前整理手続において，検察官が開示した証拠に関連する証拠の開示を求めたいと考える場合に，弁護人としていかなる対応をすべきかを論じていく。弁護人としていかなる手段を採るべきか，また，その手段を採る際にどのようなことを明らかにすべきかについて検討する必要がある。

　本設問では，Aの弁護人は，犯行が行われた時刻ころにV方からの物音を聞いた者がW２のほかにいるならば，その者の供述録取書の開示を受けたいと考えている。W２の供述はAの犯人性を基礎づけるものであるから，弁護人としては，W２以外の者の供述録取書により，W２の供述の信用性を減殺することを検討する。そこで，弁護人としては，類型証拠開示請求（316条の15第１項）を行う。

　弁護人が類型証拠開示請求を行う場合には，316条の15第３項に規定する事項を明らかにしていく。具体的には，316条の15第３項１号イは，「第１項各号に掲げる証拠の類型」および「開示の請求に係る証拠を識別するに足りる事項」を，316条の15第３項１号ロは，「開示の請求に係る証拠が当該検察官請求証拠の証明力を判断するために重要であることその他の被告人の防御の準備のために当該開示が必要である理由」を明らかにすることを要求している。被告人または弁護人が316条の15第１項に基づいて類型証拠の開示請求を行う場合には，以上の要件をみたすことを主張しなければならない。したがって，本設問でも，以上の要件をみたす具体的な事情を主張していく。

2 小問(2)

　小問(2)は，検察官が証拠⑥を類型証拠として開示した思考過程を検討することが求められている。

　類型証拠開示の要件は，①類型該当性（316条の15第１項各号に掲げる証拠の類型のいずれかに該当すること），②重要性（「特定の検察官請求証拠の証明力を判断するために重要であると認められる」こと），③相当性（「重要性の程度その他の被告人の防御の準備のために当該証拠を開示することの必要性の程度並びに当該開示によって生じるおそれのある弊害の内容及び程度を考慮し，相当と認め」られること）である。

　本設問でも，検察官が，以上の３つの要件をそれぞれみたすと考えた事情を指摘していく。

③ **設問3**

設問3は，証人尋問においてなされたCの証言について，伝聞供述として証拠排除決定をすべきかについて，裁判所の立場から検討させる問題である。

伝聞供述とは，公判廷外の供述を内容とするものであって，要証事実との関係で内容の真実性が問題となるものをいう。伝聞供述該当性の判断にあたっては，要証事実の認定が重要であるから，問題文をよく読んで検察官の意図を推察してほしい。

本件において，Aは，ナイフをVの胸に刺したことは認めているものの，殺すつもりはなかったと供述しているため，Aの審理における争点は，Aによる刺突行為の存在ではなく，殺意の有無であると考えられる。そして，証人尋問におけるCの供述は，Aが電話で「むかついたので人をナイフで刺してやった。刺したナイフは，高校の近くのM県N市O町にある竹やぶに投げ捨てた。さすがに見付かることはないよな。」と言ってきたことを内容とするものである。そのため，検察官はAの殺意を立証する趣旨でCに証言を求めたものと考えられる。この場合，要証事実はAの殺意ということになり，この要証事実との関係で，Cの証言が伝聞供述にあたるか否かを判断することになる。

本設問で，Cの供述が伝聞供述にあたると判断される場合には，次に，伝聞例外の要件をみたさないかを検討することになる。Cの供述は公判期日における供述であり，被告人の供述を内容とするものであるから，324条1項が準用する322条1項の要件該当性を検討すべきである。

④ **設問4**

設問4は，勾留中のAが身体拘束からの一時解放を希望した場合に，弁護人としていかなる手段を採りうるかを問うものである。

まず，弁護人としては，保釈請求（88条1項）を検討する。保釈については，89条に基づく場合と，90条に基づく場合が考えられるところ，本設問ではAが殺人罪で起訴されていることから，89条に基づく保釈は認められない（89条1号）。一方で，90条に基づく保釈は，89条各号の要件に該当する場合であっても，罪証隠滅のおそれや被告人が受ける不利益の程度等を考慮して判断するから，保釈が認められる可能性がある。特に，本設問は結審後，判決宣告期日までの間のことであるから，証拠調べがすべてすんでいる以上，罪証隠滅のおそれも相当程度減少していることを指摘できる。

次に，弁護人としては，勾留の執行停止（95条）の申立てをする。勾留の執行停止は，裁判所の職権発動にかぎられるが，弁護人の側から発動を促すことは可能である。

なお，本設問は，勾留自体に対して不服を申し立てる場面ではないため，準抗告や勾留の理由開示といった手段は適さないだろう。また，勾留の取消請求については，検討をしてもよいが，問題文にある事情が少ないため，検討にそれほど紙面を割く必要はない。

答案例

第1　設問1
　1　小問(1)
　　⑴　Vが殺害されたのはBが外出した午後2時頃から午後9時45分頃ま
　　　でのいずれかの時点である。そのため，犯人はその間にV宅を訪れた
　　　人物であると考えられる。　　　　　　　　　　　　　　　　　　　5
　　　　そして，証拠②，③から，被害者が倒れていた場所近くにある応接
　　　テーブルにAの指紋が付着していた事実を認定することができる。証
　　　拠⑤によれば，Bは外出直前の午後1時45分頃に応接テーブルを拭き
　　　掃除しており，午後2時に外出しているから，応接テーブルに指紋が
　　　ついたのは午後2時頃から午後9時45分頃の間であるといえる。その　10
　　　ため，Aは午後2時頃から午後9時45分頃の間にV宅を訪れたと考え
　　　られる。
　　　　したがって，応接テーブル上面にAの指紋が付着していた事実から，
　　　Aの犯人性を推認できる。
　　⑵　もっとも，AがV方を訪れたとしても，他の人物がV方においてV　15
　　　を殺害した可能性は否定できない。そして，Kからの相談時点で収集
　　　された証拠には，A以外の人物がV方を訪れた可能性を否定するもの
　　　はない。そのため，上記事実からAの犯人性は推認できるものの，そ
　　　の推認力は限定的であるといえる。
　2　小問(2)　　　　　　　　　　　　　　　　　　　　　　　　　　20
　　　　証拠⑦，⑧により，Cが犯行日当日にAから電話を受け，その際に，
　　　Aが人をナイフで刺し，そのナイフをM県N市O町にある竹やぶに捨て
　　　たことを聞いた事実を認定できる。そして，証拠⑨によれば，AがCに
　　　話したとおりの場所からナイフが見つかっている。さらに，証拠⑩およ
　　　び⑪によれば，このナイフにはVのDNA型と一致する人血が付着して　25
　　　おり，Vを刺した凶器と考えて矛盾はない。以上の事実からすれば，A
　　　は，Vを刺した凶器であるナイフの投棄場所をCに話したものと考えら
　　　れる。そして，凶器の投棄場所は通常犯人のみが知る情報である。した
　　　がって，以上の事実からAの犯人性を推認することができる。
第2　設問2　　　　　　　　　　　　　　　　　　　　　　　　　　30
　1　小問(1)
　　⑴　Aの弁護人としては，類型証拠開示請求を行うべきである（刑事訴
　　　訟法316条の15第1項。以下「刑事訴訟法」法名省略）。
　　⑵　この請求の際には，「証拠の類型」は1項6号，「証拠を識別するに
　　　足りる事項」は犯行時刻に犯行現場付近に存在した者の供述録取書で　35
　　　あることを明らかにする必要がある（316条の15第3項1号イ）。また，
　　　本設問では，「開示が必要である理由」（1号ロ）として，犯行が行わ
　　　れた時刻にV方からの物音を聞いた者がW2以外に存在すれば，その
　　　者の証言によりW2の証言の信用性を減殺できる可能性があるため，
　　　供述録取書の開示が重要であることも明らかにすべきである。　　　40
　2　小問(2)
　　⑴　316条の15第1項に基づき類型証拠の開示を認めるためには，①類
　　　型該当性②重要性③相当性の3つの要件をみたす必要がある。
　　⑵　まず，犯行時刻に犯行現場付近に存在した者の供述録取書は，被告

→犯人側の事情

→被疑者側の事情

→Aの犯人性を推認できること

→推認力が小さいこと

→証拠から認定できる事実

→Aの犯人性の推認過程

→弁護人が行うべき対応

→弁護人が明らかにすべき内容

→類型証拠開示の要件

→要件該当性

人以外の者の供述録取書であるから同項6号の類型に該当する（①充足）。また，この供述録取書はW2の証言の信用性を判断するうえで重要である（②充足）。さらに，W2の供述はAの争点となる殺意を裏づける証拠として機能するものであるから，この供述の信用性に関する証拠を開示する必要性は高い。一方で，上記供述録取書を開示したとしても，Aは勾留中なのでW1が威迫されるなどのおそれは小さい。よって，開示は相当であるといえる。（③充足）。 45

50

第3　設問3

1　伝聞供述とは，公判廷外の供述を内容とするものであって，要証事実との関係で内容の真実性が問題となるものをいう。

➡定義

2　本件での争点は，Aの殺意である。そのため，検察官としては，Aの 55
殺意を立証する目的でCの供述を求めたと推測される。したがって，要証事実はAの殺意であり，この要証事実との関係では，Cの供述どおりに，Aがむかついて人をナイフで刺したかが問題となる。

➡伝聞供述に該当すること

そのため，Cの供述は，Aの公判廷外の供述を内容とするものであり，この供述は要証事実との関係で内容の真実性が問題となるものであるか 60
ら，伝聞供述に該当する。

3　もっとも，Cの供述は「被告人の供述をその内容とするもの」であるから，伝聞例外（324条1項・322条1項）の要件をみたせば，例外的に証拠能力が認められる。

➡伝聞例外に該当すること

本件において，Aの供述は自己の犯行を認めるものであり，「被告人 65
に不利益な事実の承認」にあたる。さらに，Aはみずから友人のCに電話をかけて犯行を認める供述をしているから，この供述は「任意にされたものでない疑がある」ともいえない。

したがって，本設問では伝聞例外の要件をみたし，例外的に証拠能力が認められる。 70

4　よって，裁判所としては，Cの証言について証拠排除決定を行う必要はない。

第4　設問4

1　まず，Aの弁護人としては，保釈請求をすることが考えられる（88条 1項）。 75

➡保釈請求をなしうること

本件で，Aは殺人罪（刑法199条）で起訴されていることから，89条を根拠とする保釈は認められない（89条1号）。一方で，Aの公判はすでに結審しており罪証隠滅等のおそれは小さいこと，保釈を認めないとAは父親の葬儀に参加できないという不利益が大きいことからすれば，90条を根拠とする保釈は認められる可能性が高い。 80

2　次に，勾留の執行停止（95条）を促すことが考えられる。本設問では，Aの父親が死亡し，葬儀に参加するという必要性がある。したがって，「適当」な場合として勾留の執行停止がなされる可能性が高い。

➡勾留の執行停止を促すこと

3　以上より，Aの弁護人は保釈請求もしくは勾留の執行停止を促すという手段を採りうる。 85

以上

　本問は，犯人性あるいは実行行為・殺意が争点となる殺人事件を題材に，犯人性の認定における間接事実の推認力（設問1），類型証拠開示請求の要件及び類型証拠該当性（設問2），被告人の供述を内容とする証言の証拠能力（設問3），被告人を身柄拘束から解放する手段（設問4）について，【事例】に現れた証拠や事実，手続の経過を適切に把握した上で，法曹三者それぞれの立場から，その思考過程及び採るべき具体的対応について解答することを求めており，刑事事実認定の基本構造及び刑事手続についての基本的知識の理解並びに基礎的実務能力を試すものである。

講　評 ‖‖‖

① 設問1について

　小問(1)については，多くの答案が，Aの犯人性の推認について，具体的事実を的確に指摘することができていた。その際には，証拠⑤から，午後2時頃から午後9時45分までの間に，犯人がV宅を訪れた事実を認定したうえで，この事実とあわせてV方1階居間中央の応接テーブル上面にAの指紋が付着していた事実がいかなる意味をもつかを丁寧に記述している答案はおおむね高評価であった。他方で，犯人側の事情と被疑者側の事情を区別できていない答案も多かった。犯人性の推認にあたっては，両者をしっかり区別することが重要であるので，注意したい。また，推認力が限定的であるというためには，A以外の人物が犯人である可能性について指摘しなければならない。たとえば，犯人がV方を訪れたと考えられる時間は午後2時頃から午後9時45分までの間であるところ，7時間45分もの時間があればA以外の人物がV方を訪れることも十分考えられることを指摘することができるだろう。それにもかかわらず，Aの行動の合理性などに言及する答案も多かった。これらの事実の指摘は，Aが犯人であることの有力な反対仮説とはならない。問題文をよく読んで，適切な事実を指摘したい。

　小問(2)については，多くの答案が具体的な事実の指摘をしたうえで，Aの犯人性の推認過程の記述をすることができていた。もっとも，どのような事実からAの犯人性を推認できるかについては，説得的な記述ができている答案は少なかった。犯人性の推認について説得的な記述をすることは難しいものの，証拠構造について十分復習したうえで，問題に即した検討ができるように心掛けてほしい。

② 設問2について

　小問(1)については，弁護人が採るべき手段として類型証拠開示請求をあげる必要がある。この点については，多くの答案が適切に答えを導き出すことができていた。公判前整理手続は，近年の予備試験で頻出のテーマである。適切な手段を選択することができなかった場合は，公判前整理手続全般についてよく復習しておいてほしい。

　さらに，多くの答案は，弁護人が明らかにすべき内容についても，条文上の根拠を示しつつ，条文に即して答えることができていた。小問(1)では，問題文に現れている具体的な事情を適切に指摘できていた答案がおおむね高評価であったといえるだろう。今後も条文に即した検討をするという姿勢は忘れてはならない。

　小問(2)についても，条文を指摘したうえで，具体的な検討ができている答案が多かった。一方で，検察官の思考過程について，開示することが相当であるという点のみを指摘して，開示を認めている答案も少なからず見受けられた。問題文は具体的な事実を指摘することも求めているから，少なくとも本件の事例において類型証拠開示の要件をみたすかを具体的に検討すべきであろう。開示の相当性を検討するにあたって，W1の供述録取書を開示することによるプライバシー侵害の程度などを具体的に検討できていた答案は，おおむね評価が高かった。

③ 設問3について

　まず，小問3は証人尋問の途中で質問に対する異議を述べる場面ではなく，証人の供述後に証拠排除決定を求めるものである。答案のなかには，異議を述べる場面であると勘違いして，裁判所の

判断を検討しているものもあったので，注意してほしい。設問がいかなる手続に関連するものであるかを，問題文をよく読んで判断することが重要である。

　多くの答案は，本問が伝聞法則の適用について解答することを正確に理解できていた。しかし，伝聞法則の適用の有無を判断するにあたっては要証事実の設定が重要であるにもかかわらず，要証事実を的確に設定できている答案は少なかった。特に，本事例での争点についての誤っているものが多かった。本件での審理の経過をみると，証拠⑰において，AはVをナイフで刺したことを認めており，殺意のみ否定している。公判においても，証拠⑰と同様の主張が行われることが明らかになっているから，本事例での争点をAによる刺突行為であると考えるのは誤りである。この点は，問題文を注意深く読めばすぐ気づけるものである。いかなる設問でも問題文をよく読むという姿勢を忘れてはならない。

　また，Aによる供述のうち「むかついた」という部分を，現在の精神状態の供述であるとして，伝聞性が問題にならないとする答案も少なからず存在した。しかし，Aの供述は過去の自分の行動を振り返ってしたものであり，「むかついた」と発言した部分も，過去の精神状態の供述にあたる。過去の精神状態の供述の場合，現在の精神状態の供述とは異なり，知覚，記憶の段階を経ることから，伝聞性が問題となる。伝聞法則に関する問題は予備試験でも頻出であるため，この点について正確に記述できなかった受験生は，しっかり復習してほしい。

④　**設問4について**

　設問4については，弁護人が採りうる手段として，保釈請求および勾留の執行停止に言及できている答案が多かった。これらの手段について，問題文の事情に即して具体的な検討をできている答案も相当数見受けられたが，単に手段の指摘にとどまり，問題文の事情の指摘までにはいたらない答案も多かった。本設問は最後の設問ということもあり，時間が足りなかったためであろう。近年の予備試験は，設問数が多く，紙面や時間の配分が難しい問題も多い。過去問を解く際には，紙面や時間の配分にも気をつけることをお勧めする。

第1　設問1

1　小問(1)

　　証拠②及び③からV方1階居間にあった応接テーブル上面（以下「本件テーブル上面」という。）にAの指紋が付着していたという事実が認定できる。また，証拠⑤中のBの供述から，Bが事件当日の外出する直前に本件テーブル上面を全体に渡り拭き掃除をしている事実が認定できる。これらの事実からすると，Aの本件テーブル上面に付着していた指紋は，Bが事件当日にV方から外出した午後2時頃から帰宅した午後9時45分頃までの間に付着したものと認められ，その間にAがV方を訪れ，本件テーブル上面に触れたという事実が認定できる。そして，確かに，かかる事実から，AがV方を訪れてVを殺害したというAの犯人性を推認できる。しかし，他の者が事件当日にV方を訪れてVを殺害し，その際本件テーブル上面に触れなかったという可能性も多分に考えられる。そのため，本件テーブル上面にAの指紋が付着していたという事実のAの犯人性に対する推認力は限定的である。

2　小問(2)

　　まず，証拠⑦中のCの供述から，事件当日の夜，具体的には証拠⑧から認定できる日時である令和2年2月1日午後9時頃に，AがCに対して電話で，ナイフで人を刺したこと及び刺したナイフをM県N市O町にある竹やぶに投げ捨てたことを伝えたという事実が認定できる。また，証拠⑨及び⑩から，同年2月5日に上記竹やぶ内から実際にナイフが発見され，そのナイフにVのDNA型と一致する血痕が付着していたという事実が認定できる。そして，Aの上記供述はかかる客観的事情と一致していることから信用性が認められる。また，通常犯人しか知り得ないような情報を知っているものといえ，Aが人をナイフで刺したことが強く推認される。さらに，前述の証拠⑩から認定できる事実及び証拠⑪から認定できる，上記ナイフがVの死因となった胸部刺創を形成した凶器と考えて矛盾はないという事実から，上記ナイフはVの殺害に使用されたと強く推認できる。そのため，Aがナイフで刺した相手はVであるということが強く推認できる。また，このように考えても，前述のAが事件当日にV方を訪れたという事実と整合する。

　　したがって，Aの犯人性を十分に推認できる。

第2　設問2

1　小問(1)

　　Aの弁護人は類型証拠開示請求（刑事訴訟法（以下法名省略）316条の15第1項）という手段を採るべきである。その際弁護人は，次のことを明らかにすべきである。まず，開示請求に係る証拠が同項6号の類型に該当すること及び当該証拠を識別するに足りる事項を明らかにすべきである（316条の15第3項1号イ）。次に，開示請求に係る証拠が証拠⑮の証明力を判断するために重要であり，被告人の防御の準備のために開示が必要である理由を明らかにすべきである（同号ロ）。

2　小問(2)

　　検察官が弁護人の類型証拠開示請求に応じて証拠を開示するためには，316条の15第1項各号のいずれかの証拠の類型に該当すること（@要件），

5

10

15

20

25

30

35

40

←○証拠から認定できる事実を的確に拾えている

←△犯人側の事情を考慮したい

←○A以外の人物がV方を訪れた可能性について検討できている

←○具体的な検討ができている

←○適切な手段を選択できている
←△本件の具体的な事情に即して明らかにする事情を摘示すべき

←○問題文の事情に即した検討ができている

当該証拠が特定の検察官請求証拠の証明力を判断するために重要である 45
こと（ⓑ要件），開示によって生じる弊害を考慮した上で開示すること
が相当であること（ⓒ要件）という要件を満たす必要がある（同項柱書）。

⬅△相当性は，開示の必要性の程度と弊害を勘案して判断する

　　まず，証拠⑥は同項6号の類型に該当する（ⓐ要件充足）。

　　次に，検察官が証拠調べ請求をしている⑮証拠中のW2の供述と証拠 50
⑥中のW1の供述内容に食い違いがある場合にはW2の供述の信用性は
減殺され，逆に両者の供述内容が一致する場合にはW2の供述の信用性
が増強されるため，証拠⑥は証拠⑮の証明力を判断するために重要であ
るといえる（ⓑ要件充足）。

　　そして，W1はAと面識があるという事情はなく，なおかつAは勾留 55
中であるから，開示したとしてもAがW1を威迫して証言を変えさせる
といったおそれもないため，開示により特に弊害は生じない。そのため
相当性も認められる（ⓒ要件充足）。

⬅△開示の必要性も考慮すべき

　　したがって，検察官は証拠⑥を開示した。

第3　設問3

1　まず，伝聞供述とは，公判外の供述を内容とする供述であって，要証 60
事実との関係で当該公判外供述の内容の真実性が問題となるものをいう。

2　本件ではAの殺意が争点となっているところ，Cの証言の要証事実は
Aの殺意であると解される。そうすると，Cの証言中の「むかついたの
で人をナイフでさしてやった」というAの公判外の供述部分は，上記要
証事実との関係で内容の真実性が問題となるといえ，伝聞法則（320条 65
1項）により原則として証拠能力が否定される。

⬅○本件の事情に即した要証事実を設定できている

3　もっとも，Cの供述は「被告人の供述をその内容とするもの」（324条
1項）に当たるため，同項の準用する322条1項本文に該当すれば例外
的に証拠能力が認められる。Aの供述は「被告人に不利益な事実の承認
を内容とするもの」に当たり，また，Aは事件当日の夜に自ら友人であ 70
るCに電話をかけて供述をしているため，任意性を否定するような事情
はないといえ，「任意にされたものでない疑」（同項ただし書）はないと
いえる。よって，同項により証拠能力が認められる。

⬅○条文に即した検討ができている

4　したがって，裁判所はCの証言について証拠排除決定すべきでない。

第4　設問4 75

1　まず弁護人は，裁判所に権利保釈の請求（88条1項）をすることが考
えられる。しかし，殺人罪（刑法199条）は89条1号に該当するため，
かかる手段は採り得ない。

2　次に弁護人は，裁判所に職権保釈（90条）を促すという手段を採り得
る。 80

3　また，裁判所に勾留停止（95条）を促すという手段を採り得る。

⬅△摘示している手段は正しいが，具体的な事情に即した検討をすべきであった

以上

1 設問1

小問(1)は，証拠から認定可能な事実を積み重ねたうえで，Aが，Bの外出中にV宅を訪れた事実を認定できている。この認定は非常に具体的であり，高く評価できる。もっとも，Aが本件テーブル上部に触れた事実から，Aの犯人性を推認する過程についてはいっさい記述がなされていない。犯人側の事情と被疑者側の事情をそれぞれ記載し，両者の一致する程度を通じて，犯人性を推認する過程を示すべきである。本設問はAの犯人性を推認する過程に関する設問であるから，この点についてはより具体的に記述すべきであったと考えられる。

小問(2)は，問題文にあげられている証拠から認定できる事実を具体的に摘示したうえで，犯人性の推認過程を検討しており，好印象である。

2 設問2

小問(1)は，Aの弁護人として，類型証拠開示請求を選択すべきことを，適切に指摘できている。一方，条文上あげられている類型証拠開示請求の要件は摘示されているが，本件の事情に照らし具体的にいかなる主張をすべきかについてはいっさい記述がない。本設問は，Aの弁護人が主張すべき内容を具体的に検討することを求めるものであるから，単に条文上の要件を摘示するのみでなく，具体的な主張内容まで記述すべきであった。

小問(2)は，検察官による類型証拠の開示要件を適切に指摘したうえで，問題文の事情に即した検討をしている。一方で，相当性の判断の際には，条文上，開示の必要性も検討することとされているから，この点に言及があるとなおよかった。検討漏れをなくすためにも，要件を提示する際に，あわせて判断基準を示しておくとよいであろう。

3 設問3

まず，設問3ではなぜ伝聞供述の該当性が問題となるのかに触れるべきであった。この点，Cの証言がAの公判廷外の供述を内容とすることを理由としてあげられればなおよかったであろう。

答案では，問題文の事情からAの殺意が争点となっていること，Cの証言によりAに殺意があったことを立証しようとしていることを的確に指摘することができている。伝聞法則の適用，また，伝聞例外該当性の判断にあたっては，問題文の事情を具体的に引用したうえで検討しているので評価が高い。

4 設問4

弁護人が採りうる手段自体に関しては，正確に摘示することができている。一方で，問題文には「具体的な事実関係に即して」とあることから，摘示した手段が実際に利用可能かについては，具体的事情に基づいた検討をすべきである。試験の時間は短いけれども，最後までしっかりと検討してほしいところである。

次の【事例】を読んで，後記〔設問〕に答えなさい。

【事例】
1　A（35歳，男性）は，令和 2 年 1 月18日，「被疑者は，令和 2 年 1 月 9 日午前 1 時頃，H
県 I 市 J 町 1 番地 K 駐車場において，同所に駐輪中の V 所有の大型自動二輪車 1 台の座席シー
ト上にガソリンをかけ，マッチを使用してこれに火を放ち，その火を同車に燃え移らせて
これを全焼させ，そのまま放置すれば隣接する住宅に延焼するおそれのある危険な状態を
発生させ，もって公共の危険を生じさせた。」旨の建造物等以外放火の被疑事実（以下「本
件被疑事実」という。）で通常逮捕され，同月20日，I 地方検察庁の検察官に送致された。
　　送致記録にある主な証拠の概要は以下のとおりである（以下，特に年を明示していない
日付は全て令和 2 年である。）。
①　 1 月 9 日付け捜査報告書
　　目撃者 W（27歳，女性）から 1 月 9 日午前 1 時 3 分に119番通報が寄せられた旨が記載
されている。
②　 1 月 9 日付け W の警察官面前の供述録取書
　　「この日，仕事が遅く終わった私は，会社を出て少し歩き，通勤に使っている車を止め
ている K 駐車場の中に入った。すると，駐輪スペースに止めてある 3 台のバイクのうち，
真ん中のバイクの脇に男が 1 人立っているのに気付いた。何をしているのだろうと思い，
立ち止まってその男を見ていると，男は，左肘に提げていた白いレジ袋からペットボト
ルを取り出し，中に入った液体をそのバイクの座席シート上に振りかけ，そのペットボ
トルを再びレジ袋に仕舞った。そして，男は，そのレジ袋からマッチ箱を取り出し，そ
の中に入っていたマッチ 1 本を擦って火をつけ，これを座席シート上に放り投げた。そ
の火は瞬く間に座席シート全体に広がった。男は，火が燃え上がる様子を少しの間見て
いたが，私に見られているのに気付くと，慌てて走り出し，そのまま私とすれ違い，K 駐
車場を西側出入口から出て南の方向へ逃げていった。私が119番通報をしたのはその直後
である。私が見ていた場所は，男が火をつけていた場所から約 7 メートル離れていたが，
付近に街灯があり，駐車場の敷地内にも照明があったので明るく，視界を遮るものもな
かった。男は，胸元に白色で『L』と書かれた黒っぽい色のパーカーを着て，黒っぽい色
のスラックスを履いていた。私が男の顔を見たのは，まず，男がバイクに火を放った直
後に，男がその火を見ていた時である。ただ，この時の男はうつむき加減だったので，そ
の顔がはっきりと見えたわけではない。しかし，私が見ているのに男が気付いた時，男
がその顔を上げ，男と視線が合ったので，私は，この時点ではっきりと男の顔を見るこ
とができた。私は，放火犯人の顔をよく見ておかなければならないと思ったし，すれ違
い様には男の顔を間近で見ることができたので，男の顔の特徴はしっかりと覚えている。
男は，30歳代くらいの小太りで，私より身長が高く，170センチメートルくらいあった。
顔の特徴は，短めの黒髪で，眉毛が太く，垂れ目だった。なお，当時，犯人も私も顔に
マスクは着けておらず，眼鏡も掛けていなかった。」
③　 1 月 9 日付け V（40歳，男性）の警察官面前の供述録取書
　　「放火されたバイクは私が半年前に200万円で購入し，通勤に使用しているものである。
私は，自宅アパートから徒歩 5 分の所にある K 駐車場にこのバイクを駐輪していた。本日
午前 1 時30分頃，K 駐車場の管理者から電話がかかってきて，私のバイクが放火されたこ
とを知り，急いで現場に駆けつけた。私には放火されるような心当たりは全くない。」
④　 1 月 9 日付け実況見分調書

同日午前２時30分から同日午前３時30分までの間に実施されたV及びW立会に係る実況見分の内容が記載され，別紙見取図が添付されている。

　　現場であるK駐車場は，月ぎめ駐車場兼駐輪場であり，同敷地及びその周辺の状況は別紙見取図のとおりである。K駐車場西側市道の駐車場出入口付近に街灯が１本設置され，同駐車場敷地内に照明が４本設置されている。被害車両の両隣にはそれぞれ大型自動二輪車が１台ずつ駐輪されており，被害車両の火が消し止められなかった場合には，その両隣の車両に燃え移る危険があり，風向きによっては，現場に止められた他の普通乗用自動車４台や隣接する一戸建て家屋にも延焼するおそれがあった。被害車両は大型自動二輪車で，車体全体が焼損しており，特に車両中央部の座席シートの焼損が激しい。

　　また，Wが犯行を目撃した地点（別紙見取図のⓌ）と，犯人が火をつけていた地点（同Ⓧ）との距離は6.8メートルであり，Ⓦ地点とⓍ地点の間に視界を遮る物は存在せず，Ⓦ地点に立ったWが，Ⓧ地点に立たせた身長170センチメートルの警察官の顔を識別することができた。

⑤　１月９日付け捜査報告書

　　K駐車場があるH県I市J町の同日午前０時から同日午前４時までの天候は晴れであった旨の捜査結果が記載されている。

⑥　１月14日付け鑑定書

　　被害車両の焼け焦げた座席シートの燃え残りからガソリン成分が検出された旨の鑑定結果が記載されている。

⑦　１月15日付け捜査報告書

　　「現場から南側に約100メートル離れた場所付近の防犯カメラに録画された映像を解析した結果，１月９日午前０時55分頃，現場方向から進行してきた普通乗用自動車が道路脇に停止し，運転席から，白いレジ袋を左手に持ち，胸元に『L』の白い文字が入った黒っぽい色のパーカーを着て，黒っぽい色のスラックスを履いた人物が降り，現場方向に歩いていく様子が確認され，同日午前１時３分頃，同一人物が，白いレジ袋を左手に持ちながら，現場方向から走って戻ってきて，同車に乗り込んで発進させ，現場と反対方向に走り去る様子が確認された。また，同車のナンバーから，その所有者及び使用者がAであることが判明した。」旨が記載されている。

⑧　１月16日付け写真台帳

　　短めの黒髪で眼鏡を掛けていない30歳代の男性20名の顔写真が貼付されている。写真番号13番がAであり，その容貌は眉毛が太く，垂れ目である。

⑨　１月16日付けWの警察官面前の供述録取書

　　（警察官が，Wに対し，「この中に見覚えがある人がいるかもしれないし，いないかもしれない。」旨告知し，⑧の写真台帳を見せたところ）「写真番号13番の男性が，私が目撃した犯人の男に間違いない。眉毛が太くて垂れ目なところがそっくりである。私は，この男と面識はない。」

⑩　１月17日付けVの警察官面前の供述録取書

　　「刑事からAの顔写真を見せられたが，昨年11月までうちの会社にいた元部下である。彼に恨まれるような心当たりはない。」

⑪　１月18日付けA方の捜索差押調書

　　同日，A立会いの下，A方を捜索したところ，胸元に白色で「L」と書かれた黒地のパーカー１着，紺色のスラックス１着及び携帯電話機１台が発見されたので，これらを差し押さえて押収した旨が記載されている。

⑫　１月18日付けAの警察官面前の弁解録取書

　　「被疑事実は，全く身に覚えがない。１月９日午前１時頃は１人で自宅にいた。」

⑬　1月19日付けAの警察官面前の供述録取書

「私は，自宅で一人暮らしをしている。酒気帯び運転の罰金前科が1犯ある。婚姻歴はない。昨年11月まではバイク販売の営業の仕事をしていたが，勤務先での人間関係が嫌になったので退社し，昨年12月から今の会社で自動車販売の営業の仕事をしている。平日は午前9時から午後5時まで，会社で事務仕事をしたり，営業先を回ったりしている。自宅から車で10分の所に両親が住む実家がある。父は70歳，母は65歳であり，二人とも無職で，毎日実家にいる。私は貯金がほとんどなく，両親も収入は年金だけであるため，生活は楽ではない。私の身長は169センチメートル，体重は80キログラムである。私も両親も，これまで健康を害したことはない。」

2　検察官は，Aの弁解録取手続を行い，以下の弁解録取書を作成した。

⑭　1月20日付けAの検察官面前の弁解録取書

⑫記載の内容と同旨。

3　同日，検察官がAにつき本件被疑事実で勾留請求をしたところ，Aは，勾留質問において，「本件被疑事実について身に覚えがない。」と供述した。

同日，裁判官は，刑事訴訟法第207条第1項本文，第60条第1項第2号及び第3号に当たるとして，本件被疑事実でAを勾留した。

同日，Aに国選弁護人（以下，単に「弁護人」という。）が選任された。

4　弁護人は，同日中に，勾留されているAと接見した。その際，Aは，弁護人に対し，⑬記載の内容と同旨のことに加え，逮捕当日にA方が捜索されて，パーカー，スラックス及び携帯電話機が押収されたことを告げたほか，「自分は放火などしていない。1月9日午前1時頃は家にいた。不当な勾留だ。両親や勤務先の上司に，自分が無実の罪で捕まっていると伝えてほしい。」と述べた。

弁護人は，1月22日，Aの勾留を不服として裁判所に準抗告を申し立て，㋐その申立書に以下の疎明資料ⓐ及びⓑを添付した。

ⓐ　Aの両親の誓約書

「Aを私たちの自宅で生活させ，私たちが責任をもってAを監督します。また，Aに事件関係者と一切接触させないことを誓約します。」

ⓑ　Aの勤務先上司の陳述書（同人の名刺が添付されているもの）

「Aは当社の業務の遂行に不可欠な人材です。Aがいないと，Aが取ってきた商談が潰れてしまいます。Aには早く職場に復帰してもらい，継続的に働いてもらいたいです。」

これに対し，裁判所は，同日，㋑弁護人の準抗告を棄却した。

5　その後，検察官は所要の捜査を行い，以下の証拠等を収集した。なお，Aは黙秘に転じたため，Aの供述録取書は一切作成されなかった。

⑮　2月3日付け捜査報告書

1月14日実施のWの健康診断結果記載書の写しが添付されており，同記載書には，Wの視力は左右とも裸眼で1.2であり，色覚異常も認められない旨が記載されている。

⑯　2月3日付けWの検察官面前の供述録取書

②及び⑨記載の内容と同旨。

6　検察官は，㋒V所有の大型自動二輪車に放火したのはAである旨のW供述は信用できると判断し，勾留期限までに，Aについて，Ｉ地方裁判所に本件被疑事実と同一内容の公訴事実で公訴を提起した。

7　第1回公判期日において，A及び弁護人は，Aは犯人ではなく無罪である旨主張した。

弁護人は，検察官が犯行目撃状況を立証するために取調べを請求した④及び⑯の証拠について，「④については，別紙見取図を含め，Wによる現場指示説明部分を不同意とし，その余の部分は同意する。⑯は全部不同意とする。」との意見を述べ，裁判所は，④に関し，

弁護人の同意があった部分を取り調べた。引き続き，検察官はＷの証人尋問を請求し，同証人尋問が第２回公判期日に実施されることになった。

8　検察官は，第２回公判期日前，Ｗと打合せを行った。その際，Ｗは，検察官から各種の証人保護制度について教示を受けた後，「Ａは人のバイクに放火するような人間なので，復しゅうが怖い。Ａに見られていたら証言できない。それに，私は人前で話すのも余り得意ではないので，傍聴人にも見られたくない。Ｉ地方裁判所に出頭して証言すること自体は構わないが，ビデオリンク方式にした上で，遮へい措置を採ってもらいたい。」と申し出た。検察官は，㋔その申出を踏まえ，ＡとＷとの間の遮へい措置のみを採るのが相当である旨考え，Ｗと協議した上で，裁判所に対してその旨の申立てをし，裁判所は，ＡとＷとの間の遮へい措置を採る決定をした。

9　第２回公判期日におけるＷの証人尋問の主尋問において，ＷがＡの犯行を目撃した際のＡとＷの位置関係を供述した後，検察官が，その位置関係の供述を明確にするため，裁判長に対し，④の実況見分調書添付の別紙見取図の写しをＷに示して尋問することの許可を求めたところ，㋕裁判長は，検察官に対し，「見取図から，立会人の現場指示に基づいて記入された記号などは消されていますか。」と尋ね，釈明を求めた。これに対し，検察官が「消してあります。」と釈明したため，裁判長は，前記写し（ただし，ⓧ及びⓦの各記号を消したもの）をＷに示して尋問することを許可した。

〔設問１〕
1　下線部㋐に関し，準抗告申立書に疎明資料ⓐ及びⓑを添付すべきと判断した弁護人の思考過程について，具体的事実を指摘しつつ答えなさい。
2　下線部㋑に関し，弁護人の準抗告を棄却すべきと判断した裁判所の思考過程について，具体的事実を指摘しつつ答えなさい。ただし，罪を犯したことを疑うに足りる相当な理由の有無については言及する必要はない。

〔設問２〕
　下線部㋒に関し，Ｗ供述の信用性が認められると判断した検察官の思考過程について，具体的事実を指摘しつつ答えなさい。なお，証拠①，③から⑧（ただし，④のうち，Ｗによる現場指示説明部分を除く。），⑩，⑪，⑬及び⑮に記載された内容については，信用性が認められることを前提とする。

〔設問３〕
　下線部㋓に関し，ＡとＷとの間の遮へい措置のみを採るのが相当と判断した検察官の思考過程について，刑事訴訟法の条文上の根拠に言及しつつ答えなさい。

〔設問４〕
　裁判長が検察官に下線部㋕の釈明を求めた理由について，証人尋問に関する規制及びその趣旨に言及しつつ答えなさい。

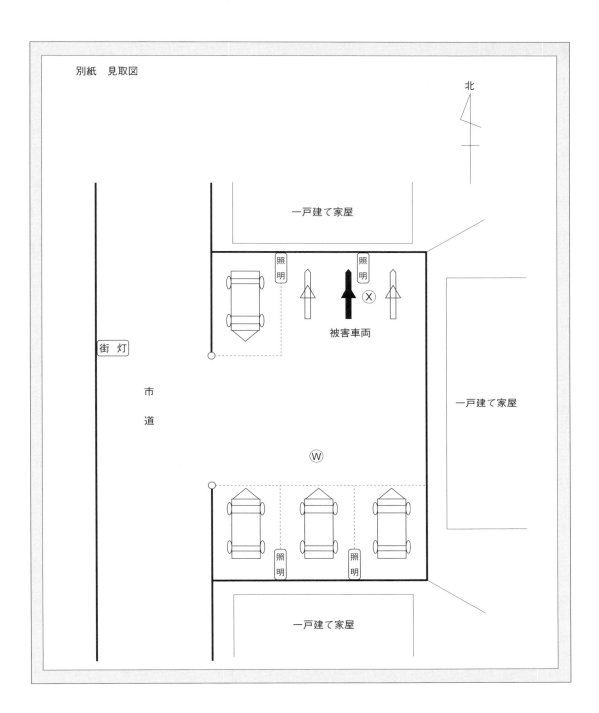

別紙　見取図

北

一戸建て家屋

照明

照明

Ⓧ

被害車両

街　灯

市
道

Ⓦ

一戸建て家屋

照明

照明

一戸建て家屋

① 設問1

1 小問1

設問1小問1は，弁護人の立場から疎明資料ⓐおよびⓑを添付した意図を検討させるものである。弁護人が勾留決定に対する準抗告申立書に添付した疎明資料であるから，当然勾留の要件をみたさないことを裏づける意図があることになる。なお，弁護人は不服申立ての手段として準抗告（429条1項2号）をしているところ，この条文はしっかりと引いて答案で示せるようにしたい。

勾留の要件は，①勾留の理由（207条1項・60条1項）と②勾留の必要性（207条1項・87条1項参照）である。

①については，犯罪の嫌疑があるか，および60条1項各号に該当するかを検討することとなる。1号が住居不定，2号が罪証隠滅のおそれ，3号が逃亡のおそれである。

②については，被疑者の身体を拘束しなければならない必要性と，身体拘束によって被疑者の受ける不利益や弊害を比較衡量して判断することになる。

このような勾留の要件の理解を前提として，疎明資料ⓐおよびⓑが，どの要件について，どのような意味をもつのかを検討することとなる。

2 小問2

設問1小問2は，裁判所の立場から勾留の要件について検討させるものである。裁判所は弁護人の準抗告を棄却しているため（432条・426条1項），勾留の要件がみたされている，すなわち，①勾留の理由（207条1項・60条1項）と②勾留の必要性（207条1項・87条1項参照）とが認められるという方向で論じることになる。具体的事情をあてはめながら，罪証隠滅のおそれ，逃亡のおそれおよび勾留の必要性が認められることを論じる必要がある。

② 設問2

設問2は，目撃者の供述の信用性について検討させるものである。

供述の信用性は，ⅰ供述者の利害関係，ⅱ供述者の知覚や記憶の条件等，ⅲ供述内容と他の証拠との整合性・付合性，ⅳ供述内容の自然性・合理性，ⅴ供述経過，変遷の有無，ⅵ供述態度などが着眼点としてあげられる。もちろん，これらをすべて網羅する必要はない。あくまで，重要な事情をいくつかピックアップすれば足りる。事情をすべて拾おうとするのではなく，適切に取捨選択することが重要である。

本設問では，たとえば以下の事情を指摘することが求められているであろう。

ⅱの事情として，Wは犯行直後に通報しており（証拠①），同日に警察官に対して供述をしていること（証拠②），犯行時刻は夜だが街灯が照らされ晴れていたうえにWがいた地点から犯人がいた地点までは視界を遮る物がなかったこと（証拠④，⑤），Wの視力が良好であること（証拠⑮）があげられる。ほかにも，Wが意識的に犯人の顔を確認しており，記憶が鮮明な犯行の1週間後に具体的な身体的特徴を理由としてAと年齢が近い20人の男性の写真からAを犯人と選択したこともあげられるとよい。

ⅲの事情として，Wの供述と証拠⑦および⑪から認定できるAの行動や着衣が整合しており，目撃供述の核心部分が裏づけられていることがあげられる。ⅳの事情としては，Wの供述内容は不自然ではなく，具体的で迫真性があることがあげられる。ⅴやⅵの事情としては，Wの供述は変遷しておらず，一貫性があり，供述態度も不審でないことがあげられる。

③ 設問3

設問3は，刑事訴訟における証人保護制度について検討させるものである。具体的には，証人と被告人や傍聴人との間の遮へい措置（157条の5第1項，2項）とビデオリンク方式による証人尋問（157条の6第1項柱書）の要件をみたすかを検討させるものである。

Wはビデオリンク方式にしたうえでAおよび傍聴人との間の遮へい措置をとった証人尋問を希望しているものの，検察官は「AとWとの間の遮へい措置のみを採るのが相当」と判断しているので，ビデオリンク方式による証人尋問および傍聴人との間の遮へい措置（157条の5第2項）は否定する

方向で論じることになる。なお，Wは「Ｉ地方裁判所に出頭して証言すること自体は構わない」と言っているため，ビデオリンク方式による証人尋問は同一構内におけるもの（157条の6第1項）を検討することになる。また，Wは同項1号および2号にいう犯罪の被害者ではないため，3号について検討すべきである。

　証人と被告人との遮へい措置（157条の5第1項本文）と，同一構内におけるビデオリンク方式による証人尋問（157条の6第1項3号）の条文に列挙された考慮要素は同じであるため，しっかりとこれらの考慮要素に具体的事実をあてはめることが必要である。もっとも，前者が被告人や傍聴人といった人的要因による心理的精神的負担に配慮するための方策であり，後者が裁判官や訴訟関係人などが在席する法廷等という場所的要因を加味した心理的精神的負担に配慮するための方策であるから，制度趣旨に照らして結論に違いが生じることはありうる。本設問では，遮へい措置を認めることは相当であるが，ビデオリンク方式を採用することは相当でないことを説得的に論じることとなる。

　考慮要素へのあてはめの際には，実際にWに危害を加えることがAにとって可能であるかどうかという点を意識するとよいであろう。

　一方で，傍聴人との間の遮へい措置は，条文に列挙された考慮要素として名誉に対する影響が加わるため，本件でこれにあたる事情が存在するかを検討することになる。

④ 設問4

　設問4は，刑事訴訟規則の条文知識を問うものである。

　本件では，WがAの犯行を目撃した際の位置関係に関するWの供述を「明確にするため」，見取り図の写しという「図面」をWに示して尋問することの許可を検察官が求めている。そこで，証人尋問における書面の提示に関する規制のうち規則199条の12第1項の場面であることがわかる。

　規則199条の12第1項は，図面等を示すために「裁判長の許可」を要求している。この趣旨は，証人に不当な影響を与えたりするおそれがあるものについて，裁判長においてその利用を許可しないことができるようにする点にある。

　下線部㋑では，裁判長は検察官に「見取図から，立会人の現場指示に基づいて記入された記号などは消されていますか。」と尋ね，釈明を求めている（規則208条1項）。問題文を読めば，ここにいう「記号」とは別紙見取図におけるⓌとⓍをさしていることがわかる。

　かりに，見取図にⓌとⓍが残されたままWへの証人尋問が行われてしまうと，Wがこれらの記号の位置に影響され，本来の記憶と異なる供述をする可能性がある。そこで，裁判長は，このようなW供述への不当な影響を避けるために釈明を求めたといえる。

　なお，被害者の証人尋問において，捜査段階で撮影された被害者による被害再現写真を示すことを許可した第一審裁判所の措置について，「検察官は，証人（被害者）から被害状況等に関する具体的な供述が十分にされた後に，その供述を明確化するために証人が過去に被害状況等を再現した被害再現写真を示そうとしており，示す予定の被害再現写真の内容は既にされた供述と同趣旨のものであったと認められ，これらの事情によれば，被害再現写真を示すことは供述内容を視覚的に明確化するためであって，証人に不当な影響を与えるものであったとはいえない」ことを理由として適法とした判例（最決平成23年9月14日）がある。

　規則199条の12第1項が裁判所の許可を要求する趣旨を知らなかったとしても，条文を見ると，刑事訴訟規則は，書面の利用によって証人の供述に不当な影響を及ぼすことがないように慎重な態度を求めていることがわかる（規則199条の3第4項，規則199条の11第2項参照）。そして，証人の供述に不当な影響を及ぼすおそれのある記号が記載された見取図を示した尋問は，主尋問において原則として禁止されている誘導尋問（規則199条の3第3項）に類似するといえよう。そこから，「証人の供述に不当な影響を及ぼすおそれのある」誘導尋問にあたるとして，規則199条の3第4項の趣旨が妥当すると考えることもできるだろう。

　本設問は，紙面も時間も足りていない状態で臨むことが予想されるため，前述した証人尋問に関する規制とその趣旨に触れつつ，コンパクトに論じることが重要である。

【関連判例】

最決平成23年9月14日刑集65巻6号949頁

答案構成用紙

答案例

第1　設問1
1　小問1
⑴　準抗告（刑事訴訟法429条1項2号。以下「刑事訴訟法」法名省略）では，勾留の理由（207条1項・60条1項），勾留の必要性（207条1項・87条1項参照）を否定していくことになる。　　　　　　　　　5

⑵　疎明資料ⓐは，Aの両親がAを監督するためAが逃亡するおそれ（60条1項3号）がないこと，Aの両親がA事件関係者といっさい接触させないためAがWやVに働き掛けるなど罪証を隠滅する可能性（60条1項2号）がないことの裏づけとなるので添付した。　　　➡疎明資料ⓐ

⑶　疎明資料ⓑは，Aの勤務先の上司がAを今後も雇う旨が記載されているためAが安定した職を失ってまで逃亡するおそれ（60条1項3号）がないこと，逃亡のおそれが小さい一方でAがいないと商談が潰れて職場に迷惑がかかるため勾留によるAの不利益が大きく勾留の必要性（87条1項参照）がないことの裏づけとなるので添付した。　10　➡疎明資料ⓑ

2　小問2　　　　　　　　　　　　　　　　　　　　　　　　　　15
⑴　Aの両親は高齢であるうえ，Aは日中仕事で家にいないので，両親による監督は期待できない。さらに，Aは，Vと知り合いであり，Wとすれ違った際にWの顔を見ている可能性が高いうえ，VとWはK駐車場付近を生活圏としているので，VやWに働き掛けを行う客観的可能性がある。　　　　　　　　　　　　　　　　　　　　　20　➡罪証隠滅のおそれについて

しかも，Aには前科があり，本件も他人物建造物等以外放火罪（刑法110条1項）という重い罪であるから，有罪となれば刑が重くなることが予想され，これを免れるためにVらに働き掛けをする主観的可能性がある。したがって，罪証隠滅のおそれがある（60条1項2号）。

⑵　Aは職場の在籍期間が短く，逃亡して職を失うことによる不利益は小さい。また，先述のように両親の監督は期待できないし，刑の執行を免れる動機もある。以上から，逃亡のおそれがある（60条1項3号）。　25　➡逃亡のおそれについて

⑶　先述のとおり本件は重大であり，Aには健康上の問題もないし，職場の在籍期間が短いため職場の影響も限定的であるので，疎明資料ⓑをふまえてもAが被る不利益は軽微といえる。　　　　　　　➡勾留の必要性

したがって，勾留の必要性（87条1項参照）が認められる。　　30

⑷　以上から，準抗告を棄却した。

第2　設問2
1　証言の信用性は，供述者の利害関係や供述者の知覚や記憶の条件等，他の証拠との整合性，供述経過，変遷の有無等を考慮して判断する。　35　➡判断要素

2　WはAやVと知り合いでないので虚偽の証言をする動機がない。　　➡供述者の利害関係
また，犯行を目撃した日から1週間後に，写真のなかからAを犯人として選択しているので（証拠⑨）記憶が鮮明なうちに同旨の供述がなされたといえる。さらに，犯行時刻は夜であるものの街灯が照らされ晴れており，視界を遮る物もなく，視界は良好であったし（証拠④，⑤），40　➡供述者の知覚や記憶の条件等
Wの視力は裸眼で1.2あり，色覚異常もないので，視認状況は良好であった。そして，Wが犯人を目撃した時間は短いものの，意識的に犯人の顔を見ており，見間違いのおそれは低い。また，Wは，誘導なくAと年齢が近く，短めの黒髪で眼鏡を掛けていない20人の男性の写真からAを

犯人と選択しているので，供述に不当な影響もない。　45

　加えて，自身の自動車を合理的理由なく第三者に貸すことはないうえ，A方からは証拠⑦に映っている人物の服装と同様のパーカーおよびスラックスが差し押さえられていることから，証拠⑦の人物はAである可能性が高い。そのうえで，証拠⑦に映っている人物は，Wが述べていた犯人の服装と同様の服装で，犯行時刻付近に犯行現場のほうへ向かい，犯　50
行現場から戻ってきたので犯人がAである可能性も高いといえる。また，Wが述べた身長や短髪，たれ目などの犯人の特徴とAの特徴も一致している。そうだとすると，Wの供述は他の証拠と整合性がとれている。さらには，Wは警察官と検察官に同旨の供述をしており，供述が一貫している。　55

　以上を考慮すると，Wの供述は信用できる。

➡他の証拠との整合性

➡供述の経過，変遷

第3　設問3
1　遮へい措置（157条の5）について

　本件は軽微でないし，AもWの顔を見ている可能性があるうえ，K駐車場はWの生活圏にある。そのため，WがAの犯人性を証言した場合，　60
AがWに復しゅうする可能性は否定できない。さらに，Aは体格がよく，Wは女性なのでWが復しゅうを極度に恐れるのも無理はない。そのため，Aの面前で供述をすることは「圧迫を受け精神の平穏を著しく害されるおそれがある」（157条の5第1項柱書）といえる。そして，遮へい措置をとる必要性が高く，他方でビデオリンク方式による尋問の要件を充足　65
している等の事情も存しない以上，遮へい措置をとることは「相当」である。よって，AとWとの間の遮へい措置は認められる（同条項）。

　また，たしかにAは人前で話すのがあまり得意ではないが，大人数を前にすると話すことが困難になるということはないので，そのような「心身の状態」を考慮してもなお傍聴人との間で遮へい措置（157条の　70
5第2項）をとることは「相当」とはいえない。

2　ビデオリンク方式（157条の6）を否定したことについて

　WはI地方裁判所に出頭することは容認しているので157条の6第1項3号が問題となる。WはAからの復しゅうを恐れているところ，これは遮へい措置をとることで解消可能であり，法廷という「場所」で証言　75
することについて支障となる事情はないため，上記方式は認められない。

➡被告人との間の遮へい措置

➡傍聴人との間の遮へい措置

➡ビデオリンク方式

第4　設問4

　刑事訴訟規則199条の12第1項は，供述の明確化のため書面を示して尋問をするために裁判長の許可を要求する。その趣旨は，証人の供述に不当な影響が及ぶ図面等を排除することにある。　80

　この点，立会人Wの現場指示に基づいて記入された記号は，Wの供述を基にしており，Wが当該記号に基づいて供述をする可能性がある。そのため，当該記号は供述に不当な影響を及ぼす可能性が高い。

　以上のことから，裁判長は検察官に下線部㋕の釈明を求めた。

以上　85

➡規制
➡趣旨

　本問は，犯人性が争点となる建造物等以外放火事件を題材に，刑事手続の基本的知識，刑事事実認定の基本構造及び基礎的刑事実務能力を試すものである。

　設問1は，弁護人が準抗告申立書に誓約書等の疎明資料を添付すべきと考えた思考過程と，裁判所が弁護人の準抗告を棄却すべきと判断した思考過程を，それぞれ具体的な事実関係を踏まえて検討することを通じて，捜査段階における弁護人の活動と勾留要件の正確な理解を示すことが求められる。

　設問2は，犯人識別供述について具体的な事実関係を踏まえて検討することを通じて，事案を分析する能力と供述の信用性判断に関する基本的理解を示すことが求められる。

　設問3は，証人尋問に難色を示す証人からの申出を受けて検察官が採った措置に係る思考過程を，刑事訴訟法の条文に規定された要件に沿って具体的に検討することを通じて，現行法における証人保護制度，取り分け，証人尋問における遮へい措置及びビデオリンク方式に対する基本的理解を示すことが求められる。

　設問4は，実務において証人尋問の主尋問の際に記号等を消した図面が用いられるのが，主尋問で誘導尋問が原則禁止されることに由来していること，及びその趣旨を正確に示すことが求められる。

講　評 ▮▮▮

① 設問1小問1について

　まず，本設問では勾留の要件を端的に指摘したうえで，疎明資料ⓐとⓑを使って弁護人の立場からこれがみたされていないことを説得的に論じる必要がある。

　大体の答案ではこれを適切にすることができていた。疎明資料ⓑについては，60条1項3号該当性を否定する資料として記載することが必要であるが，勾留の必要性についても一言触れておいたほうがよいであろう。もっとも，勾留の必要性について触れられていない答案でも，一定の高い評価を得られているため，この点を落としても大きな影響はないものと思われる。

　また，少数であるが準抗告（429条1項2号）の条文を適切に指摘できているものもあり，とても印象がよかった。

　勾留の要件を条文を引用しつつ正確に摘示し，それに対応するあてはめをしてほしい。

② 設問1小問2について

　本設問では裁判所の立場から，勾留の要件が認められるという方向で論じる必要がある。小問1での弁護人の主張を退けるかたちで答案を作成することになるため，説得的に論じる必要がある。具体的事情をふんだんに使い，しっかりとあてはめをすることが重要である。罪証隠滅のおそれについて主観的可能性と客観的可能性について言及している答案もあり，とても好印象であった。

　もっとも，この後に設問が3つ控えていることを忘れてはならない。設問1で2頁近く埋めていたような答案がいくつかあったが，このような答案は設問4がとても短いものになっていた。すべての設問に点数が振られていることを意識して，バランスよく論じることが重要である。

③ 設問2について

　本設問では供述の信用性について論じることが求められていた。あてはめメインの問題であるため，具体的事情を抜きだしたら，それにしっかりと自分の言葉で評価を加えることが重要である。事実を抜きだして貼り付けるだけでは点数はまったく入らない。問題文の事実を評価する際には，それがW供述の信用性にどのように影響するのかを意識し，その推認の過程をしっかりと答案上にアピールしてほしい。

④ 設問3について

　まず，遮へい措置（157条の5）とビデオリンク方式による証人尋問（157条の6）の条文をすばやく見つけ，これを正確に引用することが何よりも大切である。問題となっている条文を見つけられ

なければ，あてはめをすることもできず，ほかの受験生に大きく差をつけられてしまう。できるかぎり，項まで正確に引きたい。

ビデオリンク方式による証人尋問について言及していない答案が散見された。しかし，問題文中でWがこれを希望していたという事情が入っている以上，これに言及しないことは適切とはいえない。

遮へい措置やビデオリンク方式による証人尋問に関しては，つい学習が手薄になりがちな分野であるため，正確に記述できなかった受験生は，これを機に条文を確認してしっかり復習してほしい。

5 設問4について

本設問でも，まず条文を正確に摘示することが何よりも重要である。

そして，問題で聞かれていることに正面から答えることが大事である。問題は「証人尋問に関する規制及びその趣旨に言及しつつ」としているため，これにしっかりと答える必要がある。大抵の答案は，規制およびその趣旨についてわかりやすく記載していたが，趣旨について触れていない答案や，証人尋問に関する規制の趣旨について論じているのかわかりづらい答案なども散見された。その後は，この趣旨をふまえて，裁判長がなぜ釈明をしたのかを簡潔に示せば足りた。

大抵の受験生が設問4に入った時点では時間も紙面もかなり余裕がなかったことが予想される。現に，設問4についてのほとんどの答案は非常にコンパクトなものとなっていた。つまり，本設問では分量がなくても，条文を示し，趣旨に触れたうえで簡単にあてはめができていれば十分に合格答案に該当したということである。

証人尋問に関する規制については，本設問で問題となる条文のほかにも重要条文が多数存在し，今後の出題も予想されるため，刑事訴訟規則の条文を一度素読しておくことをお勧めする。

第1　設問1

1　小問1

　　本件のAの勾留は刑事訴訟法（以下，「法」という。）207条1項本文，60条1項2号，3号に当たるとしてなされているため，準抗告（429条1項）に際して，60条1項2号，3号に該当する事由がないことを示す必要がある。

　　まず，疎明資料ⓐ前段及びⓑより，Aが両親の監督の下その自宅で生活し，かつ職場において継続的に業務に従事することが分かるから，「逃亡すると疑うに足りる相当な理由」（同3号）がないことを示すことができる。

　　次に，資料ⓐ後段より，Aが事件関係者と接触しないよう両親が誓約しており，Aが証人を威迫するなどして証拠隠滅を図るおそれが小さくなるから，「罪証を隠滅すると疑うに足りる相当な理由」（同2号）がないことを示すことができる。

　　したがって，弁護人は資料ⓐ及びⓑを添付すべきと判断したと考えられる。

2　小問2

　　まず，Aは犯行現場から立ち去る際に目撃者であるWの顔を目撃しており，Wの顔を知っているから，Wと接触して供述を変更するよう威迫する客観的可能性がある。次に，Wは唯一の目撃者であり，その証言の重要性は高いから，罪証隠滅の実効性が認められる。そして，Aは被疑事実につき否認しており，罪証隠滅の主観的可能性がある。

　　したがって，Aにつき「罪証を隠滅すると疑うに足りる相当な理由」があるため，裁判所は準抗告を棄却すべきと判断したと考えられる。

第2　設問2

1　まず，証拠③，⑥は，Wの供述内容であるVのバイクへの放火の事実と整合する。

2　次に，証拠⑦より，Wが供述した犯人と同様の服装をした人物が犯行時刻前後に犯行現場付近にいたことが認められ，かつその人物が使用していた車をAが所有・使用していたことが認められる。証拠⑪より，AがWの目撃した犯人と同様の服装を所持していたことが認められる。また，⑬より，Aが犯人と体格が一致することが分かる。

　　これらの事実は，V所有のバイクへAが放火するのを目撃したというWの供述と整合し，その信用性を高める。

3　そして，証拠④及び別紙見取り図より，Wと犯人との間に視界を遮るものが存在せず，かつ深夜であっても十分な照明が存在していたことが認められる。証拠⑤より，犯行時刻における犯行現場付近の目撃条件が良好であったことが認められる。証拠⑮より，Wの視力が良好であることが認められる。

　　そうだとすれば，Wの目撃証言の信用性を減殺する客観的事情は存在しない。

4　よって，Wの供述と整合する事実が多く存在し，かつWの目撃証言の信用性を減殺する客観的事情も存在しないから，W供述の信用性が認められる。

5

10

15

20

25

30

35

40

右欄注記：
- ⇦△勾留の必要性も触れたい
- ⇦△「以下，『法』という。」としながら，その後「法」が使われていない
- ⇦○問題文の事実を適切に評価できている
- ⇦○具体的に検討できている
- ⇦○判断要素をふまえている
- ⇦×勾留の必要性について言及する必要がある
- ⇦×Aの犯人性と結びつく事情ではない
- ⇦○問題文の事実をうまく拾えている
- ⇦△識別の正確性に関して，証拠⑧，⑨についても評価できるとなおよかった

第3　設問3

　まず，被告人と証人との間の遮へい措置は法157条の5第1項に規定されているところ，WがいうようにAの面前ではWが精神的圧迫を受けて証言できない可能性があるため，「圧迫を受け精神の平穏を著しく害されるおそれ」が認められる。したがって，AとWとの間の遮へい措置を採ることは相当である。

　しかし，Wは犯行の目撃者にすぎず，証言をすることでWの名誉が害される可能性は小さいから，同条2項に規定されている傍聴席と証人との間の遮へい措置を採るべき必要は認められず，相当でない。また，裁判所内におけるビデオリンク方式については157条の6第1項に規定されているところ，Wは同項1号，2号の者に該当せず，また裁判官及び訴訟関係人が在席する場所において証言する場合に「精神の平穏を著しく害されるおそれ」（同3号）も認められない。したがって，ビデオリンク方式をとることも相当でない。

　よって，検察官はAとWとの間の遮へい措置のみを採るのが相当と判断したと考えられる。

第4　設問4

　検察官が許可を求めた写しの提示はWの供述を明確にするための図面等の利用（刑事訴訟規則（以下，「規則」という。）199条の12第1項）に当たる。

　ここで，主尋問においては，質問者の期待する回答内容が暗示されている質問である誘導尋問が原則として禁止されている（規則199条の3第3項本文）。この趣旨は，質問者が証言内容を誘導することで虚偽の証言がなされることを防ぐとともに口頭弁論の空白化を防止するためである。そして，かかる趣旨は質問だけでなく書面や図面等の提示にも妥当するため，証人の供述に不当な影響を及ぼすような図面等の提示は控えるべきであると解する（199条の11第2項参照）。

　これを本件についてみると，見取り図に立会人の現場指示に基づいて記入された記号などが残っている場合，Wにその記号の場所が正しいとの先入観を与え，その証言に不当な影響を及ぼしかねない。

　したがって，裁判長は検察官に見取り図から記号等が消されているかについての釈明を求めたと考えられる。

以上

45

50

55

60

65

70

75

⬅️△精神的圧迫を受ける理由を示したい

⬅️○条文に即して検討できている

⬅️△理由を示したい

⬅️○条文を適切に摘示できている

⬅️○条文の趣旨を正確に理解できている

⬅️△「規則」が省略されている
⬅️○問題の所在を適切に捉えられている

優秀答案における採点実感

① 設問1

小問1については，条文を摘示しつつ，問題文の事情を適切な要件に淡々とあてはめることができていたが，疎明資料ⓑに関して勾留の必要性について言及できるとなおよかった。

小問2については，罪証隠滅のおそれの程度について，適切な判断要素をふまえたうえで，問題文の事実を具体的に評価できており，好印象であった。もっとも，勾留の必要性についての検討が欠けてしまったのは残念である。勾留の必要性は，60条1項各号の勾留の理由とともに勾留の要件に位置づけられるため，勾留の必要性が認められることについても記載する必要があった。

② 設問2

他の証拠との整合性と知覚条件の正確性という観点に着目して，具体的事実を拾いつつ，W供述の信用性を説得的に評価できていた。もっとも，記憶や識別の正確性や供述の変遷の有無，供述者の利害関係といった観点もふまえ，もう少し厚く論じてほしかったところである。特に記憶や識別の正確性については犯人識別供述の信用性を判断するうえで重要な着眼点となるものであるため，この点についての記載があれば，より高い評価を得られたであろう。

③ 設問3

適用すべき条文を正確に引用できており，好印象である。条文の要件にあてはめる際に，問題文の事情をもう少し丁寧に評価できていればなおよかった。

④ 設問4

まず，規則199条の12第1項が問題になる事案であることをしっかり指摘できていた。それに加えて，同項の趣旨を他の規則の条文を引用しつつ正確に理解・表現できており，非常に好印象であった。そのうえで，裁判官が検察官に釈明を求めた理由を，上記の趣旨をふまえて説得的に論じられており，この点も非常によかった。

弁護士職務基本規程

平成16年11月10日
会規第70号

目次

　弁護士は、基本的人権の擁護と社会正義の実現を使命とする。

　その使命達成のために、弁護士には職務の自由と独立が要請され、高度の自治が保障されている。

　弁護士は、その使命を自覚し、自らの行動を規律する社会的責任を負う。

　よって、ここに弁護士の職務に関する倫理と行為規範を明らかにするため、弁護士職務基本規程を制定する。

第1章　基本倫理

（使命の自覚）

第1条　弁護士は、その使命が基本的人権の擁護と社会正義の実現にあることを自覚し、その使命の達成に努める。

（自由と独立）

第2条　弁護士は、職務の自由と独立を重んじる。

（弁護士自治）

第3条　弁護士は、弁護士自治の意義を自覚し、その維持発展に努める。

（司法独立の擁護）

第4条　弁護士は、司法の独立を擁護し、司法制度の健全な発展に寄与するように努める。

（信義誠実）

第5条　弁護士は、真実を尊重し、信義に従い、誠実かつ公正に職務を行うものとする。

（名誉と信用）

第6条　弁護士は、名誉を重んじ、信用を維持するとともに、廉潔を保持し、常に品位を高めるように努める。

（研鑽）

第7条　弁護士は、教養を深め、法令及び法律事務に精通するため、研鑽に努める。

（公益活動の実践）

第8条　弁護士は、その使命にふさわしい公益活動に参加し、実践するように努める。

第2章　一般規律

（広告及び宣伝）

第9条　弁護士は、広告又は宣伝をするときは、虚偽又は誤導にわたる情報を提供してはならない。

2　弁護士は、品位を損なう広告又は宣伝をしてはならない。

（依頼の勧誘等）

第10条　弁護士は、不当な目的のため、又は品位を損なう方法により、事件の依頼を勧誘し、又は事件を誘発してはならない。

（非弁護士との提携）

第11条　弁護士は、弁護士法第72条から第74条までの規定に違反する者又はこれらの規定に違反すると疑うに足りる相当な理由のある者から依頼者の紹介を受け、これらの者を利用し、又はこれらの者に自己の名義を利用させてはならない。

（報酬分配の制限）

第12条　弁護士は、その職務に関する報酬を弁護士又は弁護士法人でない者との間で分配してはならない。ただし、法令又は本会若しくは所属弁護士会の定める会則に別段の定めがある場合その他正当な理由がある場合は、この限りでない。

（依頼者紹介の対価）

第13条　弁護士は、依頼者の紹介を受けたことに対する謝礼その他の対価を支払ってはならない。

2　弁護士は、依頼者の紹介をしたことに対する謝礼その他の対価を受け取ってはならない。

（違法行為の助長）

第14条　弁護士は、詐欺的取引、暴力その他違法若しくは不正な行為を助長し、又はこれらの行為を利用してはならない。

（品位を損なう事業への参加）

第15条　弁護士は、公序良俗に反する事業その他品位を損なう事業を営み、若しくはこれに加わり、又はこれらの事業に自己の名義を利用させてはならない。

（営利業務従事における品位保持）

第16条　弁護士は、自ら営利を目的とする業務を営むとき、又は営利を目的とする業務を営む者の取締役、執行役その他業務を執行する役員若しくは使用人となったときは、営利を求めることにとらわれて、品位を損なう行為をしてはならない。

（係争目的物の譲受け）

第17条　弁護士は、係争の目的物を譲り受けてはならない。

（事件記録の保管等）

第18条　弁護士は、事件記録を保管又は廃棄するに際しては、秘密及びプライバシーに関する情報が漏れないように注意しなければならない。

（事務職員等の指導監督）
第19条　弁護士は、事務職員、司法修習生その他の自らの職務に関与させた者が、その者の業務に関し違法若しくは不当な行為に及び、又はその法律事務所の業務に関して知り得た秘密を漏らし、若しくは利用することのないように指導及び監督をしなければならない。

第3章　依頼者との関係における規律
第1節　通則

（依頼者との関係における自由と独立）
第20条　弁護士は、事件の受任及び処理に当たり、自由かつ独立の立場を保持するように努める。

（正当な利益の実現）
第21条　弁護士は、良心に従い、依頼者の権利及び正当な利益を実現するように努める。

（依頼者の意思の尊重）
第22条　弁護士は、委任の趣旨に関する依頼者の意思を尊重して職務を行うものとする。
2　弁護士は、依頼者が疾病その他の事情のためその意思を十分に表明できないときは、適切な方法を講じて依頼者の意思の確認に努める。

（秘密の保持）
第23条　弁護士は、正当な理由なく、依頼者について職務上知り得た秘密を他に漏らし、又は利用してはならない。

（弁護士報酬）
第24条　弁護士は、経済的利益、事案の難易、時間及び労力その他の事情に照らして、適正かつ妥当な弁護士報酬を提示しなければならない。

（依頼者との金銭貸借等）
第25条　弁護士は、特別の事情がない限り、依頼者と金銭の貸借をし、又は自己の債務について依頼者に保証を依頼し、若しくは依頼者の債務について保証をしてはならない。

（依頼者との紛議）
第26条　弁護士は、依頼者との信頼関係を保持し紛議が生じないように努め、紛議が生じたときは、所属弁護士会の紛議調停で解決するように努める。

第2節　職務を行い得ない事件の規律

（職務を行い得ない事件）
第27条　弁護士は、次の各号のいずれかに該当する事件については、その職務を行ってはならない。ただし、第3号に掲げる事件については、受任している事件の依頼者が同意した場合は、この限りでない。
一　相手方の協議を受けて賛助し、又はその依頼を承諾した事件
二　相手方の協議を受けた事件で、その協議の程度及び方法が信頼関係に基づくと認められるもの
三　受任している事件の相手方からの依頼による他の事件
四　公務員として職務上取り扱った事件
五　仲裁、調停、和解斡旋その他の裁判外紛争解決手続機関の手続実施者として取り扱った事件

（同前）
第28条　弁護士は、前条に規定するもののほか、次の各号のいずれかに該当する事件については、その職務を行ってはならない。ただし、第1号及び第4号に掲げる事件についてその依頼者が同意した場合、第2号に掲げる事件についてその依頼者及び相手方が同意した場合並びに第3号に掲げる事件についてその依頼者及び他の依頼者のいずれもが同意した場合は、この限りでない。
一　相手方が配偶者、直系血族、兄弟姉妹又は同居の親族である事件
二　受任している他の事件の依頼者又は継続的な法律事務の提供を約している者を相手方とする事件
三　依頼者の利益と他の依頼者の利益が相反する事件
四　依頼者の利益と自己の経済的利益が相反する事件

第3節　事件の受任時における規律

（受任の際の説明等）
第29条　弁護士は、事件を受任するに当たり、依頼者から得た情報に基づき、事件の見通し、処理の方法並びに弁護士報酬及び費用について、適切な説明をしなければならない。
2　弁護士は、事件について、依頼者に有利な結果となることを請け合い、又は保証してはならない。
3　弁護士は、依頼者の期待する結果が得られる見込みがないにもかかわらず、その見込みがあるように装って事件を受任してはならない。

（委任契約書の作成）
第30条　弁護士は、事件を受任するに当たり、弁護士報酬に関する事項を含む委任契約書を作成しなければならない。ただし、委任契約書を作成することに困難な事由があるときは、その事由が止んだ後、これを作成する。
2　前項の規定にかかわらず、受任する事件が、法律相談、簡易な書面の作成又は顧問契約その他継続的な契約に基づくものであるときその他合理的な理由があるときは、委任契約書の作成を要しない。

（不当な事件の受任）
第31条　弁護士は、依頼の目的又は事件処理の方法が明らかに不当な事件を受任してはならない。

（不利益事項の説明）
第32条　弁護士は、同一の事件について複数の依頼者があってその相互間に利害の対立が生じるおそれがあるときは、事件を受任するに当たり、依頼者それぞれに対し、辞任の可能性その他の不利益を及ぼすおそれのあることを説明しなければならない。

（法律扶助制度等の説明）
第33条　弁護士は、依頼者に対し、事案に応じ、法律扶助制度、訴訟救助制度その他の資力の乏しい者の権利保護のための制度を説明し、裁判を受ける権利が保障されるように努める。

（受任の諾否の通知）
第34条　弁護士は、事件の依頼があったときは、速やかに、その諾否を依頼者に通知しなければならない。

第4節　事件の処理における規律

（事件の処理）
第35条　弁護士は、事件を受任したときは、速やかに着手し、遅滞なく処理しなければならない。

（事件処理の報告及び協議）
第36条　弁護士は、必要に応じ、依頼者に対して、事件

の経過及び事件の帰趨に影響を及ぼす事項を報告し、依頼者と協議しながら事件の処理を進めなければならない。

（法令等の調査）

第37条　弁護士は、事件の処理に当たり、必要な法令の調査を怠ってはならない。

2　弁護士は、事件の処理に当たり、必要かつ可能な事実関係の調査を行うように努める。

（預り金の保管）

第38条　弁護士は、事件に関して依頼者、相手方その他利害関係人から金員を預かったときは、自己の金員と区別し、預り金であることを明確にする方法で保管し、その状況を記録しなければならない。

（預り品の保管）

第39条　弁護士は、事件に関して依頼者、相手方その他利害関係人から書類その他の物品を預かったときは、善良な管理者の注意をもって保管しなければならない。

（他の弁護士の参加）

第40条　弁護士は、受任している事件について、依頼者が他の弁護士又は弁護士法人に依頼をしようとするときは、正当な理由なく、これを妨げてはならない。

（受任弁護士間の意見不一致）

第41条　弁護士は、同一の事件を受任している他の弁護士又は弁護士法人との間に事件の処理について意見が一致せず、これにより、依頼者に不利益を及ぼすおそれがあるときは、依頼者に対し、その事情を説明しなければならない。

（受任後の利害対立）

第42条　弁護士は、複数の依頼者があって、その相互間に利害の対立が生じるおそれのある事件を受任した後、依頼者相互間に現実に利害の対立が生じたときは、依頼者それぞれに対し、速やかに、その事情を告げて、辞任その他の事案に応じた適切な措置をとらなければならない。

（信頼関係の喪失）

第43条　弁護士は、受任した事件について、依頼者との間に信頼関係が失われ、かつ、その回復が困難なときは、その旨を説明し、辞任その他の事案に応じた適切な措置をとらなければならない。

第5節　事件の終了時における規律

（処理結果の説明）

第44条　弁護士は、委任の終了に当たり、事件処理の状況又はその結果に関し、必要に応じ法的助言を付して、依頼者に説明しなければならない。

（預り金等の返還）

第45条　弁護士は、委任の終了に当たり、委任契約に従い、金銭を清算したうえ、預り金及び預り品を遅滞なく返還しなければならない。

第4章　刑事弁護における規律

（刑事弁護の心構え）

第46条　弁護士は、被疑者及び被告人の防御権が保障されていることにかんがみ、その権利及び利益を擁護するため、最善の弁護活動に努める。

（接見の確保と身体拘束からの解放）

第47条　弁護士は、身体の拘束を受けている被疑者及び被告人について、必要な接見の機会の確保及び身体拘束からの解放に努める。

（防御権の説明等）

第48条　弁護士は、被疑者及び被告人に対し、黙秘権その他の防御権について適切な説明及び助言を行い、防御権及び弁護権に対する違法又は不当な制限に対し、必要な対抗措置をとるように努める。

（国選弁護における対価受領等）

第49条　弁護士は、国選弁護人に選任された事件について、名目のいかんを問わず、被告人その他の関係者から報酬その他の対価を受領してはならない。

2　弁護士は、前項の事件について、被告人その他の関係者に対し、その事件の私選弁護人に選任するように働きかけてはならない。ただし、本会又は所属弁護士会の定める会則に別段の定めがある場合は、この限りでない。

第5章　組織内弁護士における規律

（自由と独立）

第50条　官公署又は公私の団体（弁護士法人を除く。以下これらを合わせて「組織」という。）において職員若しくは使用人となり、又は取締役、理事その他の役員となっている弁護士（以下「組織内弁護士」という。）は、弁護士の使命及び弁護士の本質である自由と独立を自覚し、良心に従って職務を行うように努める。

（違法行為に対する措置）

第51条　組織内弁護士は、その担当する職務に関し、その組織に属する者が業務上法令に違反する行為を行い、又は行おうとしていることを知ったときは、その者、自らが所属する部署の長又はその組織の長、取締役会若しくは理事会その他の上級機関に対する説明又は勧告その他のその組織内における適切な措置をとらなければならない。

第6章　事件の相手方との関係における規律

（相手方本人との直接交渉）

第52条　弁護士は、相手方に法令上の資格を有する代理人が選任されたときは、正当な理由なく、その代理人の承諾を得ないで直接相手方と交渉してはならない。

（相手方からの利益の供与）

第53条　弁護士は、受任している事件に関し、相手方から利益の供与若しくは供応を受け、又はこれを要求し、若しくは約束をしてはならない。

（相手方に対する利益の供与）

第54条　弁護士は、受任している事件に関し、相手方に対し、利益の供与若しくは供応をし、又は申込みをしてはならない。

第7章　共同事務所における規律

（遵守のための措置）

第55条　複数の弁護士が法律事務所（弁護士法人の法律事務所である場合を除く。）を共にする場合（以下この法律事務所を「共同事務所」という。）において、その共同事務所に所属する弁護士（以下「所属弁護士」という。）を監督する権限のある弁護士は、所属弁護士がこの規程を遵守するための必要な措置をとるように努める。

（秘密の保持）

第56条　所属弁護士は、他の所属弁護士の依頼者について執務上知り得た秘密を正当な理由なく他に漏らし、

又は利用してはならない。その共同事務所の所属弁護士でなくなった後も、同様とする。

（職務を行い得ない事件）

第57条　所属弁護士は、他の所属弁護士（所属弁護士であった場合を含む。）が、第27条又は第28条の規定により職務を行い得ない事件については、職務を行ってはならない。ただし、職務の公正を保ち得る事由があるときは、この限りでない。

（同前―受任後）

第58条　所属弁護士は、事件を受任した後に前条に該当する事由があることを知ったときは、速やかに、依頼者にその事情を告げて、辞任その他の事案に応じた適切な措置をとらなければならない。

（事件情報の記録等）

第59条　所属弁護士は、職務を行い得ない事件の受任を防止するため、他の所属弁護士と共同して、取扱い事件の依頼者、相手方及び事件名の記録その他の措置をとるように努める。

（準用）

第60条　この章の規定は、弁護士が外国法事務弁護士と事務所を共にする場合に準用する。この場合において、第55条中「複数の弁護士が」とあるのは「弁護士及び外国法事務弁護士が」と、「共同事務所に所属する弁護士（以下「所属弁護士」という。）」とあるのは「共同事務所に所属する外国法事務弁護士（以下「所属外国法事務弁護士」という。）」と、「所属弁護士が」とあるのは「所属外国法事務弁護士が」と、第56条から第59条までの規定中「他の所属弁護士」とあるのは「所属外国法事務弁護士」と、第57条中「第27条又は第28条」とあるのは「外国特別会員基本規程第30条の2において準用する第27条又は第28条」と読み替えるものとする。

第8章　弁護士法人における規律

（遵守のための措置）

第61条　弁護士法人の社員である弁護士は、その弁護士法人の社員又は使用人である弁護士（以下「社員等」という。）及び使用人である外国法事務弁護士がこの規程を遵守するための必要な措置をとるように努める。

（秘密の保持）

第62条　社員等は、その弁護士法人、他の社員等又は使用人である外国法事務弁護士の依頼者について執務上知り得た秘密を正当な理由なく他に漏らし、又は利用してはならない。社員等でなくなった後も、同様とする。

（職務を行い得ない事件）

第63条　社員等（第1号及び第2号の場合においては、社員等であった者を含む。）は、次に掲げる事件については、職務を行ってはならない。ただし、第4号に掲げる事件については、その弁護士法人が受任している事件の依頼者の同意がある場合は、この限りでない。

一　社員等であった期間内に、その弁護士法人が相手方の協議を受けて賛助し、又はその依頼を承諾した事件であって、自らこれに関与したもの

二　社員等であった期間内に、その弁護士法人が相手方の協議を受けた事件で、その協議の程度及び方法が信頼関係に基づくと認められるものであって、自らこれに関与したもの

三　その弁護士法人が相手方から受任している事件

四　その弁護士法人が受任している事件（当該社員等が自ら関与しているものに限る。）の相手方からの依頼による他の事件

（他の社員等との関係で職務を行い得ない事件）

第64条　社員等は、他の社員等が第27条、第28条又は第63条第1号若しくは第2号のいずれかの規定により職務を行い得ない事件については、職務を行ってはならない。ただし、職務の公正を保ち得る事由があるときは、この限りでない。

2　社員等は、使用人である外国法事務弁護士が外国特別会員基本規程第30条の2において準用する第27条、第28条又は第63条第1号若しくは第2号のいずれかの規定により職務を行い得ない事件については、職務を行ってはならない。ただし、職務の公正を保ち得る事由があるときは、この限りでない。

（業務を行い得ない事件）

第65条　弁護士法人は、次の各号のいずれかに該当する事件については、その業務を行ってはならない。ただし、第3号に規定する事件については受任している事件の依頼者の同意がある場合及び第5号に規定する事件についてはその職務を行い得ない社員がその弁護士法人の社員の総数の半数未満であり、かつ、その弁護士法人に業務の公正を保ち得る事由がある場合は、この限りでない。

一　相手方の協議を受けて賛助し、又はその依頼を承諾した事件

二　相手方の協議を受けた事件で、その協議の程度及び方法が信頼関係に基づくと認められるもの

三　受任している事件の相手方からの依頼による他の事件

四　社員等又は使用人である外国法事務弁護士が相手方から受任している事件

五　社員が第27条、第28条又は第63条第1号若しくは第2号のいずれかの規定により職務を行い得ない事件

（同前）

第66条　弁護士法人は、前条に規定するもののほか、次の各号のいずれかに該当する事件については、その業務を行ってはならない。ただし、第1号に掲げる事件についてその依頼者及び相手方が同意した場合、第2号に掲げる事件についてその依頼者及び他の依頼者のいずれもが同意した場合並びに第3号に掲げる事件についてその依頼者が同意した場合は、この限りでない。

一　受任している他の事件の依頼者又は継続的な法律事務の提供を約している者を相手方とする事件

二　依頼者の利益と他の依頼者の利益が相反する事件

三　依頼者の利益とその弁護士法人の経済的利益が相反する事件

（同前―受任後）

第67条　社員等は、事件を受任した後に第63条第3号の規定に該当する事由があることを知ったときは、速やかに、依頼者にその事情を告げ、辞任その他の事案に応じた適切な措置をとらなければならない。

2　弁護士法人は、事件を受任した後に第65条第4号又は第5号の規定に該当する事由があることを知ったときは、速やかに、依頼者にその事情を告げ、辞任その他の事案に応じた適切な措置をとらなければならない。

（事件情報の記録等）

第68条　弁護士法人は、その業務が制限されている事件

を受任すること及びその社員等若しくは使用人である
外国法事務弁護士が職務を行い得ない事件を受任する
ことを防止するため、その弁護士法人、社員等及び使
用人である外国法事務弁護士の取扱い事件の依頼者、
相手方及び事件名の記録その他の措置をとるように努
める。

（準用）
第69条　第１章から第３章まで（第16条、第19条、第23
　条及び第３章中第２節を除く。）、第６章及び第９章か
　ら第12章までの規定は、弁護士法人に準用する。

第９章　他の弁護士との関係における規律

（名誉の尊重）
第70条　弁護士は、他の弁護士、弁護士法人及び外国法
　事務弁護士（以下「弁護士等」という。）との関係に
　おいて、相互に名誉と信義を重んじる。

（弁護士に対する不利益行為）
第71条　弁護士は、信義に反して他の弁護士等を不利益
　に陥れてはならない。

（他の事件への不当介入）
第72条　弁護士は、他の弁護士等が受任している事件に
　不当に介入してはならない。

（弁護士間の紛議）
第73条　弁護士は、他の弁護士等との間の紛議について
　は、協議又は弁護士会の紛議調停による円満な解決に
　努める。

第10章　裁判の関係における規律

（裁判の公正と適正手続）
第74条　弁護士は、裁判の公正及び適正手続の実現に努
　める。

（偽証のそそのかし）
第75条　弁護士は、偽証若しくは虚偽の陳述をそそのか
　し、又は虚偽と知りながらその証拠を提出してはなら
　ない。

（裁判手続の遅延）
第76条　弁護士は、怠慢により又は不当な目的のため、
　裁判手続を遅延させてはならない。

（裁判官等との私的関係の不当利用）
第77条　弁護士は、その職務を行うに当たり、裁判官、
　検察官その他裁判手続に関わる公職にある者との縁故
　その他の私的関係があることを不当に利用してはなら
　ない。

第11章　弁護士会との関係における規律

（弁護士法等の遵守）
第78条　弁護士は、弁護士法並びに本会及び所属弁護士
　会の会則を遵守しなければならない。

（委嘱事項の不当拒絶）
第79条　弁護士は、正当な理由なく、会則の定めるとこ
　ろにより、本会、所属弁護士会及び所属弁護士会が弁
　護士法第44条の規定により設けた弁護士会連合会から
　委嘱された事項を行うことを拒絶してはならない。

第12章　官公署との関係における規律

（委嘱事項の不当拒絶）
第80条　弁護士は、正当な理由なく、法令により官公署
　から委嘱された事項を行うことを拒絶してはならない。

（受託の制限）

第81条　弁護士は、法令により官公署から委嘱された事
　項について、職務の公正を保ち得ない事由があるとき
　は、その委嘱を受けてはならない。

第13章　解釈適用指針

（解釈適用指針）
第82条　この規程は、弁護士の職務の多様性と個別性に
　かんがみ、その自由と独立を不当に侵すことのないよ
　う、実質的に解釈し適用しなければならない。第５条
　の解釈適用に当たって、刑事弁護においては、被疑者
　及び被告人の防御権並びに弁護人の弁護権を侵害する
　ことのないように留意しなければならない。
２　第１章並びに第20条から第22条まで、第26条、第33
　条、第37条第２項、第46条から第48条まで、第50条、
　第55条、第59条、第61条、第68条、第70条、第73条及
　び第74条の規定は、弁護士の職務の行動指針又は努力
　目標を定めたものとして解釈し適用しなければならな
　い。

附則
この規程は、平成17年４月１日から施行する。

第3部

Festina lente

刑事実務基礎科目への取り組み方

⓪ はじめに

　実務基礎科目の問題は難しい，と思っている受験生も多いことだろう。

　その原因のひとつは，問題文の長さである。予備試験の法律科目の問題文はせいぜい２頁程度であるにもかかわらず，実務基礎科目の問題は，資料を含めると６頁にも及ぶことがある。この長い問題文から，関係する事実を過不足なく抜きだし，それを的確に意味づけし，推認するというのは，実務経験のない受験生にとっては至難の業だと思うのも無理はない。

　しかし，安心してほしい。長い問題文でも，それを読み解く作法やコツを体得すれば，読みなれてきて，長さへの抵抗はなくなる。それどころか，問題文の読み方を身につけるだけで，事実を拾う視点を身につけることができ，設問へ取り組みやすくなる。これは後々の司法試験，司法修習，実務においても役立つものであるから，時間に余裕のある今のうちに身につけておくべきである。

　前置きが長くなったが，これから問題文の読み方を案内しよう。

① 設問から先に目をとおす

　予備試験の刑事実務基礎科目の問題文は，比較的長い問題文となっている。長い問題文をむやみやたらに読んでいては，重要な事実や問題点を見落としたまま読むことになってしまう。

　しかし，これでは，貴重な時間を浪費してしまうことになるので，お勧めできない。

　そこで，問題文の設問から先に目をとおし，何を問われているのかを確認してから目的意識をもって問題文を読むという作業が非常に重要となる。また，設問の数から時間配分の目安にもなる。

　たとえば，

〔設問１〕
　【事例】の事実を前提として，<u>甲が本件の犯人であると認定できるか否か</u>について，<u>具体的な事実を摘示しつつ</u>論じなさい。

〔設問２〕
　下線部について，以下の各問いに答えよ。
　(1)　下線部の裁判を行ったのは受訴裁判所，裁判官のいずれであるか。<u>条文上の根拠とともに，簡潔に説明しなさい</u>。
　(2)　下線部の裁判が本件保釈請求を却下するものであった場合において，弁護人Ｌがとり得る<u>不服申立手段</u>をあげなさい。

このような設問を見た場合，次のような目的意識をもって問題文を読むことになる。

　設問数は２問で少ない。時間の制約は厳しくなさそうだ。
　設問１は，犯人性の問題だ。まずは，直接証拠型か間接事実型かを確認しないといけない。間接事実型の場合には，事実の意味づけ，推認力に着目して読んだほうがいいな。
　設問２は，手続の問題か。手続の問題は，条文をしっかりと指摘することが大事だな。しかし，根拠条文について覚えていない。これは，条文を目次から探すしかないな。

　設問１の場合，犯人性の問題であるから，間接事実型の場合には，間接事実を積み上げて説得的に論述することが求められる。そのため，間接事実をできるだけ多く拾う心構えができるので効率よく問題文を読むことができる。

　設問２の場合，手続問題であることから，条文の文言との関係で問題となる事実を想定しながら問題文を読み，その事実を拾うという心構えもできる。

　このように，設問から問題文を読むことで，効率的な問題文の読み方をすることができる。

　その際には，犯人性を中心とする事実認定の問題か，手続を問う手続問題かを区別しておくとよい。

　刑事実務には，公訴事実や，見取り図，証明予定事実記載書といった別紙を付されることが往々にしてある。これらの別紙は，問題を解くうえで必要不可欠であるので，必ず目をとおさなければならないものである。そして，公訴事実や証明予定事実記載書には，事実が簡略化されて記載されているので，ある程度，事実の全体像を把握することができる。そのため，先にこれらに目をとおしておくと，問題文についてあらかじめ知ったような状態で読むことができ，比較的読みやすくなる。

　見取り図については，先に目をとおしても，全体像を把握することができないので，関係箇所に進んだら読むとよい。

③ 問題文を読み始める

１　甲，乙，V等の人物

　問題文中に甲，乙やVという者が現れたら要注意である。一般に，甲，乙は被疑者・被告人をさすことが多い。したがって，甲，乙が現れたら，まず被疑者・被告人と疑って問題文を読むと，読みやすくなる。一方，Vは一般に被害者を表す。Vは英語のvictim（被害者）からとられたものだとわかるだろう。Vが現れたら，被害者である前提で読むとよい。

　ほかに，ＡＢＣ……といった登場人物が存在するが，これらの人物は，目撃者であったり，上司であったり，同僚であったりとさまざまである。これらの人物は重要な供述をしている場合もあるので，被疑者との関係や年齢などの属性に注意し，マークしておくとよい。

２　事実に着目して問題文を読み進める

　設問の内容がわかっているので，それに関連した事実を拾っていく。その際には，事実認定ならば，その認定の要素を念頭において読み進め，マークをし，脇にメモをすると効率よく読むことができる。

　たとえば，以下の問題は，殺意の認定を問うものであり，その一部分について，検討の例を示す。

【事 例】	
１　令和３年７月13日午前10時40分ころ，H県I市のI警察署に，I市内のJ公園において，Vが金属製パイプで殴打されるという傷害事件が発生したとの通報があった。これを受けて，I警察署の司法警察員Kら司法警察職員がJ公園に臨場したところ，公園内のベンチ近くにVが横たわっていた（以下，この場所を「本件現場」という）。Vは，頭に帽子をかぶっていたが，帽子のふちから血が流れ出てきており，呼びかけても返事をしない状態であった。	Vが鉄パイプで殴打される。 頭部を殴打された模様
Vの周辺には，甲のほか，４，５人の男性が立っていた。Kがそれらの者に事情を聴いたところ，甲が，自分がVを鉄パイプで殴ったと述べ，Vの傍らに落ちていた，血のついた金属製のパイプ（以下「本件鉄パイプ」という）を指差した。また，甲の隣にいたAは，甲がVを殴打した直後の状況を目撃していたと述べた。以上の状況から，司法警察員Kは，甲をVに対する殺人未遂の現行犯人と認め，逮捕した（以下，この事件を「本件」という）。	鉄パイプ発見 ↓ 鉄パイプで頭部を殴るというのは，身体の枢要部に対する攻撃なので，危険な行為である。
間もなく，救急車が到着し，Vは，近くの病院へ搬送された。また，司法警察員Kは，本件鉄パイプを本件の被疑者の遺留品として領置した。	
２　甲は，I警察署に引致された後，「十数年前に会社をクビになり，それ以降，I市内の公園などで寝泊りする生活を続けている。家族はおらず，傷害・窃盗などの罪で服役したことがある。」などと自らの身上関係について供述した後，「Vとは，昨年頃から日雇いの	

仕事でよく一緒になり，何度か一緒に酒を飲みに行ったことがあるが，<u>しばしば喧嘩をしていた。昨晩の酒代のことで言い争いになり，我慢がならずカッとなってVを殴打したが，殺すつもりはなかった。</u>」と供述した。また，甲の年齢については，60歳であること，甲の体格については，<u>身長170センチメートル，体重70キログラムであること</u>，甲の前科については，甲の供述どおり，傷害，窃盗等の前科が6件あることが判明した。	動機か 殺意を否定 甲の体格・前科 後で使えるかも
3　Vは，救急搬送中および搬送先の病院にて応急処置を受けたが，頭部からの出血が激しく，病院に搬送された時点では，血圧は低下し，ショック状態に陥っており，担当の医師の診たところでは救命できるかどうかわからない状態であった。 　一方，<u>本件鉄パイプは，計測の結果，鉄製であり，重さ約1.6キログラム，長さ約60センチメートルであること</u>がわかった。また，本件現場から40メートルほどの地点でアパートの建築工事が行われており，当該工事の責任者に確認したところ，本件鉄パイプは，当該工事に用いるために準備されていた物のうちの1本であること，その当該工事の現場では公道から1メートルほど内側の場所に，本件鉄パイプと同種類の金属製パイプが10数本積み上げられていたことなどがわかった。 （中略）	鉄パイプの性質 殺害するのに十分な 重さと長さがある。 危険性は十分
〔設問1〕 　【事例】の事実を前提として，甲に対する殺人未遂罪の成否に関し，<u>Vに対する殺意を認定できるか否か</u>について，<u>事実を摘示して</u>説明しなさい。	問題は殺意認定

3　時系列の作成

　刑事実務基礎の問題は，時刻が多く示されていて，時刻が非常に重要となることが多い。たとえば，逮捕時から勾留期間を考えたり，犯罪が行われた時刻に犯行が可能であったかを考えたりと使い方は多種多様である。時刻を問題文にマークしたままでは，整理しづらいこともあるので，時系列表を作成することを強くお勧めする。時系列表を作成することにより，時間差の把握，期間の計算が容易になるので，問題を解きやすくなる。

　時系列表の作成は癖にしないとよく作成し忘れることが多い。練習して，時系列表を作成する癖をつけておくとよい。

4　空間把握

　問題によっては，位置が重要となることもある。具体的には，正当防衛などの問題では，容易に逃げることができる位置にいるかを見取り図などから推測することもある。

　資料として見取り図が付されていることも多く，その場合には，見取り図から，位置関係を探るようにしてほしい。見取り図が付されていない場合には，空間把握が重要でない場合も多いが，空間を把握する必要があるならば，みずから図を描いて確認することも必要となる。訓練しておきたい。

殺意の認定

① 殺意の意義

殺意とは，行為者が自己の行為によってその客体である人が死亡すること（確定的殺意）またはそのおそれのあること（未必的殺意）を認識・認容していることをいう（認容説）。

殺意は，行為者の認識・認容という主観的な要素であるが，殺意の有無は情況証拠に経験則を適用することによって認識できるものであるとするのが伝統的な立場である。したがって，被告人が明確に殺意を自覚していない場合であっても，一定の客観的な情況証拠がある場合には，経験則上，殺意があると推認することができる。

② 殺意を認定するための情況証拠

殺意を認定するための情況証拠としては以下のものがあげられる。

殺意を認定するための情況証拠
①客観的な犯行態様
②犯行態様に関する認識
③動機の有無
④犯行後の行動
⑤その他の事情

1 ①客観的な犯行態様

一般に，相手が死亡する危険性の高い行為であると認識して行動していれば，殺意があるといいうる。そして，人は通常自己の行動を認識している。そこで，客観的な犯行態様が，相手が死亡する危険性の高い行為であるといえる場合には，被告人はそのような行為であることを認識しているといえ，殺意が認められうる。

客観的な犯行態様の危険性は，以下のように創傷の部位，創傷の程度，凶器の種類，凶器の用法を総合して判断される。

⑴ 創傷の部位

身体の枢要部（四肢を除く身体の全部）または四肢であっても枢要部に近く大きな動脈のある部位に対する攻撃は，相手が死亡する危険性の高い行為であるとされることが多い。

⑵ 創傷の程度

創傷の程度は，一般的に打撃の強さの程度や回数の多少によって示し，これによって攻撃意図の強さが推認される。特に創傷の深さが重視されるが，骨にあたっているか，被害者が避けたり，向かってきたりしたか，なども考慮される。

⑶ 凶器の種類

一般的に，先端のとがった刃体または刃渡り10センチメートル以上の刃物は，相手に致命傷を負わせるに足りるものとされている。

⑷ 凶器の用法

力を込めたり，または繰り返し凶器を使用した場合には，そうでない場合に比べて殺意を推認しうることが多い。そのほか，刃物が根元まで刺さったか，刃物の途中までしか刺さっていないか，刃物が相手の身体から容易に抜けない状態であったか，刃物自体が破損しなかったかなどが考慮される。

2 ②犯行態様に関する認識

殺意があるといえるためには，相手が死亡する危険性の高い行為を，そのような行為であると認識して行動することが必要である。そして，前述のとおり，人は自己の行為を認識して行動しているため犯行態様に関する認識は，通常問題とならない。

もっとも，そのような認識がない場合には，犯行態様に関する認識が，殺意を認定するにあたり

重要な要素となる。たとえば，相手方から予期しない攻撃に対し，とっさに反撃するような場合には，反射的に攻撃を行うため攻撃部位を認識できないこともありうる。また，組み伏せられた劣勢の状況下での反撃など，無我夢中で反撃を行う場合には，攻撃部位を認識していないことがありうる。

このように，攻撃部位を認識していない場合には，殺意は否定されやすいといえる。

3　③動機

殺人はきわめて重大事件であるから，人が他人に対し殺意を抱くことそれ自体が例外的なことであって，それ相応の理由があるはずである。したがって，動機の有無は殺意の認定にとって重要であり，強固な動機は確定的殺意を強く推認させる。反対に，犯行態様からは怨恨や営利などの動機が推認されるのに，被告人にそれ相応の動機がみあたらないような場合には，殺意の認定は慎重にすべきである。具体的には，行為者および被害者の関係・性格，交際関係，行為者が被害者に対して長年鬱憤を抱き続けていながら，これをおさえていた事情などを総合考慮することになる。

4　④犯行後の行動

被告人が，死の危険が迫っている相手に対し，傍観あるいは放置するなどの行動をとったことは，被告人の予期した結果が発生したものと認められ，殺意を推認させる事情となる。反対に，死の結果を回避するための措置をとることは，被告人が死の結果を予期していなかったことを推認させるから，殺意を否定する方向の事情となる。

5　その他

犯行前または犯行時に被告人において「殺してやる。」などと言うことがある。しかし，このような言動は往々にして単なる脅し文句や強がりで発せられていることがあり，被告人のその種の言動が，常に殺意を推認させるわけではない。

③　情況証拠による総合判断

殺意を認定するための情況証拠としては，客観的犯行態様が重要であり，客観的犯行態様が，相手が死亡する危険性の高い行為であれば殺意は認定されることが多い。他方，殺意を否定した裁判例の多くは客観的犯行態様が，危険なものとはいいがたいことに加えて，犯行態様に関する認識，動機，犯行後の行動等のいずれかが消極的情況証拠として機能している場合といってよい。

このように，殺意の認定にあたっては，各情況証拠を総合的に考える必要がある。

正当防衛の認定

① 急迫性

1 総論

正当防衛における急迫性の要件については，判例上，客観的状況と行為者の主観から判断される。そして，実務上の判断の順序は次のとおりである。まずは，①客観的状況から侵害の急迫性が認められるかを判断する。次に，②反撃行為が緊急の状況における防衛行為として正当化可能な状況にあるか否かを行為者の主観面も含めて判断する。

2 急迫性の意義

「急迫」とは，「法益の侵害が現に存在しているか，または間近に押し迫っている」ことをいう（最判昭和46年11月16日刑集25巻8号996頁）。侵害が現存している場合はもちろん，間近に押し迫っている段階でも，現に侵害されるまで反撃行為を待たなければならない道理はないため，侵害の現在性まで要求されないのである。

急迫性が肯定されるためには，行為者が反撃行為を行う時点で，相手方が現に侵害行為をしているか，または正にしようとしているという客観的状況がなければならない。すなわち，将来の侵害，過去の侵害に対して正当防衛は認められないことになる。

そこで，急迫性の判断では，①どのような状況で侵害が切迫したといえるか（侵害の始期），②どのような状況で侵害が終了したといえるか（侵害の終期）の2点を検討することとなる。

(1) 侵害の始期

侵害の始期は，法益侵害の蓋然性の高さで判断される。すなわち，侵害行為の着手直前の状態にいたればよいとされる。

侵害の始期を肯定する事情の例	侵害の始期を否定する事情の例
○攻撃の気勢をみせて向かってくる。 ○凶器を取りだそうとする。	○単に言葉で脅迫しているにすぎない。 ○執ような脅迫をしていても，周囲に第三者が大勢おり，凶器もないこと。

(2) 侵害の終期

侵害の終期は，相手方が侵害行為を終了したか否かにより判断される。いったん攻撃が中断しても再度，攻撃する蓋然性がある場合には，侵害は継続していると判断される。したがって，侵害の終了を判断するには，相手方が攻撃意思を放棄するか，客観的に攻撃不可能な状態になることが必要である。

判例の事案からみる再度の攻撃の蓋然性の判断要素	
○相手方の日ごろの行状	○攻撃の中断の理由
○攻撃の中断にいたるまでの攻撃状況	○中断の際の凶器の有無等の事情

判例（最判平成9年6月16日刑集51巻5号435頁）は，鉄パイプで襲った者が勢い余って2階の手すりの外側に前のめりに乗りだした状態にもかかわらず，なおも鉄パイプを握り締めていたことから，侵害の継続性が認められた。また，侵害者から武器を奪った場合にも，侵害者が武器を奪い返そうとしたり，なおも攻撃を加えようとしているなど，攻撃の意思を示したりしているときは，侵害が終了したとはいえないとした。

3 侵害の予期・積極的加害意思と急迫性

被侵害者が事前にその侵害を予期していた場合に急迫性が認められるかについて，判例（最判昭和52年7月21日刑集31巻4号747頁）は，侵害を予期されていたものであるとしても，そのことからただちに急迫性を失うものではないとした。侵害が当然またはほとんど確実に予期されている場合であっても異ならない。侵害の予期のみで急迫性を否定すると，侵害を予期した被侵害者に回避義務を課すことになり，被侵害者に不当な義務を課すことになるからである。

もっとも，前記判例は，単に予期された侵害を避けなかっただけでなく，その機会を利用し積極

的に相手に対して加害行為をする意思で侵害にのぞんだときは，もはや侵害の急迫性は失われるとした。侵害の予期と積極的加害意思が併存する場合は，急迫性が否定されるのである。侵害を確実に予期しながら，積極的加害意思をもって侵害にのぞむときは，正当防衛状況を利用した加害行為なので，緊急行為たる防衛行為を正当化できないためである。

　なお，侵害の予期・積極的加害意思と急迫性について，「行為者が侵害を予期した上で対抗行為に及んだ場合，侵害の急迫性の要件については，侵害を予期していたことから，直ちにこれが失われると解すべきではなく……，対抗行為に先行する事情を含めた行為全般の状況に照らして検討すべきである」とした判例（最決平成29年4月26日刑集71巻4号275頁）があるので，事案も含めて確認しておいてほしい。

(1)　侵害の予期

　侵害の予期を認めるためには，相手の攻撃の内容を十分に予想し，その攻撃を確実なものとして予期していなければならない。

　予期の内容としては，侵害行為が予期に反して過大である場合には，侵害の予期は否定される。たとえば，素手でけんかに向かったところ，相手が凶器で襲ってきた場合などである。

　予期の程度としては，侵害を確実なものとして予期していなければならない。侵害の確実な予期を認めるには，侵害の内容，日時，場所を具体的に特定して予期していることまでは必要ないが，当該侵害を当然の前提として事前に予想していることが必要である。

確実な侵害の予期の認定	
主観的要素	客観的要素
行為者の供述（重要） 行為者の供述は主観なので，客観的要素にも目を向けなければならない。そして，両者を総合的に判断する。	○行為者と相手方との従前の関係 ○相手方の行状 ○行為者の反撃準備の程度 ○相手方が攻撃にいたるまでの事情 ○反撃の状況　等

　たとえば，行為者が相手方を挑発している場合，相手方の攻撃に備えて凶器等を準備している場合は，侵害の確実な予期があったといえる場合が多い。これに対して，侵害を予期していても，単なる可能性を予期していたにすぎないときや不意打ちと評価できるほど予想外の場面で侵害を受けたときは，確実な予期があったとはいえない。

(2)　積極的加害意思

　積極的加害意思とは，予期された侵害の機会を利用し積極的に相手に対して加害行為をする意思をいう。相手方の侵害の機会を利用した加害行為であるから，侵害の確実な予期を前提とする。

積極的加害意思の認定	
主観的要素	客観的要素
行為者の供述（重要） 行為者の供述は主観なので，客観的要素にも目を向けなければならない。そして，両者を総合的に判断する。	○行為者と相手方との従前の関係 ○侵害の予期の程度 ○行為者の反撃準備の状況 ○侵害にのぞんだ理由 ○相手方が攻撃にいたるまでの経緯 ○反撃の態様　等

　たとえば，侵害の確実な予期があるのに，攻撃のための周到な準備をして特段の事情なく，侵害現場に赴く場合には，積極的加害意思が肯定できる。一方で，侵害に対して準備した場合でも，その動機が護身目的，防衛目的である場合は，積極的加害意思は否定される。

② 　防衛の意思

1　総論

　判例は，防衛の意思の要否につき，大審院以来一貫して肯定している。実務上も，防衛の意思必要説に基づいた運用がなされている。

その理由は，権利を防衛する「ため」という文言上，防衛の意思を必要としていると解釈できること，かりに防衛の意思を不要とすると，侵害を口実に積極的に加害行為をした場合まで正当防衛とする余地が生じてしまい不合理であることなどである。

2　積極的加害意思との関係

　急迫性と防衛の意思の要件において，行為者の主観を考慮することになるので，その関係が問題となる。

　一般に，侵害の機会を利用して積極的に攻撃しようとする場合には，侵害を予期しているから，侵害の急迫性が否定される。そのため，急迫性の要件の段階で検討が終了することが多くなりうる。しかし，侵害の予期が不可能な場合には，急迫性が否定されないため，防衛の意思として行為者の主観を判断することになる。すなわち，急迫性は防衛行為を正当化しうる状況の前提要件であるため，反撃行為以前の段階において問題となり，防衛の意思は，反撃行為時に問題となるので，両者は検討すべき時点を異にしているのである。

3　防衛の意思の判断

　防衛の意思について判例では，次のように判断されている。

①相手方に対する憎悪・怒りから攻撃したとしても，または，加害行為に対して憤激・逆上により反撃をしたとしても，ただちに防衛の意思が否定されるものではない（最判昭和46年11月16日刑集25巻8号996頁）。防衛の意思と攻撃の意思とが併存しても防衛の意思は否定されない。

しかし，

②防衛の名目で相手方に対して積極的に攻撃する場合は，防衛の意思を欠くことになる（最判昭和50年11月28日刑集29巻10号983頁）。

ただし，

③防衛の意思を否定するには，相手方に対して憎悪を抱き，攻撃されたことに乗じて積極的な加害行為にでたなどの特別の事情の存在が必要とされる（最判昭和60年9月12日刑集39巻6号275頁）。

4　防衛の意思の認定

　防衛の意思の存否の認定は，行為者の主観の認定であるため，他の主観的な事情を認定する場合と同様の注意が必要である。

　行為者の主観的事情の直接証拠となるのは，行為者の供述である。しかし，正当防衛のような状況では，行為者が緊急の事態に動揺していることや，憤激・怒りの感情があるため，行為者が正確に記憶し，表現することは困難を伴う。このことから，行為者の供述のみで当時の意思を認定するには限界がある。

　したがって，行為者の意思の認定にあたっては，客観的事実として行為当時の事態の推移をできるだけ具体的かつ詳細に認定し，これらから行為者の主観を推認するという手法によることが相当とされる。

防衛の意思の認定の判断要素	
○行為者と相手との間の従前の関係	○問題となる行為者の行為の態様○強度
○行為に先立つ事実経過における出来事	○行為者がその行為中や行為の前後に発した言葉
○行為局面に現れた相手の侵害の態様○程度	○問題となる行為後の行為者や相手の行動
○これに対応するものとして行為者に与えられた選択肢	などの点を総合して検討する。
○それぞれの選択肢の侵害回避のための有効性	

③　防衛行為の相当性

1　意義

(1)　判例

　「やむを得ずにした行為」の意義について示した最高裁判例は2件ある。1つ目の最高裁判例は，「やむを得ずにした行為」とは，当該具体的な事態のもとにおいて当時の社会通念が防衛行為として当然性，妥当性を認めうるものと解した（最判昭和24年8月18日刑集3巻9号1465頁）。2つ目の最高裁判例は，急迫不正の侵害に対する反撃行為が，自己または他人の権利を防衛する手段として必

要最小限度のものであること，すなわち反撃行為が侵害に対する防衛手段として相当性を有するものであることを意味するのであって，反撃行為がその限度を超えず，侵害に対する防衛手段として相当性を有する以上，その反撃行為により生じた結果がたまたま侵害されようとした法益より大きくても，その反撃行為が正当防衛行為でなくなるものではないと解すべきである，とした（最判昭和44年12月4日刑集23巻12号1573頁）。

(2) 学説

　学説は，「やむを得ずにした行為」について，自己または他人の権利を防衛するために必要な行為であること（必要性）と相当な行為であること（相当性）を要するとしている。

　具体的には，①侵害者の攻撃を防ぐために必要であること（唯一の手段である必要はない），②防衛手段の内容が侵害者からの攻撃の態様に対応したものであること（「武器対等の原則」），③防衛しようとした法益と侵害した法益とが著しく均衡を失していないことの3つの要素から判断する。

　もっとも，①については，権利の防衛のために必要性が認められれば足りる。②の要素に関しては，防衛行為の態様として，防衛行為者および侵害者の年齢，性別，体力の差異，力量の相違，攻撃の緩急の程度等の具体的状況を総合的に考慮すべきである。③の要素については，防衛しようとする権利または利益と防衛行為によって害される侵害者の利益を比較し，著しく法益の権衡を欠いていないかどうか判断することとなる。

2　武器対等の原則

　過去の事例上，武器対等と一般的に認められる状況で，相当性が肯定されてきた。このことから，武器対等か否かが相当性の基準とされ，「武器対等の原則」と称されるようになった。

　この原則は，一般的な状況においては妥当であるが，その形式的適用には，注意を要する。すなわち同原則は，侵害者と防衛行為者とがほとんど対等な状況にあり，かつ，防衛行為者が武器に頼らずに防衛できる場合を前提としている。そのため，そうでない場合，たとえば体力差や年齢差などで防衛行為者が一方的に不利な状況においては，防衛行為者が凶器を持っていたとしても，ただちに防衛行為の相当性を欠くとはいえず，他の要素も考慮して判断することになる。

3　具体的事例（最判平成元年11月13日刑集43巻10号823頁〔判例シリーズ刑法9事件〕）

　行為者より年齢も若く，体格の優れた相手が，素手で殴打する動作，足蹴にする動作をしていただけであるが，行為者が菜切包丁を構えて立ち向かっているという事案において，「やむを得ずにした行為」にあたるかが問題となった。

　武器対等の原則からすれば，武器は対等ではなく，防衛行為の相当性を逸脱するものとなりうる。しかしながら，相手は年齢も若く，体格的にも優れており，けんかに慣れていそうな風貌をしていたのに対し，行為者は，けんかに慣れているわけでもないという事情がある。さらに，行為者は，終始防御的な行動をとっていたことも考慮すると，相当性を逸脱しているとまではいえない。

　したがって，相当性の範囲内として「やむを得ずにした行為」と認められる。

共謀の認定

① 共謀の意義・内容

　共謀の意義については，争いがあるものの，実務上，共謀とは，犯罪の共同遂行に関する合意であると考えられている。そして，この共謀は意思連絡および正犯意思という2つの要素からなり，共謀が認められるためには，そのいずれもが認められなければならないと解されている。

1　意思連絡

　各関与者が共同遂行の意識を各人の内心にもっているというだけでは不十分であり，共謀が成立するというためには，更にそのような共同犯行の意識につき，相互に意思の連絡が存することが必要である。各関与者の間に明示的な意思連絡がなく，被告人自身は何らの明示的な指示や行動をしていない場合には，意思連絡の有無が主要な争点となりうる。意思連絡の有無が主要な争点となった判例として，スワット事件（最決平成15年5月1日刑集57巻5号507頁）がある。この事件では，スワットとよばれる専属の警備組織が拳銃等を所持して暴力団幹部である被告人を警備していた事案において，①被告人の組織内での地位，スワットとの関係，②本件以前の警護態勢，③本件拳銃所持にいたる経緯，④逮捕時の状況，⑤被告人およびスワットらの認識といった間接事実を総合して黙示的な意思連絡が肯定されている。

2　正犯意思

　共謀が成立するためには意思連絡があるというのみでは足りず，各関与者が，それぞれ他の関与者と協力し，特定の犯罪をいわば自分たちの犯罪として共同遂行しようという認識を有していることが必要である。

　判例の主流も，自分たちの犯罪を行う意思か，他人の犯罪に加担する意思かによって正犯意思の有無を判断していると考えられている。そして，その際には以下の要素が考慮される。

> ①共謀者と実行行為者との関係
> ②犯行の動機
> ③共謀者と実行行為者間との意思疎通行為の経過・態様・積極性
> ④実行行為以外の行為に加担している場合はその内容
> ⑤犯行前後の徴表行為（犯罪隠蔽行為，分け前分与，実行行為者からの事後報告，実行行為後に続く行為への参加等）の事情
> ⑥犯罪の性質・内容

　正犯意思の有無が主要な争点となった判例として，大麻密輸入事件（最決昭和57年7月16日刑集36巻6号695頁）がある。大麻密輸入事件は，タイ国からの大麻の密輸入を計画した甲からその実行担当者になってほしいと頼まれた被告人が，大麻を入手したい欲求に駆られたことから，知人の丙に協力を求めて，同人を甲に引き合わせるなどし，甲において大麻を密輸入したという事案である。この事案において，判例は，㋐大麻密輸入を計画した甲から実行担当者になってほしい旨を頼まれたこと，㋑被告人自身，大麻を入手したいという欲求に駆られたこと，㋒知人丙に対し事情を明かして協力を求めたこと，㋓その知人丙を自己の身代わりとして甲に引き合わせるとともに，㋔密輸入した大麻の一部をもらい受ける約束のもとにその資金の一部（20万円）を分け前として甲に提供したことを重視して正犯意思を肯定している。

② 答案上の注意点

　予備試験サンプル問題の出題趣旨にて「答案としては，共謀共同正犯の実体法上の解釈に関する論述が求められているのではなく，共謀共同正犯の成否が問題となった最高裁判例の判決文において摘示されている事情等を参考に，間接事実による事実認定の基本的枠組みを理解したうえで，事案に即して重要な具体的事実を分析・評価することが求められる」との指摘がなされている。このような指摘からすれば，共謀の意義についての対立には深入りせず，自分の立場を簡潔に明示したうえで，上記判例で示されている事情を抽出しつつあてはめを充実させるのがよいだろう。

占有の認定

① 占有の意義

　一般に，占有とは，財物に対する事実上の支配をいう。そして，占有は，占有の意思（主観的要素）と，占有の事実（客観的要素）の２つから判断される。占有の有無が問題となる事案は数多く存在するが，ここでは，置き忘れた財物を犯人が持ち去る，いわゆる置き引き事案を念頭におく。財物について，被害者の占有がいまだ残存しているならば，窃盗罪（刑235条）が成立し，すでに占有を喪失しているならば，遺失物横領罪（刑254条）が成立するにとどまるため，占有の有無は実務上問題となりやすい。

② 占有の考慮要素

　置き忘れた物に対する被害者の占有の有無を判断する際の考慮要素として，多くの裁判例ではおおむね以下の要素が考慮されている。

占有の有無の考慮事情
①時間的・場所的近接性
②置き忘れた場所の見とおしの状況
③置き忘れた場所の状況
④被害者の認識，行動

　以下では，各要素についてより詳しく説明する。

1　時間的・場所的近接性

　置き忘れた財物に対する事実上の支配は，時間の経過とともに薄れていく。また，被害者が置き忘れた場所から遠ざかるほど，被害者が当該財物に対する現実の支配を回復することは困難になる。したがって，被害者が財物を置き忘れた時点と，被害者の当該財物に対する事実上の支配の有無が問題となる時点が時間的・場所的に離れている場合には，占有が否定されやすい。

　これに対し，時間的・場所的近接性が認められる場合には，被害者が財物に対する現実の支配を回復することが容易であるから，占有が肯定されやすいといえる。

　なお，被告人に窃盗罪が成立するためには，被告人が財物を領得した時点において，被害者の財物に対する事実上の支配があったといえなければならない。したがって，時間的・場所的近接性を検討するに際しては，被害者が置き忘れた時点から被告人が領得した時点までの時間の経過および被告人が領得した時点における被害者と財物との距離ならびにその間に被害者がもっとも財物から離れた距離を問題にすべきである。

2　置き忘れた場所の見とおし状況

　建物内で財物を置き忘れた部屋と異なる区画または階層に移動したときあるいは建物から外に出たり，更に他の建物内に入ったりした場合には，被害者の位置から，置き忘れた場所を見とおすことができず，置き忘れたことに気づいても財物またはその付近の監視状態を回復するにはなお相当の時間を要する。したがって，このような見通しの状況であれば占有は否定されやすい。

　これに対し，被害者の位置から置き忘れた場所を見通すことができれば，被害者が忘れたことに気づけばただちに財物の存在する場所付近の監視状態を回復することができる。したがって，そのような見とおしの状況であれば占有は肯定されやすい。

3　置き忘れた場所の状況

　一般に，公道上など日常多くの人が出入りする場所では，財物に対する支配は急速に失われるため，占有は否定されやすい。

　これに対し容易に人が出入りできない場所や発見されにくい場所に財物があり，そのことを被害者が把握している場合には，財物に対する支配は失われにくいため，占有は肯定されやすい。

4　被害者の意識および言動

　どこに置いたのかわからない場合にはすみやかに現実の支配を回復することが困難であるから，占有は否定されやすい。

　これに対し，被害者において置き忘れた場所を記憶している場合には，置き忘れたことを思いだした後，すみやかに現実の支配を回復する余地があるので，占有は肯定されやすい。

犯人性の認定

① 犯人性の意義

　犯人性とは，「被疑者（公訴提起段階では被告人）が（当該）事件の犯人であるか否か」の問題である。犯人性の問題の検討にあたっては，被疑者・被告人と，真犯人とを明確に分け，被疑者・被告人が，その事件の真犯人といえるか否かを検討していくことになる。

② 犯人性の検討順序

　犯人性を認定するための証拠としては，被疑者・被告人の自白や，目撃者による犯行目撃・犯人識別供述（犯行自体を目撃し，かつ，その犯人と被告人とが同一人である旨の供述）といった直接証拠と間接事実がある。さらに，間接事実を認定するための間接証拠のなかには，客観的証拠（たとえば指紋や血痕等）や供述証拠が存在する。

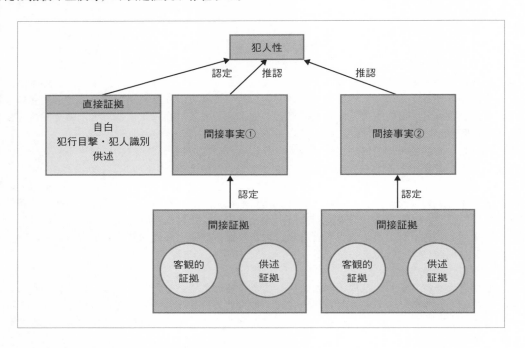

　では，これらの要素をいずれの順序で検討すべきであろうか。

　直接証拠のうち，被疑者または共犯者の自白についての検討は他の証拠よりも先行させるべきではない。自白の偏重を防止し，誤判を回避する必要があるからである。また，犯行目撃・犯人識別供述については，供述者の知覚・記憶・叙述の各段階に誤りが介在する危険性があり，信用性については慎重に吟味しなければならない以上，犯行目撃・犯人識別供述の検討も先行させるべきではないだろう。

　したがって，犯人性の認定では，間接事実による検討を先行させる必要がある。

　そして，間接事実を認定するための証拠を検討する順序については，供述証拠には，前述のように，供述者の知覚・記憶・叙述の各段階に誤りが介在する危険性があり，信用性については慎重に吟味しなければならない一方，物的証拠には基本的に信用性の問題が生じない。したがって，物的証拠による間接事実の検討を先行させるべきである。

　以上を前提とすれば，ひとまず犯人性の論述は以下の順序によることになる。

```
┌─────────────────────────────────────────────────────────────────┐
│ 間接事実の検討                                                    │
│ ┌─────────────────────────────────────────────────────────────┐ │
│ │ 客観的証拠により認定された間接事実                           │ │
│ │                      ↓                                        │ │
│ │ 被疑者・共犯者以外の供述証拠により認定された間接事実         │ │
│ └─────────────────────────────────────────────────────────────┘ │
│                      ↓                                           │
│ 直接証拠の検討                                                    │
│ ┌─────────────────────────────────────────────────────────────┐ │
│ │ 被疑者・共犯者供述を除く直接証拠（犯行目撃・犯人識別供述など）│ │
│ │                      ↓                                        │ │
│ │ 共犯者供述                                                    │ │
│ │                      ↓                                        │ │
│ │ 被疑者供述                                                    │ │
│ └─────────────────────────────────────────────────────────────┘ │
└─────────────────────────────────────────────────────────────────┘
```

　なお，一般的に直接証拠が存在する場合を直接証拠型といい，間接事実のみが存在する場合を間接事実型ということがあり，答案の冒頭では，直接証拠型か間接事実型かといった証拠構造を記載することも多い。もっとも，直接証拠型であろうと間接事実型であろうと，上記検討順序に大きな違いがなく，一部検討が省略されることがあるにとどまる。

③　間接事実の論述

　間接事実の論述においては，間接事実を摘示し，その間接事実に意味づけを行う必要がある。

1　間接事実の摘示

(1)　犯人性における間接事実とは，証拠から認定できる被疑者の犯人性を推認させる事実であり，事件・犯人と被疑者とを結びつける意味をもつ具体的事実であることが必要である。間接事実の検討の際には，当該間接事実が事件・犯人側に結びつくものなのか，被疑者側に結びつくものなのかを意識して検討することが必要であり，答案においても基本的にはそれぞれの具体的事情を分けて論じることが望ましい。たとえば，「犯人は，身長約180センチメートルで体格のしっかりした男性であり，令和3年6月22日午後8時ころ，赤色のTシャツを着ていたところ，被疑者は，身長182センチメートル，体重95キログラムの男であり，同日午後9時ころに赤色のTシャツを着ていた」というように論述することが考えられる。

(2)　間接事実を抽出する着眼点としては一般的に以下のものが考えられる。

> ①事件に関係するもの（犯行供用物件，被害金品等），現場等における遺留物その他犯人に関係するもの（指掌紋，足跡，血痕，体液等）と被疑者との結びつきを示す事実
> ②犯人の特徴（容姿，体格，年齢，服装，所持品その他の特徴）が犯行当日の被疑者の特徴に合致または酷似する事実
> ③被疑者に事件を実現する機会があった事実
> ④被疑者が事件を実現することが可能であった事実
> ⑤犯行前の被疑者の事件に関する言動
> ⑥犯行後の被疑者の事件に関する言動
> ⑦被疑者に事件の動機・目的となりうる事情があった事実

　なお，答案上では，推認力が強い間接事実から論述していくことが望ましい。

2　間接事実の意味づけ

　間接事実の意味づけにおいては，当該間接事実がなぜ被疑者の犯人性を推認させるといえるのかという推認理由および当該間接事実がどの程度被疑者の犯人性を推認させるといえるのかという推認力を記載する必要がある。

　推認理由の論述においては，かりに被疑者が犯人ではないとするならば，そのような間接事実が生じる可能性がどれだけあるのかを検討することが有用である。

　たとえば，強取品の近接所持の事実による犯人性の認定について，「検察終局処分起案の考え方（令和元年版）」（司法研修所検察教官室）では，「『この事実は，被疑者が，犯行直後の時点で，犯

行現場付近において被害品の腕時計を所持していたことを示すものである。被疑者の被害品所持の時点が犯行直後で，かつ，その場所が犯行現場に近接した場所であることからすると，犯人である被疑者が，被害者から奪った被害品をそのまま所持し続けていたと考えるのが自然である。被疑者が，本件犯行とは無関係に，犯人その他の者から譲り受けるなどの方法でこの腕時計を入手した可能性も一応想定できるが，所持の時点が犯行直後であり，それよりも更に前にこの腕時計が流通過程に置かれていたとは考え難いことなどから，その可能性は現実的とは言えず，この間接事実は被疑者の犯人性を強く推認させる。』などの論述が想定される。」と説明されている。

推認力の程度としては，「強く推認させる」，「相当程度推認させる」，「いちおう推認させるが，その推認力は限定的である」といった表現をおさえておくと有用である。

また，推認力の程度の判断をするうえで間接事実以外の事情を考慮すべき場合もある。たとえば，犯行現場で発見された煙草の吸殻から被疑者のDNAが検出された場合，その吸殻がいつから現場にあったかわからなければ，犯人と吸殻の結びつきは不明である。他方，犯人が吸殻を落としたという被害者の供述があれば結びつきは明らかといえる。ただし，被害者の供述の信用性については別途検討が必要である。

④ 被疑者・共犯者以外の直接証拠の論述

犯人性における直接証拠とは，信用性が認められた場合，その証拠のみで被疑者の犯人性を直接認定することができる証拠である。犯行目撃・犯人識別供述（犯行自体を目撃し，かつ，その犯人と被疑者とが同一人である旨の供述）が典型例である。犯行目撃・犯人識別供述については，その証拠が犯行目撃・犯人識別供述であることの簡潔な理由と，その供述の信用性について論述する必要がある（供述の信用性についてはFL【供述の信用性】を参照）。

⑤ 共犯者供述の論述

共犯者供述の論述においては，当該共犯者の被疑者の犯人性に関する認否および当該共犯者供述の信用性について論述する必要がある（共犯者供述の信用性についてはFL【供述の信用性】参照）。特に，被疑者が犯人性を否認している場合には，その弁解の信用性について，①弁解に沿う証拠（消極証拠）の有無とその信用性，②弁解を排斥する証拠の有無とその信用性，③弁解内容それ自体の合理性という観点から弁解内容を十分検討し，その弁解内容が排斥できるものかどうか詳細に検討することが必要となる。

⑥ 被疑者供述の論述

被疑者供述の論述においては，被疑者の犯人性に関する認否および当該被疑者供述の信用性について論述する必要がある（被疑者供述の信用性についてはFL【供述の信用性】参照）。

⑦ 総合評価

上記の事実を考慮して最終的に犯人性を肯定することができるか否か結論を示すことになる。総合評価において認定すべき犯人性の程度によっては若干の違いがある。すなわち，勾留段階では「罪を犯したことを疑うに足りる相当な理由」（60条1項柱書）があると認定できればよいのに対して，起訴・不起訴の決定は有罪認定においては，合理的な疑いを差し挟む余地がない程度に犯人性が立証されなければならない。このように，最終的に認定すべき犯人性の程度については若干の違いがあるので，答案作成の際に注意したい。

なお，直接証拠がなく，間接事実の積み重ねによる事実認定がなされた事案については，判例（最判平成22年4月27日刑集64巻3号233頁）は，「情況証拠によって認められる間接事実中に，被告人が犯人でないとしたならば合理的に説明することができない（あるいは少なくとも説明が極めて困難である）事実関係が含まれていることを要する」と判示している。したがって，直接証拠が存在せず，間接事実のみで犯人性を認定する場合には，上記の判例のフレーズが有用だろう。

また，被疑者が犯人性を否認している場合には，被疑者の弁解の信用性を検討する前に，間接事

実の総合評価を行う必要がある。すなわち，この場合には，間接事実によれば甲の犯人性を認定することができることを前提に，被疑者の弁解によってその判断が覆るかを検討することになる。

8　答案の全体像
以上を考慮にいれたうえで答案の全体像を示せば，以下のようになる。

間接事実型	直接証拠型
第1　間接事実型であることの指摘	第1　直接証拠型であることの指摘
1　間接事実	1　間接事実
(1)犯人側の事情 　　被疑者側の事情 　(2)意味づけ	(1)犯人側の事情 　　被疑者側の事情 　(2)意味づけ
2　間接事実 　　（1と同様の手順を繰り返す）	2　間接事実 　　（1と同様の手順を繰り返す）
3　総合評価	3　被疑者・共犯者の自白以外の直接証拠の検討
4　被疑者の弁解 　　（犯人性を否定している場合） 　　→間接事実の総合評価による犯人性の認定が 　　　覆るか否かを検討	4　共犯者供述の検討
	5　被疑者供述の検討
第2　結論	6　総合評価
	第2　結論

近接所持の法理

① 意義

　強盗，詐欺および恐喝等の財産犯においては，通常，被害者が犯人と相対しているため，被害者の供述という直接証拠によって犯罪の証明が行われることが多い。しかし，窃盗に関しては，空き巣や車上ねらい，すり等を想起すれば明らかなように，被害者や目撃者の供述など，直接証拠によって犯罪の証明ができる場合はむしろ少ないといってよく，特に否認事件においては情況証拠に頼らざるをえない場合が圧倒的に多い。このような場合において犯人性を認定するための重要な法理として，近接所持の法理がある。

　近接所持の法理とは，窃盗の被害発生時点と近接した時点において，盗品を所持していた者については，その物品の入手状況につき合理的な弁明をなしえないかぎり，その物品を窃取したものと推認してよいとする理論である。これは情況証拠による犯人と被告人の同一性認定の一場面である。

② 根拠

　近接所持の法理の根拠については，①被害発生の直後であれば，被害品はいまだ窃盗犯人の手中にあることが多いという経験則，および②その時点であれば，窃取以外の方法で物品を入手したものは自己の入手方法について具体的に弁明し，容易にその立証をすることができるはずであるという論理則の２つがあげられる。

③ 適用上の注意

　被害品が窃取された時期と被告人が被害品を所持していた時期が離れれば離れるほど，被害品が窃盗犯人の手中から離れる可能性が増大し，また，実際に窃取以外の方法でこれを入手した者であっても，所持者の入手状況に関する弁明の立証が不成功に終わる蓋然性も増大することが明らかである（時の経過による証拠の散逸）。したがって，近接所持の法理を具体的事案に適用するにあたっては，窃取された時点と被害品を所持していていた時点との間隔（近接所持）と，入手状況に関する所持者の弁明の合理性（被告人の弁解の虚偽性）等を慎重に比較衡量する必要がある。

1　近接所持

(1)　時間的近接性

　犯人性が肯定された場合の近接所持の程度は，多くは数時間後あるいはその日のうちのものである。しかし，4日後，7日後，13日後，15日後，16日後であっても犯人性が肯定されている場合もある。これらの事例においては，いずれも，被告人の入手経路に関する弁解が明白に虚偽であることが指摘されているか，あるいはその他の間接事実の存在が強調されている。これは，時間的近接性が離れれば離れるほど，窃盗以外の方法による取得の可能性が大きくなるといえるから，その可能性の有無について厳密な検討を加える必要があることを示している。

　実際の答案においても，時間的近接性の程度が弱い場合には，他の間接事実を検討することが重要となる。

(2)　場所的近接性

　近接所持の法理においては，一般に，時間的近接性とともに場所的近接性も考慮される。しかし，交通機関の発達を考えると，場所的近接性の程度が弱かったとしても，航空機，新幹線を利用した犯行後の高飛びということも十分考えられるから，時間的近接性に比べて，場所的近接性はそれほど重視すべき要素とはならない。

(3)　被害品の性質

　時間的・場所的近接性の程度は，被害品の流通性によって異なりうる。たとえば，被害品が現金である場合には，現金の流通性はきわめて高いため，被害発生時から数日しか経過していないときであっても，被疑者が被害物品を第三者から取得した可能性が高まり，犯人性の推認力が弱まることがありうる。

実際の答案においても，時間的・場所的近接性を画一的に論じるのではなく，被害品の性質に応じて柔軟に対応することが求められる。

2　被告人の弁解の虚偽性

一般に，被告人の弁解が虚偽であることが判明した場合には，被告人が窃盗犯人であることの可能性は飛躍的に高まる。これは次のように説明することができる。

まずは，経験則の適用による説明である。すなわち，窃盗の疑いを掛けられている人物がいたとして，もし真実その者が窃盗以外の方法によって被害品を入手したとするならば，あえて虚偽の入手経路を供述するということは通常考えられず，それにもかかわらず，そのような虚偽の供述をしたというのは窃盗犯人にほかならないと経験則上，考えることができる。

また，次のように考えることもできる。すなわち，窃盗の疑いを掛けられている者が，その入手経路として特定の方法を主張した場合には，それ以外の方法によって入手した可能性はないということになるから，その主張する入手経路が虚偽であることが判明した場合には，窃盗以外の方法によって入手した可能性がないということになり窃盗犯人であることを強く推認させると考えることができる。

どちらの説明にせよ，近接所持の法理による場合，被告人の弁解が虚偽であることにより，被告人の犯人性が強く推認される。したがって，答案では，被告人の弁解の虚偽性を丁寧に検討することが必要である。

3　被害物品と被疑者・被告人が所持していた物の同一性

近接所持の法理は，窃盗の被害発生時点と近接した時点において，盗品を所持していた者については，その物品の入手状況につき合理的な弁明をなしえないかぎり，その物品を窃取したものと推認してよいとする理論である。したがって，この法理が適用されるためには，被疑者・被告人が所持していた物が，被害物品そのものであるといえなければならない。答案上では，被疑者・被告人が所持していた物が，被害物品と同一のもの（英語で言うなら"it"）であることを認定しなければならず，被害物品と同種のもの（英語で言うなら"one"）では足りないことに注意したい。

4　答案作成上の注意

犯人性の検討において近接所持の間接事実を摘示する際には，近接性の程度および被害品と被疑者の所持物の同一性の根拠を示して検討することが重要である。この点について，「検察終局処分起案の考え方（令和元年版）」（司法研修所検察教官室）では，近接所持の間接事実として「（記載例1）犯行の28時間後に実施したA方の捜索の際，被害品である財布（Vの運転免許証在中）が発見され差し押えられた。」と記載しており，「近接性が強いほど犯人性の推認力は強いので，『28時間後』という要素が重要である。また，被害品と押収品との同一性が問題となり得る場合には，その根拠も検討して記載する。上記記載例では『（Vの運転免許証在中）』との記載がそれに該当する。」と説明している。答案上でも近接所持の法理についてこのようなかたちで論述するのが望ましいだろう。

また，弁解の虚偽性について，どのタイミングで論述を行うかということについても検討の余地がある。一般に，被疑者の弁解については，総合評価において合理的な疑いを超えて犯人性を認定することができるとした後に，弁解によってその心証が覆らないか，というかたちで検討することが多い。したがって，弁明の虚偽性については，総合評価の後に述べるのが望ましいだろう。

供述の信用性

① 第三者供述の信用性

1　第三者供述一般論

(1)　概説

　直接証拠として使用しようと間接証拠として使用しようと供述証拠を事実認定に使用するためには，その供述が信用できるものでなければならない。供述の内容がうそや間違いかあるいは真実かということは，以下の諸点を慎重に検討して，総合的に判断する必要がある。

(2)　着眼点

> ①供述者の利害関係（供述に伴う利益・不利益）
> ②供述者の知覚や記憶の条件等
> ③供述内容と他の証拠との整合性・符合性
> ④供述内容の自然性・合理性
> ⑤供述経過，変遷（一貫性）の有無
> ⑥供述態度

(3)　詳述

　①供述者の利害関係（供述に伴う利益・不利益）

　　人は，自己または第三者の利益を図ってうその供述をしたり，第三者の不利益を図ってうその供述をしたりする場合がある。そのため，供述者と事件や被告人との利害関係を明らかにし，供述者に虚偽供述をする動機があるか否かを検討する必要がある。

　　たとえば，事件の被害者は，被告人への怨恨や憤まんの情から，被告人の犯人性や犯行・被害の内容について真実でない供述をする危険がある。また，共犯者の供述は，自己の刑責を軽くするため，あるいは真犯人をかばうため，更には被告人に対する怨恨を晴らすため，無実の被告人を共犯者として引っ張り込む危険がある。

　②供述者の知覚や記憶の条件等

　　供述証拠に誤りが入り込む原因としては，供述の前提となる知覚や記憶の際の条件が良好ではなかったことも考えられる。そこで，知覚の条件としては，距離，明るさ，騒音などの客観的条件はもちろん，年齢，視力，目撃時の心理状態などの主観的条件や観察対象自体が知覚しやすいものであったかといった点の検討が必要である。また，記憶の条件としては，目撃時点から被目撃者の同一性確認までの期間や，前述した客観的・主観的観察条件の良否，誤った情報・誘導の有無などをいった点を検討しなければならない。

　③供述内容と他の証拠との整合性・符合性

　　供述内容が真実であれば，信用性が肯定できる他の証拠の内容と整合するはずである。したがって，ある供述の内容が他の証拠で裏づけられていれば，その供述が真実である蓋然性が高まることになる。なお，問題とする裏づけ証拠が供述証拠である場合には，更にその信用性の検討も必要となる。

　④供述内容の自然性・合理性

　　人の想像力には限界があり，現実に経験していない事柄を供述する場合には，内容が不自然で具体性が欠けたり，迫真性が希薄，不合理なものとなったりすることがある。したがって，供述内容それ自体の自然性・合理性も，信用性の判断材料になる。

　⑤供述経過，変遷（一貫性）の有無

　　供述者が真に体験した事実については，いかなる場合での供述も，その内容は基本的には同一となるはずである。換言すれば，供述の変遷は，通常は供述の信用性を減殺させる要素となる。ただし，供述者の一時的な忘却や勘違いの可能性など，合理的な理由があれば，供述の変遷があっても，信用性が認められる場合がある。

⑥供述態度

　供述態度を具体的に観察することにより，供述者の供述に対する真摯性や誠実性を判断することも可能である。観察の際には，供述時の様子（表情や声の調子）といった外形的事情と，自己に不利益な事実も率直に供述しているかどうかといった供述内容に着目することになる。

2　犯人識別供述

(1)　概説

　犯人と被告人の同一性に関する証拠として，被害者・目撃者などの供述しかない場合あるいは主としてこれに依存せざるをえない場合がしばしばある。犯人識別供述においては故意にうその供述がなされることはほとんどない。問題となるのは，被害者・目撃者らが自覚しない観察の誤り（見間違い），記憶の変容（記憶違い），暗示等による識別の誤り（思い込み）などである。これらに誤りがないかを慎重に検討して，信用性を判断する必要がある。

(2)　着眼点

```
①観察の正確性
　⑦観察の客観的条件（物理的条件）
　⑦観察対象の特異性
　⑦観察の対象者と目撃者との関係
　⑦観察の主観的条件
②記憶の正確性
　⑦観察から識別までの時間的間隔
　⑦記憶の変容，転移をもたらす体験の有無・内容
③識別の正確性
　暗示・誘導の有無・程度
④目撃者の数
⑤事件直後に述べた犯人の特徴（当初供述）と被告人の一致，不一致
```

(3)　詳述

ア　観察の正確性（①）

(ア)観察の客観的条件（物理的条件）

　観察の時間（相当程度の時間かチラリと見た程度か），観察した位置，距離関係（至近距離かかなり離れていたか），明暗，犯人が容貌等を隠していたか否かがポイントとなる。犯人識別供述の信用性を肯定した判例の多くは，観察の客観的条件が良好であったことを指摘し，逆に，これを否定した判例の多くが，この条件が劣悪であったことを指摘している。

(イ)観察対象の特異性

　観察の対象となった人の人相，身体的特徴などに他人と明確に区別できる特異性が存する場合は，特異性の観察は比較的正確になしうるものと考えられる。左目の下の傷跡，耳のガーゼなど犯人と被告人のみに共通する特異性が存在すれば，同一性を肯定するうえで，それは特別の価値をもつ。

(ウ)観察の対象者と目撃者との関係

　人が自分に面識のない人物を観察して，その人相，身体的特徴を正確に脳裏に刻むことはたやすいことではない。他方で，自分が十分に面識のある人の同一性に関する観察は，比較的正確になしうる。判例によれば，面識の程度が，親しい間柄ではなく，今までに2，3回顔を見たというぐらいであれば，観察の正確性をそれほど担保する要素とはいいにくい。

(エ)観察の主観的条件

　視力，集中力，記銘力，記憶力などの観察者の能力や心理的な状況にも着目すべきである。心理的状況とはすなわち，冷静にかつ関心をもって犯人を観察したのか，あるいは，まったく無関心にいわば漫然と観察したのか，それとも恐怖，驚愕，狼狽，興奮状態下での観察にすぎなかったのかなどの点である。

イ　記憶の正確性（②）

観察から識別までの時間的間隔や記憶の変容，転移をもたらす体験の有無・内容が着眼点となる。たとえば，写真による面割りが犯行後４か月，実物の面通しが１年後に行われていることを指摘して被害者の犯人識別供述の信用性に疑問を呈した判例がある。

ウ　識別の正確性（③）

犯人識別手続に暗示や誘導がなかったか否かが重要な要素であり，これに着目する必要がある。犯人識別の手続は通常，犯人を観察したものに捜査機関が容疑者の写真を見せて犯人を選別させ（写真面割り），その後選別した犯人の実物を見せて確認させることが多い（いわゆる面通し）。

たとえば，面通しの際に，容疑者を含めた数人の者を並べてそのなかから犯人を指摘させる方法（選択的面通し）が望ましく，逮捕された犯人１人を見せて確認する方法（単独面通し）は暗示や誘導のおそれがある。

エ　目撃者の数（④）

何のつながりもない複数の目撃者がそれぞれ異なる位置から犯人を目撃し，互いに影響を受けることなく，一致して犯人を被告人と指摘すれば，部分的に目撃者間で一致しない点があったとしても，この犯人識別供述の信用性は基本的には高いと考えられる。

オ　事件直後に述べた犯人の特徴（当初供述）と被告人の一致，不一致（⑤）

目撃者が当初記憶していた犯人の身長，年齢，着衣等の特徴や印象が被告人のそれと一致していれば，目撃者の観察，記憶，識別の正確さを推測する重要な要素になる。

3　被害供述

被害状況に関する被害者の供述は，大筋においてはその信用性にそれほど問題がない。被害者が故意の虚偽供述をして被告人に無実の罪を着せる動機も利益も通常はないと考えるのが経験則に合致するからである。

もっとも，例外的にせよ，被害者の被害状況に関する供述が信用できない場合もある。たとえば，①被害者がなんらかの事情で被害状況のある部分について虚偽の供述をしている疑いがある場合，②被告人と被害者に以前から特別な関係があり，背後に複雑な取引関係や金銭関係がある場合，③強制わいせつや強制性交等事件で，被告人と被害者に深いつながりがある場合で，合意の有無が争われる場合などがある。これらのように，供述の信用性を低下させる問題点があるかについて検討する必要がある。

②　自白の信用性

1　概説

自白の証明力は，被告人の有罪・無罪を左右するため，その信用性の判断は，きわめて重要である。そのため，事案にもよるが，自白の強要を疑うあまりその信用性を安易に否定してはならないし，自白を過信してその信用性を安易に肯定してはならない。

2　着眼点

> ①自白と経験則，論理則との関係
> ②自白と客観的事実との整合性
> ③自白の時期
> ④自白の一貫性（変遷の有無）
> ⑤自白の迫真性・秘密の暴露
> ⑥自白の動機，原因および取調べ状況

3　詳述

(1)　自白と経験則，論理則との関係（①）

自白の内容である犯行の経緯，動機，方法，態様などが経験法則・論理法則に反しているかどうかは自白の信用性判断の材料となる。

たとえば，自白している犯行の動機が経験則上その罪の動機としては薄弱すぎる場合，自白している犯行の経緯，態様が経験則上不可解で常識に反する場合，自白している犯行の方法が物理的に

きわめて困難である場合は自白の信用性を低下させる。

(2) 自白と客観的事実との整合性（②）

　自白が真実であれば，自白内容は物証など客観的証拠や自白以外の証拠から認定される客観的事実に符合するはずであるし，逆にこれに背反すれば，虚偽自白の可能性がある。

　たとえば，被害者は打撲傷を負っているところ，被告人の自白からはこれを生じさせるような状況はうかがいにくい，犯行現場における廊下壁の損傷の数および形状が自白と符合しない等の事情は，自白の信用性を低下させる事由となる。

(3) 自白の時期（③）

　被告人が自白をした時期も自白の信用性を判断する手掛かりとなる。

　たとえば，取調べの初期の段階で自白した場合は自白の信用性は高い。他方で，別件による身体拘束の期間を含め長時間，多数回にわたる取調べがなされ，ようやく自白したというような場合は自白の信用性が低下する。

(4) 自白の一貫性（変遷の有無）（④）

　犯行の真の体験者であれば，犯行に関する供述の中心的な部分について変遷，動揺はないはずであり，供述の変遷，動揺は，犯行の非体験者がその場その場で捜査官の想定した状況に沿う供述をしていたのではないかという疑いを抱かせる。

　たとえば，公判段階，特に第一審の判決宣告まで維持されていた自白は信用性が高い。他方で，自白と否認を繰り返している場合は自白の信用性が低下する。

(5) 自白の迫真性・秘密の暴露（⑤）

　真犯人の自白は，明確で具体性をもち，犯行の体験者でなければ語りえない迫真性がある。他方で，虚偽自白の場合は，自白が犯行の非体験者のいわば創作であるから，明確性，具体性を欠き迫真性がないのが一般である。また，自白内容の一部が当時捜査官において探知されなかった事実でその後の捜査により客観的真実であることが確認された事実（秘密の暴露）は自白の証明力を判断するきわめて重要な要素である。虚偽自白の場合には秘密の暴露はありえないのである。

　たとえば，被告人の自白により死体が発見された場合や，誘拐犯の自白により誘拐された者の居所が判明して救助された場合などは信用性を肯定する強い事由となる。

(6) 自白の動機，原因および取調べ状況（⑥）

　自白が改悛の情や罪責の念など自発的かつ道徳的な動機，原因に基づく場合，自白の信用性は高まる。また，取調べの初期の段階での自白は，取調べの圧力や被疑者の精神的肉体的疲労の蓄積がないから自発的であるし，逮捕直後の罪の意識に基づくことが多いから自白の信用性は高いといえる。他方で，自白が過酷な取調べに基づくと認められるときなどは信用性が低下するといえる。

③ 共犯者供述の信用性

1 概説

　共犯者の供述が被告人と犯行を結びつける唯一もしくは主たる証拠である場合，共犯者の自白の証明力の判断はきわめて重要である。共犯者の供述は，第三者の供述にはみられない特有の危険性を有する。すなわち，共犯者は自己の刑事責任の免除・軽減を狙って仲間を引きずり込んだり，責任を他の者に転嫁したり，真偽を混ぜて供述するおそれが高いのである。これらの危険性を常に念頭において信用性を判断する必要がある。

2 着眼点

```
①共犯者供述と経験則，論理則との関係
②共犯者供述と客観的事実との整合性
③共犯者供述の時期

④共犯者供述の一貫性（変遷の有無）
⑤共犯者供述の迫真性
⑥共犯者供述の動機，原因および取調べ状況
```

3　詳述

(1)　共犯者供述と経験則，論理則との関係（①）

　共犯者の供述の内容である犯行の経緯，動機，方法，態様などが経験法則・論理法則に反しているかどうかは自白の信用性判断の材料となる。

　たとえば，夜間数名の者が侵入して金品強取の目的で人を殺害するような犯行において，被害者を殴打する順序をあらかじめ定め，共犯者が代わる代わる殴打したとの共犯者の自白は，通常強盗殺人の場合は，犯行の迅速性が求められるところ，殴打の順序などを逐一決定したりしないという経験則からして不自然である。

(2)　共犯者供述と客観的事実との整合性（②）

　共犯者の供述が真実であれば，その内容は物証など客観的証拠や自白以外の証拠から認定される客観的事実に符合するはずであるし，逆にこれに背反すれば，虚偽自白の可能性がある。

　たとえば，共犯者の供述のうち自己の犯行部分については，物証など客観的証拠または客観的事実に符合するが，他の被告人らの行為に関する部分については必ずしも確実な証拠による裏づけがない場合，共犯者の供述の信用性を低下させる。

(3)　共犯者供述の時期（③）

　被告人も共犯者だという共犯者の供述がなされた時期に着目することで自白の信用性を判断する手掛かりとすることができる。

　たとえば，取調べの初期の段階で供述した場合は共犯者の供述の信用性は高い。他方で，共犯者が自身の控訴審にいたってはじめて，共犯者がおり，その共犯者が犯行の主導的立場にあったという供述をする場合は，その信用性判断は慎重になされなければならず，その供述経過を丁寧に検討する必要がある。

(4)　共犯者供述の一貫性（変遷の有無）（④）

　犯行の真の体験者であれば，犯行に関する供述の中心的な部分について変遷，動揺はないはずであり，供述の変遷，動揺は，犯行の非体験者がその場その場で捜査官の想定した状況に沿う供述をしていたのではないかという疑いを抱かせる。

　たとえば，逮捕から上告審の段階にいたる間，共犯者の有無，人数，顔ぶれ，被告人との共謀の日時・内容につき供述が変遷している場合は，共犯者の供述の信用性を低下させる。

(5)　共犯者供述の迫真性（⑤）

　共犯者は，自己の犯行体験を有している場合が多いから自己の犯行部分の供述は明確で具体的であるが，被告人の犯行部分の供述が虚偽の場合は体験を有していないから具体性を欠く供述しかできないことが多い。

　たとえば，必要的共犯事件たる贈賄事件の共犯者が，贈賄の経緯，動機，犯行の態様，賄賂の出所などにつき，きわめて詳細かつ具体的に供述している場合，共犯者の供述の信用性は高められる。

(6)　共犯者供述の動機，原因および取調べ状況（⑥）

　共犯者が改悛の情や罪責の念など自発的かつ道徳的な動機，原因から共同犯行者の名前を明らかにする場合，共犯者の供述の信用性は高い。

　また，共犯者の供述が捜査段階の供述調書である場合，共犯者の取調べ状況も，信用性判断にあたり考慮する必要がある。たとえば，共犯者が逮捕以来2か月間ほとんど連日の取調べを受けた後はじめて教唆者として被告人の名前をだしたが，その間取調官による便宜供与の事実が介在していたなどの事情は，信用性を低下させる。

公判前整理手続

① 公判前整理手続の概要

1 意義

公判前整理手続は，第1回公判期日前に，受訴裁判所が主催して事件の争点・証拠の整理を行う公判準備である。公判審理の充実化・迅速化を目的とする（316条の2第1項参照）。公判前整理手続は実務上非常に重要な手続であるため，その流れを把握しておくとよい。

2 手続の流れ

検察官	裁判所	被告人側
手続の開始		
	①公判前整理手続に付する決定（316の2Ⅰ）	
争点および証拠の整理		
②証明予定事実記載書の提出（316の13Ⅰ）		
③証明予定事実を証明するために用いる証拠の証拠調べ請求（316の13Ⅱ）		
④検察官請求証拠の開示（316の14Ⅰ）		
		⑤証拠の一覧表交付請求（316の14Ⅱ）
⑥証拠の一覧表交付（316の14Ⅱ）		
		⑦類型証拠の開示請求（316の15）
⑧類型証拠の開示（316の15）	証拠開示に関する裁定 証拠開示の時期・方法の指定（316の25） 証拠開示命令（316の26） 証拠の標目の一覧の提示命令（316の27）	
		⑨検察官請求証拠に対する意見（316の16）
		⑩事実上・法律上の主張の明示（316の17Ⅰ）
		⑪証明予定事実を証明するために用いる証拠の取調べ請求（316の17Ⅱ）
		⑫弁護人請求証拠の開示（316の18）
⑬被告人側請求証拠に対する意見（316の19）		
		⑭主張関連証拠の開示請求（316の20）
⑮主張関連証拠の開示（316の20）		
⑯証明予定事実の追加・変更（316の21）		⑯証明予定事実の追加・変更（316の22）
	⑰争点および証拠の整理結果の確認（316の24）	
公判期日		
⑱検察官の冒頭陳述（296）		
		⑲冒頭陳述（316の30）
	⑳公判前整理手続の結果の明示（316の31Ⅰ）	
㉑証拠調べ請求の制限（316の32）		㉑証拠調べ請求の制限（316の32）

以下，この表の上から順に手続の中身について確認していこう。

裁判所は，充実した公判の審理を継続的，計画的かつ迅速に行うため必要があると認めるときは，検察官，被告人もしくは弁護人の請求によりまたは職権で，第1回公判期日前に，決定で，事件の争点および証拠を整理するための公判準備として，事件を公判前整理手続に付することができる（316条の2第1項）。迅速でわかりやすい裁判が不可欠となる裁判員裁判では，公判前整理手続は必要的である（裁判員の参加する刑事裁判に関する法律49条）。

問題上で裁判員裁判の対象となる事件（同法2条1項）では公判前整理手続に付されるということを意識しておくと，問題点を発見することができる場合もある。

なお，平成28年改正前刑事訴訟法では，事件を公判前整理手続に付するか否かは，裁判所が職権で判断することとされていた。しかし，事件が公判前整理手続に付されるか否かは，訴訟当事者の公判準備に大きな影響を与える。そこで，平成28年改正により，訴訟当事者に公判前整理手続の請求権が付与された。

③ 争点および証拠の整理

1 証明予定事実の明示（316条の13第1項） 検察官 裁判所 被告人側

争点・証拠の整理の第一歩として検察官は，証明予定事実を記載した書面（証明予定事実記載書）を裁判所に提出し，被告人側に送付する（316条の13第1項）。

2 証拠調べ請求（316条の13第2項），請求証拠開示等（316条の14） 検察官 裁判所 被告人側

検察官は，証明予定事実を証明するための証拠の取調べを請求し（316条の13第2項），請求証拠についてすみやかに被告人側に開示する義務を負う（316条の14第1項）。これは，第1段階目の証拠開示である。

なお，平成28年改正により，検察官は，検察官請求証拠の開示をした後，被告人側から請求があったときは，すみやかに，被告人側に対し，検察官が保管する証拠の一覧表の交付をしなければならないこととなった（316条の14第2項）。この趣旨は，円滑，迅速な証拠開示請求を可能とすることにより，公判前整理手続の進行を円滑，迅速なものとする点にある。

3 類型証拠開示（316条の15） 検察官 裁判所 被告人側

次に，被告人側は，検察官に対し，開示された検察官請求証拠の証明力を判断するために重要な一定の類型の証拠の開示を請求する（316条の15）。この請求を類型証拠開示請求といい，公判前整理手続のなかでも重要な手続であることから出題可能性が高い。

(1) 意義

第2段階目の証拠開示である。類型証拠開示の意義は，被告人側が検察官の主張，立証および請求証拠の内容を検討し請求証拠の証明力を判断することで，防御上必要となる証拠の開示を求めることにある。

(2) 類型証拠開示の要件

類型証拠開示が認められるための要件は，以下のとおりである。

> ①請求証拠として開示された証拠以外の証拠であって，316条の15第1項各号の証拠の類型のいずれかに該当すること（類型該当性）
> ②特定の検察官請求証拠の証明力を判断するために重要であると認められるものであること（重要性）
> ③被告人側から開示の請求があった場合であること（開示請求）
> ④その重要性の程度その他の被告人の防御の準備のために当該開示をすることの必要性の程度，開示によって生じるおそれのある弊害の内容および程度を考慮し，相当と認めること（相当性）

ア 類型該当性（316条の15第1項各号）

> ①証拠物（1号）
> ②裁判所・裁判官の検証の結果を記載した書面（2号）
> ③捜査機関の検証の結果を記載した書面またはこれに準ずる書面（実況見分調書等）（3号）

④鑑定人・鑑定受託者の鑑定の経過・結果を記載した書面またはこれに準ずる書面（4号）
⑤検察官が証人尋問を請求した者，または，検察官が取調べを請求した供述録取書等の供述者であって，供述録取書等に同意がなされない場合において証人尋問を予定している者の供述録取書等（5号）
⑥前号に掲げるもののほか，被告人以外の者の供述録取書等であって，検察官が特定の検察官請求証拠により直接証明しようとする事実の有無に関する供述を内容とするもの（6号）
⑦被告人の供述録取書等（7号）
⑧取調べ状況の記録に関する準則に基づき，捜査機関に作成が義務づけられている書面であって，身体拘束を受けている者の取調べに関し，年月日・日時・場所その他の取調べの状況を記録したもの（被告人またはその共犯として身体を拘束されもしくは公訴を提起された者であって，⑤にかかるものにかぎる）（8号）
⑨検察官請求証拠である証拠物の押収手続記録書面（押収手続の記録に関する準則に基づき，捜査機関に作成が義務づけられている書面であって，証拠物の押収に関し，その押収者，押収の年月日，押収場所その他の押収の状況を記録したもの）（9号）

　5号による証拠開示は，証人予定者の供述の変遷の有無などを知ることができ，有益である。5号ロの請求をするには，被告人側が実際に同意しないことを要件とするものではないため，被告人側は，開示証拠の内容を，検察官請求証拠の供述録取書等への同意の判断資料とすることができる。
　6号の供述録取書等の原供述者は限定されていないので，多様な供述録取書等が6号に該当しうる。たとえば，証人予定者以外の目撃者がした供述を内容とする供述録取書等が6号に該当する供述録取書である。
　なお，平成28年改正により，類型証拠開示の対象が拡大し，一定の共犯者にかかる取調べ状況記録書面（8号）と証拠物の押収手続記録書面（9号）が追加された。この趣旨は，改正前において類型証拠開示の対象とされていなかった証拠のうち，検察官請求証拠の証明力を判断するために類型的に重要と考えられるものを新たに類型証拠開示の対象として追加することにより，争点および証拠の整理をより円滑，迅速なものとする点にある。
イ　重要性（316条の15第1項柱書）
　「特定の検察官請求証拠の証明力を判断するために重要である」（重要性）といいうるための中核的な要素は，特定の検察官請求証拠や当該証拠によって検察官が証明しようとする事実と，齟齬（そご），矛盾し，あるいは両立しない証拠でありうることである。
ウ　開示請求（316条の15第2項）
　被告人側は，類型証拠開示請求にあたって以下の事項を明らかにしなければならない（316条の15第3項）。

①開示請求証拠の類型，開示請求証拠を識別するに足りる事項（識別事項）（1号イ）
②開示請求証拠が当該検察官請求証拠の証明力を判断するために重要であることその他の被告人の防御の準備のために当該証拠が必要である理由（重要性・必要性）（1号ロ）
※押収手続記録書面の開示請求（1項9号，2項）の場合は，当該押収手続記録書面を識別するに足りる事項（2号イ）と，当該証拠物により当該検察官請求証拠の証明力を判断するために当該開示が必要である理由（2号ロ）

エ　相当性
　検察官は，開示の必要性の程度と弊害を勘案し，相当と認めるときには，類型証拠を開示しなければならない。開示の必要性は，重要性の程度と相関する関係にある。開示による弊害は，たとえば，罪証隠滅，証人威迫，関係者への報復・嫌がらせ，関係者の名誉・プライバシーの侵害，国民一般の捜査への協力確保の困難化などが想定される。開示によって生じるおそれのある弊害の内容の程度と，その弊害が生じる蓋然性の程度を考慮することが求められる。
　相当性の有無については，その事案ごとに詳細な検討が求められることになる。したがって，

答案上では，当該事案の具体的な事実に評価を加え，説得的に論じることが求められるだろう。

(3) 開示義務

　以上の要件をみたすときは，検察官は，すみやかに証拠を開示しなければならない（316条の15第1項柱書前段）。この場合において，検察官は，必要と認めるときは，開示の時期もしくは方法を指定し，または条件を付することができる（316条の15第1項柱書後段）。

　もっとも，類型該当性，重要性，相当性の第1次的判断権は検察官にある。証拠不開示の場合は，検察官は理由を被告人側に告知する必要がある（規則217条の26）。

4　検察官請求証拠に対する意見表明（316条の16）　検察官　裁判所　被告人側

　証明予定事実記載書送付を受け，かつ，請求証拠および類型証拠の開示を受けたときは，被告人側は，検察官請求証拠について，326条の同意をするかどうか，または，取調べ請求に異議がないかどうかの意見を明らかにしなければならない（316条の16第1項）。

5　予定主張の明示・証拠開示（316条の17，316条の18）　検察官　裁判所　被告人側

(1) 予定主張の明示

　被告人側は，検察官の証明予定事実記載書の送付を受け，かつ，請求証拠開示および類型証拠開示を受けた場合において，その証明予定事実その他の公判期日においてすることを予定している事実上および法律上の主張があるときは，裁判所・検察官に対し，これを明らかにしなければならない（316条の17第1項）。被告人側が予定主張を明らかにする場合には，事件の争点および証拠の整理に必要な事項を具体的かつ簡潔に明示しなければならない（規則217条の20第2項）。これにより，被告人側は，実体的・訴訟法的事実および法律の解釈・適用について争点形成をしなければならない。

　予定主張として明示すべき事項は，刑事訴訟法335条2項の「法律上犯罪の成立を妨げる理由」（違法性阻却事由，責任阻却事由等），「刑の加重減免の理由となる事実」のほかにも，アリバイ主張，あるいは被害弁償や示談といった重要な情状事実が含まれる。

(2) 証拠の開示

　証明予定事実があるときは，これを証明するための証拠の取調べを請求し（316条の17第2項），被告人側請求証拠を検察官に対し，開示しなければならない（316条の18）。

6　被告人側請求証拠に対する意見表明（316条の19）　検察官　裁判所　被告人側

　開示を受けた検察官は，被告人側請求証拠について，326条の同意または取調べの請求に対して異議の有無を明らかにしなければならない（316条の19第1項）。

7　主張関連証拠の開示請求（316条の20）　検察官　裁判所　被告人側

　被告人側は，事実上および法律上の主張に関連する証拠につき，検察官に対して開示を請求する（316条の20第1項）。この請求を主張関連証拠開示請求という。第3段階目の証拠開示である。この証拠開示も実務上の重要性から出題可能性が高い。

(1) 開示の要件

　開示の要件は，以下のとおりである。

> ①請求証拠，類型証拠として開示をした証拠以外の証拠であること（未開示証拠）
> ②予定主張に関連するものと認められるものであること（関連性）
> ③被告人側から開示請求があること（開示請求）
> ④検察官がその関連性の程度その他の被告人の防御の準備のために当該開示をすることの必要性の程度，開示による弊害の程度を考慮し，相当と認めること（相当性）

(2) 開示請求の方法

　主張関連証拠の開示請求の際に明らかにしなければならないのは以下の事項である（316条の20第2項）。

> ①開示請求にかかる証拠を識別するに足りる事項（識別事項）
> ②予定主張と開示請求証拠との関連性その他の被告人の防御の準備のために当該開示が必要である理由（関連性・必要性）

(3) 開示義務

　検察官は，開示を相当と認めるときは，すみやかに開示しなければならない。この場合において，検察官は必要と認めるときは，その時期もしくは方法を指定し，または，条件を付すことができる（316条の20第1項後段）。

8　証明予定事実・予定主張の追加・変更（316条の21，316条の22）　検察官　裁判所　被告人側

　以上の手続後，検察官は，証明予定事実の追加・変更をすることができ（316条の21第1項），被告人側は，予定主張の追加・変更をすることができる（316条の22第1項）。この場合においては，検察官は，追加・変更する証明予定事実記載書の裁判所への提出，被告人側への送付（316条の21第1項）を，被告人側は，裁判所・検察官に追加・変更する主張（316条の22第1項）を明らかにしなければならない。

9　整理結果の確認（316条の24）　検察官　裁判所　被告人側

　公判前整理手続が終了するにあたり，裁判所は，当事者との間で，事件の争点および証拠の整理の結果を確認しなければならない（316条の24）。

10　証拠開示に関する裁定　検察官　裁判所　被告人側

　証拠開示に関する裁定には，開示方法などの指定，証拠開示命令，提示命令の3種がある。

(1) 開示方法などの指定（316条の25）

　裁判所は，証拠開示の必要性の程度，開示によって生じるおそれのある弊害の内容および程度その他の事情を考慮し，必要と認めるときは，検察官請求証拠については検察官の請求により，被告人側請求証拠については被告人側の請求により，決定で開示の時期・方法を指定し，条件を付すことができる（316条の25第1項）。

　裁判所は，この決定をするときは，相手方の意見を聴かなければならない（316条の25第2項）。

(2) 証拠開示命令（316条の26第1項）

　裁判所は，検察官が開示すべき請求証拠，類型証拠，主張関連証拠を開示していない，または，被告人側が開示すべき請求証拠を開示していないと認めるとき，相手方の請求により，決定で証拠の開示を命じなければならない（316条の26第1項）。この場合においては，開示の時期・方法を指定し，条件を付すことができる。

　検察官が類型証拠または主張関連証拠について付した開示の時期・条件等が不当である場合も，「開示すべき証拠を開示していない場合」にあたる。

(3) 提示命令（316条の27）

　裁判所は，裁定に必要と認めるときは，証拠の提示，または，検察官保管証拠の標目を記載した一覧表の提示を命ずることができる（316条の27）。

4　公判手続の特例

1　被告人側の冒頭陳述（316条の30）　検察官　裁判所　被告人側

　被告人側は，証明により証明すべき事実その他事実上および法律上の主張があるときは，検察官の冒頭陳述後にこれを明らかにしなければならない（316条の30）。公判前整理手続では，被告人側の冒頭陳述は義務となっている。

2　整理手続の結果の明示（316条の31）　検察官　裁判所　被告人側

　被告人側の冒頭陳述後に，裁判所は，公判前整理手続調書の朗読または要旨の告知によって，公判前整理手続の結果を明らかにしなければならない（316条の31第1項）。

3　立証制限（316条の32）　検察官　裁判所　被告人側

　検察官および被告人側は，やむをえない事由によって公判前整理手続において請求できなかったものを除き，公判前整理手続が終わった後には，証拠調べを請求することができない（316条の32第1項）。ただし，裁判所が必要と認めるときには，職権で証拠調べをすることができる（316条の32第2項）。

　本条は，原則として公判前整理手続において証拠調べ請求するように定めており，例外的に手続後の証拠調べ請求を認めたものである。そうすると「やむを得ない事由」については限定的に考え

ることになる。すなわち，「やむを得ない事由」とは公判前整理手続中に提出できなかった合理的理由をいう。具体的に，「やむを得ない事由」にあたる場合としては，①証拠が存在することを知らなかったことがやむをえない場合，②証人の不在や証拠の物理的提出の困難性から証拠調べ請求できなかった場合，③証人が，開示されていた供述調書の内容と異なる供述をしたときに，供述調書を実質証拠または弾劾証拠として取調べ請求をする場合，④公判前整理手続における相手方主張や証拠関係からみて証拠調べ請求する必要がないと判断し，そのように判断することが合理的であった証拠を取調べ請求する場合などである。

異議全般

1 異議の種類とその理由

1 根拠条文

　異議の種類については，まず309条が出発点になる。同条は，まず1項において，証拠調べに関する異議を規定している。さらに，これは①証拠調べの決定に関する異議と，②それ以外のものに分けられる。そして，2項では，③それ以外の裁判長の処分に対する異議が規定されている。

　①は，法令違反を理由とする異議のみ可能であり，②は法令違反に加えて，相当でないことを理由とすることができる。また，③は，法令違反の主張のみが可能である。（以上，規則205条）。これをまとめたのが次の表である。

種　類	対象の例	理由の範囲
①証拠調べ決定に対する異議 （309Ⅰ，③参照）	証拠採用決定 証拠請求に対する却下決定	法令違反（規205Ⅰただし書）
②証拠調べに関する異議 （①を除く　309Ⅰ）	冒頭陳述，証人尋問の順序 証人尋問についての異議（②参照）	法令違反・不相当 （規205Ⅰ本文）
③裁判長の処分に対する異議 （①②を除く　309Ⅱ）	釈明権の行使（規208） 退廷命令（288Ⅱ参照）	法令違反（規205Ⅱ）

2 異議に対する決定

　異議の申立てがなされた場合は，遅滞なく決定をしなければならない（規則205条の3）。決定の種類には大きく分けて，①却下，②棄却，③異議申立てに対応する決定，がある。そして，③は更に，㋐取り調べられた証拠が証拠とすることができないことを理由とする異議と，㋑そうでないものに分けられる（規則205条の4から205条の6まで）。これらの分類は，民事裁判における訴え却下，請求棄却，請求認容とほぼ対応する。これをまとめたのが次の表である。

異議の中身	決定の内容	
①異議が不適法	却下（規205の4）	
②異議の内容が理由なし	棄却（規205の5）	
③異議の内容が理由あり	㋐取り調べられた証拠が証拠とすることができないという異議 →証拠の全部または一部を排除する決定（規205の6Ⅱ）	㋑それ以外の場合 →異議を申し立てられた行為の中止，撤回，取消し，変更等その申立てに対応する決定（規205の6Ⅰ）

2 証人尋問中の異議

　異議が登場する一番典型的な場面として，証人尋問中の異議がある。証人尋問は証拠調べのひとつであるため，1 1の表の②にあたる。主な異議の種類は，以下のとおりである。

異議の種類	証人尋問	
	主尋問	反対尋問
関連性なし	立証すべき事項およびこれに関連する事項を逸脱した場合（規199の3Ⅰ参照）	主尋問に現れた事項およびこれに関連する事項ならびに証人の供述の証明力を争うために必要な事項を逸脱した場合（規199の4Ⅰ参照）
誘導尋問	原則許されない。規則199条の3第3項各号列挙事由がある場合は，相当な範囲で許される（規199の3Ⅲただし書，Ⅴ）	相当な範囲であれば，許される（規199の4Ⅲ，Ⅳ）

誤導尋問，前提誤認尋問	許されない（規199の3Ⅴ，規199の4Ⅳ，規199の7Ⅱ）
抽象的・包括的な尋問	許されない（規199の13Ⅰ参照）
威嚇的・侮辱的尋問	許されない（規199の13Ⅱ①）
重複尋問，意見や議論に及ぶ尋問，直接経験していない事実についての尋問	許されない ただし，正当な理由がある場合は許される（規199の13Ⅱ②から④まで）
伝聞供述	許されない ただし，伝聞例外にあたる場合，その他正当な理由がある場合は，許される（321から326まで，規199の13Ⅱ④）

③ 証拠調べ決定に対する異議

1の表の①にあたる。証拠調べ決定に対する異議は，これは証拠の採否に対する異議であるから，証人の採否だけでなく，物証の証拠採用の可否の場面でも述べられる。

なお，紛らわしいものとして，当事者からの証拠調べ請求に対する反対当事者の意見（規則190条2項前段）と，伝聞証拠に対する同意（刑訴326条）がある。

種類	根拠条文	理由
証拠調べ決定に対する異議（①）	309Ⅰ	法令違反（規205Ⅰただし書）
証拠調べ請求での反対当事者の意見	規190Ⅱ前段	法令違反，不相当，証拠調べの順序・方法等
伝聞証拠に対する同意・不同意	326Ⅰ	当該証拠が伝聞証拠であれば，特段の理由は不要

身体拘束手段

勾留，保釈，接見等禁止処分に関しては，過去の予備試験でも出題されており，今後も出題の可能性が高い。そこで，FLでは，身体拘束手段のうち，出題可能性の高い勾留・接見等禁止処分・保釈について要点をまとめておく。

1 勾留

1 意義

勾留とは，被疑者・被告人を拘束する裁判およびその執行をさす。

2 実体的要件

勾留の実体的要件は①勾留の理由（207条1項本文・60条1項）と②勾留の必要性（207条1項本文・87条1項参照）である。

(1) 勾留の理由

勾留の理由は，以下の①および②の要件をみたした場合に認められる。

---

①罪を犯したことを疑うに足りる相当な理由があること（60条1項柱書）
②ⅰからⅲの少なくとも1つの事由があること
　ⅰ定まった住居を有しないこと（60条1項1号）
　ⅱ罪証を隠滅すると疑うに足りる相当な理由があること（60条1項2号）
　ⅲ逃亡しまたは逃亡すると疑うに足りる相当な理由があること（60条1項3号）

ア　定まった住居を有しないこと（60条1項1号）

住所や居所を有しないことをさす。簡易宿泊所を転々としている場合や，野宿生活をしている場合などはこの要件に該当する。住所が明らかでない場合も含まれる。

イ　罪証を隠滅すると疑うに足りる相当な理由があること（60条1項2号）

罪証隠滅のおそれの判断要素
①対象（隠滅の対象となりうる証拠は何か） 　e. g. 凶器，目撃者の証言など
②態様（どのように罪証隠滅を図りうるか） 　e. g. 被害者や目撃者，共犯者に対する働き掛け，物証の破壊など
③客観的可能性（客観的に罪証隠滅か可能か） 　e. g. 被疑者・被告人と被害者等との間柄等に照らして働き掛けるおそれがどの程度あるか，働き掛けたとしてその実効性がどの程度あるかなど
④主観的可能性（被疑者に罪証隠滅の意図があるか） 　e. g. 予想される処分の軽重，事件関係者との間柄，罪証隠滅の余地の大きさ，過去の罪証隠滅等行為の有無，その他被疑者・被告人の行動傾向など

以上の①から④の要素を総合的に考慮して判断を行う。罪証隠滅のおそれがあるというためには，罪証隠滅の抽象的な可能性があるだけでは足りず，具体的な蓋然性が必要となる。

ウ　逃亡しまたは逃亡すると疑うに足りる相当な理由があること（60条1項3号）

逃亡のおそれの判断要素
①生活不安定のために所在不明となる可能性 　被疑者・被告人の年齢，職業，経歴，家族関係，身元引受人の有無等などを考慮
②処罰を免れるため所在不明となる可能性 　事案の内容・軽重，前科・前歴の有無，執行猶予中か否かなどを考慮

以上の①および②の要素を総合的に考慮したうえで判断する。罪証隠滅のおそれの判断と同様，具体的な蓋然性がある場合に要件該当性を認めることができる。

(2) 勾留の必要性

事案の軽重・被疑者の年齢・身体の状況等から判断した勾留の相当性をいう。被疑者の身体を拘

束する積極的な必要性と，被疑者が受ける不利益を比較衡量し，前者がきわめて小さい場合や，後者が著しく大きい場合には，勾留の必要性を欠くこととなる。

3　手続的要件

　勾留の手続的要件は，勾留の前に逮捕手続が先行していること（逮捕前置主義），裁判官の勾留質問（61条本文）を受けることである。実体的要件をみたしている場合であっても，手続的要件をみたさなければ勾留をすることはできない点に注意が必要である。

　被疑者勾留については，検察官の請求により裁判官が行う（207条1項本文・60条1項）。一方で，被告人勾留については，予断排除の原則から，第1回公判期日までは事件に関与する裁判官以外の裁判官が行い（280条1項，規則187条1項），それ以降は裁判所が行うものと規定されている（60条1項）。

4　勾留の期間

　被疑者勾留に関しては，原則として勾留請求の日から10日間であり（208条1項），「やむを得ない事由」があると認められる場合には，20日間まで延長することができる（208条2項）。判例（最判昭和37年7月3日民集16巻7号1408頁）においては，「やむを得ない事由」は，事件の複雑性，証拠収集の遅延，または困難性から，更に取調べをしなければ起訴・不起訴の決定をすることが困難な場合に認められるとされている。また，内乱罪，騒乱罪等の特殊な犯罪の場合にはさらに5日間延長することが可能となっている（208条の2）。

　被疑者の勾留期間内に公訴が提起されると，被疑者の勾留はそのまま被告人に対する勾留に変わり，勾留期間も公訴の提起があった日から2か月となる。この場合，特に継続の必要があれば，1か月ごとに更新することができる（60条2項）。

5　勾留に対する不服申立て等

　勾留に対する不服申立て等の手段として，以下の4つの方法が考えられる。弁護人としては，個々の状況に応じて，以下の手段を選択する必要がある。

(1)　勾留理由開示

　被疑者・被告人は，裁判官に対し，勾留理由の開示を請求することができる（207条1項本文・82条から86条まで）。勾留理由の開示を受けること自体は勾留に対する不服申立て手段ではない。もっとも，勾留理由開示手続の結果，勾留の要件の消滅が判明することはありうる。この場合には，勾留からの解放に結びつく。

(2)　勾留の取消し

　勾留の理由または必要性が事後的になくなった場合には，被疑者・被告人等は勾留の取消しを請求することができる（207条1項本文・87条1項）。

(3)　勾留の執行停止

　裁判官は，勾留の理由があるときであっても，適当と認めるときは，被疑者を親族，保護団体，その他の者に委託し，または被疑者の住居を制限して，勾留の執行を停止することができる（207条1項本文・95条）。これは，勾留自体を維持しつつ，その執行を一時的に停止する手段である。主として，病気治療のための入院や近親者の葬儀等の場合に利用される。

(4)　準抗告（429条1項2号）

　勾留の許否に対しては，検察官または被疑者からその取消し・変更を請求することができる。勾留請求を却下する裁判に対しては検察官から，勾留状を発する裁判に対しては被疑者・弁護人から請求を行う。勾留が当初から要件を欠く場合に用いられる手段である。

②　接見等禁止処分

　裁判所は，逃亡しまたは罪証を隠滅すると疑うに足りる相当な理由があるときは，検察官の請求によりまたは職権で，接見等禁止処分を行うことができる（207条1項本文・81条）。接見等禁止処分は，勾留のみでは逃亡や罪証隠滅を防止できない場合に行われるものであるから，接見等禁止処分の要件である逃亡や罪証隠滅のおそれとは，勾留では賄いきれない程度に具体的に危険が予見されるものであることを要する。

③ 保釈

1 意義

　保釈とは，保釈保証金の納付を条件として，被告人に対する勾留の執行を停止し，その身体拘束を解く裁判とその執行のことをいう。被疑者勾留は期間が短いことから，被告人勾留のみが保釈の対象となっている。

2 保釈の種類

　保釈には，権利保釈（必要的保釈），裁量保釈（任意保釈），義務的保釈の3種類が存在する。

⑴ 権利保釈（必要的保釈）

　裁判所は，保釈の請求があった場合，以下の場合を除いては保釈を許さなければならないとされている（89条）。

> ①被告人が死刑または無期もしくは短期1年以上の懲役もしくは禁錮にあたる罪を犯したものであるとき
> ②被告人が前に死刑又は無期もしくは長期10年を超える懲役もしくは禁錮にあたる罪につき有罪の宣告を受けたことがあるとき
> ③被告人が常習として長期3年以上の懲役または禁錮にあたる罪を犯したものであるとき
> ④被告人が罪証を隠滅すると疑うに足りる相当な理由があるとき
> ⑤被告人が，被害者その他事件の審判に必要な知識を有すると認められる者もしくはその親族の身体もしくは財産に害を加えまたはこれらの者を畏怖させる行為をすると疑うに足りる相当な理由があるとき
> ⑥被告人の氏名または住居がわからないとき

　主として，「被告人が罪証を隠滅すると疑うに足りる相当な理由があるとき」（4号）の該当性が問題となる。判断要素自体は勾留で述べたものと同様であるものの，起訴前の勾留と起訴後になされる保釈とでは，手続段階に応じた違いがある。

　すなわち，起訴前の勾留における罪証隠滅のおそれの検討では，特に捜査の初期段階であるほど，捜査は流動的であり，また罪証隠滅の対象や態様も多様なものが考えられるため，この点をふまえた判断が求められる。これに対して，保釈における罪証隠滅のおそれの検討では，すでに起訴されている以上，起訴するに足りるだけの証拠は収集保全ずみといえる。また，公判手続の進行の程度によって，罪証隠滅のおそれの判断も影響を受ける。たとえば，起訴直後（第1回公判期日前）と結審後判決言渡し前とでは，後者のほうが罪証隠滅の客観的可能性および主観的可能性が大きく減少するといえる。

　なお，公判前整理手続に付された事件では，同手続終了によっていわゆる立証制限効（316条の32）が生じることからも，主張立証準備のため被告人と弁護人との密な打合せ等が必要とされることが多く，公判準備のための保釈の必要性がとりわけ高いとの指摘もある。

⑵ 裁量保釈（任意保釈）

　裁判所は，保釈された場合に被告人が逃亡しまたは罪証を隠滅するおそれの程度のほか，身体の拘束の継続により被告人が受ける健康上，経済上，社会生活上または防御の準備上の不利益の程度その他の事情を考慮し，適当と認めるときは，職権で保釈を許すことができる（90条）。これは，権利保釈（必要的保釈）が認められない場合でも，認められる可能性がある。

⑶ 義務的保釈

　裁判所は，勾留による拘禁が不当に長くなったときには，請求により，または職権で保釈を許さなければならない（91条）。

Festina lente

法曹倫理

① 最善弁護活動

　弁護士職務基本規程46条において，弁護士は，刑事弁護活動を行うに際し，最善の弁護活動に努める義務を負うとする。これは，刑事弁護活動を行う際の基本的な心構えを明らかにし，弁護士の努力義務として規定されたものである。

　最善の弁護活動とは，当該弁護士の主観的な最善では足りず，客観的にみて最善と判断されるものである必要がある。接見の確保および身体拘束からの解放を規定する規程47条，防御権の説明等を求める規程48条は，規程46条にいう最善の弁護活動を，個々の場面に応じて具体化したものであるとされている。

② 誠実義務と真実義務

1　誠実義務

　弁護士法1条2項は，「弁護士は，前項の使命に基き，誠実にその職務を行い，社会秩序の維持及び法律制度の改善に努力しなければならない」と規定する。この規定を受けて定められたのが規程5条であり，弁護士は信義誠実に職務を行うものとされている。

2　真実義務

　規程5条は，弁護士の真実尊重義務を定める。一方で，弁護人は被疑者・被告人との関係で誠実義務（規程5条）・秘密保持義務（規程23条）を負うから，これらの義務に反してまで真実発見に協力する義務は負わない。しかし，弁護士も検察官らによる積極的な真実発見を妨害することは許されない。そのため，弁護士が負う義務は消極的真実義務であると解されている。

3　誠実義務と真実義務の衝突

　誠実義務と真実義務の間には，衝突が生じる場面が多い。具体的には，以下のような場面である。

(1)　有罪事件の無罪弁論

　被告人が法廷で無罪を主張しながら，接見中に弁護人に対して有罪を告白したような場合，弁護人はどのような弁護活動を行えばよいだろうか。被告人本人が無罪主張を希望している場合，弁護人が有罪を主張することは誠実義務に反し，無罪主張をすることは真実義務に反するように思える。

　この場合，弁護人は最善の弁護活動（規程46条）に努める必要があることに加え，被告人は裁判で有罪が確定するまでは無罪と扱われることからすれば，被告人の主張に従って無罪主張をすることは許容されると解される。もっとも，その場合でも偽証教唆等の法令違反行為をすることは許されないため，注意する必要がある。

(2)　身代わり犯人

　無実の被告人が，接見中に弁護人に対して身代わり犯人であることを告白したような場合，弁護人はどのような弁護活動を展開すべきだろうか。

　この場合，まずは被告人に対し，有罪判決を受けることによる不利益を説明し，翻意を促すべきである。それでも被告人が身代わり犯人となることに固執した場合には，弁護人は以下の3つの方法をとりうる。

> ①被告人の意思に反しても無罪主張を行うか，弁護人を辞任する
> ②犯人であるとの主張も身代わり犯人であるとの主張も積極的には行わず，情状の主張のみ行う
> ③被告人の選択に従う

　いずれの考えにも相応の理由があるため，個別具体的な事情に応じた対応をすべきであろう。

③ 利益相反

　刑事事件の共犯者である複数人の弁護を同時に引き受ける場合，問題は生じないだろうか。共犯者間で主張などが一致している場合には，実質的な利害対立は生じていないといえるだろう。もっ

とも，当初は主張が一致していたとしても，審理が進んだ後に両者の主張が食い違うことは十分にありうる。そうなった場合，両者の利害は実質的に対立することとなり，依頼者の利益を保護することは難しくなる。このような場合，共犯者双方の弁護人となることは規程28条３号により原則として禁止される（規則29条５項参照）。

そのため，受任当時には利害対立が生じていない場合であっても，安易に同時受任することは避けるべきである。やむをえずに複数共犯者の同時弁護を受任する場合には，利害対立が生じた場合には辞任その他の措置をとる可能性があることを説明し（規程32条），実際に利害対立が生じた後には適切な措置をとる必要がある（規程42条）。

なお，国選弁護の場合には辞任はできず，解任手続が必要となる点に注意すべきである（刑訴38条の３）。

論点事項一覧

♠伊藤　真（いとう　まこと）

　1958年東京で生まれる。1981年，大学在学中に1年半の受験勉強で司法試験に短期合格。同時に，司法試験受験指導を開始する。1982年，東京大学法学部卒業，司法研修所入所。1984年に弁護士登録。弁護士としての活動とともに，受験指導を続け，法律の体系や全体構造を重視した学習方法を構築する。短期合格者の輩出数，全国ナンバー1の実績を不動のものとする。

　1995年，憲法の理念をできるだけ多くの人々に伝えたいとの思いのもとに，15年間培った受験指導のキャリアを生かし，伊藤メソッドの司法試験塾をスタートする。現在は，予備試験を含む司法試験や法科大学院入試のみならず，法律科目のある資格試験や公務員をめざす人たちの受験指導のため，毎日白熱した講義を行いつつ，「一人一票実現国民会議」および「安保法制違憲訴訟の会」の発起人となり，社会的問題にも積極的に取り組んでいる。

　「伊藤真試験対策講座〔全15巻〕」（弘文堂刊）は，伊藤メソッドを駆使した本格的テキストとして受験生のみならず多くの読者に愛用されている。他に，「伊藤真ファーストラックシリーズ〔全7巻〕」「伊藤真の判例シリーズ〔全7巻〕」「伊藤真新ステップアップシリーズ〔全6巻〕」「伊藤真実務法律基礎講座」など読者のニーズにあわせたシリーズを刊行中である。
（一人一票実現国民会議 URL：https://www2.ippyo.org）

伊藤塾
〒150-0031　東京都渋谷区桜丘町17-5　03（3780）1717
https://www.itojuku.co.jp

刑事実務基礎[第2版]【伊藤塾試験対策問題集：予備試験論文①】

2016（平成28）年2月29日　初　版1刷発行
2022（令和4）年1月30日　第2版1刷発行
2024（令和6）年6月30日　同　2刷発行

監修者　伊藤　真
発行者　鯉渕友南
発行所　株式会社　弘文堂　　101-0062　東京都千代田区神田駿河台1の7
　　　　　　　　　　　　　　TEL　03（3294）4801　　振替　00120-6-53909
　　　　　　　　　　　　　　https://www.koubundou.co.jp

装　丁　笠井亞子
印　刷　三美印刷
製　本　井上製本所

ISBN978-4-335-30426-2

伊藤塾試験対策問題集

●予備試験論文

伊藤塾が満を持して予備試験受験生に贈る予備試験対策問題集！
過去問と伊藤塾オリジナル問題を使って、合格への最短コースを示します。
合格者の「思考過程」、答案作成のノウハウ、復習用の「答案構成」や「論証」など工夫満載。出題必須論点を網羅し、この1冊で論文対策は完成。

1	刑事実務基礎[第2版]	3200円	6	民法[第2版]	2800円
2	民事実務基礎[第2版]	3200円	7	商法[第2版]	2800円
3	民事訴訟法[第2版]	2800円	8	行政法[第2版]	2900円
4	刑事訴訟法[第2版]	2800円	9	憲法[第2版]	2800円
5	刑法[第2版]	2800円			

●短答

短答式試験合格に必須の基本的知識がこの1冊で体系的に修得できる！
伊藤塾オリジナル問題から厳選した正答率の高い良問を繰り返し解き、完璧にマスターすれば、全範囲の正確で確実な知識が身につく短答問題集です。

1	憲法	2800円	4	商法	3000円
2	民法	3000円	5	民事訴訟法	3300円
3	刑法	2900円			

新 伊藤塾試験対策問題集

●論文

合格答案作成ビギナーにもわかりやすい記述試験対策問題集！
テキストや基本書で得た知識を、どのように答案に表現すればよいかを伝授します。
法的三段論法のテクニックが自然に身につく、最新の法改正に完全対応の新シリーズ。
「伊藤塾試験対策講座」の実践篇として、効率よく底力をつけるための論文問題集です。

1	民法	2800円	5	刑事訴訟法	2800円
2	商法	2700円	6	憲法	3000円
3	民事訴訟法	2900円	7	刑法	3000円
4	行政法	2800円			

弘文堂

＊価格（税別）は2024年6月現在

伊藤真試験対策講座

論点ブロックカード・フローチャートなど司法試験受験界を一新する勉強法を次々と考案し、導入した伊藤真が、全国の受験生・法学部生・法科大学院生に贈る、初めての本格的な書き下ろしテキスト。伊藤メソッドによる「現代版基本書」！

- ●論点ブロックカードで、答案の書き方が学べる。
- ●フローチャートで、論理の流れがつかめる。
- ●図表・2色刷りによるビジュアル化。
- ●試験に必要な重要論点をすべて網羅。
- ●短期集中学習のための効率的な勉強法を満載。
- ●司法試験をはじめ公務員試験、公認会計士試験、司法書士試験に、そして、大学の期末試験対策にも最適。

憲法[第3版]	4200円
行政法[第5版]	3800円
刑法総論[第4版]	4000円
刑法各論[第5版]	4000円
スタートアップ民法・民法総則	3700円
物権法[第4版]	2800円
債権総論[第4版]	3400円
債権各論[第4版]	4400円
親族・相続[第4版]	3500円
商法〔総則・商行為〕・手形法小切手法[第3版]	4000円
会社法[第4版]	4200円
刑事訴訟法[第5版]	4200円
民事訴訟法[第4版]	4500円
労働法[第4版]	3800円
倒産法[第3版]	3800円

弘 文 堂

＊価格（税別）は2024年6月現在

伊藤塾呉明植基礎本シリーズ

愛弟子の呉明植が「伊藤真試験対策講座」の姉妹シリーズを刊行した。切れ味鋭い講義と同様に、必要なことに絞った内容で分かりやすい。どんな試験でも通用する盤石な基礎を固めるには最適である。

伊藤塾塾長 **伊藤 真**

- ▶ どこへいっても通用する盤石な基礎を固める入門書
- ▶ 必要不可欠かつ必要十分な法的常識が身につく
- ▶ 各種資格試験対策として必要となる論点をすべて網羅
- ▶ 一貫して判例・通説の立場で解説
- ▶ シンプルでわかりやすい記述
- ▶ つまずきやすいポイントをライブ講義感覚でやさしく詳説
- ▶ 書き下ろし論証パターンを巻末に掲載
- ▶ 書くためのトレーニングもできる
- ▶ 論点・項目の重要度がわかるランク付け
- ▶ 初学者および学習上の壁にぶつかっている中級者に最適

憲法[第2版]	3000円
民法総則[第3版]	3000円
物権法・担保物権法[第2版]	2600円
債権総論	2200円
債権各論	2400円
家族法(親族・相続)	2300円
刑法総論[第3版]	2800円
刑法各論[第3版]	3000円
商法(総則・商行為)**・手形法小切手法**	
会社法	
民事訴訟法	
刑事訴訟法[第3版]	3900円

弘文堂

＊価格(税別)は2024年6月現在

伊藤塾予備試験論文・口述対策シリーズ

予備試験科目を短期間で効率よく学ぶための定石を伝えるシリーズ。重要度を示すランク付けでメリハリを効かせ、受験生が苦手とする部分はより丁寧に説明。図表と具体例を多用するとともに、判例の立場にそったわかりやすい解説で、短期合格をめざす。実際の試験問題をもとに、思考の筋道と答案例も掲載。直前期必携の「要点CHECK」シート・「口述試験再現」答案も便利。

- ●予備試験科目のインプット教材。
- ●重要度がわかるランク付けでメリハリの効いた内容。
- ●判例の立場を軸に据えたわかりやすい解説。
- ●実際の試験問題を素材に、思考の筋道と答案例を掲載。
- ●受験生の再現答案をもとにした「口述試験 再現」。
- ●答案を書くうえで落としてはいけない重要ポイントをシート化した「要点CHECK」。
- ●フローチャート・図表や例示の多用。
- ●実務がイメージできる書類・書式のサンプル、「コラム」。

刑事実務基礎の定石[第2版]　　　2600円

民事実務基礎の定石

（以下、続刊あり）

弘文堂

＊価格（税別）は2024年6月現在

伊藤真の判例シリーズ

厳選された重要判例の読み方・学び方を、伊藤メソッドを駆使して伝授！
各判例は、論点と結論、事実、裁判の経緯、判決の流れ、学習のポイント、
判決要旨、伊藤真のワンポイント・レッスン、等の順にわかりやすく解説。
試験に役立つ学習書に徹した伊藤真による初めての判例ガイド、誕生！

憲法[第2版]	3800円
民法[第2版]	3500円
刑法[第2版]	3500円
行政法[第2版]	3800円
刑事訴訟法	3800円
民事訴訟法	3500円
商法	3500円

伊藤真の条文シリーズ

法律の学習は、条文に始まり条文に終わる！　基本六法を条文ごとにわかり
やすく説明する逐条解説シリーズ。条文の意味・趣旨、解釈上の重要論点、
要旨付きの関連判例をコンパクトに整理。「事項索引」「判例索引」の他に、「条
文用語索引」で検索機能も充実。基礎的な勉強に、受験に、そして実務でも
役立つ伊藤メソッドによるスーパー六法。

民法Ⅰ【総則・物権】	3200円
民法Ⅱ【債権・親族・相続】	3200円
商法・手形法小切手法	2700円
憲法	3000円
刑法	3300円
民事訴訟法	2800円
刑事訴訟法	3100円

伊藤真の全条解説 会社法

平成26年改正をふまえた会社法の全条文をオールマイティにわかりやすく解説。
全ての条文に、制度趣旨、定義、口語訳、論点、関連判例、重要度ランク、
過去問番号が入り、さらに引用条文・読替条文の内容をダイレクトに付記。
実務書として学習書として、安心して利用できる便利なコンメンタール。　6400円

弘文堂

＊価格(税別)は2024年6月現在